新世纪高等学校教材

物理专业
实验系列教材

曹惠贤　主编

北京师范大学物理实验教学中心　组编

普通物理实验

PUTONG WULI SHIYAN

北京师范大学出版集团
BEIJING NORMAL UNIVERSITY PUBLISHING GROUP
北京师范大学出版社

图书在版编目(CIP)数据

普通物理实验 / 曹惠贤主编 . —北京：北京师范
大学出版社，2007.6(2016.8重印)
ISBN 978-7-303-08575-0

Ⅰ.①普… Ⅱ.①曹… Ⅲ.①普通物理学－实验－高
等学校－教材 Ⅳ.①O4－33

中国版本图书馆 CIP 数据核字(2007)第 070277 号

营 销 中 心 电 话　　010-62978190　62979006
北师大出版社科技与经管分社　http://jsws.bnupg.com
电 子 信 箱　　kjjg@bnupg.com

出版发行：北京师范大学出版社 www.bnup.com
　　　　　北京市海淀区新街口外大街 19 号
　　　　　邮政编码：100875
印　　刷：北京京师印务有限公司
经　　销：全国新华书店
开　　本：730 mm×980 mm　　1/16
印　　张：23
字　　数：350 千字
版　　次：2007 年 7 月第 1 版
印　　次：2016 年 8 月第 2 次印刷
定　　价：42.00 元

策划编辑：范　林　　　　责任编辑：余娟平
美术编辑：毛　佳　　　　装帧设计：毛　佳
责任校对：李　菡　　　　责任印制：赵非非

目　　录

前　　言

　　普通物理实验是大学本科的一门必修课，是学生进入大学后遇到的第一门实验课。在普通物理实验中，学生将受到系统的物理实验方法和实验技能的训练，这些训练为学生以后的学习打下一个良好的基础，因此普通物理实验是整个实验教学体系中的一个非常重要的环节。

　　本书是在曾贻伟老师等前辈们编著的《普通物理实验教程》的基础上编写而成的。《普通物理实验教程》于1989年出版，至今已经使用了17年，在此期间，随着科学技术的进步和教育改革的发展，普通物理实验无论是在教学体系、教学方法、实验技术，还是在仪器设备等方面都发生了很大变化。为了适应新的教学要求和条件，我们重新编写了这本实验教材。

　　本书的实验内容是按分层次教学的需要编排的。第一章为实验数据处理的基础知识，这部分内容可根据实际情况选用。第二章介绍了普通物理实验中常用的一些仪器设备，由于同一类仪器的型号和规格很多，不可能一一举列，这些仪器可作为参考。关于实验内容，本书按照三个教学层次编写。第一层次为入门实验，即第三章的预备实验。考虑到我国高中物理教学的现状和不同地区学校的差异，这一章所选的实验题目主要是为学生学习大学物理实验课程做一些知识的准备，为高中和大学之间做一个衔接。这一章多数为半定量实验，并注意了实验的趣味性，主要目的是训练学生对物理现象的观察能力，激发学生对物理实验的兴趣。第二层次为第四章的基础实验，这一章所选的实验题目为大学物理基础实验，包括力、热、电、光等不同学科分支的内容。通过这些实验让学生学习基本物理实验方法和测量技术，熟悉基本物理实验仪器的工作原理和使用方法，学习实验数据处理和分析的基本方法。第三层次为提高实验，包括第五章的综合实验和第六章的设计实验，通过综合实验的学习，锻炼学生对物理实验知识的综合运用能力和独立工作的能力。设计实验是近几年在教学实践中曾经尝试过的题目，在这些实验题目中没有给出具体的实验原理和方法，只是提出了一些实验的要求。由于实验方案不同，所用仪器也会不同，所以题目中只给出了一些参考仪器。通过设计实验的训练，使学生体验查阅资料、设计实验方案、搭建实验设备、解决实验中出现的问题，以及分析实验结果等全过程，在整个实验过程中锻炼学生分析和解决实际物理问题的能力，提高学生的科学素养。

本书由曹惠贤、罗莹、李蓉、杨百瑞编写，全书最后由曹惠贤统稿加工。黄灿、所广斌为本书拍摄和编辑加工了仪器图片。

本书可作为高等院校本科生的普通物理实验教材或教师教学参考书。

本书参考了国内外一些高校的普通物理实验教材及普通物理教科书，在此一并表示感谢。

书中如有错误或不妥之处恳请读者批评指正。

编者

2007 年 3 月

第一章 测量不确定度与实验数据处理

第一节 物理量的测量与误差

物理实验的目的是揭示物理现象和探寻物理规律,物理规律多数是以物理量之间的定量关系表达的,故研究物理现象和规律就需要进行定量的物理实验,因此也就必须要对物理量进行测量.一个待测物理量的大小,在客观上应该存在一个真实的数值,这个数值被称为"真值".但由于测量仪器、测量方法、测量条件以及测量人员等因素的限制,使得实际测得的数值(也就是测量值)只能是真值的一个近似值,所以在测量值与真值之间总是存在着差异.通常将测量值与真值之差称为误差.

在物理量的测量中误差是不可避免的,但人们可以通过测量方法的选取、测量仪器的选择、测量条件的确定、测量数据的处理等手段尽可能地减小物理量测量的误差.

一、物理量的测量

为了对物理量进行测量,首先需要选定一个单位,然后将其与被测量对象进行比较,进而得到所测量物理量与该单位的比值,这个比值即为测量的数值.显然,数值的大小与所选用的单位有关.所以在测量结果的表述中必须包括被测量对象量值的大小和单位,此外,还应包括对量值本身的可靠程度做出判断.

根据不同情况,可以对测量做如下分类:

(1)根据测量方法的不同,将测量分为直接测量和间接测量.直接测量是将被测量量与标准直接进行比较,从而获得被测量的数值.例如,用直尺去测量课桌一边的长度,则需要将课桌的边与直尺比较,进而给出该边长度的量值,得到测量结果.间接测量是指被测量量不是直接测得的,而是通过被测量量与直接测量量之间的函数关系获得的.例如,一个长方体的体积 V 是通过直接测量它的长 (L),宽 (W) 和高 (H),然后再通过体积公式 $V = LWH$ 计算得到.

（2）根据测量条件的不同,可把测量分为等精度测量和不等精度测量.在相同的测量条件下,对某一被测量量进行重复测量,所以每次测量结果有相同的可信赖程度,这样的测量被称为等精度测量.但在不同的测量条件下对某一被测量量进行测量,这些测量结果的信赖程度不同,这种情况下的测量被称为不等精度测量.本书仅限于研究等精度测量.

二、测量结果的表示

测量是物理实验的基础,是以确定被测量对象的量值为目的的.在测量过程中,首先,要明确对被测量对象的要求;其次,要选择恰当的测量方法,采用正确的步骤完成测量;再次,要根据误差理论对测量数据进行处理;最后给出完整的实验测量结果.

那么如何表述才是完整的实验测量结果呢?

例如:对长度约 3 cm 的工件用精度为 0.02 mm 的游标卡尺进行多次测量,完整的测量结果表示为

$$l = (31.08 \pm 0.03) \text{ mm}, P = 0.683$$

在这个表达式中包含了多次测量的平均值(31.08),物理量单位(mm)和不确定度 $u(x)$(当置信概率为 $P = 0.683$ 时,不确定度为 0.03 mm).不确定度 $u(x)$ 是表示被测量量 x 的真值在一定的置信概率 P(如:$P = 0.683$)的情况下可能存在的范围.测量的结果通常以 $\bar{x} \pm u(x)$ 的形式表示.测量结果的表述中含有以下三个要素:测量结果的数值、物理量的单位和不确定度.在一个完整的实验测量结果的表述中必须包含这三个要素.

三、测量误差

通常情况下,任何一个物理量的大小都是客观存在的,是一个实实在在、不依赖人的意志为转移的客观量值,这个值称为真值.在测量过程中,人们总希望能够得到待测量的真值.然而,任何一种测量总是根据一定的理论和方法,使用确定的仪器,在确定的环境中,由确定的人员进行的.由于实验理论的近似性,实验仪器的灵敏度和分辨能力的局限性,实验环境的不稳定性,以及测量者的实验技能和判断能力等因素的影响,使得测量值与测量量的真值之间总存在着差异,将这种差异称为测量误差.若某物理量的测量值为 x,真值为 A,则测量误差定义为:

$$\Delta x = x - A \tag{1-1-1}$$

上式所定义的测量误差反映了测量值偏离真值的大小和方向,因此又称为绝对

误差.一般来说,真值仅仅是一个理想概念,只有通过完善的测量才能获得.但严格意义上的完善测量是难以做到的,因此,真值就不能确定.实际上,只能根据测量得到的量值来确定测量的最佳值,一般取多次重复测量的平均值作为测量的最佳值.绝对误差能够反映某一测量结果的优劣,但在比较不同的测量结果的优劣时则不适用.例如,测量 10 m 长的误差为 1 cm 与测量 1 m 长的误差为 1 cm,两者绝对误差相同,但是两者的测量结果的准确性显然不同.为了反映不同测量结果的优劣,下面引入相对误差.

相对误差定义为:

$$\delta x = \Delta x / A \qquad (1\text{-}1\text{-}2)$$

其中 A 是真值,这个值通常被测量值的最佳值或理论值代替.此外,相对误差还可用"百分误差"来表征,即 $\delta x = \left(\dfrac{\Delta x}{A} \times 100\right)\%$. 在上面的例子中,测量 10 m 长的误差为 1 cm 的相对误差为 0.1%,测量 1 m 长的误差为 1 cm 的相对误差为 1%.

误差存在于一切科学实验和测量过程的始终.在实验的设计、实验仪器、实验条件以及实验数据处理等方面都可能存在误差,因此,分析测量中可能产生的各种误差,尽可能消除误差的影响,并对最后结果中未能消除的误差做出估计是物理实验和许多科学实验中不可缺少的工作.

四、误差的分类

按照误差的特征和人们对其掌握的程度可以将误差分成三类:系统误差,随机误差和粗大误差.

（1）系统误差

在相同条件下,多次测量同一物理量的过程中,保持恒定或按一定规律变化的误差称为系统误差.

系统误差具有规律性和确定性的特点.系统误差的规律性有多种表现形式.例如:因标准砝码不准使天平测量出现的系统误差表现为定值性;因物体的冷缩(热胀)能够引起钢尺不准确,用这样的钢尺进行测量的指示值将大于(小于)真实长度,且误差随待测长度的增加而增加,这时的系统误差表现为累积性.系统误差的确定性表现在:测量条件一经确定,误差也随之确定;重复测量时,误差的大小和符号均保持不变.因此,在相同实验条件下多次重复测量不可能发现系统误差.

对实验者来说,系统误差的规律及其产生原因可能知道,也可能不知道.已被确切掌握了大小和符号的系统误差称为可定系统误差;对大小和符号不能确切掌握的系统误差称为未定系统误差.前者一般可以在测量过程中采取措施予以消除或在测量结果中进行修正;而后者一般难以做出修正,只能估计出它的取值范围.

(2)随机误差

在多次测量同一物理量的过程中,因偶然的、不确定的原因引起的以不可预知的方式变化的误差称为随机误差.

随机误差具有单个随机性,总体服从统计规律的特点.在相同条件下,每个测量结果的误差(大小和正负)是不确定的,表现出没有确定的规律性;但就总体(大量测量个体的总和)而言服从统计规律.随机误差的这种特点使我们能够在确定条件下,通过多次重复测量发现它,并可以从相应的统计分布规律来研究随机误差对测量结果的影响.

在大多数情况下,测量次数足够多时符号为正的误差和符号为负的误差分布基本对称,可以大致抵消.所以通常采用多次测量值的算术平均值作为被测量的最佳估计值.例如:对某一被测量量在相同条件下进行 n 次测量,每个测量值为 x_1, x_2,$\cdots$, x_i, $\cdots$, x_n,平均值为 $x = \sum x_i / n$.随机误差使得测量值 x_i 具有一定的分散性,测量值 x_i 的分散性用标准偏差 s 表征,可通过贝塞尔公式算出

$$s = \sqrt{\frac{\sum (x_i - \bar{x})^2}{(n-1)}} \tag{1-1-3}$$

系统误差和随机误差虽然是两种不同性质的误差,但它们之间存在着内在的联系.在一定的实验条件下,它们有自己的内涵和界限,但当实验条件改变时,它们彼此又可能互相转化.例如千分尺的零位误差,在不调零位且不做修正时表现为系统误差的性质;一次性调零并做修正,其剩余部分具有未定系统误差的性质;但如多次测量前均调零,则相当于把未定系统误差随机化了,消除了原来的系统误差,引入了新的随机误差.事实上,对那些微小的未定系统误差,很难做到使其在测量时保持确定的状态,因此,它们就会像随机误差那样呈现出某种随机性.再例如测量钢丝的直径时,由于制造和使用方面的原因使其截面不可能是严格的圆,因此对钢丝确定位置"直径"的测量结果表现出系统误差,但对不同的截面和方位,这种系统误差却又呈现出某种随机性.误差的这种内在统一性,使得我们有可能在消除或修正了各种可定系统误差以后,用统一的方法对其余部分做出估计和评定.

（3）粗大误差

由于测量系统偶然偏离所规定的测量条件和方法,或因实验者在记录、计算数据时出现失误而产生的误差,这种误差被称为粗大误差,简称粗差.严格说来,这种误差实际上是测量错误.对于这种数据应当予以剔除.需要注意的是,不应当把所有的异常的观测值都作为粗大误差来处理,因为它可能是数据中固有的随机性的极端情况或预示着新的物理现象.例如许多物理学的重大发现是通过研究测量结果的离散程度超出随机误差服从的分布规律的原因时获得的.判断一个观测值是否为异常值时,通常应根据技术上或物理上的理由直接做出决定.

五、精密度、正确度和准确度

习惯上人们经常用"精度"一类的词来形容测量结果的误差大小.为此,有必要对相关名词从误差角度加以说明.

精密度 —— 计量学的精密度(precision of measurement)是指在相同条件下,对被测量量进行多次反复测量时,测量结果之间的一致(符合)程度.从测量误差的角度来看,精密度反映出测量结果中随机误差的大小.精密度高,不一定正确度高.也就是说,测量结果的随机误差小,不一定其系统误差亦小.

正确度 —— 计量学的正确度(correctness of measurement)是指被测量量的测得值与其"真值"的接近程度.从测量误差的角度来看,正确度反映测量结果中系统误差大小的程度.正确度高,不一定精密度高.也就是说,测量结果的系统误差小,不一定其随机误差亦小.

准确度 —— 计量学的精确度亦称准确度(accuracy of measurement)是指被测量的测得值之间的一致程度以及与其"真值"的接近程度,即是精密度和正确度的综合概念.从测量误差的角度来看,精确度(准确度)是测量结果随机误差和系统误差的综合反映.

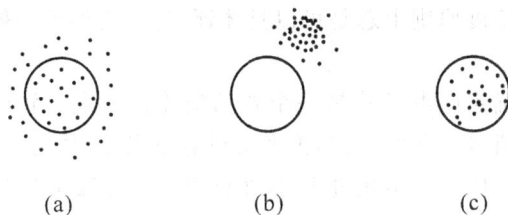

(a)　　　　　(b)　　　　　(c)

图 1-1-1

作为一种形象的说明,可以借助图1-1-1来帮助理解.图中(a)正确度好、精密度差,(b)精密度好、正确度差,(c)准确度好.

第二节　　测量不确定度的概念

不确定度的概念及其评定体系是在现代误差理论的基础上建立和发展起来的. 不确定度是对被测量物理量的真值所处量值范围的评定, 表征了由于测量误差的存在使得被测量量不能确定的程度. 不确定度一般由许多成分组成, 主要与上节讨论的系统误差、随机误差和粗大误差相关. 不确定度反映了可能存在的误差分布范围, 即随机误差分量和未定的系统误差分量的联合分布范围, 可以近似地将其理解为一定概率的误差限值. 测量不确定度采用与测量结果相关的参数表示, 记为符号 u.

例如: 用千分尺测量某圆柱直径 D, 得到的测量结果为 $D = (8.348 \pm 0.005)$ mm, $P = 0.683$. 这个表达式表明测量结果在置信概率为 0.683 时不确定的范围为 ± 0.005 mm, 说明直径真值出现在 $8.343 \sim 8.353$ mm 范围内的概率为 68.3%.

上面的例子说明, 不确定度包含两个重要的要素, 一个是测量结果不确定程度的大小, 另一个是这个不确定程度的置信概率. 被测量量 x 的不确定度经常用 $u(x)$ 表示, 测量结果经常表示为下式:

$$[\bar{x} \pm u(x)] \text{单位}, P = (\text{一个小于 1 的正数})$$

在对实验测量数据进行处理分析时, 通常首先进行误差分析, 修正已知的系统误差, 剔除含有粗大误差的数据, 然后再进行不确定度的评定.

测量不确定度的理论并不排斥误差的概念, 它们有着各自不同的定义和性质. 例如: 不确定度总是不为零的正数, 而误差则既可以是正数, 也可以是负数, 或是接近零. 不确定度原则上总是可以具体评定的, 而误差一般由于真值的未知性而不能计算.

我们知道, 不确定度本身就是一个置信概率的问题. 除了某些特殊测量以外, 不确定度的数值最多保留 2 位, 再多就没有意义了. 作为一种教学规范, 我们规定: 不确定度的数值取位不超过 2 位, 并且当第一位数字为 1, 2, 3 时取 2 位, 其余只取 1 位.

第三节　直接测量量不确定度的评定

不确定度是反映实验结果可靠性的定量指标.为了确定这个定量指标,根据不确定度的计算方法可以将不确定度分为两类:其中符合统计规律的、能够通过统计方法计算的不确定度称为 A 类不确定度;而不符合统计规律的、不能通过统计方法计算的不确定度统称为 B 类不确定度.由 A 类不确定度和 B 类不确定度合成为被测量物理量的总不确定度.

在实验中,有许多物理量是通过直接测量的方法得到的.例如:用等臂天平测量物体的质量,用米尺测量物体的长度和用伏特表测量电路中的电压等等.通过直接测量的方法得到的物理量是直接测量量,对于直接测量量通常采用如下的方法评定其不确定度.

一、采用统计方法评定的 A 类分量

若可以对物理量 x 进行重复的直接测量,n 次独立测量的结果是 x_1,x_2,$\cdots$,x_n,则把平均值

$$\bar{x} = \sum x_i / n \tag{1-3-1}$$

作为 x 的最佳估计值,把平均值的标准偏差

$$s(\bar{x}) = \sqrt{\frac{\sum (x_i - \bar{x})^2}{n(n-1)}} \tag{1-3-2}$$

作为 A 类不确定度的估计值(标准差).这种以统计方法给出的标准差称为不确定度的 A 类分量.即

$$u_A = s(\bar{x}) = \sqrt{\frac{\sum (x_i - \bar{x})^2}{n(n-1)}} \tag{1-3-3}$$

考虑到物理实验教学中测量的次数 n 都比较少,为能满足置信概率 $P = 0.683$ 这一重要条件,采用由贝塞尔公式求出标准差 $s = \sqrt{\dfrac{\sum (x_i - \bar{x})^2}{n-1}}$,再乘在置信概率 $P = 0.683$ 时的因子 $f(n)$ 来确定物理量 x 的 A 类不确定度.即:

$u_A = s(\bar{x}) = f(n) \sqrt{\dfrac{\sum (x_i - \bar{x})^2}{(n-1)}}$,其中 $f(n)$ 由表 1 给出.

表 1 $P = 0.683$ 时的因子 $f(n)$

n	2	3	4	5	6	7	8	9	10	$n > 10$
$f(n)$	4.58	1.27	0.81	0.63	0.54	0.47	0.43	0.39	0.38	$1/\sqrt{n}$

二、采用非统计方法评定的不确定度的 B 类分量

测量中凡是不符合统计规律的不确定度统称为B类不确定度,记为 u_B. 它包含了因仪器精度有限所产生的最大允许的误差 $\Delta_{仪}$ 和由测量者在测量过程中的估读产生的估读误差 $\Delta_{估}$.

1. 仪器的最大允许误差 $\Delta_{仪}$

仪器的最大允许误差 $\Delta_{仪}$,也称为仪器误差(限),是由仪器本身的特性决定的. 通常情况下,$\Delta_{仪}$ 由仪器的说明书给出. 它表征同一规格型号的合格产品在正常使用条件下,一次测量可能产生的最大误差. $\Delta_{仪}$ 通常对应于仪器最小刻度所对应的物理量的数量级. 提供的是误差绝对值的极限值,而不是测量的真实误差.

仪器误差(限)包含了在规定条件下的偏移误差(系统误差)和重复性误差(随机误差). 例如,数字仪表是通过对被测信号进行适当的放大(或衰减)后作量化计数给出数字显示的. 其中,由于放大(或衰减)系数和量化单位不准造成的误差属于可定系统误差,来自测量过程中电子系统的漂移而产生的误差属于未定系统误差,而量化过程的尾数截断造成的误差又具有随机误差的性质.

$\Delta_{仪}$ 是一种简化了的误差限值,在物理实验教学中常被用来估计由测量仪器造成的误差范围,这时它们称为仪器误差. 虽然这种做法不够精确,但它却有助于我们从量级上把握测量仪器的准确度. 现将普通物理实验中常用仪器的仪器误差(限)的约定取值方法列于表 2.

表 2 常用仪器的仪器误差(限)的约定取值方法

仪器类别	仪器名称	约定取值方法
长度测量仪器	钢板尺	最小分度(mm)的 1/2
	游标卡尺	最小分度的 1/2
	千分尺	最小分度的 1/2
质量称衡仪器	非自动天平	检定标尺分度值[①] 的 1/2

续表

仪器类别	仪器名称	约定取值方法
时间测量仪器	石英停表	$(5.8 \times 10^{-6} t + 0.01)$s ($t$ 是时间的测量值)
温度测量仪器	玻璃水银温度计(自浸式,测量范围:$-30 \sim 100$℃)	1.5℃
	铂铑‑铂热电偶温度计(测量范围:$0 \sim 600$℃)	± 1.5℃
	铂热电偶温度计(测量范围:$-200 \sim 800$℃)	$\pm (0.3 + 0.005 \mid t \mid)$℃ ($t$ 是温度的测量值)
电学仪器	电磁仪表(指针式电流、电压表)	$\Delta_仪 = a\% \cdot N_m$ N_m 是电表量程; a 是分电表的准确度等级,分为 5.0,2.5,1.5,1.0,0.5,0.2,0.1 等七个级别
	标准电阻 R_x 在 t ℃ 时的阻值	$R_x = R_{20}[1 + \alpha(t - 20) + \beta(t - 20)]$ R_{20} 是 20 ℃ 时的阻值; α, β 分别是一次、二次温度系数
	电阻箱	$\Delta_仪 = \sum a_i\% \cdot R_i + R_0$ R_0 是残余电阻; R_i 是第 i 盘的示值; $a_i\%$ 是相应电阻度盘的准确度等级
	直流电桥	$\Delta_仪 = a\% \left(R_x + \dfrac{R_0}{10} \right)$ R_x 是电桥标度盘示值; a 是电桥准确度等级; R_0 是基准值[②].
	数字仪表	$\Delta_仪 = a\% \cdot N_x + b\% \cdot N_m$ 或 $\Delta_仪 = a\% \cdot N_x + n$ a 是准确度等级; N_x 是显示的读数; b 是误差的绝对系数; N_m 是仪表的满度值; n 是固定项误差,是最小量化单位的倍数

说明:① 天平的标尺分度值是指天平在平衡时,为使其指针从标度尺的平衡位置偏转一个分度(1 mm),在称盘上需添加的最小质量.

② 电学较量仪器如直流电桥的基准值 R_0 规定为该量程中最大的 10 的整数次幂.

2. 测量者的估算误差 $\Delta_{估}$

测量者对被测量物体或对仪器示数判断的不确定性会引起估算误差 $\Delta_{估}$. 对于有刻度的仪器仪表,通常 $\Delta_{估}$ 取为最小刻度的十分之几,小于 $\Delta_{仪}$(因为 $\Delta_{仪}$ 已经包含了测量者正确使用仪器的估算误差). 比如,我们可以估读到螺旋测微器最小刻度的十分之一,即 0.001 mm,此值小于其 $\Delta_{仪}$ 0.005 mm;我们可以估读到钢板尺最小刻度的十分之一,即 0.1 mm,此值小于其 $\Delta_{仪}$ 0.5 mm. 但在某些情况下 $\Delta_{估}$ 会大于 $\Delta_{仪}$. 例如,用电子停表测量几分钟的时间,测量者在计时判断上会有 $0.1 \sim 0.2$ s 的误差,而电子停表的误差为 $5 \sim 10$ s/d,显然,相比之下,仪器的最大允许误差可以忽略不计;在测量透镜焦距的实验中,测量条件的限制使得在进行长度测量时,长度的估算误差也可达 $\pm(1 \sim 2)$ mm.

3. 不确定度的 B 类分量

通常情况下,仪器的最大允许误差 $\Delta_{仪}$ 和测量者产生的估读误差 $\Delta_{估}$ 是彼此无关的,由这两类误差共同构成的误差由 $\sqrt{\Delta_{仪}^2 + \Delta_{估}^2}$ 表示. 若在 $\Delta_{估}$ 和 $\Delta_{仪}$ 中,其中某个量值小于另一量值的 1/3,且这个量值平方后将小于另一量值的一个数量级,这时可以将这个量值忽略不计. 一般而言,$\Delta_{估}$ 比 $\Delta_{仪}$ 小很多(正常使用下已包含其中),$\Delta_{估}$ 可以忽略不计,即 $\sqrt{\Delta_{仪}^2 + \Delta_{仪}^2} \approx \Delta_{仪}$.

在不确定度的计算中 B 类不确定度分量 u_B 与 $\sqrt{\Delta_{仪}^2 + \Delta_{估}^2}$ 之间的关系由下式给出:

$$u_B = \frac{\sqrt{\Delta_{仪}^2 + \Delta_{估}^2}}{c} \approx \frac{\Delta_{仪}}{c} \tag{1-3-4}$$

其中 c 称为置信系数. 考虑到在普通物理实验中,基本仪器的误差(限)含有较多的系统误差分量,并兼顾保险(标准不确定度的估计值适当取大)和教学训练的规范简化,我们规定:除非另有说明,仪器误差(限)和近似标准差的关系在缺乏信息的情况下,按均匀分布近似处理,取 $c = \sqrt{3}$,即

$$u_B = \frac{\Delta_{仪}}{\sqrt{3}}, \quad P = 0.683 \tag{1-3-5}$$

三、直接测量量不确定度的评定

对 A 类和 B 类不确定度分量都进行评定后,将它们合成就可以得到直接测

量量的综合不确定度 u_C（合成标准不确定度）：

$$u_C = \sqrt{u_A^2 + u_B^2}, P = 0.683 \qquad (1\text{-}3\text{-}6)$$

第四节　间接测量量不确定度的评定

在实验中并不是所有的物理量都可以用直接测量的方法得到,更多的物理量需要通过测量与被测量量有函数关系的其他物理量才能得到. 通过这种方法测量得到的物理量是间接测量量.例如:通过测量长方体的边长得到其体积;通过测量导线电阻、长度和截面积等量确定电阻率.对于间接测量的物理量的不确定度通常采用下面的方法评定.

本课程仅考虑通过间接测量得到的物理量的输入量都是相互独立的这种特殊情况.其他情况不做讨论.

设间接测量量 F 是 m 个独立输入量（直接观测量）$x_1, x_2, \cdots, x_m$ 的函数,即,$F = f(x_1, x_2, \cdots, x_m)$,则合成不确定度 u 或 $u(F)$ 可以由下式确定：

$$u = \sqrt{\sum_{i=1}^{m} u_i^2} = \sqrt{\sum_{i=1}^{m} \left(\frac{\partial f}{\partial x_i}\right)^2 u^2(x_i)} \qquad (1\text{-}4\text{-}1)$$

其中 $u_i = \dfrac{\partial f}{\partial x_i} u(x_i)$,$u(x_i)$ 是输入量 x_i 的综合不确定度,$\dfrac{\partial f}{\partial x_i}$ 是被测量量 F 对输入量 x_i 的偏导数,称为不确定度的传播系数.

当 $F = f(x_1, x_2, \cdots)$ 为乘除或方幂的函数关系时,采用相对不确定度可以大大简化合成不确定度的运算.方法是先取对数后再作方差合成,得

$$\frac{u(F)}{F} = \sqrt{\sum \left[\frac{\partial (\ln f)}{\partial x_i} u(x_i)\right]^2} \qquad (1\text{-}4\text{-}2)$$

例如 $F = Ax^p y^q z^r \cdots$（A 是常数）,按式（1-4-2）运算,可以得到：

$$\frac{u(F)}{F} = \sqrt{\left[\frac{pu(x)}{x}\right]^2 + \left[\frac{qu(y)}{y}\right]^2 + \left[\frac{ru(z)}{z}\right]^2 + \cdots} \qquad (1\text{-}4\text{-}3)$$

【例】采用伏安法测电阻,电路如图 1-4-1 所示.所用仪器及参数如下:0.5 级毫安表,量程为 150 mA;0.5 级伏特表,量程为 3 V,内阻 $R_v = 3$ kΩ.测量数据如表 3 所示.要求给出待测电阻 R 的测量结果的正确表述.

表 3　伏安法测电阻数据

U/V	2.51	2.52	2.52	2.53	2.51
$I/(mA)$	143.4	144.1	144.3	144.6	143.9

解　本实验中主要误差来源是:(a)因电流表外接而产生的系统误差,使得 $R_测 < R_真$;(b)测量电压引起的误差;(c)测量电流引起的误差.

误差(a)属于可定的系统误差,应在计算不确定度前予以修正,修正 R 的计算公式是:

$$R = \frac{U}{I - U/R_V} \tag{1-4-4}$$

误差(b)和(c)来源较多,包括随机误差和仪器误差等,分析如下:

图 1-4-1

电压的算术平均值及不确定度:

算术平均值
$$\overline{U} = \frac{1}{5}\sum_{i=1}^{5}U_i = 2.518 \text{ V}$$

A 类不确定度
$$u_A(U) = f(5)\sqrt{\frac{\sum_{i=1}^{5}(U_i - \overline{U})^2}{5-1}} = 0.012 \text{ V}$$

（由表 1 查得 $f(5) = 0.63$）

B 类不确定度
$$u_B(U) = \frac{\Delta U}{\sqrt{3}} = \frac{3 \text{ V} \times 0.5\%}{\sqrt{3}} = 0.009 \text{ V}$$

综合不确定度
$$u_C(U) = \sqrt{[u_A(U)]^2 + [u_B(U)]^2} = 0.015 \text{ V}$$

电流的算术平均值及不确定度:

算术平均值
$$\overline{I} = \frac{1}{5}\sum_{i=1}^{5}I_i = 144.1 \text{ mA}$$

A 类不确定度
$$u_A(I) = f(5)\sqrt{\frac{\sum_{i=1}^{5}(I_i - \overline{I})^2}{5-1}} = 0.6 \text{ mA}$$

B 类不确定度
$$u_B(I) = \frac{\Delta I}{\sqrt{3}} = \frac{150 \text{ mA} \times 0.5\%}{\sqrt{3}} = 0.4 \text{ mA}$$

综合不确定度
$$u_C(I) = \sqrt{[u_A(I)]^2 + [u_B(I)]^2} = 0.7 \text{ mA}$$

由(1-4-4)式可得被测电阻为　$R = \dfrac{\overline{U}}{\overline{I} - \overline{U}/R_V} = 0.017\,576 \text{ k}\Omega = 17.576 \text{ }\Omega$

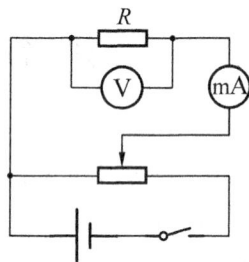

由前面数据可知 $\bar{I} \gg \bar{U}/R_{\mathrm{V}}$，所以在做不确定度评定时，可将(1-4-4)式近似为 $R \approx \dfrac{\bar{U}}{\bar{I}}$，根据(1-4-3)式可得被测电阻的相对不确定度为：

$$\frac{u(R)}{R} = \sqrt{\left[\frac{u_{\mathrm{C}}(U)}{\bar{U}}\right]^2 + \left[\frac{u_{\mathrm{C}}(I)}{\bar{I}}\right]^2} = \sqrt{\left(\frac{0.015}{2.518}\right)^2 + \left(\frac{0.7}{144.1}\right)^2} = 0.008$$

由此可得被测电阻的不确定度：$u(R) = 0.008R = 0.14\ \Omega$，所以电阻测量结果表示为：$R = 17.58 \pm 0.14\ \Omega, P = 0.683$.

下面将计算间接测量量的合成不确定度的具体步骤作一下小结：

（1）对与间接测量量有关的、独立的直接测量量，分别进行 A，B 类不确定度计算，然后将其合成为每个独立的直接测量量的不确定度 u_{C}；

（2）其次由间接测量量公式导出具体的不确定度的传播公式；

（3）根据不确定度的传播公式，计算间接测量量的不确定度.

关于不确定度评定的一些讨论：

1. 对初学者来说，全面地分析误差产生的原因并做出不确定度的估计，不是一件易事，建议学习者在今后的实践中加强相关的训练. 一般可以从以下几个方面去考虑：

（1）测量器具误差 —— 测量仪器本身所具有的误差. 例如因作为长度量具的米尺刻度不准确引起的误差，或标准电池本身有误引起的误差等等.

（2）测量环境误差 —— 由于实际的测量环境条件与仪器规定的测量环境条件不一致所引起的误差. 测量环境条件包括温度、湿度、气压、振动、照明、电磁场及加速度等.

（3）测量方法误差 —— 测量方法不完善所引起的误差. 例如：测量所用公式的近似性以及在测量公式中没有得到反映但实际上起作用的因素（如测量电阻时，导线电阻或导线电阻的压降等等因素）.

（4）仪器调整误差 —— 由于测量前未能将计量器具或被测对象调整到正确位置或状态所引起的误差. 例如天平使用前未调整到水平，千分尺未调整到零位等.

（5）观测误差 —— 在测量过程中由于观测者主观判断和操作技术所引起的误差. 例如，由于观测者对计量器具示值不准确读数所引起的误差；测单摆周期时由于位置判断不准而引起的误差；按停秒表时总是超前或落后等.

2. 不确定度并不是实际的测量误差，也不代表误差的绝对值，它只是对测量误差在一定概率条件下可能取值范围的一种估计. 在许多情况下，测量结果可能相当接近真值（或约定真值），两者之差明显地小于不确定度；当然也可能存在另一种情况,真值落在不确定度提供的范围之外,只是这种可能性通常很小.

在许多场合(例如测量比较、产品或仪器的合格检验时等),概率 $P = 0.683$ 的置信程度过低,这时可以把标准不确定度乘以系数 K(K 称为包含因子或置信因子):

$$U(F) = Ku(F) \quad \text{或} \quad U = Ku \tag{1-4-5}$$

U 或 $U(F)$ 称为扩展不确定度.在区间 $[F-U, F+U]$ 之内将以更高的置信概率包含真值.在要求不是很严格的情况下,可以取 $K = 2$ 计算置信概率 $P = 0.95$ 时的扩展不确定度 $U(F)$.考虑到物理实验的基础训练特点,除测量产品质量和检验仪器外,本课程一般只要求按标准不确定度来作出估计.

第五节　　有效数字及其运算法则

一个具体的测量过程总是或多或少地存在着误差,因此表达一个物理量的测量结果时,其位数的多少应由测量值本身的误差来确定,不应该随意取位,这样才能正确反映出测量所能提供的有效信息.例如,用直尺测量长度,从尺上直接读出测量结果,26.35 cm,8.23 cm 等等.这里"26.3"和"8.2"(它们在 mm 和 mm 以上位数)是直接读出的,称为可靠数字,最末一位的"0.05"和"0.03"(1/10 mm 位)则是从尺上最小刻度之间估计出来的,叫做可疑数字,而 1/10 mm 位以下的部分用这种规格的尺子不可能读出.由可靠数字和可疑数字合起来就构成了测量的有效数字.前面的例子中,26.35 mm 有 4 位有效数字,8.23 cm 有 3 位有效数字.规定从测量结果的第一位非零数位算起,到开始有误差的数位为止(包括该数位)的数字均称为有效数字.

例如,0.012 5 m 有 3 位有效数字,不应理解为 5 位有效数字,它与 1.25 cm 实际上有同样的有效数字.应当指出,测量结果第一位(最高位)非零数字前的"0"不属于有效数字,而非零数字后的"0"则是有效数字.因为前者只反映了测量单位的换算关系,与有效数字无关.而非零数字后的"0"则反映了测量量的大小和准确度,不难想象,1.090 0 cm 要比 1.09 cm 测量的准确度高得多,因为前者表示测量达到了 1/10 000 cm,而后者只达到 1/100 cm.

对于已经做出不确定度评定的被测量量,可以按下节的修约原则来处理和决定测量结果的有效数字.如被测量量的结果写成 123.00 ± 0.05,这表明测量结果的误差发生在小数点后第二位上,因此该测量结果应认为有 5 位有效数字.
又例如某测量结果为 0.002 384,其不确定度为 ±0.000 012,我们认为它有 3 位
有效数字,因为根据有效数字的定义,"2"以前的三个"0"都不是有效数字;此
外,结果的不确定度表明,从小数点后第 5 位就开始有误差,因此结果中小数点
后第 6 位的"4"就不应算作有效数字,所以我们只能认为测量结果有 3 位有效数
字.再如某一测量结果为 2.3×10^3,而其不确定度为 ±0.2,那么这个测量结果
的有效数字应有几位呢?先将测量结果表示成:$(2.300\ 0 \pm 0.000\ 2) \times 10^3$(这里
需要说明的是:当将测量结果用不确定度形式表示时,结果的最后一位应与不确
定度的数位对齐).根据以上定义,不难确定该结果的有效数字为 5 位.

　　在直接测量中,如何根据使用的测量仪器正确地用有效数字表示测得结果?
在间接测量中,如何通过函数运算得到正确的测量结果?在讨论这些问题的基础
上,需要制定以下一些规则.

一、仪器示值的有效数字读取

　　对直接测量,直接读取仪器示值时,我们规定:通常可按估读误差来决定数
据的有效数字,即一般可读至标尺最小分度的 1/10 或 1/5. 例如用量程为
150 mA,75 div(分度)的电流表测量电流,最小分度为 2 mA,读数误差按 0.2
div 即 0.4 mA 估计,因此可以取至小数点后 1 位. 图 1-5-1 所示的电流值应写成
97.2 mA.

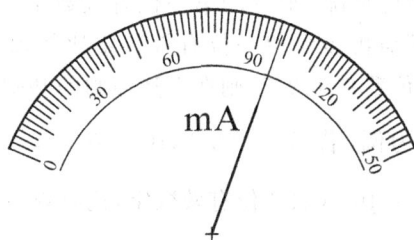

图 1-5-1

　　注意:在实验的原始记录中,为避免因分度直读不便而造成错误,应记录为
48.6 div 的形式或 96 mA + 0.6 div (1 div = 2 mA) 的形式,在整理列表时才
写成 97.2 mA.

二、有效数字的运算法则

　　对间接测量,需要通过一系列的函数运算才能得到最终的测量结果.这就不
可避免地要对测量量施以各种运算.下面介绍一些近似计算法则,利用它们既可

以简化计算,也能近似地确定结果的有效数字位数.

1. 加减法

例如 $N = A + B + C - D$,则合成不确定度 $u(N) = \sqrt{u^2(A) + u^2(B) + u^2(C) + u^2(D)}$ 主要取决于 A、B、C、D 中绝对不确定度的最大者,也就是最后一位有效数字位数最高的那个数. 如:$A = 6\,473.3$,$B = 0.846\,6$,$C = 3\,214$,$D = 8.26$,则有效数字最后一位位数最高者是 C. N 的有效数字取至个位数(与 C 相同)即可. 为了避免因为中间运算造成"误差",上例中的 A、B、C、D 均应保留到小数点后面一位,算出结果后再与 C 取齐,即

$$N = 6\,473.3 + 0.8 + 3\,214 + 8.3 = 9\,696$$

2. 乘除法

例如 $N = \dfrac{ABC}{D}$,则合成相对不确定度

$$\frac{u(N)}{N} = \sqrt{\left[\frac{u(A)}{A}\right]^2 + \left[\frac{u(B)}{B}\right]^2 + \left[\frac{u(C)}{C}\right]^2 + \left[\frac{u(D)}{D}\right]^2}$$

主要取决于 A,B,C,D 中相对不确定度的最大者,所以,对乘除法运算以有效数字位数最少的量为准. 对本例 $N = \dfrac{ABC}{D}$,若 $A = 90.5$,$B = 0.009\,0$,$C = 3.083\,78$,$D = 2\,768.9$,则 N 应取 2 位有效数字(与有效数字最少的 B 相同),$N = 9.1 \times 10^{-4}$(取 2 位有效数字).

如果考虑到某些特殊情况(如 B 的第一位有效数字较大,而 N 的第一位有效数字又较小),有时还需再多保留一位有效数字比较保险. 因此,我们补充规定:如最后结果的第一位数是 1、2、3,则在上述原则的基础上可多保留一位.

仍以 $N = \dfrac{ABC}{D}$ 为例,若 $A = 90.5$,$B = 0.001\,4$,$C = 3.083\,78$,$D = 2\,768.9$,则 $N = 1.41 \times 10^{-4}$(取 3 位有效数字,比有效数字最少的 B 多一位).

3. 混合四则运算

应按前述原则进行运算,并获得最后结果. 例如:

$$N = \frac{A}{B - C} + D = \frac{7.032}{5.709 - 5.702} + 31.54 = 1.0 \times 10^3$$

4. 其他函数运算

我们给出一般的处理原则:用微分公式计算最小不确定度,然后根据所得的不确定度确定有效数字的位数. 所谓最小不确定度是指在测量值的最后一位有效数字位上取 1 个单位作为测量值的不确定度,这样做是为了"保险"(不丢失有效位数).

【例】　$\sqrt[12]{6.25} = ?$

解　以 x 代表 6.25，将 $\sqrt[12]{6.25}$ 写成函数形式 $y = x^{1/n}$，有 $y = x^{1/n} = 6.25^{1/12} = 1.029\,047\,982$，取 $\Delta_x = 0.01$ 得 $\Delta_y = \dfrac{1}{n} \cdot \dfrac{\Delta_x}{x} \cdot y = \dfrac{1}{12} \times \dfrac{0.01}{6.25} \times 6.25^{1/12} = 0.000\,014$．所以，$y$ 值应取到小数点后面第 5 位，$y = 1.029\,05$，为 6 位有效数字．

有效数字的运算法则是一种粗略、简单而实用的运算规定，应当熟练掌握．在不要求计算不确定度的情况下，可以通过它来确定测量结果的有效数字；在严格估计不确定度的情况下，它可以作为数据处理过程中的参考．

第六节　　数据修约和测量结果的最终表述

因误差的存在，使得测量值只是真值的一个近似值，因此无论是直接测量，还是间接测量得到的测量结果，都没有必要记录过多的位数，只需要记录适当的位数．数据修约（或称截断）的原则是能正确反映测量数据的可靠性，也就是按测量的不确定度来规定数据的有效位数．那么又如何决定不确定度的有效位数呢？由于不确定度本身存在一个置信概率的问题，所以，除了某些特殊测量以外，不确定度的数值最多保留 2 位，再多就没有意义了．

作为一种教学规范我们规定：不确定度的数值取位不超过 2 位，并且仅当第一位数字为 1、2、3 时取 2 位，其余只取 1 位．测量结果本身的有效位数应与不确定度末位对齐．数据截断时，剩余的尾数按"小于 5 舍去，大于 5 进位，等于 5 凑偶"的原则修约．"5 凑偶"的含义是当尾数等于 5 时，把前一位数字凑成偶数（奇数加 1，偶数不变）．例如电动势测量的计算结果（报告值）为 $E = 1.507\,549$ V，$u(E) = 0.003\,55$ V，修约后应写成 $E \pm u(E) = (1.507\,5 \pm 0.003\,6)$V；又如长度 $l = 24.155\,5$ cm，$u(l) = 0.012\,5$ cm，则应表述成 $l \pm u(l) = (24.156 \pm 0.012)$ cm．需要注意的是，"5 凑偶"的修约方法与传统的"4 舍 5 入"稍有不同．这样做的好处是使尾数的入与舍概率相同，进而使舍入误差表现为单纯的随机误差，避免在作进一步的计算时造成系统误差（进位的概率大于舍去的概率）．

对过大和过小的数据，应当用科学计数法来表示，即把它写成小数形式，小数点前为一位非零整数，而后乘 10 的方幂．例如中国人口约 13 亿 8 千万，应写成 1.38×10^9，不写为 1 380 000 000；而 0.000 635 m，则写成 6.35×10^{-4} m；转动惯量

的计算值为 $J = 11\,145.012\,6\ \text{g} \cdot \text{cm}^2$，$u(J) = 45.462\,5\ \text{g} \cdot \text{cm}^2$，测量结果应写为 $J \pm u(J) = (1.115 \pm 0.005) \times 10^4\ \text{g} \cdot \text{cm}^2 = (1.115 \pm 0.005) \times 10^{-3}\ \text{kg} \cdot \text{m}^2$.

　　总之，测量结果的最终报告形式是：

$$x \pm u(x) = （经过修约的相应数字）（单位） \tag{1-6-1}$$

第七节　数据处理方法(1)——作图法

　　在物理实验中，实验数据处理的方法有很多种，例如展示实验数据间关系的列表法、作图法，处理实验数据的数据拟合法、逐差法等.在这些方法中，作图法具有直观、清晰地展示物理量之间的定性关系，方便地比较不同物理量间的关系的特点.作图法是研究物理量之间变化规律的重要手段.为了准确地反映各物理量之间的函数关系，作图时应遵从以下规则：

　　a.选取合适的坐标纸.根据测量数据的需要可分别选取等分度直角坐标纸、半对数坐标纸、对数坐标纸或其他类型的坐标纸.

　　b.选取和标定坐标轴分度.一般规定以横坐标轴表示自变量，纵坐标轴表示因变量.在图中必须标明各坐标轴所代表的物理量及单位.当坐标轴分度确定后，应在坐标轴上每隔 10、20 或 50 个最小分度用有效数字标明其所表示的数值.原点坐标则根据实际作图需要标明便可，无须从坐标原点(0,0)开始.

　　确定坐标轴的分度应按以下两个原则来标定：第一个原则是根据测量数据的误差或有效数字的位数表示来标定坐标轴的分度.一般情况下不应该因作图而损失测量数据的有效数字位数，否则将人为地增大测量误差，所以应使坐标轴的最小分度小于或等于所测数据的最大误差.在遇到某些特殊情况如因受坐标图纸大小的限制，不得已而损失测量数据的有效数字位数而增大其误差时，应加以说明.第二个原则是在满足上述条件下，标定坐标轴的分度时应使画出的图线尽量充满图纸的空间，显然，作图纸的大小则应根据测得数据的数值范围和有效数字位数来确定.例如：依据以上两个原则，图 1-7-1(a)所示正确，而图 1-7-1(b)则不正确.

　　c.图中数据点的图示及选取.在图上可用符号"+"或"×"表示被测数据点.而其误差则

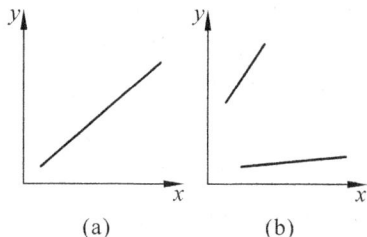
图 1-7-1

可通过一个矩形表示. 即以数据点为中心, 以 $2u(x)$(x 表示横轴代表的测量量) 为矩形之一边, 而以 $2u(y)$(y 表示纵轴代表的测量量) 表示矩形的另一边, 矩形范围即表示被测数据的误差范围. 作图时, 可能会出现个别点与图线偏离过大的情况, 对其处理要特别慎重. 首先要检查在测量或计算中是否有误, 如果是由过失误差导致这种偏离, 则可舍弃此点; 否则, 应保留此点, 并应探讨产生此种情况的原因, 从而作出正确的物理解释.

　　d. 图线的拟合. 如何根据图上标出的各数据点, 拟合成一条较好的图线呢? 一种直观的简单的方法即所谓目测拟合法. 用此法拟合图线时应顾及各坐标点, 使被拟合的曲线为光滑曲线或直线. 为此, 并不要求拟合曲线通过所有坐标点, 只要能通过各坐标点的误差矩形即可, 但最好要使不在曲线上的各坐标点能较匀称地分布于曲线的两侧.

　　e. 数据图线的说明. 要标明所作图线的名称, 并应注明图线获得的实验条件. 如果可能最好将所测数据用表格列在图像附近.

　　f. 根据图线的情况处理数据.

　　当图线是直线时, 作图法经常用于求直线的经验公式, 即求直线图形的斜率和截距. 只需求出斜率 b 和截距 a, 就可以得到直线方程: $y = a + bx$.

　　具体做法是在直线上取两点 (x_1, y_1)、(x_2, y_2), 则

$$b = \frac{y_2 - y_1}{x_2 - x_1}$$
$$a = \frac{x_2 y_1 - x_1 y_2}{x_2 - x_1}$$

(1-7-1)

若直线通过横坐标的 0 点, a 也可由图上读出. 取点的原则是: 从拟合的直线上取点(为了利用直线的平均效果不取原数据点); 两点相隔应尽量远一些, 否则由式 (1-7-1) 计算后有效数字位数会减少. 所取点的坐标应在图上注明.

　　当图线不是直线时, 可以尽可能地通过适当的数学变换将曲线形式改成直线, 然后进行分析判断. 这样做不仅会方便得多, 而且也易于求得相关的参数.

　　作图法具有简单、直观的优点, 能方便地显示出函数的极值、拐点、突变或周期等特征, 连成光滑曲线的过程对测量数据有取平均的效果(有时还有助于发现测量错误或问题), 是一种基本的数据处理方法. 但是, 受图纸大小的限制, 一般只针对有 $3 \sim 4$ 位有效数字的数据, 且连线有相当大的主观性, 所以, 用作图法求值比较粗糙, 一般也不用来计算不确定度.

第八节　数据处理方法(2)
—— 逐差法和最小二乘法

一、逐差法

在处理实验数据时,若自变量等间距变化,且两物理量之间又存在线性关系,可以利用物理实验中经常使用的逐差法来处理数据.逐差法与作图法相比,没有人为拟合的随意性,而与最小二乘法相比,计算简单.下面举例说明.

在测量弹性模量的实验中,在金属丝弹性限度内每次加载质量相等的砝码,测量光杠杆标尺读数 x_i;然后再逐次递减砝码,对应地记录测量标尺读数 $x_i{}'$;取 x_i 和 $x_i{}'$ 的平均值 $\bar{x}_i$.应用逐差法计算每增加(减)一个砝码引起的读数变化的平均值 $\bar{b}$.

首先将测量数据按顺序分为相等数量的两组 $(\bar{x}_1, \bar{x}_2, \cdots, \bar{x}_n)$、$(\bar{x}_{n+1}, \bar{x}_{n+2}, \cdots, \bar{x}_{2n})$,取两组对应项之差 $\bar{b}_i = (\bar{x}_{n+i} - \bar{x}_i), i = 1, 2, \cdots, n$. 再求平均值,即

$$\bar{b} = \frac{1}{n} \sum_{i=1}^{n} \bar{b}_i = \frac{1}{n} \left[(\bar{x}_{n+1} - \bar{x}_1) + (\bar{x}_{n+2} - \bar{x}_2) + \cdots + (\bar{x}_{2n} - \bar{x}_n) \right]$$

$$(1\text{-}8\text{-}1)$$

相应地,它们对应砝码的质量为 $m_{n+i} - m_i, i = 1, 2, \cdots, n$.

如果不采用逐差法计算,而是直接计算平均值 $\bar{b}$,则有

$$\bar{b} = \frac{1}{n} \sum_{i=1}^{n} (\bar{x}_{i+1} - \bar{x}_i) = \frac{1}{n} \left[(\bar{x}_2 - \bar{x}_1) + (\bar{x}_3 - \bar{x}_2) + \cdots + (\bar{x}_n - \bar{x}_{n-1}) \right]$$

$$= \frac{1}{n} (\bar{x}_n - \bar{x}_1)$$

相应地,它们对应砝码的质量为 $m_{i+1} - m_1, i = 1, 2, \cdots, n$. 显然,在这个 $\bar{b}$ 值的计算中只有首末两次测量数据对结果有贡献,所以,这种处理数据的方法没有反映出多次测量的优势.

以上的讨论说明,逐差法多用在自变量等间隔测量且其测量误差可略去的情况,它的优点是能充分利用数据,计算也比较简单,且计算时有某种平均效果,还可以绕过一些具有确定值的未知量而直接得到"斜率".在使用逐差法计算线

性函数的系数时应注意,必须把数据分为相等数量的两组,并对前后两组的对应项进行逐差.

二、最小二乘法和线性回归

在处理实验数据中,除了逐差法外,还经常使用最小二乘法.最小二乘法是一种比较精确的曲线拟合方法.它的判据是:对于等精密度测量,若存在一条最佳的拟合曲线,那么各测量值与这条曲线上对应点之差的平方和应取极小值.

设拟合的函数形式为 $y = b_0 + \sum b_n x^n$,实验测量数据是:$x_1, x_2, \cdots, x_k$;$y_1, y_2, \cdots, y_k$.在等精密度测量中,当自变量 x 的测量误差远远小于因变量 y 的测量误差时,用最小二乘原理估计 b_0, b_k 之值,应满足 y 的测量值 y_i 和 $b_0 + \sum_n b_n x_i^n$ 之差的平方和取极小,即:

$$\sum_{i=1}^{k} \left[y_i - (b_0 + \sum_n b_n x_i^n) \right]^2 = \min$$

为满足上述条件,则下式成立:

$$\frac{\partial}{\partial b_0} \sum_{i=1}^{k} \left[y_i - (b_0 + \sum_n b_n x_i^n) \right]^2 = 0$$

$$\cdots$$

$$\frac{\partial}{\partial b_n} \sum_{i=1}^{k} \left[y_i - (b_0 + \sum_n b_n x_i^n) \right]^2 = 0$$

通过求解以上的方程组,就可以得到表达式 $y = b_0 + \sum b_n x^n$ 中的系数 $b_0, b_1, b_2, \cdots, b_n$.

下面我们利用上面介绍的方法讨论用最小二乘法来处理直线拟合(一元线性回归)的具体问题.

设直线的函数形式是 $y = a + bx$.实验测得的数据是:$x_1, x_2, \cdots, x_k$;$y_1, y_2, \cdots, y_k$.在自变量 x 的测量误差远远小于因变量 y 的测量误差的情况下,可以认为 x 的测量是准确的,即认为 $x_1, x_2, \cdots, x_k$ 没有测量误差.y 的相应回归值是 $a + bx_1, a + bx_2, \cdots, a + bx_k$.

用最小二乘原理估计 a, b 之值,应满足 y 的测量值 y_i 和 $a + bx_i$ 之差的平方和取极小:

$$\sum_{i=1}^{k} \left[y_i - (a + bx_i) \right]^2 = \min \tag{1-8-2}$$

选择 a, b 使式(1-8-2)取极小值的必要条件是:

$$\frac{\partial}{\partial a} \sum_{i=1}^{k} \left[y_i - (a + bx_i) \right]^2 = 0$$

$$\frac{\partial}{\partial b} \sum_{i=1}^{k} \left[y_i - (a + bx_i) \right]^2 = 0 \qquad (1\text{-}8\text{-}3)$$

计算并整理式(1-8-3)可得

$$b = \frac{\sum x_i \sum y_i - k \sum x_i y_i}{\left(\sum x_i \right)^2 - k \sum x_i^2} = \frac{\overline{x} \cdot \overline{y} - \overline{xy}}{\overline{x}^2 - \overline{x^2}}$$

$$a = \frac{\sum x_i y_i \sum x_i - \sum y_i \sum x_i^2}{\left(\sum x_i \right)^2 - k \sum x_i^2} = \overline{y} - b\overline{x} \qquad (1\text{-}8\text{-}4)$$

其中, a, b 称为回归系数, $\overline{x} = \frac{1}{k} \sum x_i$, $\overline{y} = \frac{1}{k} \sum y_i$, $\overline{x^2} = \frac{1}{k} \sum x_i^2$, $\overline{xy} = \frac{1}{k} \sum x_i y_i$.

上述分析中,观测量 x 和 y 之间存在线性函数的关系是预先设定好的,因此这种关系是否可靠需要验证,事实上,任何两组测量值 x_i, y_i 都可以通过 $y = ax + b$ 得到"回归"系数 a, b,但所得出的直线 $y = a + bx$ 和"拟合"这一直线的测量数据并不是一一对应的关系.一般可通过计算相关系数 r 来检验:

$$r = \frac{\sum \left[\left(x_i - \frac{1}{k} \sum x_i \right) \left(y_i - \frac{1}{k} \sum y_i \right) \right]}{\sqrt{\sum \left(x_i - \frac{1}{k} \sum x_i \right)^2 \cdot \sum \left(y_i - \frac{1}{k} \sum y_i \right)^2}} = \frac{\overline{xy} - \overline{x} \cdot \overline{y}}{\sqrt{(\overline{x^2} - \overline{x}^2)(\overline{y^2} - \overline{y}^2)}}$$

$$(1\text{-}8\text{-}5)$$

r 是一个绝对值 $\leqslant 1$ 的数.若直线 $y = a + bx$ 通过全部的实验点,则 $r = \pm 1$. 若 x_i, y_i 之间线性相关强烈,则 $|r| \approx 1$,且 $r > 0$ 表示正相关; $r < 0$ 则表示负相关. $|r| \approx 0$ 说明实验数据分散,无线性关系.

第九节　　粗大误差的统计法剔除

在一系列重复测量数据中,如有个别数据与其他数据有明显差异,则它们很可能含有粗大误差(简称粗差),称其为可疑数据,记为 x_d. 根据随机误差的统计理论,出现粗大误差的概率虽小,但也是可能的.例如:在测量过程中,读错、记错数据或仪器的突然故障等原因都可能产生可疑数据. 对异常数据做出正确的判断与处理是获得客观的测量结果的一个重要因素. 那么,对于由直接测量而得到的一组数据,应根据什么准则去判断这组数据的好坏呢?或者说应该根据什么准则去检验所取得的测量数据中有无个别坏数据需要加以剔除呢?经过实践经验的积累,人们归纳出一些准则.本节将介绍两个常用的统计判断准则,它们均是针对正态分布或近似正态分布的样本数据给出的判断、处理准则.

1.3 $\hat{\sigma}$ 准则:

3$\hat{\sigma}$ 准则是一个最简单的检验准则,以测量列标准偏差的三倍来检验该组测量数据的好坏.实际应用中,常以贝塞尔公式计算得到的 s 代 $\hat{\sigma}$,以 $\bar{x}$ 代真值.

对某个可疑数据 x_d,若满足

$$| x_d - \bar{x} | > 3s \tag{1-9-1}$$

则剔除 x_d.

注意,在 $n \leqslant 10$ 时,不能用 3$\hat{\sigma}$ 准则剔除粗大误差. 为此,在测量次数较少时,最好不要使用 3$\hat{\sigma}$ 准则.

【例】 如下一组关于电阻 R 的测量数据:

测量次数 n	阻值 R /kΩ	偏差 $v_i (= x_d - \bar{x})$/kΩ
1	4.364	0.000
2	4.365	+0.001
3	4.366	+0.002
4	4.369	+0.005
5	4.362	−0.002
6	4.346	−0.018
7	4.367	+0.003
8	4.368	+0.004
9	4.363	−0.001
10	4.364	0.000
11	4.363	−0.001
12	4.365	0.001
$\bar{R} = 4.364$ kΩ $\hat{\sigma} = 0.059$ kΩ		

由上表可求出 3$\hat{\sigma} = 0.18$ kΩ.应用 3$\hat{\sigma}$ 准则检验上述数据,发现没有一个数据的偏差超过它们的 3$\hat{\sigma}$ 值.

2. 格拉布斯(Grubbs) 准则:

若一组测得值 x_1,x_2,$\cdots$,x_n,若其中的一个可疑数据 x_d 与平均值 $\bar{x}$ 的差

的绝对值 $|x_d - \bar{x}|$ 与标准差 s 的比 $\dfrac{|x_d - \bar{x}|}{s}$ 大于某一个值 $G(1-P,n)$,即若

$|x_d - \bar{x}| \geqslant G(1-P,n)s$,则认为数据 x_d 含有粗差,应予剔除;否则,应予以保留.

注意:标准差 s 按贝塞尔公式 $s(x) = \sqrt{\dfrac{\sum(x_i - \bar{x})^2}{(n-1)}}$ 计算,可疑数据 x_d 也应一并加入计算.表 4 中列出了测量次数为 $3 \sim 50$ 的 $G(1-P,n)$ 值.

表 4　格拉布斯准则的临界值 $G(1-P,n)$

n \ $1-P$	0.05	0.01	n \ $1-P$	0.05	0.01
3	1.153	1.155	17	2.475	2.785
4	1.463	1.492	18	2.504	2.821
5	1.672	1.749	19	2.532	2.854
6	1.822	1.944	20	2.557	2.884
7	1.938	2.097	21	2.580	2.912
8	2.032	2.221	22	2.603	2.939
9	2.110	2.323	23	2.624	2.963
10	2.176	2.410	24	2.644	2.987
11	2.234	2.485	25	2.663	3.009
12	2.285	2.550	30	2.745	3.103
13	2.331	2.607	35	2.811	3.178
14	2.371	2.659	40	2.866	3.240
15	2.409	2.705	45	2.914	3.292
16	2.443	2.747	50	2.956	3.336

下面应用此准则判断上例所得到的数据.取定 $1-P = 0.05$,因 $n = 12$,查上表的相应之 $G(1-P,n) = 2.285$,又知 $\hat{\sigma} = 0.059\ \text{k}\Omega$,对上例中的每个数据计算,其中对于第 6 个数有下式成立.

$$\frac{|x_d - \bar{x}|}{s} = \frac{|4.346 - 4.364|}{0.059} = 0.3 > 2.285$$

所以,这个数据应予以剔除.比较以上介绍的两个准则,显然格拉布斯准则比 $3\hat{\sigma}$

准则要严格些.

　　需要强调的是,在舍弃坏数据时决不允许仅仅依据实验者的主观臆断,为了凑得所谓的好数据而任意舍去主观上认为不好的数据.在作上述处理时,一定要检查测量中是否有过失误差或是否存在瞬变的系统误差;同时还可通过在同样的实验条件下增加测量次数,取得更多测量数据,从而可以减小偏差较大的数据对最终结果的影响.即便在采取了上述措施后,使用这些准则去检验数据是否舍弃时,仍要采取慎重的态度.因为在物理学的发展史中,有不少重大发现就是在研究测量结果的离散程度超出随机误差服从的分布规律时获得的.例如,瑞利(Rayleigh)于 1894 年在测量氮的密度时,注意到从大气中提取的试样与用化学制备的试样的数据之间有很大的差异(相差达 $23\hat{\sigma}$);但他并未归结于某种原因不明的差错而贸然舍弃其中某个测量结果,反而注意到它的存在,并以此为契机,发现了一种新元素氩.

附录:几种主要的统计分布和置信概率

　　在测量过程中,由于各种偶然因素,如:人的听觉、视觉等因素,数字表末位取整数时的随机取舍过程等,会产生一定的随机误差.随机误差的特点是服从一定的统计分布.在物理实验中最常见的概率分布为正态分布、t 分布和均匀分布.下面分别简单介绍.

　　A)正态分布(高斯分布)

　　正态分布是误差理论中应用最多的一种分布,其重要性不仅因为正态分布是随机误差的一种典型分布,而且也因为正态分布是其他分布的一种"极限"(数学上称为中心极限定理).理论和实践均已证明,若被测量量存在多个独立的误差来源,那么不管这些随机因素服从哪种分布,只要这些误差对测量结果的总影响不大,则该测量量总的误差分布就可近似看作正态分布.

　　正态分布的分布密度为

$$f(x) = \frac{1}{\sigma\sqrt{2\pi}}\exp\left[-\frac{(x-x_0)^2}{2\sigma^2}\right] \tag{1-9-2}$$

其中,参数 σ 的大小可直接描述曲线的形状,σ 越小,曲线越尖.σ 也为标准差.如图 1-9-1 所示.由此可以计算 x 值落在 $(x_0-\sigma, x_0+\sigma)$ 中的概率是:

$$\int_{x_0-\sigma}^{x_0+\sigma} f(x)\mathrm{d}x = \int_{x_0-\sigma}^{x_0+\sigma} \frac{1}{\sigma\sqrt{2\pi}}\exp\left[-\frac{(x-x_0)^2}{2\sigma^2}\right]\mathrm{d}x = 0.682\ 7$$

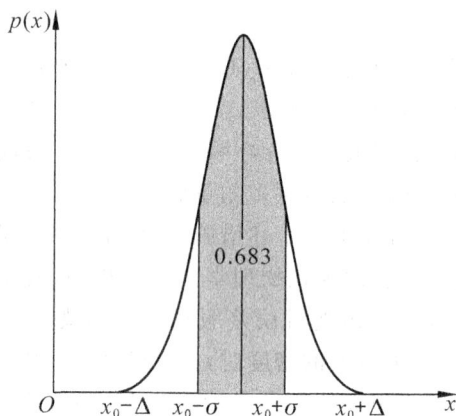

图 1-9-1

这说明当 x 在 $(x_0 - \sigma \quad x_0 + \sigma)$ 区间内的概率为 68.3%. 同理可以计算出,当 x 在 $(x_0 - 2\sigma \quad x_0 + 2\sigma)$ 区间内的概率为 95.4%;当 x 在 $(x_0 - 3\sigma \quad x_0 + 3\sigma)$ 区间内的概率为 99.7%. 从理论上讲,正态分布的随机变量取值范围可以为 $(-\infty \quad \infty)$,但对具体的实验测量过程而言,测量值范围在 $\pm 3\sigma$ 以外的可能性实际上可以近似地认为是零(0.002 7). 因此对于正态分布,可以取 $\Delta = 3\sigma$ 作为误差的最大限度来处理,其标准差和误差(限)之间满足关系: $\sigma = \Delta/3$.

B) t 分布(也称为学生分布)

在误差处理中, t 分布的重要性在于与正态分布的某种关联. 从正态分布的总体中随机抽取 n 个读数值 x_i,计算平均值 $\bar{x}$ 时, $\bar{x}$ 的概率密度就可以用 t 分布来描述. t 分布的分布密度函数为

$$f(t,\nu) = \frac{\Gamma[(\nu+1)/2]}{\Gamma(\nu/2)} \cdot \frac{(1+t^2/\nu)^{-(\nu+1)/2}}{\sqrt{\pi\nu}} \qquad (1-9-3)$$

其中, t 为变量, ν 为自由度. 自由度增大时, t 分布趋于正态分布,大部分平均值 $\bar{x}$ 的分布当 $n \to \infty$ 时都趋于正态分布.

为了继续使用标准差 σ 来描述测量结果的置信概率,那就应当在此基础上进行必要的修正,即乘上一个修正因子 $t_p(\nu)$. 应当指出, $t_p(\nu)$ 不仅与指定的置信概率 p 有关,而且与测量次数 n(更严格的说法是自由度 ν)有关. 标准差 σ 和误差(限) Δ 的关系为 $\sigma = \Delta/t_p(\nu)$.

表 5 给出了不同的置信概率下, $t_p(\nu)$ 随着自由度 ν 的变化.

表5 不同置信概率下的 t 分布修正 $t_p(\nu)$

自由度 ν		2	3	4	5	6	7	8	9	10	11
置信概率 p	0.683	1.32	1.20	1.14	1.11	1.09	1.08	1.07	1.06	1.05	1.05
	0.95	4.30	3.18	2.78	2.57	2.45	2.36	2.31	2.26	2.23	2.20
	0.997	19.21	9.22	6.62	5.51	4.90	4.53	4.24	4.09	3.96	3.85
自由度 ν		12	13	14	15	20	30	40	50	100	∞
置信概率 p	0.683	1.04	1.04	1.04	1.03	1.03	1.02	1.01	1.01	1.005	1.000
	0.95	2.18	2.16	2.14	2.13	2.09	2.04	2.02	2.01	1.984	1.960
	0.997	3.76	3.69	3.64	3.59	3.42	3.27	3.20	3.16	3.077	3.000

C) 均匀分布

均匀分布的分布密度为

$$f(x) = \begin{cases} A & a-\Delta \leqslant x \leqslant a+\Delta \\ 0 & \text{其他} \end{cases} \tag{1-9-4}$$

均匀分布的特点是,在误差范围内误差出现的概率密度相同,而在误差范围外,概率密度为 0.如图 1-9-2 所示.

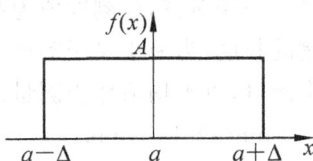

图 1-9-2

根据归一化条件 $\int f(x)\mathrm{d}x = 1$ 可以计算出 $A = \dfrac{1}{2\Delta}$. 由此可推出,在均匀分布下,标准差 σ 满足下式.

$$\sigma^2 = \int_{a-\Delta}^{a+\Delta} (x-a)^2 f(x)\mathrm{d}x = \frac{1}{2\Delta} \int_{-\Delta}^{\Delta} t^2 \mathrm{d}t = \Delta^2/3$$

所以在均匀分布下,标准差 σ 和误差(限)Δ 之间的关系是 $\sigma = \dfrac{\Delta}{\sqrt{3}}$.

第二章　基本实验仪器

第一节　力学和热学实验基本仪器

米尺

米尺的尺身一般为质地坚硬耐磨、不易随环境条件(温度、湿度等)变化而伸缩的硬木或钢材.米尺的准确度一般为 1 mm.

米尺的使用方法:

1. 测量时将米尺有刻度的一面立于或贴靠在被测物体上,并使刻度线与被测线垂直相交.

2. 先将米尺零点刻度与被测物体的一端对齐,和物体另一端平齐位置的读数即为被测物体的长度.为减小端点磨损带来的测量误差,通常是选择零点以后的某个整数值刻度与被测物体一端对齐,该刻度值为起点读数,被测物另一端的读数减去起点读数为被测物的长度.为减小尺子刻度不均匀带来的误差,有时要用米尺的不同位置进行多次测量,以平均值作为测量结果.

3. 读数时应估读到 1/10 mm 或 1/5 mm.

4. 为减小由于视差引起的读数误差,测量时视线应垂直于所读刻度.

游标卡尺

一、游标卡尺的结构

游标卡尺如图 2-1-1 所示.

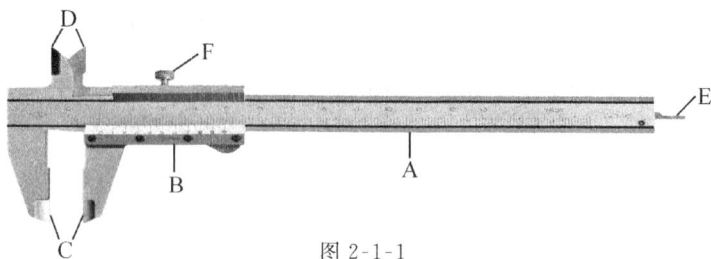

图 2-1-1

A— 主尺;B— 游标副尺(简称游标);C— 外卡口;D— 内卡口;E— 尺条;F— 游标固定螺丝

其中,外卡口用来夹持被测物体,测量物体的外尺寸;内卡口用于测量孔径或槽宽;尺条随游标一起移动,用于测量孔或槽的深度;游标固定螺丝用于固定游标的位置,在不便于读数的情况下,可先将游标位置固定,再将卡尺从被测物体上取下后读数.

二、测量原理

游标卡尺是利用主尺的单位刻度与游标副尺的单位刻度之间固定的微量差值来提高测量准确度的. 设游标副尺上共有 m 个等分格,每格长度(即单位刻度)为 x,主尺每格长度为 y,在制作游标卡尺时,使副尺 m 格的总长度与主尺 $(km-1)$ 格的总长度相等,即

$$mx = (km-1)y \tag{2-1-1}$$

其中 k 称为展宽系数. 由(2-1-1)式可得副尺上每格长度为

$$x = ky - \frac{y}{m} \tag{2-1-2}$$

则副尺每格长度 x 与主尺每 k 格的长度 ky 之差为

$$\Delta x = ky - x = \frac{y}{m} \tag{2-1-3}$$

称 Δx 为游标卡尺的准确度.在游标卡尺的副尺上标有该卡尺的准确度.

一般当卡口密合时,游标零线与主尺零线正好对齐,游标的第 m 线与主尺第 $(km-1)$ 线对齐.游标的第 1 条至第 m 条线与其右邻的主尺上对应各线间的距离,显然依次为 Δx, $2\Delta x$,$\cdots$, $(m-1)\Delta x$, $m\Delta x$. 如果使游标向右移动不超过 y 的某一距离,例如使其第 n 条线 $(n \leqslant m)$ 与原来在它右邻的主尺对应刻线对齐,则游标向右移动的距离为 $n\Delta x$,即游标零线与主尺零线间的距离为 $n\Delta x$. 若游标零线处于主尺 p 和 $(p+1)$ 刻线之间,且游标副尺上 n 刻线与主尺某线对齐时,被测长度应是 $L = py + n\Delta x$,将(2-1-3)式代入,则有

$$L = py + \frac{n}{m}y \tag{2-1-4}$$

游标卡尺主尺的单位刻度 $y = 1$ mm,主尺上的标度为实际长度.副尺上的标度则不是刻线间的实际长度,而是副尺上的刻线所代表的长度,即 $\frac{n}{m}y$ 值. 因为 $\frac{n}{m}y < 1$ mm,所以副尺上的标度均为小于 1 mm 的数值.为了标度方便,副尺上的数值是按整数标度的. 使用时应知道副尺上的 1 代表 0.10 mm,2 代表 0.20 mm……

三、游标卡尺的读数

用游标卡尺测量时,游标副尺零线与主尺零线间的距离即为被测长度.先读出位于副尺零线前的主尺上的刻线所对应的读数,即(2-1-4)式中的 py 值,再找出副尺上相对来说与主尺刻线对得最齐的一条刻线,读出该刻线代表的数值,即(2-1-4)式中的 $\dfrac{n}{m}y$ 值.将主尺读数与副尺读数相加即为测量结果.例如图 2-1-2 中的游标卡尺的准确度为 0.05 mm,读数为 10.70 mm.

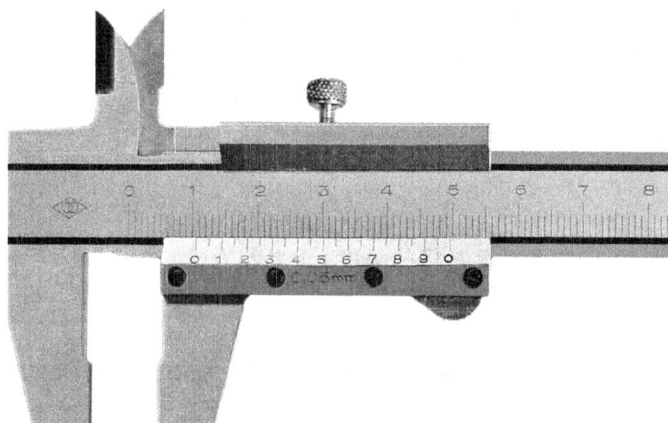

图 2-1-2

当被测物体的长度不正好是准确度的整数倍时,游标上将没有任何刻线与主尺刻线对齐,此时只能按相对来说对得最齐的刻线读数.由此产生的读数误差不会超过准确度的 $\dfrac{1}{2}$.因此用卡尺准确度的 $\dfrac{1}{2}$ 来表示卡尺一次测量读数的最大误差.

四、使用方法和注意事项

1. 检查零点.推动游标下面的凸起部位使内卡口 C(如图 2-1-1)密合,此时外卡口 D 也应密合,E 的尾端应和主尺尾端相平齐,且此时游标上的零线应与主尺零线对齐.如不能对齐,应记下起始读数,称为零点误差.最终测得值应为尺示读数减零点误差.

2. 移动游标时,右手握住主尺,用拇指移动游标,当卡住被测物体时,要松紧适度,以免损伤卡尺或被测物体.当需要把卡尺从被测物体上取下后才能读数时,务必先将固定螺丝拧紧.

3. 测量时,被测物体要卡正,特别是测量孔、环内径时,要找到最大值,否则会增大测量误差.卡尺在使用时严禁磕碰,以保持其精度.

4. 卡尺长期不用时,应涂以脱水黄油,置于蔽光干燥处封存.

螺旋测微计

螺旋测微计又称千分尺,如图 2-1-3 所示.

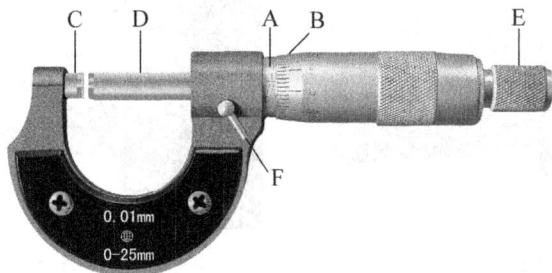

图 2-1-3

A— 主尺;B— 副尺;C— 量砧;D— 测微螺杆;E— 棘轮;F— 锁紧手柄

螺旋测微计的副尺套在主尺上,并与测微螺杆相固定.量砧与测微螺杆相对的两端面称为测量面,它们彼此平行,且精度和光洁度很高.棘轮靠摩擦力与测微螺杆连动,旋转棘轮可使测微螺杆前进或后退.在前进方向受阻(已卡住被测物)时,若再继续旋转棘轮,测微螺杆不再前进,这时棘轮发生咔咔的响声,表示测量面与被测物已适度接触.锁紧手柄用于固定测微螺杆的位置,使测量面的距离保持不变.

螺旋测微计的副尺旋转一周,测微螺杆端面随之移动的距离为主尺上的一个分度 $h = 0.5$ mm(该值即为螺旋测微计螺杆的螺距).副尺一个圆周上有 $m = 50$ 个刻度,副尺旋转 1 个刻度时,测微螺杆端面移动的距离为 $\dfrac{h}{m} = \dfrac{0.5}{50} = 0.01$ mm,此值即为螺旋测微计的准确度.

对于一个理想的螺旋测微计,当两测量面接触时,副尺的边缘与主尺的零刻线重合,且副尺的零线与主尺的轴向刻线重合.测量时若副尺的边缘位于主尺的 p 与 $(p+1)$ 刻线之间,副尺 $n(n \leqslant m)$ 刻线与主尺轴向刻线重合,则被测长度 L 为

$$L = ph + \frac{hn}{m} \tag{2-1-5}$$

对于一个实际的螺旋测微计,当两测量面接触时,副尺的边缘与主尺的零刻线往往不能重合,副尺的零线与主尺的轴向刻线也不能重合,即有一个起始读数,该读数称为零点误差 l_0. 而且测量时多数情况下,主尺轴向刻线落在副尺的 n 与 $n+1$ 刻线之间,这时要有一个估读数 Δl,被测物的实际长度 L 为

$$L = ph + \frac{hn}{m} + \Delta l - l_0 \qquad (2\text{-}1\text{-}6)$$

螺旋测微计的零点误差有如图 2-1-4 和图 2-1-5 所示的两种情况.

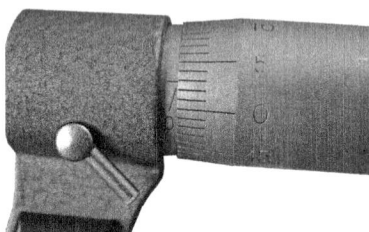

图 2-1-4

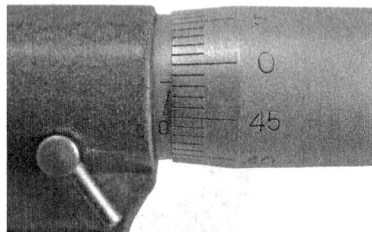

图 2-1-5

图 2-1-4 中副尺的零线在主尺轴向刻线的下方,主尺零线稍露在副尺外,此时 l_0 为正,称为正零点误差. 图 2-1-5 中副尺的零线在主尺轴向刻线的上方,主尺零线被副尺边缘压盖了,此时 l_0 为负,称为负零点误差.

螺旋测微计的使用方法和注意事项:

1. 确定零点误差. 需要指出的是,螺旋测微计的零点误差在使用中可能发生变化,因此在测量中应注意经常核对.

2. 棘轮的使用. 棘轮是为保护螺旋测微计中的螺杆而设置的. 无论是在确定零点误差,还是在夹持被测物体时,都必须使用棘轮. 当棘轮发出咔咔声时,即表示夹持松紧适当,可进行读数. 严禁直接旋动副尺,否则将可能损伤精密螺杆,严重时可使螺旋测微计报废.

3. 螺旋测微计严防磕碰;用毕应使两测量面间保持一定间隙(大于 0.5 mm),不能使其紧密接触,以免由于热胀及其他原因使螺杆受损.

4. 螺旋测微计长期不用时,应在易锈表面涂以脱水黄油,在蔽光干燥处封存.

物理天平

物理天平如图 2-1-6 所示.

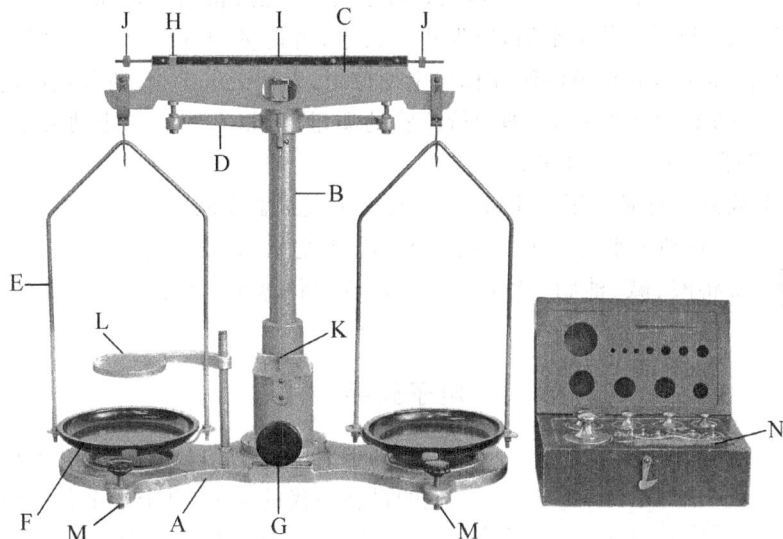

图 2-1-6

A—底盘；B—立柱；C—横梁；D—止动架；E—吊篮；F—秤盘；G—手轮；H—游码；I—游码刻度；J—平衡螺母；K—指针；L—杯托盘；M—水平调节旋钮；N—砝码

　　物理天平的横梁为一等臂杠杆，支点在横梁的中点，两端为杠杆的力点. 为了提高灵敏度，支点和力点都是用钢质刀口支在各自的玛瑙刀垫上，支点刀口向下，力点刀口向上. 立柱内有一升降杆，旋转手轮时可使升降杆上升或下降. 支点的玛瑙垫固定在升降杆的顶端，顺时针旋转手轮时，升降杆上升，可将横梁托起，这种状态为天平的启动状态；逆时针旋转手轮时，升降杆下降，使横梁落在止动架上，中间刀口与刀垫脱离，这种状态为天平的止动状态. 两个秤盘的吊篮分挂在横梁两端. 立柱与底盘垂直. 在立柱后方的底盘上装有水平仪，调节底盘上的水平调节旋钮使水平仪的气泡处于中心圈内时，底盘呈水平状态，而立柱呈铅直状态. 指针上固定有感量砣，产品出厂时已经调好，除校准灵敏度外，不必动它，否则会影响天平的灵敏度. 杯托盘用于放置烧杯，不用时应将其转至秤盘外固定好. 天平所附砝码最大为 500 g，最小为 1 g，对 1 g 以下的精度，可使用横梁上的游码来测量.

　　物理天平的操作规程和注意事项：

1. 调节底盘上的水平旋钮,使天平底盘呈水平状态.

2. 调整天平零点.将秤盘吊篮挂在吊架的上钩,游码置于零位置,启动天平,若指针不指零,则止动天平后调整平衡螺母,直至指针指零.

3. 称衡时将待测物置于左盘,砝码置于右盘.先按粗估质量加入砝码,启动天平,观察是否平衡.若不平衡,应先止动天平,再适量增减砝码(应考虑怎样尽快找到平衡质量),并调节游码在标尺上的位置,直至天平平衡.所加砝码的总质量加上游码在标尺上的示值,即为待测物的质量.测量完成后要止动天平,收回砝码,并将秤盘吊篮挂回下钩.

4. 取放砝码时必须用专用镊子,严禁用手直接触摸砝码.

5. 启动、止动天平时一定要缓慢,严禁急起急落,以保护刀口不被损坏.

6. 严禁将酸、碱、油脂、化学药品直接放在秤盘上,并注意保持刀口、秤盘清洁.

电子天平

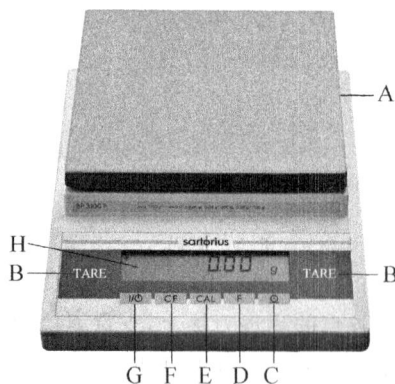

图 2-1-7

A—秤盘;B—置零和去皮重键;C—打印键;D—功能键;E—调整键(又称校准键);F—清除键;G—显示屏开关键;H—显示屏

电子天平是利用传感器和电子技术制造的最新一代的天平.电子天平具有数字显示、自动调零、自动校正、扣除皮重、输出打印等功能,有些还具备数据贮存与处理功能.电子天平操作简便,称量速度快,有较高的准确度.

图 2-1-7 所示为 BP3100P 型电子天平.

电子天平的一般操作方法:

1. 接通电源后预热一定时间(参考使用说明书),例如,BP3100P 型电子天平至少要预热 30 分钟.若在短时间内暂不使用天平,可不必关闭天平电源,以免再次使用时重新预热.

2. 调整水平.

3. 待零点显示稳定后,用自带的标准砝码进行校准.

4. 取下标准砝码,零点显示稳定后即可进行称量.

停表

实验中所使用的停表有机械式和数字式两种.

一、机械式停表

机械式停表如图 2-1-8 所示.

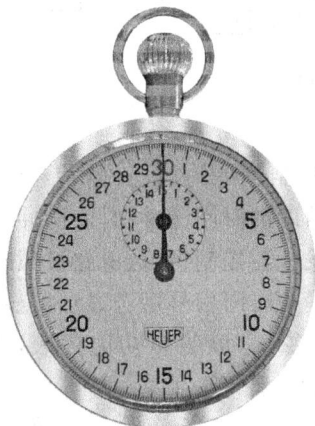

图 2-1-8

机械式停表有两个指针,长针为秒针,短针为分针.机械式停表的最小计时单位为 0.1 s.

1. 机械式停表的使用方法:

(1) 停表上端按钮外带有一个滚花手轮,使用前转动该手轮,上紧发条.

(2) 测量时分为启动、止动、读数、回零四个步骤.

启动:对应计时起点时刻按下按钮,表针开始走动,计时开始.

止动:对应计时终点时刻按下按钮,表针停止走动,计时停止.

读数:读数时将分针读数与秒针读数相加即为测量结果.

回零:读数后再次按下按钮,两个指针均回到零点.

2. 机械式停表使用时的注意事项:

(1) 每次测量前应观察秒针的起始位置,若不指零,应记下零点误差.

(2) 发条不要上得太紧,以免损坏.

(3) 按动按钮时不要用力过猛,以免损坏机件.

(4) 若较长时间内将不使用,应启动停表,直至发条势能完全释放为止.

二、数字式停表

数字式停表是利用数字电路构成的电子计时仪器.数字式停表的基本原理如图 2-1-9 所示.

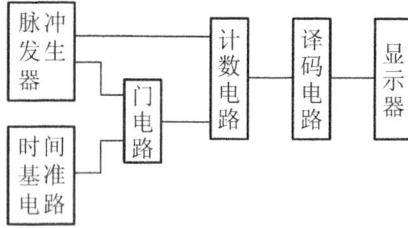

图 2-1-9

　　脉冲发生器的作用是控制停表的启动、停止和清零;时间基准电路的作用是为计数电路提供一个高精度的时间脉冲;时间脉冲经门电路送到计数电路,门电路的开通与关闭由脉冲发生器控制;计数电路按照时间脉冲计数;译码电路将计数电路中的数字信号翻译为时间信号后送显示器显示时间.

　　数字式停表的样式很多,一般为多功能停表,兼有时钟和停表的功能. 图 2-1-10 所示停表是其中的一种.

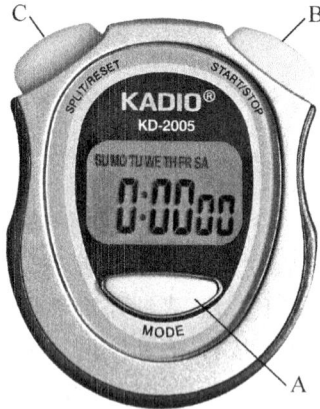

图 2-1-10

　　A 为功能键,按动该键可使停表进入三种不同的工作状态:时钟状态、停表状态和设置状态.

　　1. 时钟状态

　　在时钟状态下显示:时、分、秒和星期.按动 B 键显示日期,按动 C 键显示已设定的闹钟时间.

　　2. 停表状态

　　在停表状态下按动 B 键可启动和停止计时.在计时停止前按动 C 键可实现阶段计时,在计时停止后按动 C 键可使停表清零.

　　3. 设置状态

在设置状态下可以设定时间、日期、星期和闹钟时间. 按动 B 键可以改变设置数值,按动 C 键可以改变设置项目.

数字计时器

数字计时器前面板如图 2-1-11 所示.

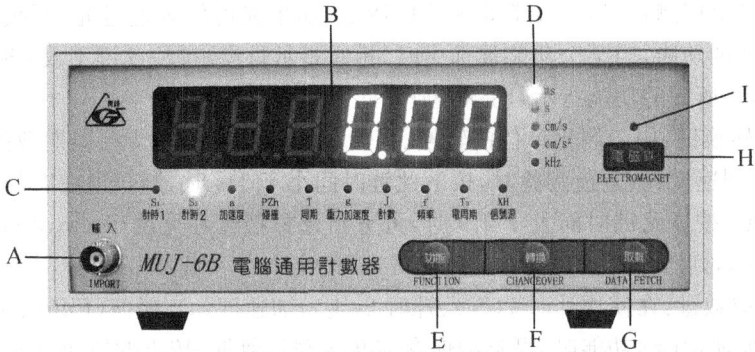

图 2-1-11

A—测频输入口;B—LED 显示屏;C—功能指示灯;D—测量单位指示灯;E—功能键;F—转换键;G—取数键;H—电磁铁键;I—电磁铁开关指示灯

数字计时器后面板如图 2-1-12 所示.

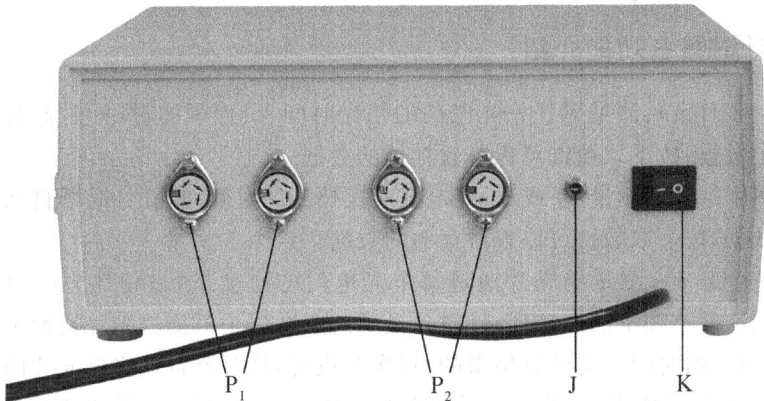

图 2-1-12

P_1—光电门插口(外侧口兼电磁铁插口);P_2—光电门插口;J—频标输出插口;K—电源开关

该数字计时器以单片微处理器为核心,具有计时、计数、测量频率、测量周期、测量速度和加速度、记忆测量数据等功能.

一、按键的作用

数字计时器前面板上有四个按键,它们的作用分别如下:

1. 功能键:用于计时器的功能选择和取消数据显示(复位功能).如果按下此键前光电门遮过光,则按下此键数据清零;如果光电门未遮过光,则按下此键将选择新的功能,当某个功能被选中时,相应指示灯亮.按住此键不放,将循环选择功能,当所需的功能指示灯亮时,放开此键即可.

2. 转换键:用于测量单位的转换、挡光片宽度的设定和待测周期数的确定.在计时、测速度、做碰撞实验时,按下此键时间小于 1 s 时,测量值在时间和速度之间转换.按住此键时间大于 1 s 时,可重新选择挡光片宽度(1 cm,3 cm,5 cm或 10 cm),到所需要的宽度时放开此键即可.

3. 取数键:在使用计时 1(S_1)、计时 2(S_2)、加速度(a)、碰撞(PZh)、周期(T)和重力加速度(g)功能时,可自动保存前几次测量数据,按下此键可显示已存的数据.当显示"E*"时,提示将显示存入的第 * 次测量值.按下功能键将清除存入的数据.

4. 电磁铁键:按动此键可改变电磁铁的吸合和释放,吸合时该键上方指示灯亮,释放时灭.

二、计时器各功能介绍

1. 计时 1(S_1):测量对任一光电门的挡光时间,可连续测量.计时器自动存入前 20 个数据,按下取数键可以查看存储的数据.

2. 计时 2(S_2):测量 P_1 或 P_2 光电门两次挡光的时间间隔.计时器自动存入前 20 个数据,按下取数键可以查看存储的数据.

3. 加速度(a):测量挡光片通过每个光电门的速度、通过相邻光电门的时间,以及在这段路程上的加速度.计时器显示的速度值是根据挡光片宽度和挡光片通过光电门的时间自动计算出来的.每次开机时,计时器自动将挡光片的宽度设定为 1 cm.测量速度时,若光电门的宽度不是 1 cm,应通过转换键进行设置.

在该功能下,计时器将循环显示下列数据:

数据显示次序	显示数据	数据说明
1	$t(1)$	挡光片通过第 1 个光电门的时间
2	$t(2)$	挡光片通过第 2 个光电门的时间
3	$t(1\sim 2)$	挡光片由第 1 到第 2 个光电门的时间
如果有第 3 个或第 4 个光电门连接,则将连续显示:		
4	$t(3)$	挡光片通过第 3 个光电门的时间
5	$t(2\sim 3)$	挡光片由第 2 到第 3 个光电门的时间
6	$t(4)$	挡光片通过第 4 个光电门的时间
7	$t(3\sim 4)$	挡光片由第 3 到第 4 个光电门的时间

若要进行下一次测量,需先按功能键清零.

在此功能下,若实验时使用 2 个光电门,可存储前 4 次测量数据;若使用 3 或 4 个光电门,可存储前 2 次实验数据.按下取数键可以查看存储的数据.

4. 碰撞(PZh):在气垫导轨上做碰撞实验时可使用此功能.在 P_1 口和 P_2 口上各接一个光电门,两只滑行器上装好相同宽度的凹型挡光片和碰撞弹簧.让滑行器从气垫导轨两端向中间运动,各自通过一个光电门后相撞.碰撞后两滑行器分别再次通过光电门.

在该功能下,计时器将循环显示下列数据:

数据显示次序	显示数据	数据说明
1	$t(P_1,1)$	滑行器第一次通过 P_1 口上的光电门的时间
2	$t(P_1,2)$	滑行器第二次通过 P_1 口上的光电门的时间
3	$t(P_2,1)$	滑行器第一次通过 P_2 口上的光电门的时间
4	$t(P_2,2)$	滑行器第二次通过 P_2 口上的光电门的时间

如果滑行器三次通过 P_1 上的光电门,将不显示 $t(P_2,2)$,而显示 $t(P_1,3)$.

如果滑行器三次通过 P_2 上的光电门,将不显示 $t(P_1,2)$,而显示 $t(P_2,3)$.

在此功能下可存储前 4 次实验数据.按下取数键可以查看存储的数据.

5. 周期(T):测量振动周期.有两种方法测量:

不设定周期数:在周期数显示为 0 时,每完成一个周期,显示周期数加 1.按下转换键停止测量,显示累计时间值.

设定周期数:可以设定 100 以内的周期数.设定方法是按住转换键不放,计时器显示变化的数字,到所需的数值时放开转换键即可.测量时每完成一个周期,显示周期数自动减 1,当最后一个周期完成后,显示累计时间值.

按功能键可重新开始测量.

6. 重力加速度(g):此功能需配合自由落体仪使用.

7. 计数(J):测量光电门的遮光次数.

8. 测频(f):可以测量正弦波、方波及三角波等电信号的频率.

9. 电周期(T_0):测量电信号的周期.

10. 信号源(XH):输出频率为 10 kHz,1 kHz,0.1 kHz,0.01 kHz 及 0.001 kHz 的方波信号,按转换键可以选择频率.

11. 仪器自检功能:此计时器具有自检功能.按住取数键不放,再开电源开关,仪器显示"222222""5.5.5.5.5.5",指示灯全亮,执行自检,最终显示 23.50 ms,表示本机工作正常.

气垫导轨

气垫导轨装置如图 2-1-13 所示.

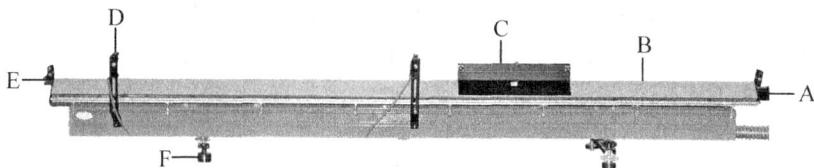

图 2-1-13
A— 进气口;B— 导轨;C— 滑行器;D— 光电门;E— 滑轮;F— 底脚螺旋

导轨由面夹角为 90° 的铝型材制成,表面经过精加工,光洁且平直,固定在支撑架上.导轨的两个面上分别钻有分布均匀的两排小气孔,孔径为 0.4 ～ 0.7 mm.导轨的一端与进气管相接,另一端封闭.

支撑架下面有三个底脚螺旋,用以调节导轨水平或使导轨成一定倾角.支撑架一侧边沿上固定有光电门装置,光电门与数字计时器连接.支撑架另一侧粘有一个薄片式的米尺.

滑行器由与导轨相同的铝型材制成,其内表面精加工,平直光洁,并能与导轨很好地吻合,其长度为 12 ～ 18 mm.滑行器上面配有载物台,可加减配重物,以改变滑行器的质量,同时载物台还可用来固定挡光板.滑行器两端装有环形或半环形的缓冲弹簧.

气垫导轨用专用气源供气.气源有单路及多路输出等不同规格.气源应噪声小,并应带有粉尘过滤袋.

一、气垫导轨的工作原理

气源将空气压入导轨后,空气由导轨面上的小孔喷出,将滑行器稍稍托起,这时在滑行器和导轨面之间形成一薄层空气膜(称为气垫),这个气膜对滑行器产生一个向上的浮力,使滑行器与导轨面脱离,不直接接触,从而大大减小了它们之间的摩擦力.

二、气垫导轨使用时的注意事项

1. 实验操作时,滑行器应轻拿轻放,避免与导轨面磕碰;

2. 在导轨未充气的情况下,不得在导轨上推动滑行器,以免磨损导轨面;

3. 经常对导轨表面进行清洁,除去导轨表面上的油污和灰尘;

4. 气源的粉尘过滤袋要经常清理,以免影响供气效率;

5. 气源的功率较小,不能长时间连续工作,所以在实验中,若无须滑行器滑行时,应关闭气源;

6. 气垫导轨不宜经常移动,应放在固定的实验台上.

温度计

温度计用来测量固体或液体的温度.实验室中使用的温度计有水银温度计和数字温度计两种.

一、水银温度计

水银温度计如图 2-1-14 所示.

水银温度计的下部是一个充有水银的玻璃泡,温度计中部的真空毛细管与玻璃泡连通,温度计外部带有刻度.

水银温度计是利用水银的体积随温度变化来测量温度的.测量时由毛细管中水银柱的顶端读出温度值.

水银温度计使用时的注意事项:

1. 温度计的玻璃泡必须与待测物接触良好.特别是测量固体温度时,应该用导热良好的材料包好玻璃泡再放入测温孔中.

2. 温度计的玻璃泡受热膨胀,毛细管的不均匀性等会带来测量误差,在测量要求高的情况下应对温度计进行校准.

图 2-1-14

3. 温度计的玻璃泡很薄,使用时要格外小心,不能碰破.一旦破损,要及时处理,避免水银蒸气污染环境.

二、数字温度计

数字温度计的测量原理如图 2-1-15 所示.

图 2-1-15

温度传感器一般可以由热电偶、PN 结或热敏电阻构成.温度传感器将待测温度信号转换成模拟电信号,A/D 转换电路将模拟电信号转换为数字信号,再经数字处理电路处理后送显示器.

数字温度计种类很多,下面以 TES-1310 型数字温度计为例进行说明. TES-1310 型数字温度计如图 2-1-16 所示.

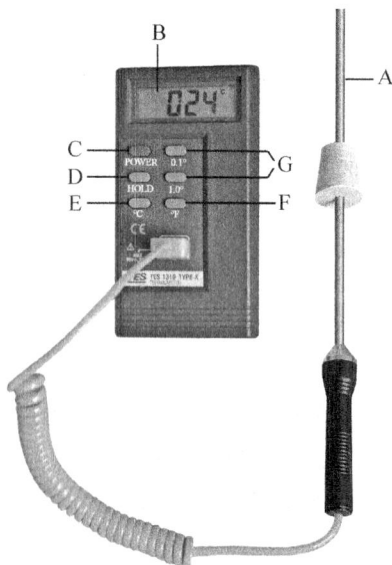

图 2-1-16

该温度计各部分功能如下:

A— 测温棒(温度传感器):由 K(Ca)NiCr/NiAl 合金热电偶构成.

B— 液晶显示屏(LCD):可显示温度值、温度单位(℃ 或 ℉)及电池电量.

C— 电源开关.

D— 功能锁定开关：当开启锁定功能时,将锁定 LCD 显示的数值. 该功能用于不易读数的场合. 在锁定状态下不能进行新的测量,除非解除锁定.

E— 摄氏温标选择开关：选择使用摄氏温标.

F— 华氏温标选择开关：选择使用华氏温标.

G— 温度分辨率选择开关：可选择 0.1° 和 1.0° 两种分辨率.

该温度计的测量范围如表 6 所示.

表 6 TES-1310 型数字温度计的测量范围

温 标	测 量 范 围
℃	− 50 ～ 1300℃
℉	− 50 ～ 1999℉

温湿度计

温湿度计是用来测量空气温度和湿度的仪器. 湿度是表示空气中水蒸气含量的物理量,常用绝对湿度和相对湿度来表示. 绝对湿度是单位体积空气内所含水蒸气的质量,也就是空气中水蒸气的密度,单位为 g/m^3. 相对湿度(H_T)是表示空气中实际所含水蒸气的分压(P_W)和同温度下饱和水蒸气的分压(P_N)的百分比,即 $H_T = \dfrac{P_W}{P_N} \times 100\%$. 温湿度计测量的是相对湿度.

实验室中测量湿度的仪器依据测量方式的不同分为干湿泡式温湿度计和指针式温湿度计.

干湿泡式温湿度计如图 2-1-17 所示.

干湿泡式温湿度计由两个完全相同的温度计构成. 一个温度计的感温泡(干泡)暴露在空气中,它可以测量空气的温度;另一个温度计的感温泡(湿泡)包着棉布条,同时将棉布条的一部分浸在水槽中. 棉布条通过虹吸的方式从水槽中吸取水分,使其保持潮湿状态. 棉布条上的水分蒸发时会带走热量,使湿泡温度降低. 环境湿度越低,棉布条上的水分蒸发越快,湿泡与干泡的温差也越大. 根据干泡和湿泡的温度,利用仪器上的速查盘来确定相对湿度.

使用方法：读出干泡和湿泡的温度值,转动速查盘,使干泡温度刻线(红线)与湿泡温度刻线(黑线)对齐,则小箭头指示的数值即为相对湿度.

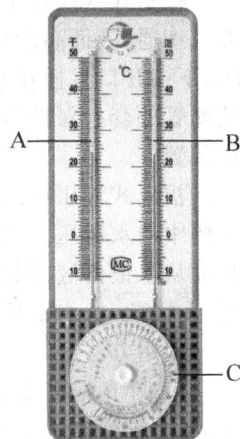

图 2-1-17

A— 干泡温度计;B— 湿泡温度计;C— 速查盘

图 2-1-18

指针式温湿度计如图 2-1-18 所示.

指针式温湿度计有两个指针,其中,长针指示温度,短针指示相对湿度.温度测量是利用温度特性不相同的双金属片做成的感温器带动指针偏转.湿度测量是利用纤维素等物质随湿度变化而伸缩的性质,将纤维素与约 50 μm 的金属箔粘合在一起,卷成螺旋形状的感湿器.感湿器与空气直接接触,使感湿器发生形变,带动指针偏转.

福廷式气压计

福廷式气压计如图 2-1-19 所示.

福廷式气压计下部为一个水银槽,其液面与大气相通,液面高度可以调节.中央为一根上端封闭,下端开口且插在水银槽中的真空玻璃管.真空玻璃管外套有保护钢管,管上有刻度尺,并附有游标装置.

福廷式气压计的测量原理是利用大气压将水银槽中的水银压入真空玻璃管中,管中水银柱(其高度从水银槽液面起算)产生的压强与大气压强相等,因此,由水银柱的高度即可确定大气压强.

使用方法:

1. 调节基准水银面.调节水银槽底部的螺旋,将水银槽中的水银面调至与指示针的尖端刚好相接触.

2. 眼睛与水银柱等高平视,并通过钢管后面的平面镜观察,调节游标位置,使水银柱顶面、游标下端面以及水银柱在平面镜内的虚像的顶面三者重合在同一平面内.

3. 读取水银柱的高度值.

4. 记录环境温度.当测量要求较高时应进行温度修正,实验室使用的温度修正公式为

$$h = h_0(1 - 0.000\,163t) \text{ cmHg}[1]$$

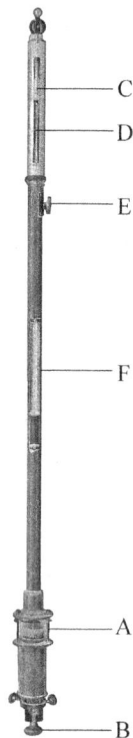

图 2-1-19
A— 水银槽;B— 水银面调节螺旋;C— 游标;D— 水银柱观察窗口;E— 游标调节螺旋;F— 温度计

---

[1] 1 cmHg = 1333.224 Pa.

式中 h_0 为气压计上的读数, t 为环境温度(摄氏温标).

量热器

量热器实物如图 2-1-20 所示.

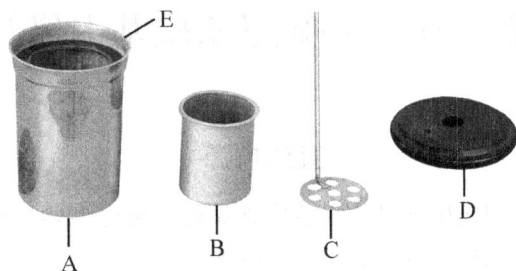

图 2-1-20

A— 外筒;B— 内筒;C— 搅拌器;D— 绝热盖;E— 绝热圈

量热器由外筒、内筒、搅拌器、绝热盖和绝热圈等组成.量热器的装配如图 2-1-21 所示.

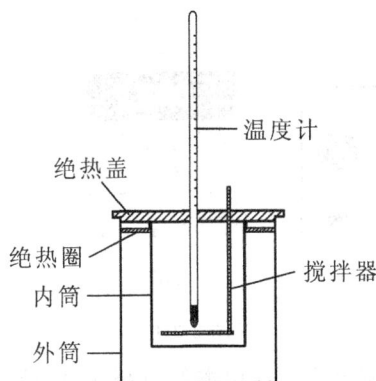

图 2-1-21

量热器外筒和内筒均为铜制或铝制的开口圆筒,其表面光亮,以减小热辐射.外筒内放一绝热圈,内筒放在绝热圈上.外筒与内筒上盖一绝热盖,使内筒与外界的热传导、热对流及热辐射都难以进行,尽可能与外界绝热.绝热盖上有两个小孔,中间小孔插温度计,旁边小孔插搅拌器.搅拌器与内筒材料相同.

量热器使用时的注意事项:

1. 内筒中要放适量液体,通常是水(最好是蒸馏水),约占内筒容量的 $1/2 \sim 2/3$.

2. 放入待测物时要小心,不要将液体溅出筒外.

3. 实验时不要用手握外筒;搅拌器手柄末端应套有绝热套,实验时需轻轻地充分搅拌,以使系统尽快达到热平衡.

第二节   电磁学实验基本仪器

直流电源

直流电源是物理实验和日常生活中常见的一种电源,物理实验中常用的直流电源有晶体管直流稳压电源和干电池两种.

一、晶体管直流稳压电源

晶体管直流稳压电源如图 2-2-1 所示,其中(a)(b) 为单路输出电源,(c) 为双路输出电源.

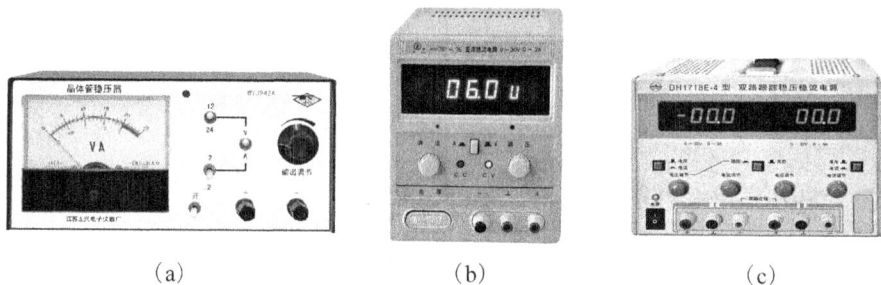

(a)   (b)   (c)

图 2-2-1

晶体管直流稳压电源是将交流电源经过整流、滤波、稳压等过程变换为直流电源的一种设备.此种电源一般都采用高性能的稳压电路,可以提供稳定的连续可调的直流电压.电源上可以显示输出的电压或电流的数值.有些直流稳压电源不仅可以调节输出电压,还可以调节输出电流,如图 2-2-1 中的(b) 和(c).较好的稳压电源都带有保护电路,当负载过重或输出短路时能自动切断输出,以有效地保护电源本身.

二、干电池

干电池是实验中及便携式仪器上常用的工作电源.它的能量来源于其内部的化学反应过程.干电池在使用过程中,电极物质在化学反应中不断消耗,干电池的电动势和内阻都是在不断变化的,因此严格地说,干电池不是恒定的电压源.但当工作电流一定(小于 100 mA) 时,在一定的时间内可以认为是较好的恒压电源.干电池的输出电压通常标为 1.5 V.

三、直流电源在使用时的注意事项

1. 注意电源的正、负极不可接反,以免损坏用电器;
2. 输出端不可短路,以免造成电源损坏;
3. 在选择直流稳压电源时要考虑功率要求,在输出电压符合需要的情况下,还要注意其电流是否在额定范围之内,不可过载.

直流电表

直流电表是指用于直流电路中的电流表及电压表.在物理实验中大多为指针式的磁电式仪表或数字电表,如图 2-2-2(a)(b)(c) 所示.

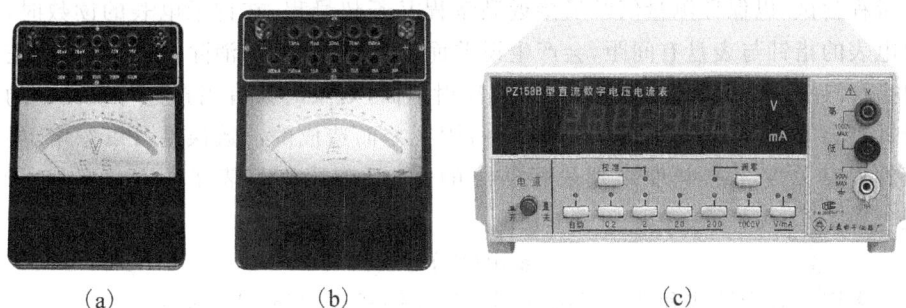

| (a) | (b) | (c) |

图 2-2-2

电表的一些技术指标、性能、使用条件等,均用符号标在表盘上,现选择其中一些列举于表 7 中.

表 7　电表盘上符号的意义

符　号	∩	—	≅	1.0	⌐	⊥	Ω/V
意　义	磁电式	直流	交、直流两用	准确度等级	平放	竖放	电压表内阻、每伏欧姆数

电表的量程和内阻是电表的重要参数.电表的量程表示电表测量的范围,一个电表可以有多个量程,如图 2-2-2 中(a)(b) 所示.电表的内阻对电表的性能以及实验结果有着极大的影响,其大小可由说明书查知,精确数值须由实验测定.电表测量值的准确程度是由仪器的误差和准确度等级来标定的.仪器误差(限)$\Delta_{限}$ 是指在规定(计量检定)条件下,电表所具有的允许误差范围.

准确度等级 α_m 定义为仪器误差(限)与电表量程之比:

$$\alpha_m = \frac{\Delta_{\text{限}}}{N_m} \times 100\% \qquad (2\text{-}2\text{-}1)$$

式中的 N_m 是电表的量程.

电表测量值的相对误差定义为仪器误差限 $\Delta_{\text{限}}$ 与测量值 x 之比:

$$E = \Delta_{\text{限}}/x \qquad (2\text{-}2\text{-}2)$$

显然,E 因测量值 x 的增大而减小,故从减小测量误差的角度来考虑,应选择合适的量程,且使测量值接近满量程时误差最小. 通常情况下,测量值不应小于 2/3 量程,至少不小于 1/2 量程.

在使用电表前,首先从表盘上(或说明书中)了解该电表的技术规格及使用条件,认清接线柱的极性及对应的量程. 按使用要求水平(或垂直)地放置在便于观测的位置,用调零旋钮调整好机械零点,并依据估计出的测量值大小选好量程后再连线. 有时测量值大小无法估计,为安全起见,可由较大量程开始,逐次减小量程尝试,以保证测量值既最接近满量程又不超量程. 在记录电表的读数时,因电表的指针与表盘有间距,会产生视差而使读数不准. 为消除视差,眼睛需正视指针. 1.0 级以上的电表在表盘上有反射镜面,观察时只有当指针与镜面中的指针重合时,才是正确的读数位置,这时因视差而造成的读数误差可以忽略. 电表的表盘分度与准确度级别是相匹配的,一般应读到仪表最小分度的 1/10 或 1/5.

多用(电)表

多用表有指针式和数字式两种,分别如图 2-2-3 中(a)(b)所示.

(a)   (b)

图 2-2-3

多用表是实验工作中最常用的一种仪器,它的测量对象通常可以是交/直流电流、交/直流电压、电阻等,具有测量范围广泛(对每一个测量对象均有多个量程)、使用方便等突出的特点.但是,它的准确度较低,主要用于粗测电学物理量和检查线路故障等.

多用表的使用方法和注意事项:

1. 首先要根据被测量量及其估计大小,选择对应的测量挡位及合适的量程.

2. 当被测对象大小不能估计时,一定要先用高量程挡位,用表笔点测一次,粗测它的大小范围,然后转到合适挡.

3. 当被测对象为电阻时,不论用电阻挡的哪个量程去进行测量,在测量前都需要调零,方法是将两表笔短接,调节调零电位器,使指针(指针式多用表)正好指在电阻刻度值的零点或示数(数字式多用表)正好为零.若调节调零电位器不能实现这一点,则说明电池应该更换.

4. 电阻挡各量程的最大值都是"∞",显然不能以此表示量程.通常用电阻挡各量程的中值电阻来反映它们的量程.每个电阻挡位标的示数就是该挡位的中值电阻(所谓中值电阻是指在测量时指针指向刻度尺的中点时所表示的电阻值).被测量电阻值在中值电阻附近时的测量值较为准确.

5. 用电压挡检测电路中某两点间电压时,需要特别注意所用挡的内阻与被测两点间电阻的相对关系.只当该挡内阻远远大于被测两点间电阻时,测量结果才是可信的.

6. 指针式多用电表使用完毕应置于交/直流电压的高电压挡;数字式多用表使用完毕应将电源开关关闭.

变阻器

变阻器有多种形式,图 2-2-4(a)所示为滑线变阻器,它是用电阻丝绕在绝缘的瓷管上制成的.滑动端通过碳刷与电阻丝接触. 图 2-2-4(b)所示为一种小型的变阻器,又称电位器,在实际的电路中有广泛的使用.

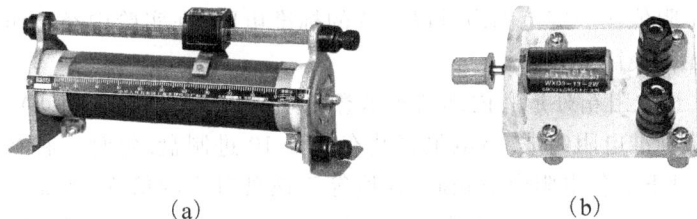

(a)　　　　　　　　　　(b)

图 2-2-4

变阻器规格的主要参考依据有:

1. 阻值:指两固定端间的全电阻值;

2. 额定工作电流:指连续工作时允许通过的最大电流值.

变阻器有两种基本用法:

1. 做制流器用

将变阻器接入如图 2-2-5 所示的电路,即构成制流器.做制流器用时,变阻器的阻值一般应为电源负载电阻的 2 ~ 10 倍.

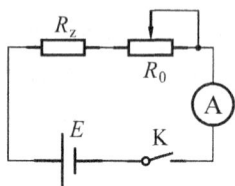

图 2-2-5

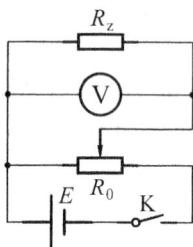

图 2-2-6

2. 做分压器用

将变阻器接成如图 2-2-6 所示的电路,即构成分压器.做分压器用时,变阻器的阻值一般应为电源负载电阻的 1/10 ~ 1/2.

当变阻器阻值与负载电阻值相近时,既可接做制流器,也可接成分压器.实验中要根据具体情况灵活选用.

变阻器使用时的注意事项:

1. 根据需要选择合适规格的变阻器,以免在使用中过载.

2. 当变阻器做制流器用时,接通电源前应将滑动端置于使其阻值呈最大的位置;当用做分压器时,接通电源前应将滑动端移至使其输出电压为零的位置.

电阻箱

电阻箱是由多个标准电阻元件按一定组合形式连接在一起的电阻集合,它相当于一个阻值在一定范围内可以改变的标准电阻.在实验中经常作为阻值已知的电阻元件使用.

ZX-21 型电阻箱外形和内部结构示意图分别如图 2-2-7(a) 和(b) 所示,由一套锰铜线绕标准电阻组成.该电阻箱共有 6 位 10 进制盘.每盘下有 9 个电阻串联,且同一盘下的各电阻阻值相同,其值等于该盘对应的倍率.例如某盘对应的倍率为 ×100,则该盘下每个电阻的阻值均为 100 Ω.相邻盘间的倍率是 10,各盘间的连接关系为串联.

ZX-21 型电阻箱的规格:

1. 最大电阻:99 999.9 Ω;

2.额定功率(指每个电阻元件的额定功率值):0.25 W;

3.准确度等级:0.1.

(a)

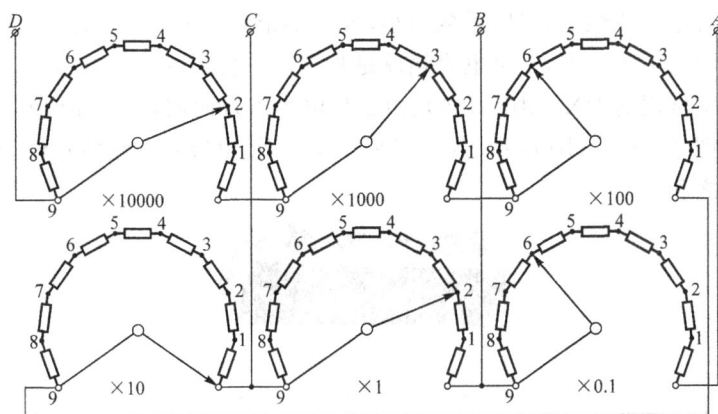

(b)

图 2-2-7

一般电阻箱示值的最大结构误差限由下式确定:

$$\Delta_{仪R} = \pm R(a + bm/R)\% \qquad (2\text{-}2\text{-}3)$$

式中 R 为电阻箱的示值, a 为准确度等级, m 为示值中除"0"外所用的盘数, b 为电阻箱结构常数,ZX-21 型电阻箱的结构常数为 0.2.一般当 $R > 100\ \Omega$ 时,修正项 bm/R 可以忽略.

需要指出,上式并未计及电阻箱的零值误差.此项误差是当电阻箱各盘均置零时电阻箱所具有的电阻值.主要来源于各连接点的接触电阻及内部连线的电阻.不同准确度等级的电阻箱,规定允许的零值电阻也不同.ZX-21 型电阻箱的零值电阻允许值为 0.035 Ω.

电阻箱使用时的注意事项:

1.流过电阻箱的电流不得超过其额定电流.额定电流的数值由电阻箱的额

定功率和实际使用的最高倍率盘的倍率共同决定.

【例】实验中使用 ZX-21 型电阻箱,额定功率为 0.25 W,若实际使用的阻值为 234 Ω,则最高倍率盘的倍率为 100,所以额定电流

$$I = \sqrt{\frac{P}{R}} = \sqrt{\frac{0.25}{100}} = 0.05 \text{ A} = 50 \text{ mA}$$

2. 读取电阻箱示值时,其有效数字由其最大结构误差所决定.

3. 对小于 10 Ω 的电阻,为减少接触电阻的影响,应利用小电阻接头.

电容箱

电容箱也是由多个电容元件按一定组合连接在一起的.实验室中使用的电容箱应具有电容值恒定,温度系数很小,介质的能量损耗很小,电容值与电流的频率和波形无关等特点,云母电容箱就是具有这些特点的一种电容箱.

实验室常用的 RX7 型电容箱是由云母电容组合而成,它的外形及其电路原理分别如图 2-2-8(a)(b) 所示.各盘间是并联关系.电容箱的整体示值为各 10 进制盘示值之和.

(a)

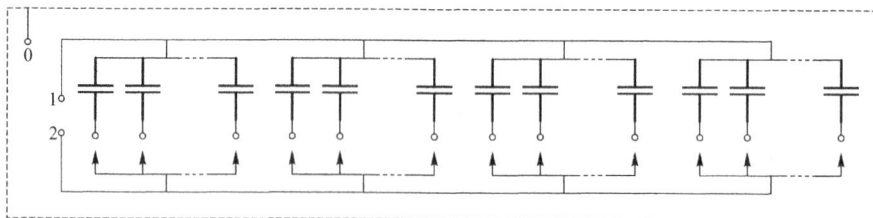

(b)

图 2-2-8

电容箱使用时的注意事项:

1. 电容箱示值的最大结构误差的计算.

对于结构误差,电容箱和电阻箱的不同之处在于,电容箱的各 10 进制盘的准确度等级是不同的.RX7 型电容箱各 10 进制盘的准确度等级如表 8 所示.

表 8 RX7 型电容箱各挡位的准确度等级

挡位	×0.1 μF	×0.01 μF	×0.001 μF	×0.000 1 μF
准确度等级	0.5	0.65	2	5

电容箱示值的最大结构误差由下式计算：

$$\Delta_{仪C} = \sum_i \Delta C_i \qquad (2\text{-}2\text{-}4)$$

其中，ΔC_i 为各 10 进制盘示值的结构误差，且 $\Delta C_i = C_i \cdot a_i\%$（$C_i$ 为各 10 进制盘的示值，a_i 为各 10 进制盘的准确度等级）．因电容箱的零值误差相对很小，所以在这个表达式中将其略去．

2. 电容箱使用完毕要放电，然后将各 10 进制盘置零．

3. 在需要与外界屏蔽时，可将面板上的"1"与"0"短接，作为接地端使用．

电感箱

电感箱通常用于交流电桥、调谐电路和振荡电路等交流测量中．电感箱由多个标准电感串接而成，采用 10 进制盘式．实验室中常用的电感箱的外形如图 2-2-9(a)(b) 所示．

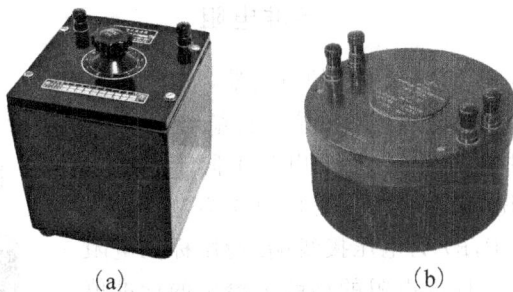

(a)　　　　(b)

图 2-2-9

对于如图 2-2-9(a) 所示的 GX3 型 10 进制电感箱，有以下注意事项：

1. GX3 型电感箱的使用频率范围为：$50 \sim 1500$ Hz；

2. 不同示值的自感，直流电阻是不同的，使用时不得超过其额定功率；

3. 电感示值的最大结构误差按下式计算：

$$\Delta_{仪L} = L \cdot a\% \qquad (2\text{-}2\text{-}5)$$

其中，L 为电感的示值，a 为准确度等级．GX3 系列电感箱的准确度等级列于表 9 中．

表 9 GX3 型电感箱的准确度等级

电感箱型号	GX3-1	GX3-2	GX3-3	GX3-4	GX3-5
准确度等级	5	2	1	1	1

标准电池

标准电池是实验室常用的电动势标定仪器,如图 2-2-10 所示.在正确使用的情况下,当温度一定时,这种电池的电动势极度稳定,其内阻较高.需要注意的是,标准电池不能作为电源使用,只能作为电动势的比较标准.标准电池按准确度可分为 Ⅰ、Ⅱ、Ⅲ 三个等级.Ⅰ、Ⅱ 级的最大允许电流为 1 μA,内阻不大于 1000 Ω;Ⅲ 级的最大允许电流为 10 μA,内阻不大于 600 Ω.标准电池的电动势随环境温度的变化而变化.在使用时需要依据使用的环境温度对其电动势值进行修正.具体的修正值可以根据标准电池的说明书确定.

图 2-2-10

标准电阻

标准电阻是电阻单位"欧姆"的量度器,如图 2-2-11 所示.通常是由具有高电阻系数、低温度系数、与铜接触电位小且稳定性好的锰铜线或锰铜带制成.

从图 2-2-11 中可以看出,标准电阻不同于一般电阻,它具有四个端钮.较粗大的一对(C,C)为电流接线端,较细小的一对(P,P)为电压接线端.使用标准电阻时应注意两点:第一,标准电阻的铭牌上给出的标准值是在 20℃ 条件下的电阻值.当使用时的温度偏离 20℃ 时,要通过修正公式给出实际值.t℃ 时标准电阻的标准值 R_t 为:

$$R_t = R_{20}[1 + \alpha(t - 20) + \beta(t - 20)^2] \quad (2-2-6)$$

其中,R_{20} 为 20℃ 时的电阻标准值,α,β 是修正项的系数(对一定的标准电阻均为常数,其值由产品说明书给出).第二,标准电阻应避免过载,一定不能超过其最大允许功率.

图 2-2-11

直流单臂电桥

直流单臂电桥也称为惠斯通电桥,是一种用来测量电阻的仪器,图 2-2-12 所示为 QJ49 型直流单臂电桥.

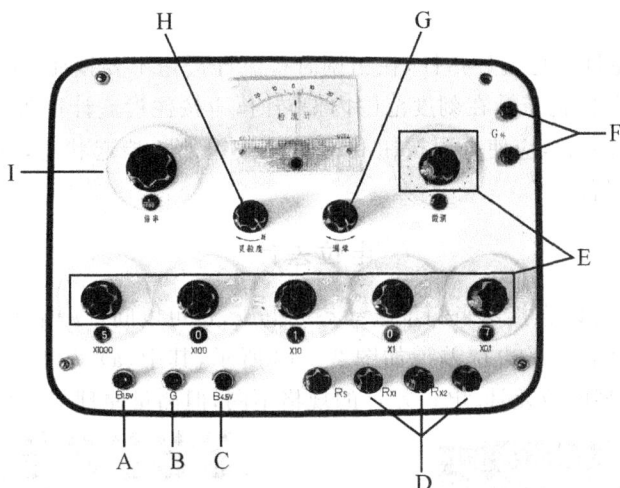

图 2-2-12

A、C— 内置电源按键开关,按下即接通电源.A 接通 1.5 V 电源,C 接通 4.5 V 电源.

B— 内置检流计开关按键,按下即接通检流计.

D— 待测电阻测量端.

E— 比较臂旋钮.比较臂由精密标准电阻串联而成,有 5 个 10 进制挡位和 1 个微调.5 个 10 进制挡位分别为:×0.1,×1,×10,×100,×1000.

F— 外接检流计接线柱.

G — 内置检流计调零旋钮.

H— 内置检流计灵敏度开关及调节旋钮.

I— 比例臂调节旋钮,有 6 个挡位:$\frac{1}{1000}$,$\frac{1}{100}$,$\frac{1}{10}$,$\frac{1}{1}$,$\frac{10}{1}$,$\frac{100}{1}$.

电桥的操作规程:

1. 打开灵敏度开关,将灵敏度调到适中位置;

2. 调节调零旋钮,使检流计指零;

3. 将被测电阻接在测量端(最好先用多用表对被测电阻进行粗测);

4. 选择合适的比例臂示值;

5. 按下电源按钮和检流计按钮,调节比较臂,使检流计指零;

6. 读取比较臂读数.被测电阻 = 比较臂读数 × 比例臂示值.

电桥使用时的注意事项:

1. 应先使用 1.5 V 电源进行粗调.粗调平衡后,再使用 4.5 V 电源进行细调.

2. 为避免打坏检流计指针,在粗调时检流计按钮不要按死,应进行点接触.经过几次试调,使检流计在刻度范围内偏转时,再按住检流计按钮.

3. 测量结束后,应使电源按钮和检流计按钮处于抬起状态,并使灵敏度旋钮处于关闭位置.

电位差计

电位差计可以直接用来测量电动势或电压,也可以间接测量电流、电阻或电源内阻.实验中常用的电位差计如图 2-2-13 所示,其中(a) 为学生型电位差计,(b) 为 UJ-31 型电位差计.电位差计的规格不同,但测量原理都是相同的.

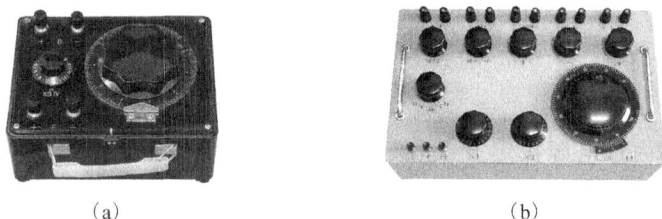

(a)　　　　　　　　　　　　　　　(b)

图 2-2-13

电位差计是利用补偿法进行测量的,测量时几乎不消耗被测对象的能量,使测量结果稳定,并且可以达到很高的准确度.补偿法原理如图 2-2-14 所示.

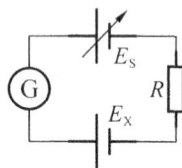

图 2-2-14

图中 E_s 为理想的可调的标准电源,E_x 为待测的未知电源.调节 E_s 使检流计指示为零,即电路中电流为零,称电路中达到了补偿,这时有:$E_x = E_s$.

电位差计的作用就相当于可调的标准电源 E_s.下面以学生型电位差计为例说明其工作原理.电位差计内部为由高精度标准电阻构成的分压电路,如图 2-2-15 中虚线框内所示.

分压电路分为两段,左边一段由若干个阻值为 10 Ω 的标准电阻串联而成,右边一段是总阻值为 10 Ω 的标准电阻丝(卡玛线).图中 E 为电位差计的工作电源,由 E,R_s,R_1,K_1 构成的回路称为电位差计的工作回路,E_s 为标准电池,由 G,

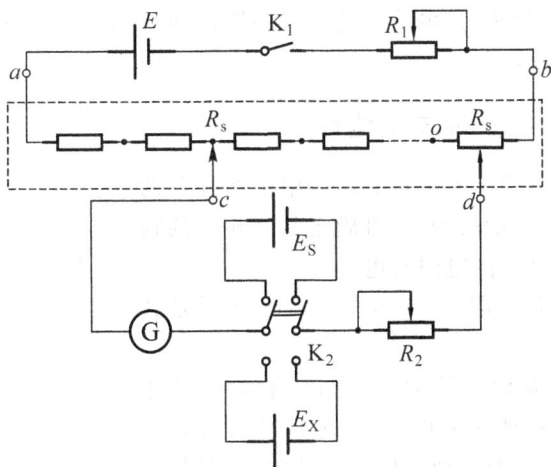

图 2-2-15

E_s(或 E_x),K_2,R_2 构成的回路称为补偿回路.工作回路中的电流称为电位差计的工作电流.在使用电位差计时,工作电流应是一个定值,一般为 10 mA.电位差计面板上的读数也分为两段:一段为在工作电流下 oc 之间标准电阻上的电压;另一段为在工作电流下 od 段标准电阻丝上的电压,两段读数之和构成电位差计的完整读数.

电位差计的使用规程分为两个步骤:

1. 校准

因为电位差计的示值是在额定工作电流下标定的,所以在使用时首先要对工作电流进行校准.校准方法是:将标准电池 E_s(其电动势为已知)接入补偿回路,同时将电位差计的示值调到与标准电池电动势相同的数值,调节电阻 R_1,使检流计指示为零.

2. 测量

在校准好工作电流的情况下,将 E_x 接入补偿回路(通过开关 K_2 转换),调节电位差计中的标准电阻 R_s,使检流计指示为零.电位差计的示值即为待测电动势的数值.

电位差计使用时的注意事项:

1. 在使用时由于种种原因会使工作电流发生微小变化,使用中应随时检查工作电流,发现变化要及时校准.

2. 不要将标准电池长时间接入电路.

3. 图 2-2-15 中的 R_2 为检流计保护电阻,在校准或测量时,应先将 R_2 调到阻值最大.随着调节的进行,电路逐渐接近补偿,同时将 R_2 阻值逐渐减小.在电路达到补偿时 R_2 应为零.

冲击电流计

　　冲击电流计是用于测量瞬时脉冲电流所迁移的电量的仪器.通过电量的测定,可确定与之相关的物理量,如磁感应强度、高电阻及电容等.

　　冲击电流计有不同的形式,图 2-2-16 所示是其中的一种.

　　这种冲击电流计的转动原理与一般电流计相同,为磁电式结构.所不同的是,它的线圈具有较大的转动惯量,因而它的转动机构有较长的固有周期.一般灵敏电流计的固有周期为 $1 \sim 2$ s,普通磁电式电流计的固有周期为 $3 \sim 5$ s,而冲击电流计的固有周期可达 10 s 以上.

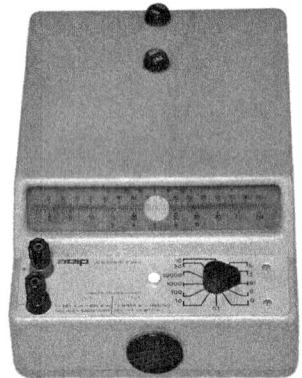

图 2-2-16

　　为了使冲击电流计具有较长的固有周期,通常将线圈做得更加扁平或在线圈下面附一重物,以加大其转动惯量,同时用悬丝代替张丝以减小其扭转模量.冲击电流计的固有周期为

$$T_0 = 2\pi \sqrt{J/D} \tag{2-2-7}$$

其中,J 为线圈的转动惯量,D 为悬丝的扭转模量.

　　利用固有周期大这一特点,使得冲击电流计可以测量脉冲电流迁移的电荷量.

　　冲击电流计接入电路后,其运动方程为

$$J \frac{\mathrm{d}^2\alpha}{\mathrm{d}t^2} + \left(\frac{\Phi^2}{R_g + R} \right) \frac{\mathrm{d}\alpha}{\mathrm{d}t} + D\alpha = \Phi i \tag{2-2-8}$$

式中 i 为通过线圈的瞬时脉冲电流,α 为线圈偏转角度,Φ 为穿过线圈的磁通,R_g 为冲击电流计内阻,R 为与冲击电流计连接的外回路电阻.

　　当脉冲宽度远小于固有周期的脉冲电流 i 通过线圈时,线圈不能立即转动,而是累积了能量.当脉冲电流全部通过线圈后,线圈才以初角速度 ω_0 开始转动,据此得到(2-2-8)式的初始条件为

$$\left.\begin{array}{l} t = 0 \text{ 时}, \alpha = 0, \dfrac{\mathrm{d}\alpha}{\mathrm{d}t} \Big|_{t=0} = 0 \\[4mm] t = \tau \text{ 时}, \alpha = 0, \dfrac{\mathrm{d}\alpha}{\mathrm{d}t} \Big|_{t=\tau} = \omega_0 \end{array}\right\} \tag{2-2-9}$$

根据这两个初始条件,由(2-2-8)式可得脉冲电流所迁移的电荷量

$$Q = \int_0^\tau i\mathrm{d}t = \frac{J}{\Phi}\omega_0 \qquad (2\text{-}2\text{-}10)$$

当电流线圈以初角速度 ω_0 转动后,主要在电磁阻力下运动(忽略空气阻力的影响),最终达到最大偏转角(亦称冲掷角) α_m,而后经过不同的运动状态回到并停在初始零位置.可以证明最大偏转角 α_m 与初始角速度 ω_0 成正比.又由(2-2-10)式知迁移的电量 Q 与 ω_0 成正比,故有

$$Q = K\alpha_m \qquad (2\text{-}2\text{-}11)$$

其中 K 为一比例系数,它不仅与冲击电流计本身参数有关,而且与外回路电阻有关. K 称为冲击电流计的冲击常数.

冲击电流计的线圈由最大偏转回到平衡位置的过程可以有三种不同的运动状态,如图 2-2-17 所示.

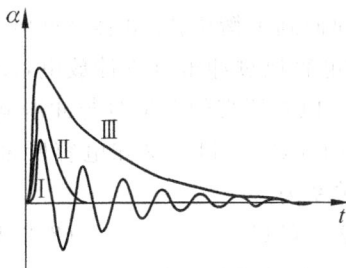

图 2-2-17

图中,曲线(Ⅰ)表示的是一个阻尼振荡过程,产生的条件是 $\left(\dfrac{\Phi^2}{R_g + R}\right)^2 < 4JD$. $\left(\dfrac{\Phi^2}{R_g + R}\right)^2$ 比 $4JD$ 愈小,阻尼振荡的时间愈长.这种运动状态称为欠阻尼状态.曲线(Ⅲ)表示线圈要经过相当长的时间,才能逐渐到达平衡位置,产生的条件是 $\left(\dfrac{\Phi^2}{R_g + R}\right)^2 > 4JD$,这种状态称为过阻尼过程.当 $R = 0$ 时,阻尼最大.曲线(Ⅱ)表示线圈以最短的时间到达平衡位置,产生的条件是 $\left(\dfrac{\Phi^2}{R_g + R}\right)^2 = 4JD$,这种状态称为临界阻尼状态.

在三种运动状态的条件式中, Φ, R_g, J, D 都是冲击电流计的结构常数,是不能改变的,而 R 是冲击电流计的外回路电阻,是可变的.这说明冲击电流计的运动状态是可以由外回路电阻决定的.一般在实验中选择合适的 R 值,可使电流计工作在临界阻尼状态,此时的 R 值被称为电流计的外回路临界阻尼电阻,用

R_C 表示,其值由下式决定

$$R_C = \frac{\Phi^2}{2\sqrt{JD}} - R_g \qquad (2\text{-}2\text{-}12)$$

电量的迁移一般通过两种方式,即利用电容的充、放电或磁通的变化. 与这两种方式对应的冲击常数是不同的. 为区别起见,将与前者相对应的冲击常数称为库仑常数,与后者对应的冲击常数称为磁链常数. 库仑常数和磁链常数均可以通过实验测定.

一、库仑常数的测定

测量电路如图 2-2-18 所示.

图中 C_0 为标准电容. 先将双刀双掷开关 K_2 掷于 1,对 C_0 充电. 同时冲击电流计与 R_C 构成回路,使冲击电流计处于临界阻尼状态,线圈迅速回到平衡位置. 电容充好电后,迅速将 K_2 由 1 掷到 2,使电容通过冲击电流计放电,读出冲击电流计的最大偏转 α_m. 电容所带的电量 Q 与冲击电流计的最大偏转 α_m 的关系如式(2-2-11). 又知电容所带的电量 Q 与充电电压 U 的关系为

$$Q = C_0 U \qquad (2\text{-}2\text{-}13)$$

由式(2-2-11)和(2-2-13)可求出冲击电流计的库仑常数为

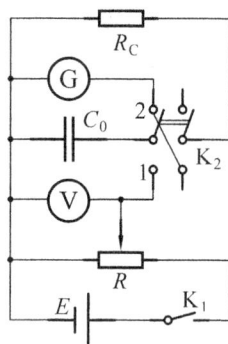

图 2-2-18

$$K_C = \frac{C_0 U}{\alpha_m} \qquad (2\text{-}2\text{-}14)$$

二、磁链常数的测定

测量电路如图 2-2-19 所示.

图中 K_3 掷于 1 时为冲击电流计的工作状态,掷于 2 时为准备状态,冲击电流计处于临界阻尼状态,线圈迅速回到平衡位置. M 为标准互感器,K_2 为换向开关,用以改变流过 M 的电流方向. K_1 闭合,接通电源,K_2 闭合,接通互感线圈初级. K_3 掷向 1,使冲击电流计及 R_s 和互感线圈的次级接通. 当整个电路达到稳定后,即冲击电流计处于静止状态时,将换向开关 K_2 迅速由上方掷向下方(或相反),则

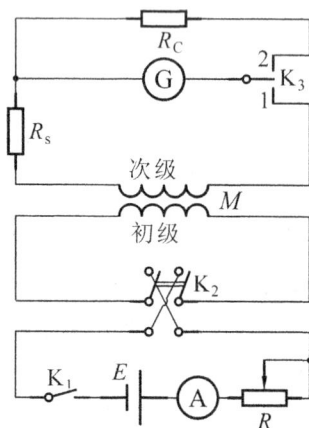

图 2-2-19

互感线圈初级线圈所在电路的电流由 $+I$ 很快地变成 $-I$；从而在其次级线圈中产生一感应电动势

$$E_M = -M\frac{dI}{dt} \qquad (2\text{-}2\text{-}15)$$

于是有一瞬时电流

$$i = \frac{E_M}{R} = -\frac{M}{R}\frac{dI}{dt} \qquad (2\text{-}2\text{-}16)$$

通过冲击电流计，使冲击电流计产生一最大偏转 α_m。式(2-2-16)中的 R 为冲击电流计所在回路的总电阻。在互感初级线圈电流由 $+I$ 变至 $-I$ 期间，通过冲击电流计迁移的电量为

$$Q = \int i\,dt = \int_I^{-I} -\frac{M}{R}dI = \frac{2MI}{R} \qquad (2\text{-}2\text{-}17)$$

联合式(2-2-11)和式(2-2-17)，可求出冲击电流计的磁链常数为

$$K_m = \frac{2MI}{R\alpha_m} \qquad (2\text{-}2\text{-}18)$$

注意：冲击电流计使用完毕后，一定要将其短路，这样外回路电阻为零，冲击电流计处于过阻尼状态，可以避免线圈自由摆动，以达到保护仪器的目的。

信号发生器

信号发生器是一种信号源，可以产生多种波形的连续信号。信号的频率和幅度可调。信号发生器的种类很多，图 2-2-20 所示是其中一种。

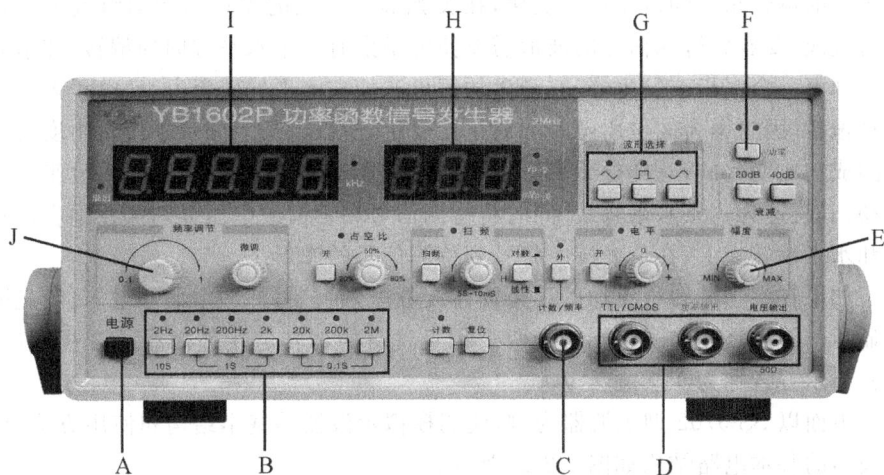

图 2-2-20

A— 电源开关.

B— 频段选择按键,频段间隔为:$0 \sim 2$ Hz;$2 \sim 20$ Hz;$20 \sim 200$ Hz;200 Hz~ 2 kHz;$2 \sim 20$ kHz;$20 \sim 200$ kHz;200 kHz~ 2 MHz.

C— 计数／测频输入端口,用于脉冲计数或测量外部信号频率.

D— 输出端口,有三种形式输出:1. TTL 输出;2. 功率输出;3. 电压输出.

E— 输出幅度调节,控制输出信号的幅度.

F— 功率输出按键,按下此键为功率输出.

G— 波形选择按键,可选择正弦波、方波或三角波输出.

H— 输出幅度显示,显示输出信号电压的峰－峰值.

I— 输出频率显示,显示输出信号的频率值.

J— 频率调节,在所选频段内调节输出信号的频率.

模拟示波器

模拟示波器是用途广泛的仪器.模拟示波器的型号、种类很多,但工作原理基本相同.

模拟示波器的核心部件为示波管.示波管尾部有一个电子枪,由电子枪发出的电子束经加速后打在荧光屏上,荧光屏上的荧光粉受到电子束的轰击后产生荧光,形成亮点.示波管中有两对偏转板(偏转电极).一对上下平行,相对放置,称为垂直偏转板;一对左右平行,相对放置,称为水平偏转板.待观测信号经放大电路后加在垂直偏转板上,使电子束产生垂直偏转.若待测信号为交变电压,则电子束的偏转角度随待测信号变化,在荧光屏上看到的光点的运动轨迹为一条竖直直线.要看到待测信号的波形需要使电子束有一个水平方向的偏转,在示波器内部有一个锯齿波发生器,它产生的锯齿波加在水平偏转板上,使电子束产生水平偏转.因为锯齿波电压随时间成正比变化,所以电子束的水平偏转角度是随时间成正比变化的,这样电子束打在荧光屏上的光点将在水平方向做匀速直线运动,其轨迹为一条水平直线.同时将待测信号和锯齿波电压分别加在垂直偏转板和水平偏转板上,在荧光屏上将看到待测信号的波形.

如果在水平偏转板上加的不是锯齿波电压,而是另外一个信号电压,荧光屏上显示的图形将是电子束同时受两个相互垂直的偏转电压作用后的合成轨迹.这种显示方式称为 X-Y 显示方式.

下面以 SS-5702 型示波器为例,说明模拟示波器的基本结构和使用方法.该示波器的基本电路结构如图 2-2-21 所示.

垂直偏转系统包括两套独立的增益控制器和前置放大器以及一个主放大

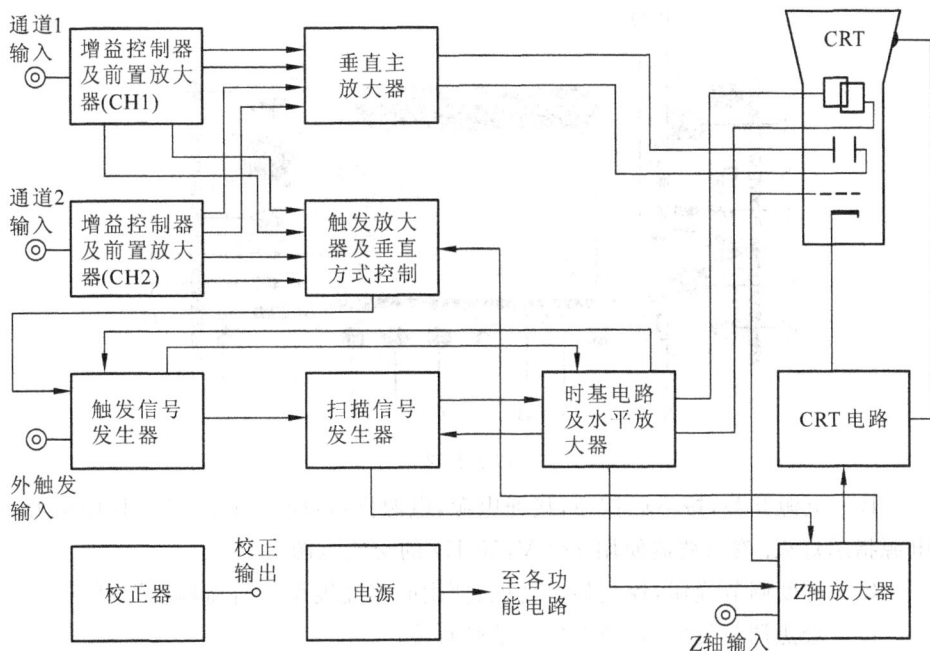

图 2-2-21

器. 输入信号经前置放大器放大后送到主放大器, 再经主放大器放大后加到示波管的垂直偏转板上, 使电子束随输入信号发生垂直偏转.

扫描信号发生器电路产生线性锯齿波, 其斜率由扫描速度开关决定. 锯齿波信号经水平放大器放大后加到示波管的水平偏转板, 使电子束随锯齿波信号发生水平偏转.

触发信号发生器将输入其中的信号转换成正向触发脉冲, 去触发扫描信号发生器产生的锯齿波信号.

Z 轴放大器电路决定示波管的辉度和消隐. 该电路把来自辉度控制器、扫描信号发生器和 Z 轴外输入端的电流相加. 该电路的输出端与示波管的控制栅极相连.

电源电路为本机各部分电路提供直流工作电源, 为显示屏标尺照明灯提供 6.3 V 交流工作电源.

校正器电路产生一个幅度精确的方波信号, 用于校正偏转因数和探头的补偿.

SS-5702 型示波器的面板如图 2-2-22 所示.

A— 电源指示灯, 当示波器接通电源时, 该灯亮.

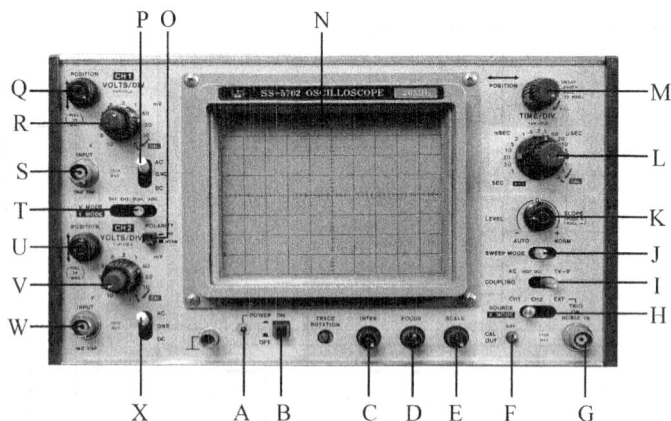

图 2-2-22

B— 电源开关,按下此按钮,接通电源,电源指示灯亮;再按一次,切断电源,电源指示灯灭.该示波器使用 220 V,50 Hz 的交流电源.

C— 辉度调节旋钮,控制显示亮度,使用时将亮度调至所需程度即可.

D— 聚焦调节旋钮,调节图像的清晰程度.

E— 标尺亮度旋钮,显示屏侧面装有照明灯泡,调节此旋钮可以调节显示屏照明亮度.

F— 校正信号输出端,输出 0.3 V 的方波电压.

G— 外触发信号输入端.

H— 触发源选择开关,可选择以下信号源作为触发信号.

CH1:选择由通道 1 输入的信号作为触发信号;

CH2:选择由通道 2 输入的信号作为触发信号;

EXT:选择由外触发输入端输入的信号作为触发信号.

当"垂直工作方式"开关置于 CH1 或 CH2 时,触发源选择开关也应相应置于 CH1 或 CH2.

I— 扫描方式选择开关,用以选择以下扫描方式.

AUTO:扫描可由重复频率 50 Hz 以上和在由"耦合方式"开关确定的频率范围内的信号所触发.当"电平"旋钮旋至触发范围以外或无触发信号加至触发电路时,由自激扫描产生一个基准扫迹.

NORM:扫描可由在"耦合方式"开关所确定的频率范围以内的信号所触发.当"电平"旋钮旋至触发范围以外或无触发信号加至触发电路时,扫描停止.

J— 触发耦合方式选择开关,用以选择以下耦合方式.

AC(EXT DC):选择内触发时为交流耦合,选择外触发时为直流耦合.交流耦合截止直流和衰减低于约 20 Hz 的信号,高于约 20 Hz 的信号可以通过.直流耦合允许从直流至 20 MHz 的各种触发信号通过.

TV－V:这种耦合方式适用于全电视信号的测试.

K— 电平／触发极性控制旋钮.这一旋钮控制选择触发极性的推拉开关.该旋钮处于推入状态时为正向触发,拉出时为负向触发.

L— 扫描速度选择旋钮.该旋钮有黑、红两部分,黑色旋钮为主调,红色旋钮为微调.黑色旋钮周围有刻度,这些刻度表示水平扫描速度,单位为 ms/div 或 μs/div.应注意,只有当微调旋钮置于校正(CAL)位置时,扫描时间的读数才是正确的.

M— 水平位移／扫描长度控制旋钮,该旋钮有黑、红两部分,黑色旋钮控制所显示波形的水平位移,红色旋钮控制显示扫描长度.红色旋钮也是控制电压灵敏度扩展 5 倍的推拉开关,开关拉出时电压灵敏度扩展 5 倍.

N— 显示屏.

O— 通道 2 极性转换开关,用以转换由通道 2 输入的信号的极性.当按下时极性反相.

P 和 X— 通道 1、通道 2 耦合方式开关,用以选择以下耦合方式的开关.

AC:信号经电容耦合到垂直放大器,信号的直流成分被阻断,低频极限约为 4 Hz.

GND:输入信号从垂直放大器的输入端断开且输入端接地(输入信号不接地).

DC:输入信号的所有成分都送入垂直放大器.

Q 和 U— 通道 1、通道 2 垂直位移控制旋钮,控制所显示波形的垂直位移.此旋钮也是控制电压灵敏度扩展 5 倍的推拉开关,开关拉出时电压灵敏度扩展 5 倍.

R 和 V— 通道 1、通道 2 输入幅度控制旋钮,用以控制输入到示波器内部的信号电压的幅度.这两个旋钮各有黑、红两部分,黑色旋钮为主调,红色旋钮为微调.黑色旋钮周围有刻度,这些刻度表示该通道垂直偏转的电压灵敏度,单位为 V/div 或 mV/div.应注意,只有当微调旋钮置于校正(CAL)位置时,电压灵敏度的读数才是正确的.

S 和 W— 通道 1、通道 2 信号输入端口.用专用输入线将输入端口与待测信号连接.专用输入线的探头上有一个衰减开关,此开关在不同位置时,允许接入的电压值不同:

×1位置　　250V(直流或交流峰值)

×10位置　　600V(直流或交流峰值)

T— 垂直工作方式选择开关,有以下工作方式供选择.

CH1:只显示由通道 1 输入的信号波形.

CH2:只显示由通道 2 输入的信号波形.

DUAL:同时显示由两个通道输入的信号波形.

ADD:将由两个通道输入的信号电压代数相加,并显示相加之和的波形.

示波器使用时的注意事项:

1. 要看清各旋钮和转换开关的作用,不可盲目地乱动;

2. 在调节旋钮和扳动转换开关时动作要轻,不可强行用力,以免损坏仪器;

3. 示波器的输入线是带有屏蔽层的电缆线,输入线上的黑色夹子与屏蔽层连接,并且屏蔽层在内部与仪器工作电路的共地点连接(通常共地点与机壳相接),因此在两个输入端同时使用时,一定要注意共地点的选择,以免造成短路;

4. 示波器用完后应将"通道耦合方式"开关至于"GND"位置.

数字示波器

数字示波器除具有模拟示波器的功能外,还具有信号的存储功能,以及与计算机的通信功能.数字示波器可以将采集到的信号输送到计算机,同时可以通过计算机对数字示波器进行控制.

数字示波器的工作原理与模拟示波器的原理有本质的区别.数字示波器的工作原理如图 2-2-23 所示.

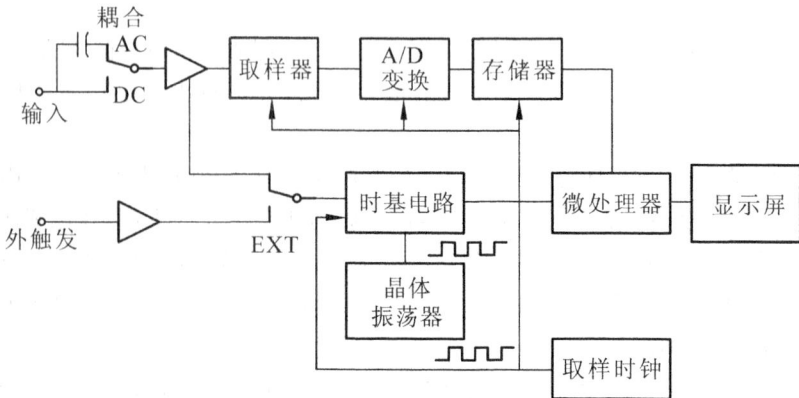

图 2-2-23

　　数字示波器的输入电路与模拟示波器的输入电路相似.前置放大器输出的信号经过取样器后,由 A/D 转换器转换为数字信号,并储存在存储器中.取样器、A/D 转换器和储存器是在取样时钟电路的统一协调下工作的.微处理器将存储器中的数字信号转变为可视图形信号后,送到显示屏显示.

　　图 2-2-24 所示为 TDS1002 数字示波器.

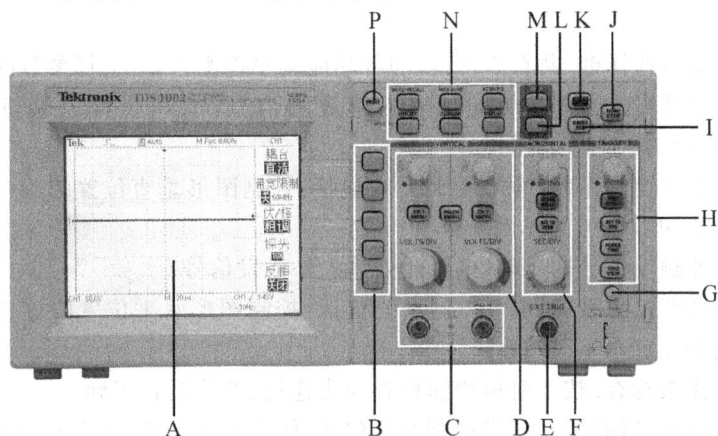

图 2-2-24

　　A— 显示屏.在屏上除了显示波形外,还显示许多关于波形和示波器控制设置的详细信息,如图 2-2-25 所示.

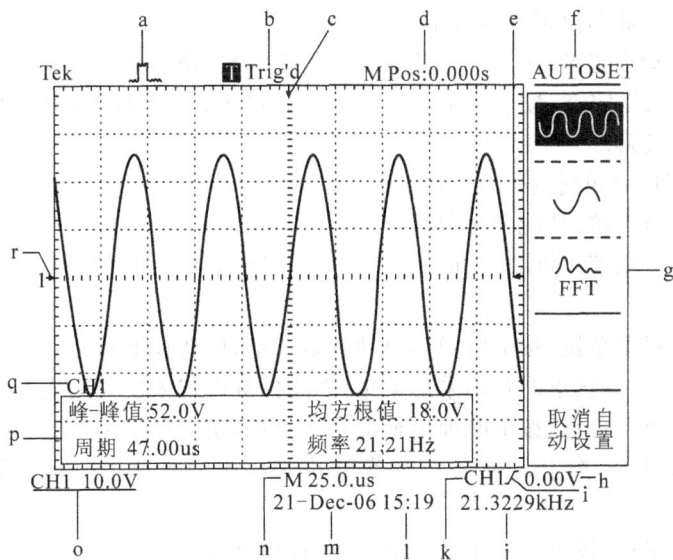

图 2-2-25

图 2-2-25 中:a. 采集模式;b. 触发状态;c. 水平触发位置,旋转"水平位置"旋钮可以调整标记位置;d. 中心刻度线的时间,当箭头移动时此值随之改变;e. 箭头显示触发电平;f. 设定模式;g. 屏幕菜单;h. 触发电平;i. 用图形表示的触发类型;j. 触发频率;k. 触发源;l. 时间;m. 日期;n. 扫描时间;o. 该通道垂直偏转因数;p. 当前显示信号的参数;q. 当前显示信号的来源;r. 箭头显示对应通道的接地电位.

B— 菜单选择键.共有 5 个键,与各功能菜单键配合,可选择参数或功能.

C— 信号输入端口.从此处输入待观测信号,有两个输入端口:CH1 和 CH2,可同时输入两个信号.

D— 垂直控制系统.垂直控制系统包括:控制图形垂直位置的旋钮、控制输入幅度的旋钮和通道菜单键.

E— 外触发信号输入端口.从此处输入外触发信号.

F— 水平控制系统.水平控制系统包括:控制图形水平位置的旋钮、控制扫描速度的旋钮和水平菜单键.

G— 探头检查.按下时可快速检查探头连接、补偿是否正确.

H— 触发控制系统.触发控制系统包括:触发电平旋钮、触发菜单键、强制触发键和触发视图键.

I— 单次序列键.按下时可采集单个波形.

J— 运行 / 停止键.按下时连续采集、显示波形,再次按下时停止采集,最后采集的数据组波形停留在屏幕上.

K— 自动设定键.按下时示波器自动设定参数,使达到最佳显示状态.

L— 默认设定键.按下时调出厂家的默认设定,示波器显示 CH1 波形并删除其他所有波形.

M— 帮助菜单键.按下时弹出帮助菜单.

N— 功能菜单.功能菜单包括:

存储 / 调出菜单键:按下时弹出存储 / 调出菜单,用选择键选择要操作的波形.

自动测量菜单键:按下时弹出自动测量菜单,用选择键选择测量内容.

采集菜单键:按下时弹出采集菜单,用选择键设定采集模式或参数.

辅助功能菜单键:按下时弹出辅助功能菜单,用选择键可查看系统状态.

手动测量键:按下时弹出光标菜单并显示测量光标,用选择键选择测量内容.

显示菜单键:按下时弹出显示菜单,用选择键设定显示模式或参数.

P— 打印键.按下时开始打印操作.

第三节　光学实验基本仪器

光源

一、白炽灯

白炽灯是利用电热辐射原理制成的电真空器件.电流通过灯泡内钨丝时,钨丝被加热到白炽状态而发光.白炽灯是发出连续光谱的复色光源,其光谱能量的分布以及发光强度与灯丝温度有关.白炽灯可作为白色光源或照明使用.灯泡上都标有使用的电压值和功率.在白炽灯前加滤色片可得到单色光源,其单色性决定于滤色片的质量.

白炽灯主要有以下两大类:

1.普通灯泡

即常用的钨丝灯泡,其规格型号很多.电压由 1.5 V 至 220 V,功率由 10^{-1} W 至10^2 W.灯泡和钨丝的形状也根据需要而变化.由于此种灯泡性能稳定,使用方便,寿命较长,所以用途很广.它在实验室可作白光光源,标准灯以及仪器的照明灯和指示灯等.

2.卤素灯

利用卤族元素和钨的化合物容易挥发的特点制成的一种卤钨灯,主要有碘钨灯和溴钨灯.它是为了解决普通灯泡在长期使用时钨丝受热挥发变细,灯泡变黑,以致使寿命缩短的缺点而设计的新型钨丝灯泡.与普通钨丝灯的主要区别就是在灯泡内填充了卤化氢.因为卤元素(如溴、碘)与钨的化合物以及卤化氢等受热易挥发分解,当灯丝点燃后,从灯丝挥发出的钨原子即向外扩散,与从卤化氢分解出的卤素原子生成卤化钨沉积在灯泡上.当灯泡变热后,沉积在灯泡上的卤化钨分子受热挥发又向灯丝扩散.到灯丝附近又受热分解为钨和卤元素,钨原子又重新回到灯丝上,形成一循环.由于在卤素灯中应用了卤、钨循环原理,大大减少了钨丝的蒸发量,而氢又能缓和钨的化学活性,保护灯内支架、铜引线及钨丝冷端少受腐蚀.如此,既防止了灯泡变黑,又延长了灯丝的寿命,同时提高了工作温度和色温,光谱分布也比较均匀.所以与普通白炽灯相比,卤素灯具有体积小、发光强度高、光色好及寿命长等优点.规格有"12V 50W""24V 100W""22V 250W""30V 400W""220V 1000W"和"220V 2000W"等.

二、钠灯

钠灯是利用钠蒸气在放电管内进行弧光放电而发光的. 其谱线（又称为 D 线）在可见光范围内有两条,波长分别是 5890 Å 和 5896 Å. 由于两者十分接近,因此钠灯可以作为比较好的单色光源来使用. 其平均波长为 5893Å,显橙黄色. 钠灯的构造如图 2-3-1 所示.

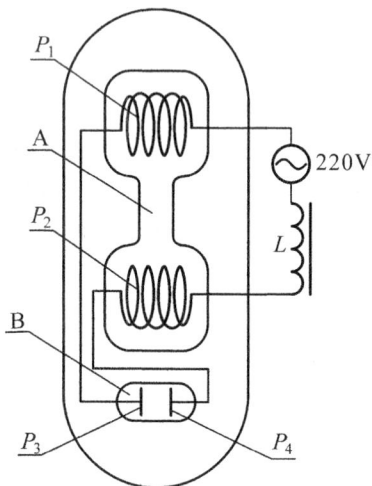

图 2-3-1

在抽成真空的大玻璃泡内装有放电管 A 和氖泡 B. 放电管内装有金属钠,管的两端装上钨丝绕制的电极 P_1、P_2,它们分别与电极 P_3、P_4 相连,起点火作用. 通电开始时,放电管内的钠多处于固体状态,气压很低 $(< 0.05$ mmHg$)$,不能引起 P_1、P_2 间放电,但可使 P_3、P_4 间产生辉光放电而接通电路. 这就使电极 P_1、P_2 在几秒内达到红热而发射热电子,形成弧光放电. 从而提高了管内温度,引起钠的挥发,使管内气压升高. 管内的热电子与钠原子碰撞便激发钠发出黄光. 由于 P_1、P_2 间导电电流很大,所以钠灯电源是通过扼流圈 L 与 220 V 交流电源串接的. 接入 L 的电路可使 P_1、P_2 间在刚接通电源时有较高的电压,便于引起放电,点火放电后,由于弧光放电的伏安特性有负阻现象,接入扼流圈可以防止电流过大而烧坏灯管. 大玻璃泡抽成真空是为了减少放电管的热量损耗. 为避免钠与普通玻璃接触变黑,放电管要用氯酸硼玻璃制造.

三、汞灯

汞灯与钠灯一样,也是气体放电光源,点燃后发出青白色的光,它的光谱在可见光范围内有十几条分立的强谱线.汞灯的构造及点燃原理与钠灯相同,只是由于汞灯内温度高达 500℃,所以放电管要用耐火玻璃或石英制造.汞灯分低压汞灯、高压汞灯和超高压汞灯三种.低压汞灯稳定工作时放电管内汞蒸气压强为 $0.2 \sim 10$ mmHg[①],高压汞灯稳定工作时管内汞蒸气压强可达1~20 atm[②],汞蒸气压强达到 21 atm 时为超高压汞灯.高压汞灯的发光强度很大,激发出的谱线也增多.在实验室内使用的有低压、高压汞灯两种.低压灯的扼流圈可与钠灯混用,高压灯则不可.

使用汞灯及钠灯时应注意:

1. 灯管接线必须经过扼流圈才能与 220 V 电源相连;

2. 灯熄灭后,必须等冷却了才能重新启动.若遇断电,应立即断开开关,待其冷却后再合上,否则易造成灯管烧毁事故(尤其是高压汞灯).

汞可见光区常用发射光谱波长见附表30.

四、激光器

1. 氦氖(He-Ne) 激光器

氦氖激光器是 20 世纪 60 年代初期发展起来的一种方向性很强、单色性很好、空间相干性很高的光源.He-Ne 激光器是世界上出现的第一种气体激光器,工作波长是 6328Å 的红光.其结构简单,使用方便,安全可靠,至今还是应用最广泛的一种气体激光器.内腔式 He-Ne 激光器基本结构如图 2-3-2 所示.

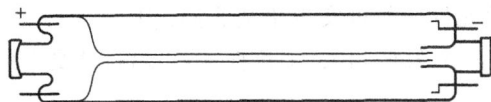

图 2-3-2

该激光器的构造是在一个抽成真空的粗玻璃管内固定一个充以氦氖混合气(增益介质)的细玻璃管谐振腔,细管两端装上镀介质膜的反射镜.气体放电使工作气体处于辉光放电状态,发光原子是 Ne,而 He 是一种辅助原子.在通常状态下,管内增益介质的粒子数分布是下能级的粒子数 E_1 多于上能级 E_2 的粒子数.但可通过在管的两端加高压的电激励方法使具有上能级 E_2 的粒子数多于下能级 E_1 的粒子数.这种状态称为粒子数反转.当增益介质处于此种状态时,由于自发辐射的存在,若有一频率为 $\nu = (E_2 - E_1)/h$ 的光子通过介质,就会被放大.

---

①　1 mmHg = 133.322 4 Pa;

②　1 atm = 101 325 Pa.

传到反射镜又被反射回来,再通过介质继续放大,如此往返多次形成持续振荡.在近轴方向上往返一次增益大于损耗的那些频率的光逐渐加强,最后在谐振腔内形成稳定的光强分布,便有激光输出.激光具有良好的方向性,光束细锐(发散角很小),能量集中.

氦-氖激光管的型号很多,工作时的激励电压约有两三千伏,工作电流从几毫安到几十毫安不等.输出功率由两毫瓦到几瓦.

实验室用的激光器是小型激光器.管长为 200 mm、280 mm 及 500 mm 等几种.输出功率由 2 mW 到 7 mW 不等.激光电源也不相同.一般电源输入电压为 220 V.空载电压大于 9 kV.输出电流为:200 mm 管为 4 ~ 6 mA,250 mm 管为 6 ~10 mA,280 mm 管为 8 ~ 12 mA,500 mm 管为 7 ~ 15 mA.连续工作时间: 250 mm 以下管长的为 4 小时,500 mm 管长的为 2 小时.

2. 半导体激光器

半导体激光器是使用半导体材料作激光工作物质.图 2-3-3 是砷化镓激光器示意图,其主要部分由一个 P-N 结和两个电极组成.当在 P-N 结上加正向电压时,即 N 极接负极、P 极接正极,则在结区放出光子而形成激光,输出光波长为650 nm. 不同材料的半导体激光器的输出光波长不一样.与其他激光器相比,半导体激光器的体积最小、重量最轻,与其他光学元件一起可实现集成光路.但

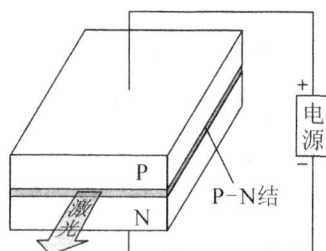

图 2-3-3

半导体激光器的功率小、发散角大、单色性差,输出特性受温度影响较大.

常用光学器件

一、反射镜

反射镜是用作改变光线方向的最简单的光学元件.反射镜有平面反射镜、球面反射镜和非球面反射镜等.平面反射镜主要用于光路的转折,平面度较高,有一定的厚度要求.球面反射镜和非球面反射镜除用于实现光路转向外,还可用来会聚或发射光线.

通常,反射镜的玻璃表面都镀以具有高反射率材料的薄膜.反射膜种类有金属、电介质及金属-电介质等,其作用是使确定波段的光线在膜层上能够大部分被反射出去.

二、透镜

透镜由光学玻璃加工磨制而成,透镜的种类很多,有平凸透镜、平凹透镜、双凸透镜、双凹透镜、凸凹透镜、非球面透镜、柱面透镜等.

选择透镜时,首先要考虑使用的波长范围,其次,根据需要选择光学玻璃的折射率.透镜折射率通常指玻璃对空气的折射率.因为折射率与波长有关,一般规定,相对于钠灯的 5893 Å 谱线的折射率记为 n_D.

三、棱镜

棱镜在光学中起着许多各不相同的作用.棱镜的组合可以用作分束器、起偏器甚至干涉仪.首先,一个棱镜可以做色散元件,它能够在一定程度上把一束复色光分离开来,这在许多光谱分析仪中得到应用.因此棱镜提供了一个在很宽的频率范围上测量各种材料的折射率的方法.其次,棱镜可使成像的方向发生改变或改变光束的传播方向.棱镜被用在许多光学仪器中,常常是为了简单地把光路折叠起来以减小系统的体积.如反演棱镜、倒向棱镜等,作为这一用途的棱镜都没有色散.

四、偏振片

偏振片是利用聚乙烯醇能吸附碘生成包络物的特性,将其制成具有强烈二向色性的薄膜,再用玻璃将其合成的一种光学器件.二向色性是指各向异性的晶体对两个相互垂直振动的光矢量具有不同的吸收本领.这种选择吸收的性质,使自然光通过二向色性晶体时,只有某一确定振动方向(称为透振方向)的光能够通过,而振动方向与此透振方向垂直的光却几乎完全被吸收,如图 2-3-4 所示.

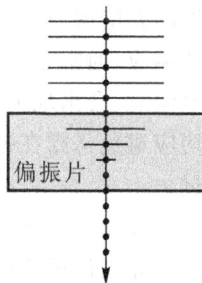

偏振片

图 2-3-4

因此利用偏振片可以获得截面较宽的偏振光束.偏振片常用作起偏器和检偏器.

五、光栅

光栅是一种精密光学元件,由大量平行等距的相同的单缝构成.实用的光栅由平行刻槽代替单缝.光栅按制作方法分为刻划光栅、复制光栅和全息光栅.

光栅的缝宽 a 和缝距 b 都很小,相邻狭缝间距 $d=a+b$ 称为光栅常数.其数值常用 mm 计.如在 1 mm 的光栅上有 600 条或 1200 条单缝,则它们的光栅常数

d 分别为 1/600 mm、1/1200 mm,常读作每毫米 600 线、每毫米 1200 线.

光栅的分辨本领是指分开相近两条谱线的能力. 将波长 λ 与该波长附近能被分辨的最小波长差 $\Delta\lambda$ 之比 A,作为光栅分辨本领的量度,根据瑞利判据可得: $A = \lambda/\Delta\lambda = mN$,式中 m 为衍射级数,N 为光栅的缝数. 因此使用时应尽量使用大光束照满光栅.

六、滤光片

滤光片也称滤色片,是用带色玻璃制成的平行平板,或中间有带颜色的明胶层的胶合双层玻璃板. 滤光片主要用来吸收光谱上的某些波长的光线. 滤光片作为一种滤光器件,应用在观察仪器上可改善其可见度,应用在照相机中可增进颜色的表达和提高照片的衬度. 在实验中也可以利用滤光片来得到单色光.

有时也将透明的带色薄膜或其他介质作为滤色器件使用.

七、光电探测器

光学讯号可以用屏接收、眼睛观察、感光胶片摄影及光电器件接收等方法检测. 光电探测器可以将光信号转换为电信号,这样测量既方便,且客观、灵敏、精确. 光电探测器分几类:光电发射、光电导和光生伏特效应. 各种光电探测器的光谱响应是不同的,其灵敏度也随入射光的波长而改变. 光电探测器接受光照后产生的光电流与照射在它上面的光通量若成正比关系,则称之为光电探测器的线性响应,通常希望有较宽的线性响应范围. 光电池(管)在较长时间内通过超载电流后,会出现灵敏度降低的现象,称为光电探测器的"疲劳". 因此,光电池(管)均应避免暴露在强光下,而应存放于暗处,且在较强光线下工作的持续时间不宜过久.

1. 光电倍增管

光电倍增管属于光电发射型光电探测器. 光电发射又称外光电效应,是由入射光照射到探测器内光敏材料的表面上,材料内部的电子获能后逸出材料表面,在外电场的作用下形成光电流. 光电倍增管采用"多级增益"方法,其灵敏度很高,且有极好的线性响应.

2. 光电二极管

光电二极管属于光电导型光电探测器. 光电导又称内光电效应,是半导体中的电子在光照射下接收能量后,可发生能级跃迁而参与导电.

3. 硅光电池

硅光电池属光生伏特型光电探测器. 当光照射到光电池 P-N 结的表面时,激发出光生"电子-空穴"对,在 P-N 结电场的作用下形成不同的电位而产生电动势,这也是一种内光电效应.光电池的特点是不需要外加电源.它的种类有很多,如硒光电池、硫化镉光电池等.应用最广的是硅光电池,其结构如图 2-3-5 所示.硅光电池作为光电探测器件广泛应用于近红外辐射探测、光电读出、光电耦合、光电开关及电影还声等.硅光电池价格便宜,光电转换效率高,光谱响应宽,寿命长,稳定性好,且能耐高能辐射.

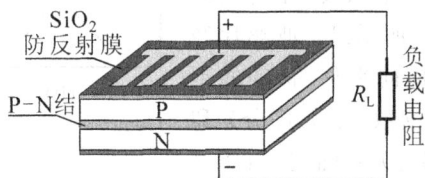

图 2-3-5

硅光电池作为探测器的输出是通过负载电阻 R_L 上的电压或电流来体现的,工作于线性区时,光电压(流)与光的强度成正比,因此光电流的相对强度可以代替衍射光的相对强度.

测微目镜

一、构造

测微目镜是用来测量光学成像大小的助视仪器,一般用作光学仪器的附件,也可单独使用.通过目镜将被观测物对人眼的视角放大,提高人眼的分辨能力.在实验室中常用来测量微小间距.测微目镜的外形如图 2-3-6 所示.

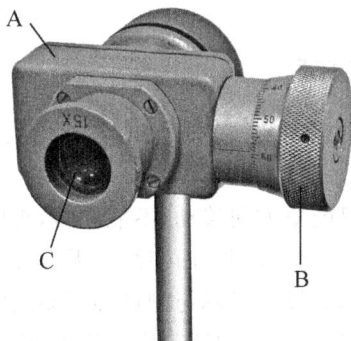

图 2-3-6

测微目镜的构造就是一个螺旋测微器加一个放大镜. 图中 A 为金属外壳, B 为鼓轮, C 为可调节目镜. 金属壳内装有两块靠得很近的玻璃片 E_1 和 E_2. E_1 是一块固定不动的带刻度的标尺, 称为分划板, 其标尺分度值为 1 mm, 如图 2-3-7(a) 所示; E_2 上刻有"×"的标记和一组双线, 作为读数的准线, 如图 2-3-7(b) 所示. E_2 玻璃片经丝杠由鼓轮带动可作横向平移. 移动的距离可根据分划板上的读数(整数部分)和鼓轮上的读数(小数部分)来确定. 当通过目镜观察时, 视场中呈现如图 2-3-7(c) 所示的图像.

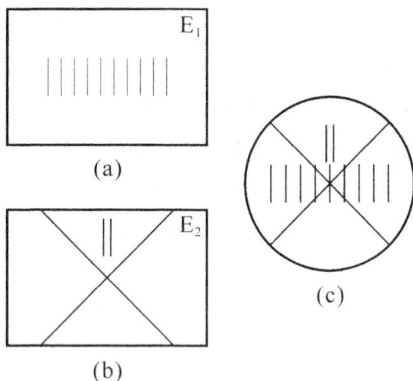

图 2-3-7

二、使用方法

使用测微目镜进行测量时, 应首先调节目镜的前后位置, 把目镜聚焦在玻璃片 E_1(分划板)上, 使玻璃片上的刻线最清楚. 然后把被测目标成像到 E_1 面上, 且无视差. 最后移动鼓轮, 将标记"×"退到被测目标一侧以外, 再反转前进, 先使标记"×"的叉点对准目标一侧, 记下读数. 继续前进使标记的叉点对准目标的另一侧, 记下读数. 两次读数之差即为被测目标的大小.

测微目镜分划板上的标记有不同的形式, 测量的准确度也各异, 有 1/100 mm、1/200 mm 等. 测微目镜的准确度规定为: 在刻度尺上能够准确读出的最小分度的大小. 例如鼓轮转盘一周有 100 个等分刻度, 它转一周标记"×"移动 1 mm. 则鼓轮每转一小格, 标记移动 1/100 mm, 这个数值即为该测微目镜的准确度.

三、使用时的注意事项

1. 弄清测微目镜的准确度及鼓轮转动时读数增大的方向和标记"×"移动方向的关系, 选取合适的初始点.

2. 一次测量中鼓轮只能单方向移动, 不能倒转, 否则会由于空转(空转即鼓轮读数改变但 E_2 上的标记"×"不动)而使测量无意义.

3. 通过测微目镜看到的被测目标与测量标记刻线间应无视差.

4. 在测量过程中, 如果标记线到达刻度线零点, 应立即返回, 不可继续向前转动, 以免损坏仪器.

读数显微镜

一、构造

读数显微镜用来测量微小物体及不适于用夹持量具进行测量的物体. 其结构如图 2-3-8 所示.

图 2-3-8

读数显微镜除有一个稳固的基座外,还有一个由测微尺带动的平台,而镜筒就安装在这个可移动的平台上. 因此,它既可作水平方向的测量亦可作垂直方向的测量. 读数显微镜分游标型和千分尺型,千分尺型的准确度可达 0.01 mm. 读数显微镜的镜筒与一般显微镜基本相同,区别在于,读数显微镜仅有一组目镜和物镜,且放大率较低,一般为 30 ~ 50 倍. 目镜内有一个十字刻线是测量时用来对准目标的. 读数显微镜和测微目镜的区别在于前者是用来直接测量微小物体,而后者是用来测量光学成像的.

二、使用方法和注意事项

1. 使用读数显微镜进行长度测量时,首先需将显微镜筒正对被测物体,然后调节目镜,使视场中十字刻线清晰;进而调节镜筒的前后位置(即改变镜筒与被测物体的距离),使被测物体成像在十字刻线所在的平面上(通过有无视差来判断). 在开始测量前,应先将十字刻线退到被测目标以外,然后反向移动安装镜筒的平台,使十字刻线交点与被测物体的一端对齐,记下测微尺的读数;继续移动平台,使十字刻线交点与被测物体另一端对齐,再记下读数;两次读数之差即为被测物体的长度.

2. 使用千分尺型读数显微镜进行测量时,应该特别注意的是:在一次测量过程中,测微螺旋只能朝一个方向旋转,以避免空转(即测微旋钮转动而平台和显微镜不动)所引起的误差.因此,在进行一次测量之前,总是先倒退几圈,把十字刻线交点退至被测物体边缘以外,然后再向前旋转,且在整个测量过程中(从被测物体一端到另一端),保持旋进方向不变.如果在中途发生问题,必须退回重测,不能在中途往返旋转,否则测量将失去意义.若使用游标型的读数显微镜,则不存在上述问题.

分光计

分光计是一种小型、多用途的分光仪器.用它可以观察光谱、测量角度、测定波长等.近代的摄谱仪、单色仪等都是在分光计的基础上发展起来的.

一、分光计的结构

分光计的结构如图 2-3-9 所示,主要由四部分组成.

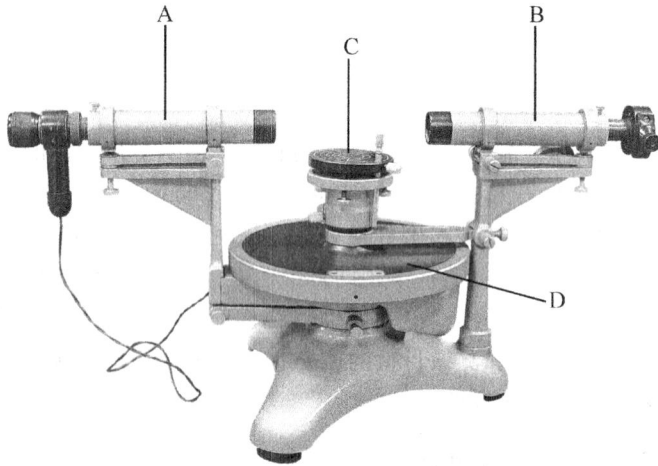

图 2-3-9

A— 阿贝式自准望远镜;B— 平行光管;C— 载物台;D— 读数系统

A. 阿贝式自准望远镜.其详细结构如图 2-3-10 所示.它由物镜 e 和目镜系统 a/b 所组成.目镜系统为阿贝目镜,内装有玻璃分划板 T 和一个具有与光轴成 45° 反光面的玻璃棱镜 d.在其另一端装有目镜 c.通过调节目镜调焦手轮可使在分划板上的像显示在眼睛的明视距离处.整个目镜系统又可在望远镜筒内前后移动,以调整物镜和目镜系统的相对位置,使被观测对象准确地成像于分划板板面上.在照明器内装有小灯泡 S,由 S 发出的光经毛玻璃散射均匀后再经棱镜 d 反射,以照亮分划板上的十字刻线.望远镜可绕载物台中心的竖直轴转动.望远镜的作用是把从平行光管发出的平行光束聚焦于物镜的焦面上以形成狭缝的像,再通过目镜进行观察.

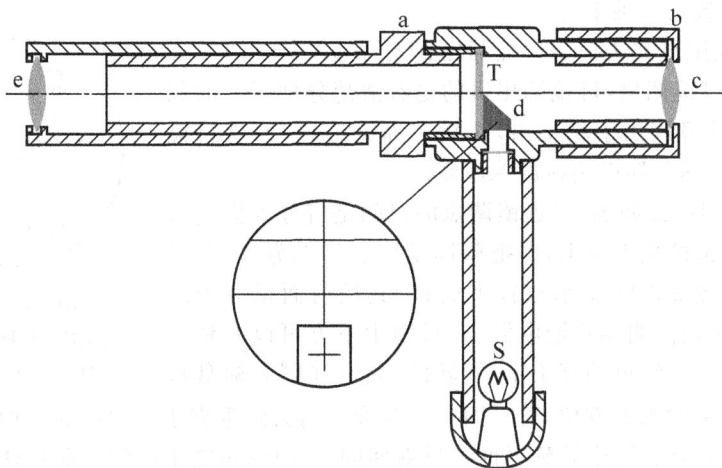

图 2-3-10

a/b— 阿贝目镜;c— 目镜;d— 棱镜;e— 物镜;S— 灯泡;T— 分划板

B. 平行光管.它由一个宽度可以调节的狭缝和一个正透镜组成.狭缝部分可以沿光轴移动,以改变其与透镜的距离.当狭缝位于透镜的焦面上时,从狭缝进入准直管的光,经过透镜后即成为平行光.

C. 载物台.载物台套在游标盘的主轴上,可绕轴旋转,也可沿轴向升降.载物台的作用是放置被测物体或色散元件,其上附有压片,可以固定被载物体.载物台下面有三个小螺栓,用于调节载物台的水平.

D. 读数系统.读数系统由环形刻度盘和游标盘组成.环形刻度盘可随望远镜一起转动,其上刻度沿圆周分为 720 个格,每格为 $30'$.游标盘的对径方向有两个圆游标,每个圆游标上分 30 个格,所以读数系统的准确度为 $1'$.圆游标的读数方法与游标卡尺的读数方法相同.

二、分光计的调整

在使用分光计进行测量时,首先要将分光计调整到工作状态.分光计的工作状态必须满足的条件是:① 平行光管出射平行光;② 望远镜系统聚焦在无穷远;③ 平行光管和望远镜的光轴均与刻度盘平面平行.

调整分光计的步骤如下:

1. 粗调

调整望远镜水平调节螺栓,使望远镜居于支架中央,并目测调节望远镜俯仰螺栓,使光轴大致与主轴垂直,调节载物台下方的三只螺栓外伸部分等长,使平台平面大致与主轴垂直.

2. 利用自准法把望远镜调焦到无穷远

(1) 目镜调焦:目镜调焦目的是看清楚分划板上的刻线.先把目镜调焦手轮旋出,然后一面旋进,一面从目镜中观察,直到分划板刻线成像清晰.

(2) 望远镜调焦:望远镜调焦的目的是将分划板刻线调整到物镜的焦平面上,即把望远镜调焦到无穷远.在载物台上按图 2-3-11 所示放置平面镜,其反射面正对望远镜.然后接通照明器灯泡电源.在目镜中下方可以看到一阴影上有一个绿色的亮十字.旋转载物台(连同游标盘),

图 2-3-11
A、B、C— 载物台调节螺栓;D— 平面镜

改变平面镜的水平方位,若平面镜的俯仰方向大致垂直于望远镜的光轴,则在某一位置可以在目镜中看到平面镜反射回的一亮斑(可能不清晰).前后移动目镜,可在分划板上看到清晰的亮十字像.如果看不到亮斑,调节载物台的调平螺栓或望远镜的光轴微调螺栓,直至亮斑出现,再进行上述调节.然后再利用载物台的调平螺栓和望远镜的光轴微调螺栓,把亮十字线调到与分划板上方的十字线重合且无视差时为止.这就把分划板调到望远镜物镜的焦面上了.

当发光物体处于透镜的前焦面时,光经过透镜成为平行光,在透镜后放一平面反射镜,把通过透镜的光线反射回去,发光物体则在物面上得到物的等大倒像.这种利用装置本身产生平行光的方法称为“自准直”法,简称自准法.光学实验中经常用此办法来调节平行光、测量透镜焦距.

3. 用渐近法调节望远镜光轴垂直于载物台主轴

(1) 先用载物台下的三个调平螺栓把载物台升到适当的高度,并使其大致与刻度盘面平行.

(2) 把三棱镜放到载物台上(假设三棱镜两光学面均垂直于底面),使它的三个棱或三个面正对载物台下的三个螺栓.用压片把三棱镜压住.

(3) 转动载物台(连同游标盘),使三棱镜的一个光学面正对望远镜.通过望远镜观察由该面反射的亮十字的像.如果只转动载物台却找不到亮十字的像,则应通过望远镜的竖直调节螺栓及载物台的三个调平螺栓进行调节.直到在视场

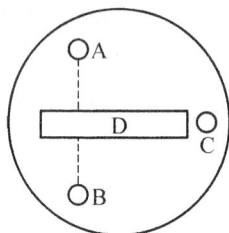

内看到亮十字的像为止.然后再找到从棱镜第二个光学面反射的像.

（4）调节亮十字与分划板上方的十字重合：先调望远镜下的螺栓，使亮十字相对于分划板上方十字的位移升高（或降低）一半，如图 2-3-12(a)(b) 所示；另一半则用调节载物台下的某个小螺栓来实现，如图 2-3-12(c) 所示，此即是"各调一半".

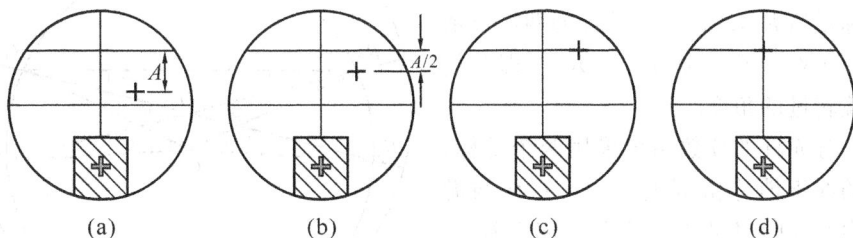

图 2-3-12

（5）用上述办法再调三棱镜的第二个光学面.调好后，再对已经调过的第一个光学面进行调整.如此反复进行几次，反射亮十字的像逐次向上方水平线逼近，直至调到都可以重合为止，如图 2-3-12(d) 所示.这时望远镜的轴就和载物台的转轴垂直了.

这种各调一半、反复调节、逐步接近目标的方法即为"渐近法".

4. 把分划板上的十字线调成水平及垂直

先把照明器转到大致水平方向，这时亮十字的水平线应与分划板的水平线重合.然后转动载物台（连同三棱镜），从望远镜中观察亮十字是否水平移动.如果亮十字的移动方向与分划板的水平刻线不平行，则要转动目镜，使它们平行.然后把目镜锁紧，螺栓拧紧（注意不要破坏望远镜的准焦状态）.取下三棱镜，关上照明器电源，进行下面的工作.

5. 平行光管的调节

（1）用螺栓把平行光管调节到大致水平，把汞灯、透镜及平行光管调成等高共轴.使灯光经透镜均匀照亮在狭缝上.打开狭缝，在平行光管的物镜后放一白纸，同时仔细调节光源及透镜位置，使纸上光斑呈圆形.

（2）撤去白纸，转动望远镜使之正对准直管，从望远镜中观察狭缝的像.前后移动狭缝，使狭缝像清晰地呈在分划板上.

（3）调节平行光管的倾斜度，直至从望远镜中看到狭缝像的中点与望远镜的中央十字线交点重合.这时平行光管的轴也和载物台的轴垂直了.再把狭缝像与分划板竖线调平行，然后锁紧螺栓.

至此，分光计的调整工作即告完毕.

三、分光计的读数

测量时对经过待测光学元件的被测光线 1，读出两游标对应的示值 R_1，R'_1，再转动望远镜对准光线 2，读出两游标示值 R_2，R'_2，同一游标的两次读数之差 $(R_2 - R_1)$ 和 $(R'_2 - R'_1)$ 即为望远镜转过的角度.

分光计的读数系统采用两个游标，目的在于消除由刻度盘中心 (O) 与游标中心 (O') 不重合所引起的偏心差.

从图 2-3-13 可以看出，刻度盘实际转过角度为 φ，但从游标盘上读出的数值却是 φ_1 和 φ_2. 这就是由于加工精度所限，没有严格重合的偏心所造成的误差. 但由几何学可知：

图 2-3-13

$$\alpha_1 = \frac{1}{2}\varphi_1$$

$$\alpha_2 = \frac{1}{2}\varphi_2$$

又 $$\varphi = \alpha_1 + \alpha_2$$

则 $$\varphi = \frac{1}{2}(\varphi_1 + \varphi_2) = \frac{1}{2}\left[(R_2 - R_1) + (R'_2 - R'_1)\right]$$

可见，虽然实际读出的 φ_1、φ_2 都不等于 φ，但取其平均后则与 φ 相等，这样就消除了由于偏心而引起的测量误差.

棱镜单色仪

单色仪是一种用途较广的常用的分光仪器. 它可用于单色光的产生、光谱分析以及光谱特性的测试等方面.

棱镜单色仪的分光元件是棱镜. 图 2-3-14 中，(a) 是 WDF 型反射式棱镜单色仪，(b) 是其内部结构示意图.

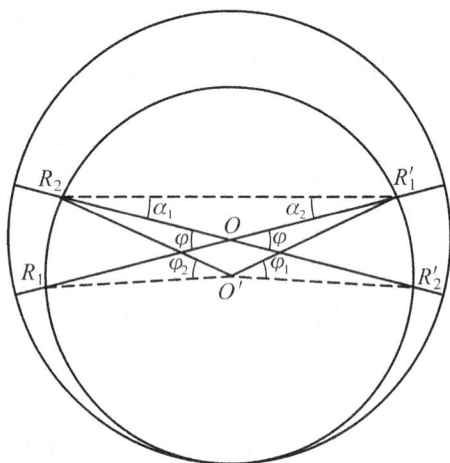

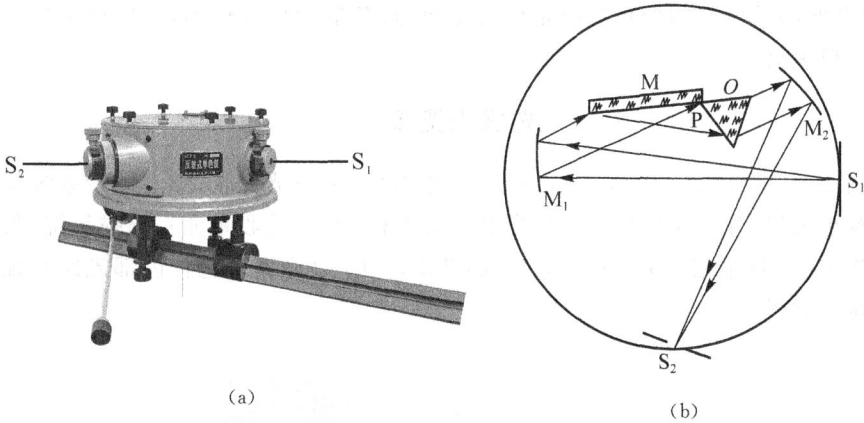

（a）

（b）

图 2-3-14

　　该棱镜单色仪有一个圆柱形外壳,在圆柱的侧面上装有可以调节的入射狭缝 S_1 和出射狭缝 S_2,圆柱体内装有球面反射镜 M_1 和 M_2,以及由平面反射镜 M、棱镜 P 所组成的色散系统. M 和 P 置于色散工作台上,工作台的下方装有丝杆并与圆柱体底部的读数鼓轮相连接. 转动鼓轮可以使 M,P 绕 O 轴转动. 鼓轮的读数与棱镜的位置相对应,因此用鼓轮读数来标志棱镜的位置.

　　WDF 型反射式棱镜单色仪的光学系统由三部分组成.

　　1. 入射准直系统:由准直物镜 M_1 和入射狭缝 S_1 所组成. 准直物镜 M_1 的作用是将入射光束变成平行光,M_1 的焦距是 342 mm. 入射狭缝 S_1 位于 M_1 的焦平面处.

　　2. 色散系统:由棱镜 P 和平面反射镜 M 组成,棱镜起色散作用,它是边长为 70 mm 的等边棱镜,用重火石玻璃制成. 工作的波段范围是 3700Å ～ 7000Å.

　　3. 出射聚光系统:由聚焦物镜 M 和出射狭缝 S 组成. 聚焦物镜 M_2 将棱镜 P 分解出的不同方向的单色光中的一束,会聚到出射狭缝 S_2 上. 出射狭缝 S_2 位于聚焦物镜 M_2 的焦平面上. 聚焦物镜的焦距为 342 mm.

　　由棱镜和平面反射镜组成的系统叫瓦兹渥斯色散系统,是恒偏向角系统. 这种设计保证在入射准直系统的位置不变的情况下,随着棱镜的转动,只有满足最小偏向角条件的入射光,通过棱镜以后才能从出射狭缝射出. 为使通过色散系统处于最小偏向角位置的光线在色散系统转动时不发生侧位移,必要的条件是色散系统的转轴(即色散工作台的转轴)与平面反射镜 M 的镜面和棱镜 P 顶角的等分面的交线相重合. 单色仪底部鼓轮的读数是与棱镜的位置相对应的,因此其读数与出射缝处射出光的波长相对应.

WDF 型单色仪的聚焦物镜是反射球面镜,色散元件为棱镜,所以称为反射式棱镜单色仪.

光栅光谱仪

图 2-3-15(a) 所示是 WGD-5 型组合式多功能光栅光谱仪,整套测量系统包括光栅单色仪(分光元件是光栅)、光电倍增管和 CCD(接收单元)、扫描系统、数据采集卡(A/D 采集单元) 和计算机. 图 2-3-15(b) 是光栅单色仪内部光路系统的结构示意图.

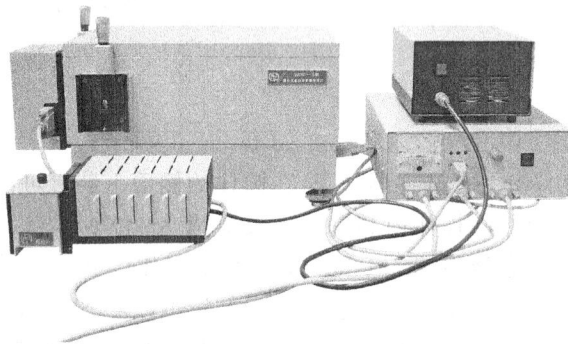

(a)

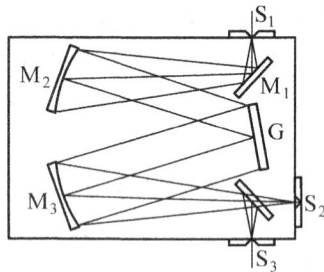

(b)

图 2-3-15

入射缝 S_1、出射缝 S_2 均为直狭缝,宽度范围为 $0 \sim 2$ mm,且连续可调. 光源发出的光束进入入射狭缝 S_1,S_1 位于反射式准光镜 M_2 的焦面上,通过 S_1 射入的光束经反射镜 M_1 及准光镜 M_2 反射,成平行光束投射到平面衍射光栅 G 上,衍射后的平行光束经物镜 M_3 成像在光电倍增管接收系统 S_2 上,或成像在 CCD 接收系统 S_3 上. 由于光栅的色散作用,从出射狭缝 S_2 出射的光为单色光. 光栅 G 可以在步进电机的拖动下转动,当光栅转动时,从 S_2 射出的光的波长也随之改变. 电机的转动由计算机控制.

WGD-5 型组合式多功能光栅光谱仪集光学、精密机械、电子学、计算机技术于一体.它的数据采集、处理系统工作界面友好,具有多项光谱分析的功能.

迈克耳孙干涉仪

迈克耳孙干涉仪是实现光的分振幅干涉并进行精密度量的仪器.它能够以波长为单位测量长度,还可以反过来测量光波波长.可用以研究温度、电磁场等对光传播的影响,以及测定透明物体的折射率等.

一、迈克耳孙干涉仪的结构

迈克耳孙干涉仪的结构如图 2-3-16 所示.

两个平面反射镜的背面各有三个螺丝,用于调节平面反射镜的方位.定镜的固定架上还带有两个微调螺栓,用于微调定镜的方位.动镜固定在一个与精密丝杠连接的可移动平台上,转动粗动手轮或微动手轮可使动镜前后移动.粗动手轮通过摩擦轮与精密丝杠相连,微动手轮与丝杠之间通过蜗轮蜗杆的传动方式连接.动镜移动前后的位置可由仪器上的读数系统读出.读数系统包括三部分:平台轨道侧面的标尺、仪器正面小窗口内的刻度盘和微动手轮的刻度,完整读数是这三部分读数之和.动镜移动前后两位置读数之差即是动镜移动的距离.迈克耳孙干涉仪的准确度可达 10^{-4} mm.

有些迈克耳孙干涉仪装有离合器,扳下离合器手柄时,微动手轮与丝杠脱离;扳上离合器手柄时,微动手轮与丝杠连接.

图 2-3-16

A— 分束镜;B— 补偿板;C— 可移动平面反射镜(动镜);D— 固定平面反射镜(定镜);E— 定镜微调螺栓;F— 动镜微动手轮;G— 动镜粗动手轮

二、迈克耳孙干涉仪的调整

迈克耳孙干涉仪是精密测量仪器,使之达到使用状态需经过仔细调整.

1. 总体粗调:转动粗动手轮,使动镜 C 和定镜 D 与分束镜 A 的距离相差不多,见图 2-3-17. 将定镜的两个微调螺栓旋到适当位置(螺栓旋进一半).调节光源 S 和透镜 L 的位置,使入射光经过透镜 L 后大致平行地射向 A,并照满整个视场.在 A 与 L 之间的水平与竖直方向各放一枚细针,在 E 点观察.在未调整之前,看到针是双影的,见图 2-3-18(a)(b).调节 C 和 D 镜背后的螺丝,直到针像完全重合为止,见图 2-3-18(c),此时应出现干涉条纹.

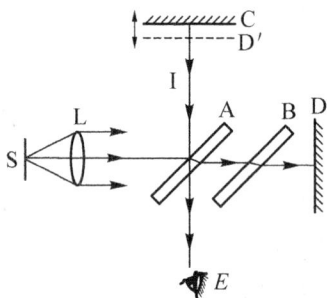

图 2-3-17

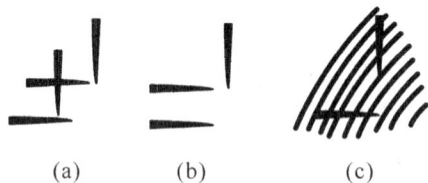

(a)   (b)   (c)

图 2-3-18

2. 圆形(等倾)干涉条纹的调节:当针像完全重合,条纹刚出现时,一般是很细的直条纹(等厚干涉条纹),此时应继续调节三对螺丝,使条纹由细变粗最后成圆形.若用钠光源时,如果视场中出现的圆条纹过密或非常模糊,可通过改变 C 镜的位置使条纹变粗变清晰.最后使在视场中能看到 4 ~ 5 个圆形条纹为宜.此时观察者可上、下、左、右移动眼睛(眼睛直接观察 C 镜),如果看到条纹有冒出或收缩的情况,则表示 C 与 D 镜的像 D′ 镜并不完全平行.这时可调节 D 镜的竖直及水平微调螺栓来消除.最后达到当眼睛上、下、左、右移动时,条纹随着眼睛一起移动,而条纹的大小并不改变.这时就可进行测量了.

3. 白光直条纹的调节：在调好圆形条纹以后，转动粗动手轮，使 C 与 D′ 间的距离逐渐减小. 当接近等光程位置时(C 与 D′ 接近重合位置)，转动 D 镜的两个微调螺栓使视场内呈现 4 ～ 5 条竖直条纹. 此时换用白光源. 再合上离合器，转动微动手轮，使 C 镜继续向原来方向移动，直到视场中出现彩色条纹为止. 在换用白光源时，最好不要熄灭钠灯，以便在彩色条纹调不出时，再利用钠光产生条纹形状的变化来判断 C 镜的位置.

阿贝折射计

以阿贝的名字命名的折射计，是一种能够测定透明、半透明液体及透明、半透明固体折射率的仪器. 由于受仪器本身所使用的折射棱镜材料的限制，被测物质的折射率不能大于 1.7. 但该仪器可以测定折射率随温度的变化和平均色散值.

一、仪器结构及光路系统

阿贝折射计如图 2-3-19(a) 所示，(b) 为其光路系统示意图.

A— 底座：是整个仪器的支座，用以支持整机的重量.

B— 棱镜旋转手轮：用来转动折射棱镜，以选择合适的角度，使视场内明暗界线分明.

C— 圆盘组：内装刻度盘，此刻度盘通过手轮与折射棱镜组(图 2-3-19(b) 中的 b 和 c) 联动，以显示被测折射率的数值.

D— 小反光镜：即图 2-3-19(c) 中的 m. 打开它，光线即可经毛玻璃(l) 照亮刻度盘(k)，以便从读数系统的目镜(g) 内看清刻度值.

E— 读数镜筒：内装转向棱镜(j)、成像透镜(i)、分划板(h) 及目镜(g′)，它的作用是把刻度盘成像于分划板上，再通过目镜进行观察读数.

F— 目镜.

G— 望远镜筒：内装一组阿米西消色散棱镜(d)，成像透镜(e)，分划板(f) 及目镜(g). 由折射棱镜组射来的光线，经阿米西棱镜组消色散后再由透镜(e) 将明暗分界线成像于分划板(f) 上，观察者即可通过目镜进行观察.

H— 阿米西棱镜手轮：通过它可转动阿米西棱镜组，以便获得最好的消色散效果.

I— 色散值刻度圈.

J— 温度计座.

K— 反光镜：即图 2-3-19(b) 中的 a，它的作用是照亮进光棱镜，以保证视场内有足够的亮度.

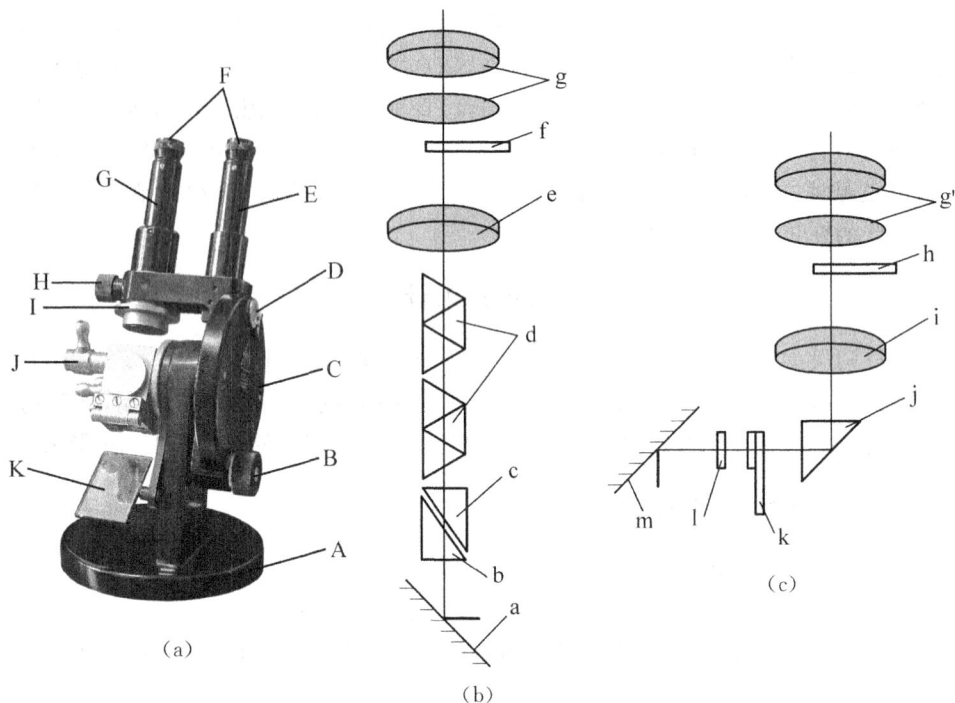

图 2-3-19

二、仪器的调整

1. 在开始用阿贝折射计测量之前,需先用标准玻璃块来校准折射率读数.方法是将仪器所附带的标准玻璃块的光面上滴一滴溴代萘,然后把它贴在折射棱镜的光面上.标准玻璃光面的一端应向上,以接受光线(如图 2-3-20).转动棱镜手轮 B,使读数镜内的刻线对准标准玻璃块上所标的折射率值.此时望远镜内的明暗分界线应正对十字线的交点.若有偏差,则用仪器附带的方孔扳手转动示值调节螺栓,使分界线位于刻线交点上,此后不可再动(这一工作一般由实验室管理人员做好).

2. 在用阿贝折射计测定液体折射率之前,必须先将进光棱镜及折射棱镜用脱脂棉沾酒精擦拭干净.以免影响测量精度.待干燥后再用.

3. 将少许待测液体滴在进光棱镜的磨砂面上.旋紧棱镜锁紧手柄,使二棱镜面靠紧,以便在二镜面间保持一均匀液膜.

4. 调节两反光镜 D、K 的方位,使二镜筒内视场明亮.

5. 旋转棱镜手轮 B,观察望远镜视场中明暗分界线的移动,同时旋转阿米西棱镜手轮,以消除视场中出现的色彩.最后把黑白分界线调到十字刻线的交点上.这时读数镜内所指示的刻度值即是待测液体的折射率,如图 2-3-21 所示.

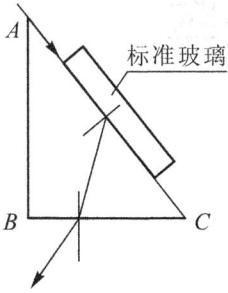

图 2-3-20

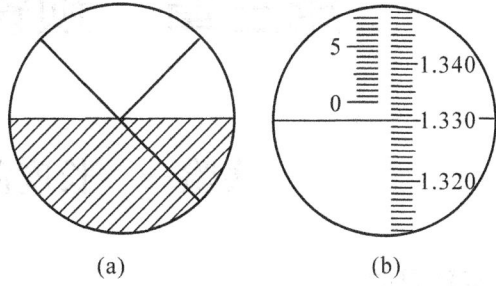

(a) (b)

图 2-3-21

第三章　预备实验

实验一　长度测量

［实验目的］

1. 学习米尺、游标卡尺、螺旋测微计的正确使用方法.
2. 运用误差知识，合理选用测量仪器.
3. 学习不确定度的评定方法.
4. 学习有效数字的记录，测量数据和测量结果的正确表示方法.

［实验原理］

1. 测量仪器的选择

选择仪器的原则是：在保证达到实验要求的前提下，尽可能选用现成的、价格低廉的、操作使用简单方便的仪器. 已知待测物的长、宽、高的长度分别为 $L \approx 10$ cm，$B \approx 3$ cm，$H \approx 2$ mm. 本实验要求测量的体积 V 达到 4 位有效数字. 根据有效数字的运算原则容易看出，L，B，H 都应有 4 位有效数字. 依据本实验对测量结果有效数字位数的要求和仪器的测量范围及其最小分度来选择仪器. 具体要求如下：（1）被测量量的值一定在仪器的测量范围内；（2）从被测量量读数的最高位到仪器可读取的最小有效位数至少要有四位. 参见表10，在满足条件的栏内划"√".

从表 10 中可以看出，可用米尺和游标卡尺测长度 L，可用游标卡尺和螺旋测微计测宽度 B，而厚度 H 则只能用螺旋测微计测量. 根据选择仪器的原则，我们应分别使用米尺测量长度 L，使用游标卡尺测量宽度 B，使用螺旋测微计测量厚度 H.

表 10　选用仪器比较表

仪 器／测 量 量	米 尺 最小有效数位：$\frac{1}{10}$ mm	游 标 卡 尺		螺 旋 测 微 计	
		测量范围：0~10 cm	最小有效数位：$\frac{1}{100}$ mm	测量范围：0~5 cm	最小有效数位：$\frac{1}{1000}$ mm
长度 $L \approx 10$ cm	√	√	√		
宽度 $B \approx 3$ cm		√	√	√	√
高度 $H \approx 0.2$ cm				√	√

2. 测量误差和不确定度的评定

在不考虑环境因素(如温度)的影响和尽可能减少仪器操作误差的情况下，测量的误差主要有：(1)仪器误差：通过仪器的误差(限)来评定这类不确定度，$u_B = \Delta_{仪}/\sqrt{3}$；(2) 铁块加工不均匀以及长期使用磨损造成的误差：在一个线度方向选取几个不同的测量点测量，用以减少这种误差的影响. 通过计算 A 类不确定度的方法来评定这个不确定度；(3)测量仪器的零点误差：这是可确定的系统误差，可用修正消除.

[实验内容]

1. 选用合适的测量工具分别测量长方体铁块的长度 L、宽度 B 和高度 H，然后求长方体的体积 $V=LBH$，并评定 V 的不确定度(要求 V 有 4 位有效数字). 测量数据的处理表格自行设计.

2. 用适当的测量工具测量小钢球的体积，并计算钢球体积及其不确定度. 测量数据的处理表格自行设计.

3. 测量实验室所给工件的体积并计算其不确定度. 测量数据的处理表格自行设计.

[问题讨论]

1. 米尺如何正确使用？

2. 游标卡尺的游标原理是什么？准确度为 0.05 mm 和 0.1 mm 的游标卡尺分别应如何读数？

3. 千分尺的构造及螺旋测微原理是什么？准确度是多少？

4. 某游标卡尺，其游标有 50 分格，总长等于主尺 49 格的长度，即 49 mm.问这种尺的准确度是多少？当游标的第 17 线与主尺某刻线对齐时，小于毫米的读数是多少?

5. 某圆游标角度尺. 其主尺最小分度是 $0.5°$,游标有 30 分格,与主尺的 29 格等弧长,试确定该圆游标的准确度是多少?

6. 在本实验中,若要求 V 的相对不确定度小于 1%,且假设对 L,B,H 测量量的相对不确定度大体相等,应如何选择仪器?

7. 人眼能分辨的最小长度约为 0.07 mm,所以将毫米再分成 0.1 mm 的分度时,人眼就无法分辨,于是就设计出游标卡尺和螺旋测微计,通过将刻度放大来达到精确测量的目的,这种方法称为机械放大法. 你还知道哪些地方采用了机械放大的方法进行测量吗?

8. 测量一直径约为 2 cm 的小球直径,若要求百分误差不超过 0.4%,问需要用什么仪器测量,为什么?

实验二 固体和液体密度的测定

[实验目的]

1. 学习物理天平的调节和正确使用方法.
2. 掌握测定固体和液体密度的方法.

[实验仪器]

物理天平,游标卡尺,比重瓶,烧杯,蒸馏水,细线,待测物等.

[实验原理]

密度是物质的基本性质,其定义为单位体积内包含物质的质量. 若物质的质量为 m,体积为 V,则该物质的密度为

$$\rho = \frac{m}{V} \tag{3-2-1}$$

1. 固体物质密度的测定

(1)对于具有规则几何形状的固体物质,可利用长度测量仪器测量其特征长度,如立方体的长、宽、高,圆柱体的高和直径等,由体积公式确定体积 V. 再用天平测定质量 m,则可由式(3-2-1)确定其密度.

(2)对于形状不规则的固体物质,可采用静力称衡法. 静力称衡法的基本

物理思想是利用阿基米德原理，即"物体在液体中所受浮力的大小，等于该物体所排开的液体的重量"。在物理天平上测出待测物体的质量 m 后，进行如图3-2-1所示的测量。将盛有蒸馏水的烧杯放在物理天平的杯托盘上，将待测物用细线拴好后挂在物理天平的挂钩上，并使待测物完全浸没于蒸馏水中。

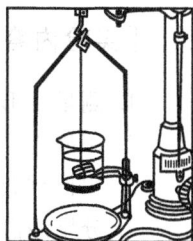

图 3-2-1

若天平达到平衡时，右盘中的砝码为 m'，则根据阿基米德原理有

$$V = \frac{(m - m')g}{\rho_0 g} = \frac{m - m'}{\rho_0} \tag{3-2-2}$$

式中：ρ_0 为蒸馏水的密度。根据式（3-2-1）可确定其密度为

$$\rho = \frac{m}{V} = \frac{m \rho_0}{m - m'} \tag{3-2-3}$$

（3）对于颗粒状的固体物质，可采用比重瓶法。比重瓶有多种不同形式，图 3-2-2 所示的是定容式比重瓶。

该比重瓶的瓶塞为磨口瓶塞，瓶塞的中央有一毛细管，当用移液管灌满比重瓶后，用磨口瓶塞塞紧，多余的液体从毛细管中溢出，从而保证瓶内液体体积为一定值。

比重瓶法测量的物理思想是：根据将待测物放入比重瓶前后总质量的变化来确定待测物的体积。若待测物质量为 m，充满液体的比重瓶的质量为 M_0，液体的密度是 ρ_0，将待测物放入比重瓶后总质量为 M，则待测物体积为

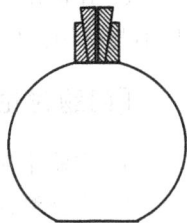

图 3-2-2

$$V = \frac{m + M_0 - M}{\rho_0} \tag{3-2-4}$$

从而，待测物质的密度为

$$\rho = \frac{m}{V} = \frac{m \rho_0}{m + M_0 - M} \tag{3-2-5}$$

2. 液体物质密度的测定

（1）静力称衡法。利用密度已知的液体及体积固定的固体物质，在已知和待测液体中进行两次静力称衡，并测出固体物质的质量，即可求出待测液体的密度。

（2）比重瓶法。利用密度已知的液体及比重瓶可以确定待测液体的密度。

［实验内容］

1. 测量一形状规则的金属块的密度.

2. 用静力称衡法测量一形状不规则的金属块的密度.

3. 用比重瓶法测量金属颗粒的密度.

4. 分别用静力称衡法和比重瓶法测量酒精或盐水的密度. 以蒸馏水作为已知液体, 固体物质为一给定的金属块. 实验方法自行设计.

5. 计算上述测量结果的不确定度.

［注意事项］

1. 在用静力称衡法测量时, 悬挂物体的细线质量应尽量小, 而且要保证足够的强度. 悬挂时要小心, 避免砸坏烧杯. 测量时注意不要让物体接触烧杯.

2. 在静力称衡法与比重瓶法中, 要特别注意排除吸附在物体上的空气泡.

3. 在使用静力称衡法和比重瓶法时, 待测固体物质应不溶于所用液体, 且不与所用液体发生化学反应.

［问题讨论］

1. 实验中使用物理天平时有哪些注意事项?

2. 当被测固体物质的密度 ρ 小于液体的密度 ρ_0 时, 应怎样用静力称衡法测其密度? 试给出实验方法和计算公式.

3. 写出测量液体密度的原理公式及简要步骤.

实验三　牛顿第二定律的验证

[实验目的]

1. 了解气垫导轨的构造和调整方法，学习气垫导轨及数字计时系统的使用.

2. 研究力、质量和加速度之间的关系，验证牛顿第二定律.

[实验仪器]

气垫导轨，数字计时系统，气源，砝码，细线，配重块及天平等.

[实验原理]

验证性实验通常是在某一理论已知的前提下进行，实验的结果应与已知的理论结果一致. 但这种一致实质上是在实验装置、方法存在的误差范围内的一致，若实验结果与理论结果之差超出了实验误差范围，则不能说验证了理论的正确性. 在这种情况下，或者否定验证方法的可靠性，或者怀疑理论本身的正确性. 但无论是哪种情况，由一次实验或一种实验装置得出结论都是非常困难的，要做大量的对比实验才能得到科学正确的结论，切不可草率定论. 即使实验结果与理论结果之差在实验的误差范围之内，也不能武断地认为一定验证了理论的正确性. 因为物理学的发展表明，往往随着实验水平的提高而发现了原有理论的不足之处，从而推动了理论工作的不断发展.

验证性实验可分两大类：一是直接验证；一是间接验证. 本实验属于直接验证. 所谓直接验证是对理论所涉及的物理量都能在实验中直接测定，并能研究它们之间的定量关系.

牛顿第二定律的数学表述是：

$$F = ma \tag{3-3-1}$$

为了研究问题的方便，将实验分为两个过程进行：首先取质量一定，研究加速度和力的关系；然后取作用力一定，研究加速度和质量的关系. 本实验在气垫导轨上进行.

[实验内容]

1. 仔细阅读第二章中关于气垫导轨和数字计时器的相关内容.

2. 将气垫导轨调成水平状态,检查数字计时系统是否正常工作.

3. 保持系统质量一定,改变作用力,研究加速度与作用力间的关系.

(1)系统质量为滑行器质量与砝码质量之和. 滑行器质量用天平称出. 为保证总质量不变,必须将砝码分为两部分,一部分挂在挂钩上,一部分放在滑行器上. 当需要改变作用力时,再将滑行器上的砝码依次转移到挂钩上.

(2)在忽略摩擦阻力的情况下,作用在系统上的外力即为砝码所受的重力. 实验中改变作用力 3~5 次,使用数字计时器分别测定系统的加速度,每种情况重复测量 5 次. 有关数字计时系统的使用见第二章.

4. 保持作用力一定,改变系统质量,研究加速度与总质量间的关系.

(1)在挂钩上挂上一定量的砝码(6~10 g),并保持不变. 注意砝码不可太多,以免由于滑行器滑行太快而损坏导轨.

(2)通过在滑行器上加配重块的方法来改变系统质量,配重块的质量用天平称出. 实验中改变质量 3~5 次,分别测定系统的加速度,每种情况重复测量 5 次.

5. 根据所测数据分析实验的不确定度,给出验证结果.

[问题讨论]

1. 了解本实验的基本思想,哪些是需要测量的量?如何测量?

2. 实验中如何保证系统质量一定?

3. 如何通过实验测定系统受到的摩擦阻力?试设计一个实验方案.

4. 若摩擦阻力不可忽略,实验结果应如何修正?

实验四   单摆的研究

[实验目的]

研究单摆的周期与摆长、摆角的关系.

[实验仪器]

单摆，数字计时系统，米尺，游标卡尺及天平等.

[实验原理]

单摆是实现数学摆的一种近似装置，如图 3-4-1 所示.

理想数学摆的运动方程为

$$mL^2 \frac{\mathrm{d}^2\theta}{\mathrm{d}t^2} + mgL \sin\theta = 0 \tag{3-4-1}$$

在实际制作单摆时，尽管要求使悬线尽量轻，在运动中长度变化尽量小，摆锤的形状、大小尽量与质点近似，但无论如何也不可能实现理想的数学摆，因此应对实际单摆装置的运动方程进行理论上的修正.

设摆锤为球形，单摆悬点至摆球质心的距离为 L，摆球半径为 r，摆球质量为 m，悬线质量为 μ，此时单摆的运动方程为

$$-mgL \sin\theta - \frac{\mu}{2} g(L-r)\sin\theta$$

$$= \left[\frac{2}{5}mr^2 + mL^2 + \frac{1}{3}\mu(L-r)^2\right]\frac{\mathrm{d}^2\theta}{\mathrm{d}t^2} \tag{3-4-2}$$

图 3-4-1

在摆角很小的条件下，由(3-4-1)(3-4-2)两式分别得出的单摆周期的近似公式为

$$T_0 = 2\pi\sqrt{\frac{L}{g}} \tag{3-4-3}$$

$$T_0' = 2\pi\sqrt{\frac{L'}{g}} \tag{3-4-4}$$

其中，$L' = L\left[1 + \frac{2}{5}\frac{r^2}{L^2} - \frac{1}{6}\frac{\mu}{m}\left(1 + \frac{r}{L} + \frac{\mu}{m}\right)\right]$，称为等效摆长.

若摆锤是高为 h 的圆柱体，则 $L' = L\left[1 + \frac{h^2}{12L^2} - \frac{1}{6}\frac{\mu}{m}\left(1 + \frac{h}{2L} + \frac{\mu}{m}\right)\right]$.

考虑到摆角很小的条件不能很好地得到满足，可取二级近似，有

$$T' = T_0'\left(1 + \frac{1}{4}\sin^2\frac{\theta}{2}\right) = 2\pi\sqrt{\frac{L'}{g}}\left(1 + \frac{1}{4}\sin^2\frac{\theta}{2}\right) \tag{3-4-5}$$

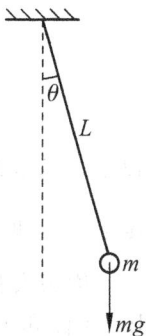

［实验内容］

1. 研究单摆的周期与摆长的关系

在相同摆角的情况下，改变摆长 5～7 次，分别测定单摆周期，每种情况重复测量 3～5 次.

对(3-4-3)(3-4-4)式两边取对数得

$$\lg T_0 = \left(\lg 2\pi - \frac{1}{2}\lg g\right) + \frac{1}{2}\lg L$$

$$\lg T_0' = \left(\lg 2\pi - \frac{1}{2}\lg g\right) + \frac{1}{2}\lg L'$$

以上二式是关于 $(\lg T_0, \lg L)$ 和 $(\lg T_0', \lg L')$ 的直线方程，其截距为 $a = \lg 2\pi - \frac{1}{2}\lg g$，斜率为 $b = \frac{1}{2}$.

因为实验中周期为测量值，所以 $T_0 = T_0'$. 根据实验数据分别作出$(\lg T_0, \lg L)$ 图和 $(\lg T_0, \lg L')$ 图，求出截距和斜率，并与理论值比较，研究两者差别的原因.

2. 研究单摆的周期与摆角的关系

在相同摆长的情况下(摆长要取长一些)，改变摆角 5～7 次，分别测定单摆周期，每种情况重复测量 3～5 次.

公式(3-4-5)是一个关于 T' 和 $\sin^2\left(\frac{\theta}{2}\right)$ 的直线方程，其截距和斜率的理论值分别为 $2\pi\sqrt{\frac{L'}{g}}$ 和 $\frac{\pi}{2}\sqrt{\frac{L'}{g}}$. 由实验数据作出 $\left(T', \sin^2\left(\frac{\theta}{2}\right)\right)$ 图，求出截距和斜率，并与理论值比较. 分析不同摆角对振动周期的影响.

［问题讨论］

1. 单摆与数学摆有何区别？在计算实际单摆周期时，对数学摆周期公式要进行哪些修正？

2. 在实验中用什么方法研究单摆周期与摆长、摆角的关系，实验结果如何处理？

3. 利用单摆装置可以测量重力加速度，试设计实验方法.

实验五　安伏法测非线性电阻

[实验目的]

1. 学习正确使用直流电表.
2. 熟悉滑线变阻器在分压电路和限流电路中的用法.
3. 通过实验了解非线性元件的安伏特性.
4. 学习实验系统误差的修正方法.

[实验仪器]

直流电流表，直流电压表，滑线变阻器(2 个)，直流稳压电源，数字多用表，待测稳压二极管，小电珠，开关和导线等.

[实验原理]

安伏法是测量电阻的最基本的方法之一，其原理是欧姆定律. 当在待测元件两端加一电压 U 时，就会有电流 I 流过该元件，改变电压 U，电流 I 会随之变化，电流 I 随电压 U 的变化关系称为该元件的安伏特性. 安伏特性为直线的元件称为线性电阻元件，如常用的线绕电阻、碳膜电阻及金属膜电阻等. 安伏特性不是直线的元件称为非线性电阻元件，如热敏电阻、二极管和小电珠等.

本实验通过测量验证稳压二极管和小灯泡的安伏特性.

稳压二极管的安伏特性分为正向特性和反向特性两种. 对稳压二极管加正向偏置电压时，若偏置电压小于二极管的导通电压(锗管为 0.2 V 左右，硅管为 0.7 V 左右)，电流很小且随电压变化缓慢. 当偏置电压增至接近二极管的导通电压时，电流变化急剧. 二极管导通后，电压变化很小，电流就会有很大的变化. 若给二极管加一个反向偏置电压，当电压较小时，二极管处于截止状态，反向电流很小. 反向偏压增加时，反向电流增加特别缓慢，几乎保持不变. 当反向偏压增至该二极管的击穿电压时，电流猛增，称为二极管被击穿.

钨丝灯泡的安伏特性是由钨丝电流的热效应引起的，随着通过它的电流的增加，钨丝变热，致使它的阻值增大. 没有电流通过的钨丝电阻称为冷电阻.

安伏法测电阻的测试电路如图 3-5-1 所示.

根据欧姆定律

$$U = IR \qquad (3\text{-}5\text{-}1)$$

在同时测得电阻两端电压和通过电阻的电流后，即可计算电阻值 R.

由于被测元件的电阻是变化的，在实验安排上应根据被测阻值的大小，分别恰当地选择电流表的接法：考虑到所用电流表及电压表均有内阻，电流表内阻并不是

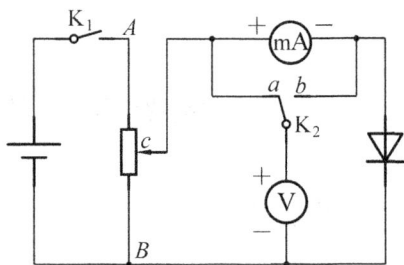

图 3-5-1

极小，电压表内阻虽然较大但也不可以认为是无穷大. 在此情况下，电流表和电压表的接入会导致测试结果的系统误差. 为了减少此类系统误差对测量结果的影响，应根据被测阻值的大小，分别恰当地选择电流表的接法.

将开关置于"a"，称电流表内接法；将开关置于"b"，称电流表外接法. 由于电压表、电流表均有内阻（设为 R_V 与 R_A），不论采用哪种接法，都不能严格满足式(3-5-1). 如采用内接法，电压表所测电压为 $(R_A + R)$ 两端的电压；如采用外接法，电流表所测电流是通过 R 与通过 R_A 的电流之和. 这样将给测量带来系统误差，称"接入误差"或"方法误差". 但此系统误差有规律可循，可通过修正得到正确的结果. 修正方法如下：

1. 电流表内接时系统误差的修正

如图 3-5-1，在开关置于 a 时，测出电压 U 及电流 I，则有

$$\frac{U}{I} = R + R_A \qquad (3\text{-}5\text{-}2)$$

所以，待测电阻

$$R = \frac{U}{I} - R_A \qquad (3\text{-}5\text{-}3)$$

由式(3-5-3)得到修正后的测量结果，从式(3-5-2)可以看出，当 $R \gg R_A$ 时，R_A 的影响可忽略，即此时 $R \approx \dfrac{U}{I}$. 所以在 $R \gg R_A$ 时，电流表应采用内接法.

2. 电流表外接时系统误差的修正

如图 3-5-1，在开关置于 b 时，测出电压 U 和电流 I，则有

$$\frac{U}{I} = \frac{RR_V}{R + R_V} \qquad (3\text{-}5\text{-}4)$$

所以

$$R = \frac{U}{I} \frac{R_V}{R_V - \dfrac{U}{I}} \qquad (3\text{-}5\text{-}5)$$

由式(3-5-5)得到修正后的测量结果,从式(3-5-5)可以看出,当 $R \ll R_V$ 时,R_V 的影响可忽略,即此时 $R \approx \dfrac{U}{I}$. 所以在 $R \ll R_V$ 时,电流表应采用外接法.

在测量中为了便于对电路进行控制,采用二级分压电路或限流电路. 在被测电阻较大时,如二极管处于反向时,应将滑线变阻器接成分压电路,其中一个作为粗调,另一个作为细调;而当被测电阻较小时,如二极管处于正向时,将变阻器接成限流器,使用两个变阻器,一个为粗调,另一个为细调.

[实验内容]

1. 测量二极管的正向特性曲线

(1)用多用表欧姆挡(×100 Ω 或×1 kΩ 挡)判断被测二极管的极性.

(2)将滑线变阻器接为限流器,合理安排仪器布局. 电路连好后,将限流电阻调至最大,接通电源,缓慢地调小限流电阻,使二极管正向导通. 观察电流随电压变化的情况,直至电流达到二极管的额定工作电流. 通过观察确定电压和电流的测量范围,以及测量点的选择方法(是根据电流表读数选择,还是根据电压表读数选择,或不同的测量段用不同的方法来选择测量点).

(3)测量二极管正向特性曲线. 根据测量范围适当选择测量点. 在零伏到导通电压之间至少测 4 个点,在曲线的弯曲部分至少测 3 个点,在导通区的直线部分至少测 4 个点. 注意最大电流不准超过二极管的额定工作电流.

2. 测量二极管的反向特性曲线

(1)将滑线变阻器接为分压器.

(2)先将分压器输出端调至零,接通电源后,将二极管两端电压逐渐加大到二极管的反向击穿电压,定性地观察二极管的反向特性. 通过观察以确定测试反向特性曲线时电压的调节范围和测量点.

(3)测量二极管反向特性曲线. 在零伏到反向击穿电压之间至少测 4 个点. 反向击穿后注意电流的变化,在额定电流以下再测 2～3 个点.

3. 根据所测数据,在直角坐标纸上绘制被测二极管的安伏特性曲线. 在曲线上确定出该二极管的正向导通电压和反向击穿电压.

4. 测定小灯泡的安伏特性曲线,测试电路及实验步骤由实验者自行设计.

[问题讨论]

1. 怎样判断二极管的极性?对它进行测量时,应注意什么?

2. 电流表及电压表在测量时，改换不同量程对测量结果有无影响？为什么？在实验中是否允许改变？

3. 绘出测定小灯泡安伏特性曲线的测试电路，并写出实验步骤.

实验六　干电池电动势和内阻的测量

[实验目的]

1. 掌握补偿法测量原理.
2. 学习电位差计的使用.

[实验仪器]

电位差计，检流计，标准电池，电阻箱，滑线变阻器，直流稳压电源，干电池及开关等.

[实验原理]

用电位差计测量干电池的电动势及其内阻的测量电路如图 3-6-1 所示. 图中虚线框内为电位差计. 关于电位差计的原理和使用方法见第二章.

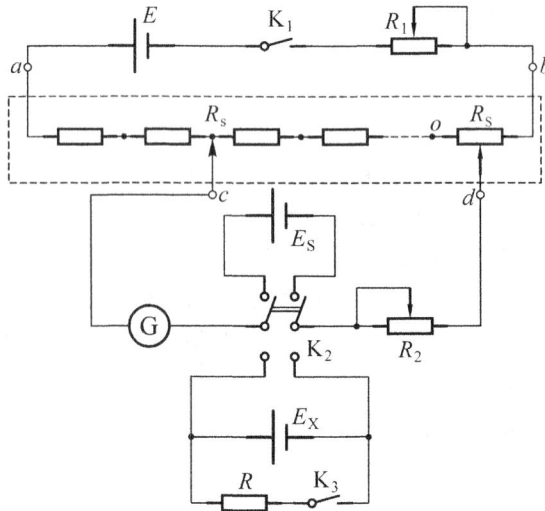

图 3-6-1

干电池的电动势 E_x 可直接由电位差计测出.

当开关 K_3 闭合时，测出干电池端电压为 U，设干电池的内阻为 r，对 E_x 和 R 组成的回路应用全电路欧姆定律，有

$$r = R\left(\frac{E_x}{U} - 1\right) \tag{3-6-1}$$

[实验内容]

1. 测定干电池电动势

(1)按图 3-6-1 连接电路.

(2)线路连接经检查无误后，将工作电源电压调至 4 V.

(3)校准工作电流.

①先用多用表电流挡粗测工作电流：断开 K_1 和 K_2，将多用表并接在 K_1 两端(相当于将多用表串接在工作回路中)，调节电阻 R_1，使工作电流为 10 mA.

②闭合 K_1，将 K_2 掷向 E_S，同时将电位差计示值置于与 E_S 相同的数值，调节 R_1 使检流计指示为零.

(4)将 K_2 掷向 E_x，调节电位差计示值，直到检流计指示为零，读取电位差计示值.

(5)重复测 10 次，求算术平均值，计算测量结果的不确定度.

2. 测定干电池内阻

根据式(3-6-1)测定干电池的内阻 r. 测量时电阻 R 可以取几个不同的数值，即测量不同电流时的内阻. 通过实验分析干电池内阻是否随电池的输出电流变化.

[注意事项]

1. 注意保护标准电池. 通过其内部的电流最大不得超过 10 μA；不得用指针式电压表测其电压；更不能使其倾倒.

2. 注意保护电流计. 不要使其过载；用毕要将其短路或止动.

[问题讨论]

1. 电位差计为什么要进行校准？怎样校准？若工作电源为 4 V，电阻 R_1 的阻值至少应取多少？已知电位差计的工作电流为 10 mA.

2. 补偿回路中的电阻 R_2 有什么作用？实验中怎样使用？

3. 使用标准电池需注意什么?

4. 使用检流计应注意什么?

5. 使用电位差计进行测量时,若发现总调不到平衡,即检流计总是偏向一边,可能的原因是什么?

6. 若被测电压的数值超出了所用电位差计的量程,或远远小于电位差计的量程,应如何测量?

实验七　示波器使用初步

[实验目的]

1. 初步了解示波器的原理和使用方法.

2. 了解信号发生器的使用.

[实验仪器]

SS-5702 型示波器,信号发生器等.

[实验原理]

1. 认识示波器和信号发生器

请阅读第二章中关于示波器和信号发生器的介绍.

2. 用示波器进行观察和测量的方法

示波器可以用来观察信号波形,可以测量信号的电压、周期等.

当示波器工作在 Y-t 方式时,由输入端输入的信号波形可以自动显示在荧光屏上. 例如,向示波器输入一正弦电压信号,显示波形如图 3-7-1 所示.

(1)电压的测量.

若示波器的电压灵敏度为 K_V,信号波形正负峰值间所占标尺格数为 N,则信号峰-峰值电压为 $U_{P-P} = K_V N$,信号峰值电压为 $U_P = \dfrac{U_{P-P}}{2}$,信号有效值电压 $U_{RMS} = \dfrac{U_P}{\sqrt{2}}$.

(2)周期的测量.

若示波器扫描速度为 K_t,信号波形一个周期长度所占标尺格数为 N,则

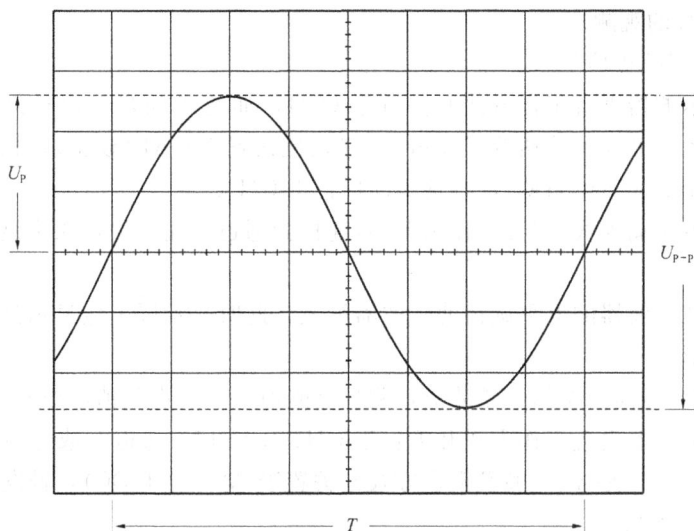

图 3-7-1

信号周期

$$T = K_t N$$

[**实验内容**]

1. 认识示波器面板上的各旋钮和开关，了解它们的作用

2. 示波器的基本操作

(1)接通电源前的准备.

将垂直位移和水平位移旋钮调到中间位置，辉度旋钮顺时针旋到底，垂直工作方式开关置于 CH1，耦合方式开关置于 GND，扫描方式开关置于 AUTO，扫描速度选择置于 1 ms，扫描长度旋钮顺时针旋到底.

(2)辉度、聚焦的调整.

①接通电源，约 15 s 后出现扫迹.

②调节垂直位移旋钮，将扫迹移至显示屏中央.

③调节辉度旋钮，将扫迹的亮度调到所需要的程度.

④调节聚焦旋钮，使扫迹纤细清晰.

(3)光点的获得.

将扫描方式开关置于 NORM，通道耦合方式开关置于 GND，在显示屏上可获得一个光点.

3. 信号的观测

(1)观察校正信号.

①将示波器垂直工作方式开关置于 CH1，通道 1 耦合方式开关置于 DC，通道 1 输入幅度控制旋钮置于 5 mV，微调旋钮置于 CAL(校正)，触发耦合方式开关置于 AC(EXT DC)，触发源选择置于 CH1.

②用专用输入线将"校正输出"信号连接到通道 1 输入端，探头衰减开关置于×10 位置.

③调节示波器的电平旋钮使示波器触发，此时显示屏上应显示高度为 6 格的方波波形.

(2)观察不同频率的正弦波形，测量其峰值电压、有效值电压及周期.

①将示波器垂直工作方式开关置于 CH1 或 CH2，通道 1 或通道 2 耦合方式开关置于 DC 或 AC，触发耦合方式开关置于 AC(EXT DC)，触发源选择置于 CH1 或 CH2.

②用专用输入线将信号发生器的输出端与示波器通道 1 或通道 2 的输入端连接，探头衰减开关置于×10 位置.

③将信号发生器的波形选择置于正弦波，将输出幅度置于适中位置.

④调节示波器的电平旋钮使示波器触发，此时显示屏上应显示信号发生器输出的信号波形.

⑤改变信号发生器的输出频率，观察波形的变化.

⑥测量不同频率信号的电压和周期.

(3)观察方波、锯齿波，并测定其峰值电压和周期.

将信号发生器的波形选择分别置于方波和锯齿波，改变频率，观察波形变化，并分别测量信号的电压和周期.

[问题讨论]

1. 示波器面板上的各旋钮的作用是什么？如何正确使用？
2. 怎样测量输入信号的电压和频率？

实验八 薄透镜焦距的测量

[实验目的]

1. 学会几种测量薄透镜(凸透镜与凹透镜)焦距的方法. 掌握物像公式及薄透镜的成像规律.
2. 初步掌握调节光学系统共轴的方法.

[实验仪器]

白炽灯，带叉丝的十字形光阑，薄凸透镜，凹透镜，毛玻璃屏，米尺及光凳等.

[实验原理]

测定薄透镜焦距的方法很多，原理也不尽相同. 但最根本的出发点却是物像公式. 下面分别介绍几种测量薄透镜焦距的方法.

1. 利用平行光测量凸透镜的焦距.

明亮的远方物体(如太阳、灯光等)发出的光线可以近似看作平行光，使其通过透镜成像. 由物像公式

$$\frac{1}{s} + \frac{1}{s'} = \frac{1}{f'} \tag{3-8-1}$$

可知，物距 s 趋于无穷大时的像距 s' 即为薄透镜的焦距 f'. 因此，只要将凸透镜面向远方物体，使其在与镜面平行的屏上呈现清晰的像，用米尺量出透镜与屏的距离，即为透镜的焦距. 此法简便迅速，但不够精确.

2. 利用物像公式测量凸透镜的焦距.

把光源、十字光阑、凸透镜和屏放在光凳上. 先通过目视判断它们的中心是否等高；然后再仔细调节透镜和屏的距离，在物与透镜的间距大于透镜焦距的情况下，使屏上呈现清晰的物像，并把像的中心调到与透镜中心等高. 由物像公式(3-8-1)可推出

$$f' = \frac{ss'}{s - s'} \tag{3-8-2}$$

式中 s，s' 及 f' 分别是物、像和焦点到镜心的距离. 因为薄透镜的厚度远小于其球面半径，所以可视它的两个主点与透镜中心重合在一起. 因此只要测量出 s，s'，即可由公式(3-8-2)算出焦距 f'.

3. 用两次成像测量凸透镜的焦距(也称共轭法或贝塞尔法).

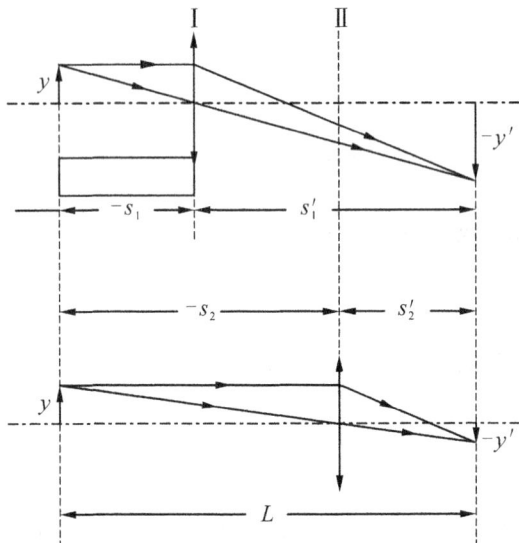

图 3-8-1

这种方法使用的测量器具与前面相同. 其特点是物与屏的距离 L 保持一固定的值，且使 $L > 4f'$. 通过移动透镜，可在屏上得到两次清晰的像. 如图 3-8-1，透镜在位置 Ⅰ 得到放大的像；在位置 Ⅱ 得到缩小的像. 由图 3-8-1 可知

$$L = -s + s', \quad d = -s - s'$$

d 为透镜两次成像所移动的距离. 由此可得：

$$-s = \frac{L+d}{2}, \quad s' = \frac{L-d}{2} \tag{3-8-3}$$

将式(3-8-3)代入式(3-8-1)，得到

$$f' = \frac{L^2 - d^2}{4L} \tag{3-8-4}$$

由此可见，只要测出物与屏的距离 L 及透镜的位移 d，即可算出 f'. 用这种方法测量凸透镜的焦距通常比较准确. 因为在这个方法中无须测量物距、像距，从而排除了测量物、像距时，以镜心为准而非以主点为准所带来的误差.

4. 利用自成像法测量凸透镜的焦距.

把凸透镜放在十字光阑前面，使两者等高共轴．在凸透镜后放一平面反射镜，使通过透镜的光线反射回去．仔细调节透镜与物间的距离，直到在物面上得到十字叉丝的清晰像为止．这时物与透镜的距离即为透镜的焦距．用该方法测量透镜的焦距非常简便．光学实验中经常用这种方法调节出平行光．例如平行光管射出的平行光就是用此方法产生的．

5. 凹透镜焦距的测定．

由于凹透镜为虚焦点，实物成虚物，它的焦距无法直接测得．但可以借助于一个凸透镜的辅助来实现凹透镜焦距的测量．只要使所选凸透镜的焦距满足条件：

$$|f'_{凹}| > |f'_{凸}|$$

使由此二透镜叠合的透镜组具有正透镜的性质，就可以进行测量了．下面介绍两种常用的方法：

(1) 用平行光测量凹透镜的焦距．

首先通过自准法产生平行光．为便于测量，首先把选好的辅助透镜与待测凹透镜紧贴在一起（其间隔视为零），然后当作薄透镜放入光路中，如图3-8-2. 这时在屏上可以得到实焦点．测量出组合透镜的焦距 $f'_{合}$. 此距离也是辅助凸透镜的像距，它的物距应是平行光经凹透镜发散后的虚焦点与凹透镜的距离（即凹透镜的焦距）．由于忽略两透镜的间距，所以根据物像公式有

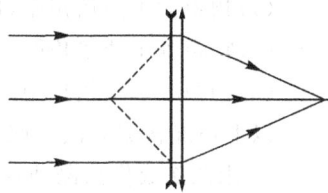

图 3-8-2

$$-\frac{1}{f'_{凹}} + \frac{1}{f'_{合}} = \frac{1}{f'_{凸}} \tag{3-8-5}$$

则凹透镜的焦距为

$$f'_{凹} = \frac{f'_{合} f'_{凸}}{f'_{凸} - f'_{合}} \tag{3-8-6}$$

(2) 用物像公式测量凹透镜的焦距

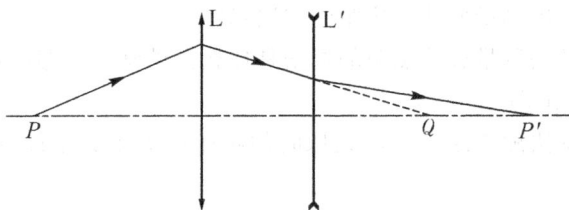

图 3-8-3

这种方法中将辅助透镜 L 所成的实像 Q 作为凹透镜 L' 的虚像以形成实像 P',再用物像公式来计算 $f'_凹$,其光路如图 3-8-3. 首先通过凸透镜在屏上成一个实像 Q,在 L,Q 之间放凹透镜 L',使 L' 距 Q 较近,以像 Q 作物通过凹透镜成像. 由于 L' 的发散作用,需把屏向后移到 P' 的位置才能再得到清晰的像. 对 L' 来说,Q 为虚物点,P' 为实像点,测出 Q 和 P' 点到 L' 的距离 s, s',由物像公式

$$f'_凹 = \frac{ss'}{s - s'}$$
(3-8-7)

便可算出 $f'_凹$.

[实验内容]

1. 用远处灯光当作平行光,粗测凸透镜的焦距,测 3 次,取平均值.

2. 利用物像公式测凸透镜的焦距,可分三种情况进行:

(1)物距大于两倍焦距(以粗测值为准);

(2)物距等于两倍焦距;

(3)物距小于两倍焦距.

以上情况各测 3 次,取平均值.

3. 用两次成像法测凸透镜的焦距,反复测量 10 次,并计算测量结果的不确定度.

4. 用自准成像法测凸透镜的焦距,测 3 次,取平均值.

5. 用平行光测凹透镜的焦距. 测 3 次,取平均值.

6. 用物像公式测凹透镜的焦距. 可选做.

[问题讨论]

1. 远方物体经透镜成像的像距为什么可视为焦距?

2. 如何把几个光学元件调至等高共轴?粗调与细调分别应怎样进行?

3. 如何用自准成像法调出平行光?其要领是什么?

4. 你还能想出测量薄透镜焦距的方法吗?

5. 自准成像法测量透镜焦距的根据是什么?试画出光路图(以一定长度的线段代替物体来画图).

6. 用贝塞尔法测焦距时,成大像时的物距应等于成小像时的像距. 试加以证明之.

7. 有人说"没有接收屏就看不到实像",这种说法正确吗?

实验九　颜色合成的基本规律

[实验目的]

1. 了解色度学的基本知识.
2. 了解颜色相加与相减的合成方法.

[实验仪器]

颜色合成仪，计算机等.

[实验原理]

自然界的色彩成千上万，根据色度学原理，所有颜色均可由红、绿、蓝三种颜色匹配相加生成，这三种颜色称为三基色. 通过红、绿、蓝三基色能混合产生所有的颜色，即红＋绿＋蓝＝任意颜色. 如：绿＋红＝黄；绿＋蓝＝青；红＋蓝＝品.

用白光减去三基色产生的补色(称为减法三基色，即黄＝白－蓝、品＝白－绿、青＝白－红)进行混合也能产生所有的颜色. 即：黄＋品＋青＝(白－蓝)＋(白－红)＋(白－绿)＝白－(红＋绿＋蓝)＝白－任意颜色＝任意颜色的补色. 与前面不同的是，这种混合是通过减法三基色滤色片重叠来实现的(一般通过两色滤色片来实现).

图 3-9-1 为减法三基色的理想透过率曲线. 改变减法基色(黄、品、青)滤色片的密度，就能改变透过的白光中红、绿、蓝光的通量. 各基色密度大时可吸收较多的红、绿、蓝光，则黄、品、青三色光的颜色较浓；密度小时，吸收

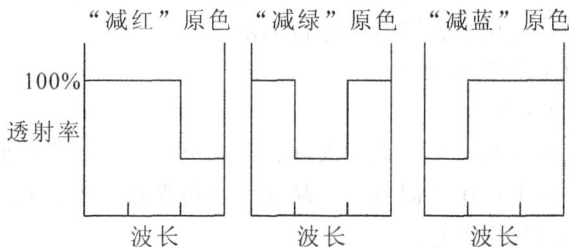

图 3-9-1

较少的红、绿、蓝光，则黄、品、青三色光的颜色较淡. 这也是扩印彩色照片时矫正偏色的方法.

[实验内容]

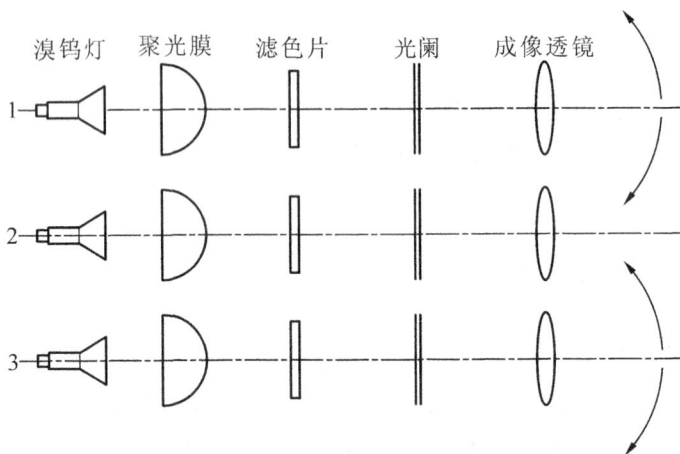

图 3-9-2

图 3-9-2 是颜色合成仪器的原理图，在这个仪器中有 3 个相互独立的光路，其中光路 1、3 可绕竖直轴转动，光路 2 可绕水平轴转动. 通过移动光斑就可以获得图 3-9-3 的图形. 光源为溴钨灯，它是 CIE(国际照明委员会)推荐的 A 标准光源，溴钨灯发出的光经集光镜会聚在滤色片上，再由镜头成像在屏上，通过调节镜头的焦距，可在 1～8 m 的范围内成像. 滤色片为镀膜滤色片. 颜色有红、绿、蓝、黄、品、青 6 种. 光阑为可调光阑，通过

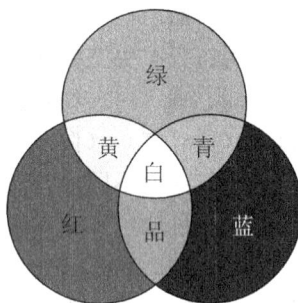

图 3-9-3

调整光圈，可以改变三色光的亮度，从而改变合成色的色度. 此仪器既可以在实验室里做实验，也可以在课堂上进行演示.

1. 验证颜色相加混合规律

(1)两色相加混合

实验时在光路 1 和 2 中分别放入红、蓝滤色片，转动光路使两色光斑在屏上重合，这时在屏上产生中间色——品红，减小光路 1 中的光阑使红色亮度减少，屏幕上的色调偏向蓝色.

(2)三色相加混合

将红、绿、蓝 3 个滤色片分别放在 3 个光路中，调整 3 个光阑，改变 3 个光斑的位置，使三色圆斑部分重叠．图 3-9-3 是仪器将三色光两两重叠相加混合的结果．同时也可观察到三基色及其相应的补色．

2. 验证颜色相减混合

验证黄、品、青滤色片所吸收的颜色．

任选一光路．在放置滤色片的位置放入品和黄滤色片，打开光源，使光穿过品和黄滤色片投影到屏幕上．根据实验原理，在屏幕上得到的是红色，即：白－绿－蓝＝红．

同理，放入品和青滤色片，在屏幕上得到的是蓝色．放入黄和青滤色片，得到的是绿色．将等密度的黄、品、青同时放入，在屏幕上得到的是灰色或黑色．

将相同密度的黄和蓝滤色片放入同一光路中，结果也生成灰色或黑色，说明黄滤色片将蓝光部分或全部吸收．而将黄与红（或绿）滤色片放入同一光路中，在屏幕上仍然得到红色或绿色，说明黄滤色片不能吸收红光和绿光．同理也可验证品和青所吸收的颜色．

将一个偏色的幻灯片与相应的减色滤色片放在同一光路中可矫正幻灯片的偏色．

3. 选取一张彩色照片，任选其中三个颜色，然后在计算机上使用 Windows的"程序—附件—画图"程序．在"颜色—编辑颜色—规定自定义颜色"的对话框中，用红、绿、蓝三色的不同组合（输入 0～255 的数字），合成出和被测彩色块图基本一致的颜色，记录下对应的红、绿、蓝三色的参数．检验颜色合成与相减的规律．

第四章　基础实验

实验十　匀加速直线运动的规律

［实验目的］

1. 利用气垫导轨研究匀加速直线运动的规律.
2. 学习用实验与理论演绎或逻辑推理相结合的方法研究物理问题.
3. 熟悉气垫导轨及光电计时系统的使用.

［实验仪器］

气垫导轨，数字计时器，天平及米尺等.

［实验原理］

近代运动力学的奠基者——意大利的伽利略（Galileo）进行了自由落体、抛体运动和物体沿斜面的运动等一系列精密实验的研究，为科学的物理运动力学的建立奠定了基础. 他之所以取得如此非凡的成果，是因为他采用了实验与理论演绎或逻辑推理相结合的研究问题的方法，这种方法很值得我们借鉴，它可以得出超过实验本身的更为普遍的理论结论. 他认为：实验可以用来决定一些原理，并作为演绎方法的出发点. 例如，他从斜面实验的结论中得出：一个运动的物体假如有了某种速度以后，只要没有增加或减少速度的外部原因，便会始终保持这种速度. ——这个条件只有在水平的平面上才有可能，因为假如在沿斜面运动的情况下，朝下运动则已经有了加速的起因，而朝上运动，则已经有了减速的起因. 由此可知，只有水平的平面上的运动才是不变的，因为假如速度是不变的，运动既不会减小或减弱，更不会消灭. 这实际上就是惯性定律. 同时他不断改变斜面的倾斜度得出，如果最终把斜面竖直起来就是自由落体. 并预言抛射体沿水平方向是匀速运动，而沿竖直方向是引力作用下的自由落体运动，由此得出抛射体的运动轨道. 他的这些结论不是直接从实验得出来的，而是在实验的基础上，推理、概括出来的，希望读者在实验中注意学习伽利略研究问题的方法.

质量为 m 的物体在光滑斜面上做下滑运动，物体受到重力 mg 及斜面支撑力 N 的作用，如图 4-10-1 所示. 若斜面倾角为 α，则沿斜面方向的合力为 $F=mg\sin\alpha$. 根据牛顿第二定律，有 $F=mg\sin\alpha=ma$，由此可得

$$a = g\sin\alpha \tag{4-10-1}$$

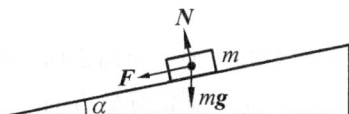

图 4-10-1

由式(4-10-1)可知，如果斜面倾角 α 不变，则加速度 a 就不变，即物体的下滑运动是匀加速直线运动. 实验中可通过两种方法来进行验证.

由于匀加速直线运动的瞬时加速度不随时间改变，因此其瞬时加速度就等于平均加速度. 如果能够验证该下滑物体在任何时间间隔内的平均加速度都相等，则可以证明物体在斜面上自由下滑是匀加速直线运动.

设在物体下滑过程中，某 t_1 时刻的瞬时速度为 v_1，某 t_2 时刻的瞬时速度为 v_2，则在时间段 $t=t_2-t_1$ 内的平均加速度为

$$a = \frac{v_2 - v_1}{t_2 - t_1} = \frac{v_2 - v_1}{t} \tag{4-10-2}$$

瞬时速度的大小可以利用下述方法近似测定. 如图 4-10-2 所示，若物体下滑到 A 点的时刻为 t_1，滑到 B 点的时刻为 t_2，且物体经过 A 点和 B 点后的很小一段距离 Δs 所用的时间为 Δt_1 和 Δt_2，如果 Δs 足够小，则可将 $v_1=\frac{\Delta s}{\Delta t_1}$ 及 $v_2=\frac{\Delta s}{\Delta t_2}$ 认为是物体分别通过 A、B 两点时的瞬时速度. 于是当我们分别测定了 t_1，t_2 及 v_1，v_2 后，便可根据(4-10-2)式求出平均加速度 a 的大小. 任意改变 A、B 两点间的距离和位置，若分别测出的加速度都相等，则可验证该物体的运动为匀加速直线运动.

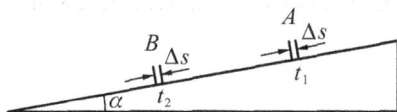

图 4-10-2

[实验内容]

1. 检查气垫导轨及光电计时系统.

将滑行器骑在导轨上；打开气源开关向导轨送气，使滑行器能平稳自如地在导轨上运动，然后关断气源，待需要时再打开；在导轨上装两个光电门，检查光电门和数字计时器是否工作正常.

2. 导轨水平的调节.

首先调节导轨中部的底脚螺丝，使导轨面横向无明显左右倾斜，然后打开气源. 当滑行器漂浮起来后，给滑行器沿导轨方向一较小的推力，使其在导轨上缓缓前进. 调节滑块上凹形遮光片，使其前半部分遮光，这样滑行器每通过一个光电门可有两次遮光，计时器计出的则是滑行器每通过一个光电门时滑行 Δs（1 cm）所用的时间 Δt_1 和 Δt_2，调节导轨端部的底脚螺丝，使滑行器在一次行程的两次计时基本相等，即 $\Delta t_1 \approx \Delta t_2$（或使滑行器在两光电门之间基本不动），这时我们就认为导轨已调成水平.

3. 在导轨端部底脚下垫一标准垫块，使导轨倾斜，让滑行器每次从同一位置开始下滑，测出滑行器的加速度（加速度可由数字计时器直接读出），重复测量 3～5 次，求平均值.

4. 改变光电门的位置，再次测量加速度.

5. 改变导轨的倾角，重复上述测量.

6. 根据所测数据验证滑行器的运动是否为匀加速直线运动.

[注意事项]

在实验中，为了保护气源，除需要供气以外，要注意及时关断气源，禁止让气源连续长时间运转.

[问题讨论]

1. 如何测得瞬时速度 v_1 和 v_2? 如何求出平均加速度 a?
2. 图 4-10-3 是伽利略设计的无摩擦的理想实验的示意图.

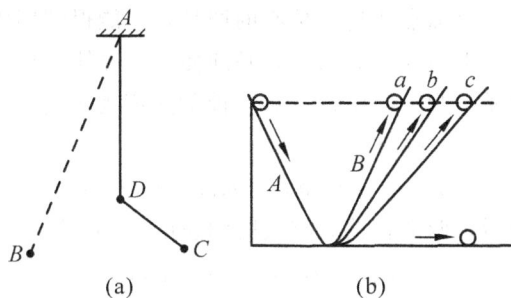

图 4-10-3

a 图：在 A 点悬一单摆，拉至 B 点放手，如果用钉子 D 改变单摆运动的路线，摆球将摆至什么位置？说明该物体运动具有什么性质.

b 图：下滑斜面 A 及上滑斜面 B 均为无摩擦的光滑斜面，B 斜面的倾角可任意改变，做如图 4-10-3(b)所示的实验会得出什么样的结论？

实验十一 动量守恒定律的验证

[实验目的]

1. 验证动量守恒定律.
2. 训练调整实验系统的能力.

[实验仪器]

气垫导轨，滑行器两个，砝码，物理天平，数字计时器及橡皮泥等.

[实验原理]

动量守恒的条件是被研究的系统所受合外力为零；或在研究的方向上合外力为零，则在这个方向上存在动量守恒. 因此，用实验方法研究动量守恒定律，就必须要满足这样的条件.

在气垫导轨上验证动量守恒定律. 实验中的研究系统由两个滑行器组成. 在两个滑行器的碰撞面上安装弹性良好的缓冲器，可以实现完全弹性碰撞；在两个滑行器的碰撞面上粘贴橡皮泥，可以实现完全非弹性碰撞. 无论哪种情况都必须是对心碰撞，即碰撞的一瞬间碰撞点必在两碰撞物体质心的连线上. 因此对滑行器的质心和碰撞点要进行精心的调整，才能得到期望的结果．为保证研究系统在水平方向上所受合力为零，必须使气垫导轨保持严格的水平状态．

设两滑行器的质量为 m_1 和 m_2，碰撞前的速度为 v_{11} 和 v_{21}，经完全弹性碰撞后的速度为 v_{12} 和 v_{22}，则有

$$m_1 v_{11} + m_2 v_{21} = m_1 v_{12} + m_2 v_{22} \qquad (4\text{-}11\text{-}1)$$

经完全非弹性碰撞后，两滑行器具有共同的速度 v，则有

$$m_1 v_{11} + m_2 v_{21} = (m_1 + m_2)v \qquad (4\text{-}11\text{-}2)$$

式中，各速度均为水平方向上的标量，其正负由坐标轴的取向而定．

为使问题简化，可先使 m_1 静止置于光电门 T_1，T_2 之间（如图 4-11-1），m_2 由导轨一端向 m_1 碰撞．这时(4-11-1)和(4-11-2)式简化为

$$m_2 v_{21} = m_1 v_{12} + m_2 v_{22} \qquad (4\text{-}11\text{-}3)$$

$$m_2 v_{21} = (m_1 + m_2)v \qquad (4\text{-}11\text{-}4)$$

在实验中测量滑行器的质量和碰撞前后两滑行器的速度，即可验证动量守恒定律．

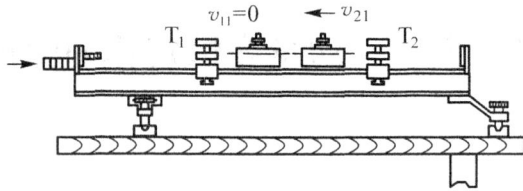

图 4-11-1

[实验内容]

分别在完全弹性碰撞和完全非弹性碰撞情况下验证动量守恒定律．

1. m_1 保持不变，分别取 $m_2 = m_1$，$1.5m_1$，$0.5m_1$ 等三种情况．
2. 对每一种情况，至少测 5 次时间，取其平均值．

[注意事项]

两个光电门距离不要太大，以减小导轨的不平直、空气阻力及粘滞摩擦力对测量结果的影响．

[问题讨论]

1. 实验中如何保证实验系统在选定研究的方向上，进行合外力为零的对心碰撞？

2. 实验系统如何进行调整？

3. 以实验数据为基础，对碰撞问题进行以下讨论：

(1)动量关系；

(2)碰撞前后的相对速度；

(3)恢复系数；

(4)能量损失状况；

(5)对完全非弹性碰撞系统，能量损失大小与两物体的质量比有何关系等.

4. 伽利略原想利用图 4-11-2 所示的实验装置，通过改变平衡物重量 W 的方法，测定上筒 A 中流出的水柱对筒 B 的冲击力，以确定碰撞过程中冲击力的作用. 他原本设想这种冲击力与质量和它下落过

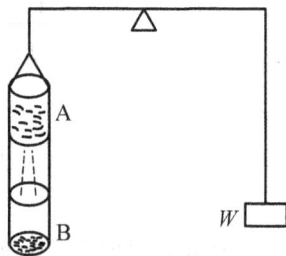

图 4-11-2

程中所获得的速度有关，且质量和速度越大，冲击力也越大. 请你对伽利略的设想和实验装置做出评价.

实验十二　杨氏模量的测定

［实验目的］

1. 训练正确调整测量系统的能力.

2. 掌握用光杠杆测量微小长度变化的原理和方法，测定钢丝的杨氏弹性模量.

3. 学习用逐差法处理数据.

［实验仪器］

杨氏模量仪(包括双柱架、卡头、光杠杆、望远镜系统、砝码、待测钢丝等)，米尺，游标卡尺及千分尺等.

［实验原理］

实验装置如图 4-12-1 所示.

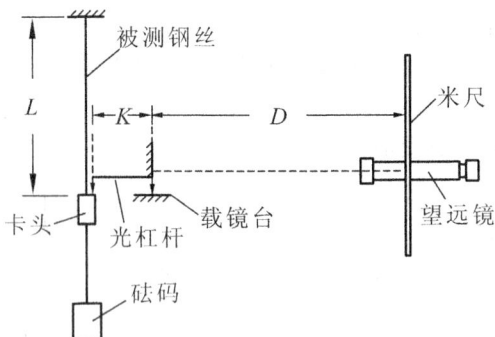

图 4-12-1

有效长度为 L，截面积为 S 的钢丝，上端固定，下端挂一重量为 F 的砝码，此时钢丝因受到拉力而伸长了 ΔL．根据胡克定律，在弹性限度内，弹性体的应力(F/S)和产生的应变($\Delta L / L$)成正比，即

$$\frac{F}{S} = E \frac{\Delta L}{L}$$

(4-12-1)

式中比例系数 E 称为杨氏弹性模量，简称杨氏模量．

由(4-12-1)式可以看出，对于长度和截面都相同的不同金属材料，在相同外力作用下，杨氏模量越大，其形变越小，因此杨氏模量表示了材料抵抗形变的能力．研究这种性质对生产、科研中选用合适的材料有着重要的作用．

实验中钢丝伸长量 ΔL 非常微小，其数量级约 10^{-2} mm，测量 ΔL 是本实验的关键．为了测量 ΔL，实验中使用了一种光学放大装置——光杠杆(它的基本思想在光学天平、光电检流计等装置中有广泛的应用)．

光杠杆的构造如图 4-12-2 所示．

在 T 形横架上装有平面镜，横架前端有两只尖足(或一直线刀口)，横架后端有一只尖足．测量时将光杠杆放在载镜台上，前足置于载镜台上的凹槽中，后足置于夹紧钢丝的卡头顶端的平面上，调整镜面使其大致成铅直状态．在距光杠杆镜面 $100\sim120$ cm 处放置一带有米尺的望远镜，望远镜轴线与光杠杆镜面中心等高并与镜面垂直，米尺与望远镜轴线垂直．调节望远镜，使从镜中能看清由小镜反射的米尺像，并能读出与望远镜中横线相重合的米尺读数．

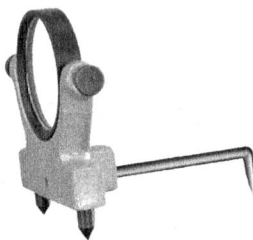

图 4-12-2

光杠杆测量原理如图 4-12-3 所示．米尺初始(钢丝已被拉直的情况下)读

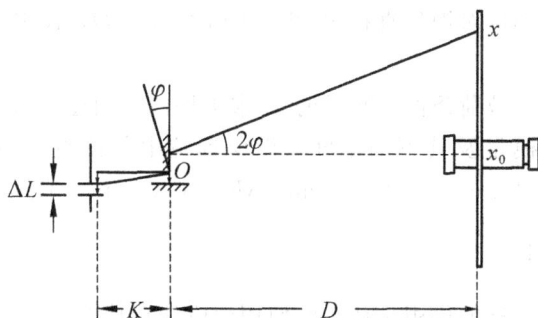

图 4-12-3

数记为 x_0，从悬点到卡头的这段钢丝的长度为钢丝的有效长度，记为 L．当在砝码盘上添加若干砝码时，该段钢丝伸长 ΔL，同时光杠杆的后足随之向下移动 ΔL，因而使镜面向后仰了一微小角度 φ．此时，望远镜中米尺的读数也相应地变为 x．由光的反射定律知 $\angle x_0 O x = 2\varphi$．

设光杠杆臂长（即后足到两前足连线的垂直距离）为 K，光杠杆镜面至米尺的垂直距离为 D，x 与 x_0 之间的距离为 Δx．当长度变化 ΔL 很小时：

$$\varphi \approx \frac{\Delta L}{K}; \quad \angle x_0 O x = 2\varphi \approx \frac{\Delta x}{D}$$

由此可得

$$\Delta L = \frac{K \Delta x}{2D} \tag{4-12-2}$$

可见通过光杠杆，ΔL 被放大了 $\dfrac{2D}{K}$ 倍，将(4-12-2)式代入(4-12-1)式，得

$$E = \frac{2LD}{SK} \frac{F}{\Delta x} \tag{4-12-3}$$

若钢丝的直径为 d，则上式可改写为

$$E = \frac{8LD}{\pi d^2 K} \frac{F}{\Delta x} \tag{4-12-4}$$

实验中，当 L，D，d，K 选定后，Δx 唯有随砝码重量 F 的增减作相应的增减．根据胡克定律，在弹性限度内，Δx 随 F 的增减而呈线性变化，所以比值 $F/\Delta x$ 是不变的．实验中每增(减)1 kg 砝码后，观察 1 次镜尺的读数．连续递增(减)砝码的同时，可连续读得 x_0，x_1，x_2…用逐差法处理数据，得到每千克拉力相应的伸长量 Δx，然后由式(4-12-4)计算 E．

[实验内容]

1. 独立完成测量系统的调整．

2. 在不同的部位对钢丝直径 d 测量 10 次. L，D，K 各量均可用适当的仪器做单次测量.

3. 对在增荷、减荷条件下测量的 x_i 求平均值，用逐差法计算 Δx.

4. 计算杨氏模量及其不确定度. 设望远镜中各读数 x_i 的最大误差均为 0.02 cm，$\Delta L = 0.1$ cm，$\Delta D = 0.2$ cm，$\Delta K = 0.05$ cm，取置信概率为 95%.

[问题讨论]

1. 实验中光杠杆的作用是什么？使用中应注意什么？

2. 处理实验数据时，用逐差法计算 Δx 有什么优点？

3. 实验中 Δx，L，D，K，d 各量的测量对实验结果的影响如何？若要进一步提高实验精度，试说明实验可以改进的地方.

实验十三　刚体转动惯量的测定

[实验目的]

1. 掌握测定刚体转动惯量的实验方法.
2. 学习时间、速度、加速度的测量方法.
3. 学习用作图法消除实验系统摩擦的影响的方法.

[实验仪器]

转动惯量实验仪，砝码及砝码盘，数字计时器，游标卡尺，水平仪，待测刚体等.

[实验原理]

转动惯量是物体转动惯性的量度，其数学表述为

$$J = \sum_{i=1}^{\infty} \Delta m_i r_i^2 \qquad (4\text{-}13\text{-}1)$$

式中，Δm_i 为质元，r_i 为该质元至转轴的半径. 从式(4-13-1)可以看出物体的转动惯量与其质量、质量分布(形状)及转轴的位置有关. 通常所说的物体的转动惯量一般是指通过其质心的几何对称轴(质量分布相对该轴对称)的转动惯量. 若转动的真实转轴与其自身的几何对称轴有一距离 r_c，则可由平行轴定

理求出其转动惯量为

$$J = \sum_{i=1}^{\infty} \Delta m_i r_i^2 + m r_c^2 \qquad (4\text{-}13\text{-}2)$$

其中，m 为物体的整体质量.

本实验中所用的转动惯量实验仪如图 4-13-1 所示.

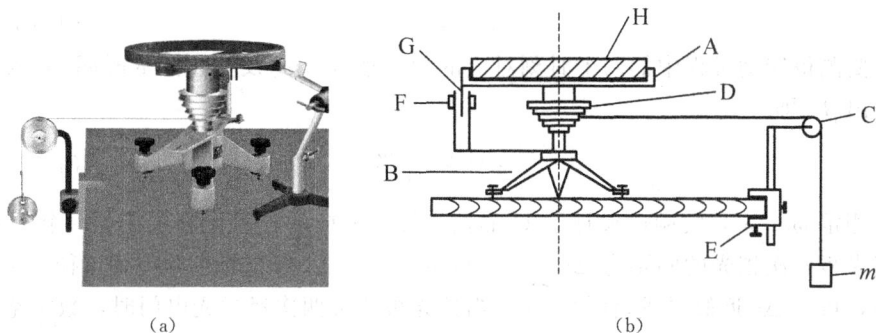

图 4-13-1

图 4-13-1 中，(a)是实物图，(b)为原理示意图. 其中 A 为十字架转台，B 为三角支座，C 为定滑轮，D 为塔轮，E 为桌夹，F 为光电门，G 为挡光板，H 为待测刚体，m 为砝码及砝码盘.

整个实验装置包括如下几部分：(1) 转轴系统：为塔轮装置，各轮的半径不同，由此可使相同绳的张力作用产生不同的外力矩；(2)转台系统：载物台的外形设计为十字架平台的形式，在十字架平台面上刻有通过转轴中心的十字线及圆心处于轴线中心上的同心圆族，以保证被测圆形物体放置时其重心与轴心重合；另外有 12 个分布均匀的圆孔以增加测试功能，如验证平行轴定理等. (3)计时系统：为光控数字计时系统. 在十字旋转架的外沿上固定一个挡光板，光电门系统 F 安装在载物台上装的一支撑板的外端. 该系统特别适用于短时间的测量. (4)滑轮系统：调整固定桌夹 E 的位置或滑轮平面的取向，可以保证拉绳沿着滑轮的切线方向.

实验时将被测物体放置在十字架载物台上，在砝码盘上放上合适的砝码，启动释放装置(图中未画出)，系统在重力所产生的力矩作用下做角加速转动，根据刚体转动定律得：

$$M - M_\mu = (J_c + J_o + J)\beta \qquad (4\text{-}13\text{-}3)$$

式中 $M = TR = mgR$(忽略砝码盘下落加速度的影响)，T 是拉绳的张力，m 为砝码及砝码盘的质量，R 是选定的塔轮的半径. M_μ 是系统的摩擦阻力矩，其大小是未知的，在实验中要设法尽量消除它对实验结果的影响. J_c 是滑轮的转动惯量，J_0 是载物台及转轴系统的转动惯量，J 为待测物体的转动惯量，β 为转动的角加速度.

若设法测出 J_c 和 J_0，并能消除 M_μ 的影响，则测出 β 后就能计算出 J 值.

1. β 的测定.

根据匀变速圆周运动的转动角速度公式

$$\omega = \omega_0 + \beta t \tag{4-13-4}$$

只要测得转动过程中的两个时刻对应的角速度 ω_1，ω_2 及其相隔的时间 t，就可算出 β，即

$$\beta = \frac{\omega_2 - \omega_1}{t} \tag{4-13-5}$$

为测定 ω_1，ω_2，实验中设计了 U 形挡光板及相应的计时控制系统. 一个 U 形挡光板两次挡光的间距为 $\Delta s = 1.000$ cm，由于 Δs 较挡光板的旋转半径 r 小得多，可将 Δs 近似看成是弧长 $\overset{\frown}{\Delta s}$，当挡光板相继两次经过光电门时，数字毫秒计（有存储功能）会顺序测出挡光板第一次和第二次经过光电门位置走 $\overset{\frown}{\Delta s}$ 弧长所用的时间 Δt_1，Δt_2 以及两次挡光之间的时间间隔 t. 显然有

$$\omega_1 = \frac{\overset{\frown}{\Delta s}}{r\Delta t_1} \ , \ \omega_2 = \frac{\overset{\frown}{\Delta s}}{r\Delta t_2} \tag{4-13-6}$$

将 ω_1，ω_2 及 t 代入(4-13-5)式，可得

$$\beta = \frac{\overset{\frown}{\Delta s}(\Delta t_1 - \Delta t_2)}{rt\Delta t_1\Delta t_2} \tag{4-13-7}$$

2. M_μ 的消除及 J_c，J_0 的测定.

取下被测物体，调整砝码及砝码盘的质量 m，选择适宜的角加速度. 用 1 中的方法测定对应的 β 值. 通过改变 m，取若干不同值(不少于 5 个)，分别测定对应的 β. 然后用作图法处理数据，此时，可将式(4-13-3)写作：

$$M = M_\mu + (J_c + J_0)\beta \tag{4-13-8}$$

以力矩 $M = mgR$ 为纵坐标，以角加速度 β 为横坐标，得到一条不过坐标原点的直线，其截距就是系统的摩擦阻力矩 M_μ，其斜率就是 $J_c + J_0$.

3. J 的测定.

将被测物体按规定方法放置在载物台上，用 1、2 介绍的方法，分别测定角速度 β_i 及对应的外力矩 $(mgR)_i$. 用作图法处理数据，可求出 $(J_c + J_0 + J)$，然后减去 $(J_c + J_0)$，即可得到 J 值.

4. 几点说明：

(1)系统的摩擦阻力矩会随着载物台的承受压力及转速的变化而发生一定的变化，而我们上述消除摩擦阻力矩的方法，是建立在摩擦阻力矩不变的前提

下，因此上述处理方法只能认为是一种近似方法.

（2）改变外力矩既可以采用固定 R，改变 m，也可以采用固定 m，而选用塔轮的不同轮径来改变 R 的方法实现.

[实验内容]

1. 用卡尺测量圆环的内径 D_1、外径 D_2、挡光板的旋转半径 r 以及塔轮中所用轮的半径 R，各测 3 次，取平均值.

2. 测定空载时系统的转动惯量 $J_c + J_0$.

要求改变 5～7 次 m 的值，对每一个值测出 Δt_1，Δt_2 及 t，至少重复做 3 次，计算 β，并求出 β 的平均值. 在坐标轴上以 $M(M = mgR)$ 为纵坐标，β 为横坐标作图，求出直线的斜率 $J_c + J_0$ 和截距 M_μ.

3. 测定有负载（装上圆环）时系统的转动惯量 $J_c + J_0 + J$，要求和方法同 2.

4. 用从两个图中求出的斜率，计算出圆环的转动惯量 J，并与理论值比较. 圆环转动惯量的理论值为 $J = \dfrac{1}{8} m (D_1^2 + D_2^2)$，圆环的质量由实验室给出.

[注意事项]

在轮轴上绕线时应先加上砝码，绕线不要重叠；选择转动圈数时，以砝码盘不触地为准.

[问题讨论]

1. 在实验中如何测定即时角速度？对挡光板有什么要求？

2. 在实验中如何测量角加速度？

3. 如何消除实验系统摩擦阻力矩对实验装置本身的转动惯量的影响？

4. 利用本实验装置，根据机械能守恒定律，写出测定刚体转动惯量的方法、公式及主要步骤. 由于空载和有负载时摩擦阻力矩并不严格相等，给测量带来了系统误差，你能否通过实验曲线及比例内差法消除其影响？

5. 定量地估计本实验结果误差的大小（不考虑摩擦阻力矩可能变化的情况）.

6. 在计算刚体所受力矩时未考虑砝码加速运动的影响，若该影响不可忽略，应如何修正？

实验十四　声速的测量

［实验目的］

学习测量声波在空气中的传播速度的方法.

［实验仪器］

信号发生器(带频率显示)，双通道示波器及超声声速测定仪等.

［实验原理］

超声声速测定仪如图 4-14-1 所示.

图中，A 和 B 为两个固有频率相同的压电超声换能器(以下简称换能器)，换能器是在压电陶瓷片的前后两表面粘贴上两片金属，组成夹心型振子而成的. 在交变信号的激励下，可使压电陶瓷片产生纵向的机械振动，成为声波的波源. 相反，换能器也可以将声压转换为电压信号，成为声波的接收器. C

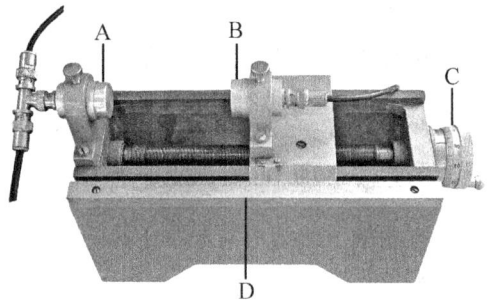

图 4-14-1

为鼓轮，D 为米尺. 转动鼓轮可带动换能器 B 移动，通过米尺和鼓轮的读数可以确定换能器 B 的位移.

实验中采用共振干涉法或相位比较法测量声波在空气中的传播速度.

1. 共振干涉法

从声源发出的一定频率的平面声波，经过空气传播到接收器，并在接收器表面反射. 如果反射面与发射面平行，则反射波与入射波在两表面间相干形成驻波，反射面处是位移的波节，同时是声压的波腹. 改变反射面与发射面之间的距离，在一系列特定的距离上形成稳定的驻波共振现象. 这时两表面之间的距离为声波半波长的整数倍，驻波的振幅达到极大，同时在反射面处的声压波腹也达到极大值. 在反射面移动过程中，相邻两次形成驻波共振所对应的反射面的位移为声波的半波长. 若保持声波频率ν不变，通过测量相邻两次形成驻波共振所对应的反射面的位移，以确定声波波长 λ，则声速 $v = \nu\lambda$.

实验装置的连接如图 4-14-2 所示.

换能器 A 与信号发生器连接，将信号发生器置于正弦波输出，输出频率调整到换能器的固有频率. 换能器 A 成为声源. 换能器 B 用来接收声波，成为接收器，与示波器连接.

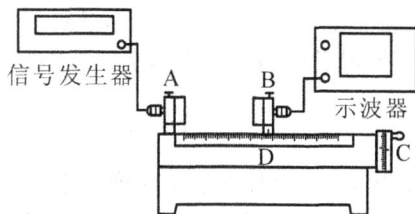

图 4-14-2

在示波器上观察换能器 B 接收到的声压信号，通过鼓轮改变换能器 B 的位置，依次记下当声压信号达到最大值时换能器 B 的位置，由此确定声波波长.

2. 相位比较法

声波由声源发出后到达接收器需要一定的时间，所以在同一时刻，发射面处的波与接收面处的波的相位不同. 改变接收器与声源的距离，可以改变两波的相位差，当相位差改变 π 时，接收器与声源的距离改变半个波长. 由此可以确定波长，从而进一步求出声速.

实验装置的连接如图 4-14-3 所示.

将信号发生器发出的信号（即声源信号）和换能器 B 接收到的信号同时输入到示波器的两个通道，在示波器上观测两信号的相位差（参见实验三十二）. 通过鼓轮改变换能器 B 的位置，以改变两信号的相位差，当两信号的相位差由 0（同相位）变到 π（反相位）时，换能器 B 的位置移动了半个波长，由此确定声波波长.

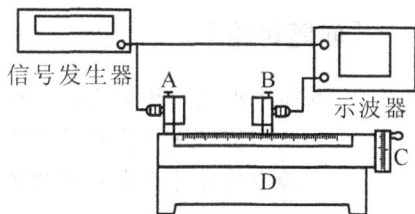

图 4-14-3

3. 理想气体中的声速

声波在空气中的传播速度与声波的频率无关，只取决于空气本身的性质，理想气体中的声速为

$$v = \sqrt{\frac{\gamma k T}{m}}$$

式中，γ 为空气定压比热容与定容比热容之比，k 为玻尔兹曼常数，m 为气体分子的平均质量，T 为绝对温度. 在 0℃ 时，$T = T_0 = 273.15$ K，声速 $v_0 = 331.45$ m/s. 显然在 t℃时的声速为

$$v = v_0 \sqrt{\frac{T}{T_0}} = v_0 \sqrt{\frac{T_0 + t}{T_0}} = v_0 \sqrt{1 + \frac{t}{T_0}}$$

若同时考虑到空气中水蒸气的影响，则校准后的声速公式为

$$v = v_0 \sqrt{\left(1 + \frac{t}{T_0}\right) \left(1 + \frac{0.319\,2 H_t p_N}{p}\right)}$$

式中，p_N 为对应于 t 的饱和蒸汽压值，H_t 为相对湿度，两者相乘即为 p_w，为空气中水蒸气的分压强，p 为大气压强.

［实验内容］

1. 用共振干涉法或相位比较法测量空气中的声速. 要求用逐差法确定波长.

2. 测量实验室中的温度、相对湿度和大气压强，查表确定空气中水蒸气的分压强.

3. 按照理论公式计算声速.

4. 将测量值与理论值进行比较，计算相对误差.

［问题讨论］

1. 共振干涉法与相位比较法有何区别？

2. 实验中信号发生器和示波器各起什么作用？

3. 实验中通过什么来发射和接收声波？

4. 实验中为什么要在压电换能器谐振状态下测量空气中的声速？

5. 实验时怎样找到超声换能器的谐振频率？

6. 实验中为什么换能器发射面和接收面要保持相互平行？

7. 实验中怎样才能知道接收换能器接收面的声压为极大值？

8. 实验中为什么要记录室温？

9. 本实验采用逐差法处理数据有什么好处？

实验十五　简谐振动的研究

[实验目的]

研究简谐振动的基本特征.

[实验仪器]

气垫导轨及附件，光电计时系统，朱利氏秤，砝码及弹簧等.

[实验原理]

简谐振动是振动中最简单、最基本的运动，对简谐振动的研究有着重要意义. 简谐振动的运动方程为

$$\ddot{x} = -\omega^2 x \qquad (4\text{-}15\text{-}1)$$

其位移方程为

$$x = A\sin(\omega t + \alpha) \qquad (4\text{-}15\text{-}2)$$

速度方程为

$$v = \omega A\cos(\omega t + \alpha) \qquad (4\text{-}15\text{-}3)$$

其运动的周期为

$$T = \frac{2\pi}{\omega} \qquad (4\text{-}15\text{-}4)$$

T 或 ω 由振动系统本身的特性决定，与初始条件无关. 而 A，α 是由初始条件决定的.

实验系统如图 4-15-1 所示.

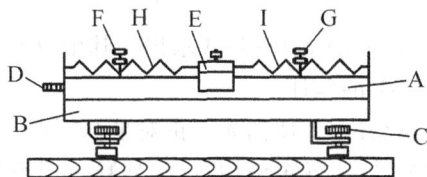

图 4-15-1

A—气垫导轨；B—导轨骨架(其上贴有米尺)；C—水平调整螺丝；D—导轨进气口，通过软管与气源连接；E—滑行器(带挡光板)；F 和 G—光电门，固定在导轨骨架上，光电门与数字计时器连接，构成光电计时系统；H 和 I—弹簧

　　两个弹性系数 k 相同的弹簧分别挂在质量为 m 的滑行器两侧,且处于拉伸的状态. 在弹性恢复力的作用下,滑行器沿水平导轨做往复运动. 当滑行器离开平衡位置 x_0 至坐标 x 时,水平方向上受弹性恢复力 $-k(x+x_0)$ 与 $-k(x-x_0)$ 的作用,有

$$-k(x+x_0)-k(x-x_0)=m\ddot{x}$$

即
$$-2kx=m\ddot{x}$$

令 $k_0=2k$,有

$$-k_0x=m\ddot{x} \text{或} \ddot{x}=-\frac{k_0}{m}x$$

上式形式与简谐振动方程相同,由此可知滑行器的运动为简谐振动. 与简谐振动方程比较可得

$$\omega^2=\frac{k_0}{m} \tag{4-15-5}$$

即该简谐振动的角频率

$$\omega=\sqrt{\frac{k_0}{m}}$$

　　1. $x=A\sin(\omega t+\alpha)$ 的验证.

　　将光电门 F 置于 x_0 处,光电门 G 置于 x_1 处,滑行器向相反方向拉至 x_A 处($|x_A-x_0|>|x_1-x_0|$)释放,由计时器测出滑行器从 x_0 运动至 x_1 的时间 t_1. 依次改变光电门 G 的位置 x_i ,每次都从 x_A 释放滑行器,测出对应 x_i 的时间 t_i ,最后移开光电门 G. 从滑行器通过 x_0 时开始计时,当它从最大位移返回到 x_0 时,终止计时,测出时间值为 $t=\dfrac{T}{2}$,可求出达到最大位置的时间 t_B $=\dfrac{t}{2}$.

　　从上面的操作中可以看出 $A=x_A$, $\alpha=\dfrac{\pi}{2}$. 将测量的 x_i , t_i 值代入(4-15-2)式,看其是否成立. ω 可由(4-15-4)式求出,其中 $T=4t_B$.

　　2. $v=\omega A\cos(\omega t+\alpha)$ 的验证.

　　使滑行器处于平衡位置,并使挡光板正对坐标原点,然后依次改变光电门的位置(x 取值与 1 中相同),每次仍均在 x_A 处释放滑行器,这样可由计时器给出的时间 Δt_i 及滑行距离 Δs (挡光板两相应边间距离)可求出 v_i. 将 v_i 及 1 测出的 t_i 对应代入(4-15-3)式时,看是否成立.

3．周期 T 与初始条件无关的验证．

(1)将光电门置于平衡位置，改变释放滑行器的位置 x_A 的大小，测其周期，从测量值可以看出周期 T 与振幅 $A(x_A)$ 无关．

(2)将光电门依次移至离开平衡位置的不同位置（相当于初位相 α 不同），从同一 x_A 位置释放滑行器，测其周期，若其值相等，则可得出 T 与 α 无关．

[实验内容]

1．用朱利氏秤测量弹簧的弹性系数．

2．研究 x 与 t 的关系：x 改变 5～7 次，对应每个 x 的 t 各测 5 次，取平均值．

3．研究 v 与 t 的关系，对应于 2 中的 x，t 测 v，每个 v 至少测 5 次．

4．研究 T 与初始条件无关：初始位移及初位相各改变 5 次，对应的周期各测 3 次．

[问题讨论]

1．实验中两个弹簧的弹性系数不同是否可以？为什么？

2．在测量 t，Δt 时，x_A（初始位置）不同是否可以？为什么？

实验十六　受迫振动的研究

[实验目的]

1．熟悉用扭摆法研究振动规律．

2．研究扭摆作受迫振动时的幅频特性．

3．研究扭摆作受迫振动时的相频特性．

[实验仪器]

扭摆实验仪，停表等．

[实验原理]

1. 扭摆实验仪

扭摆实验仪如图 4-16-1 所示.

摆轮为一铜环,可绕铅直轴左右摆动. 摆轮上装有指针,摆轮的角振幅可通过指针在环形标尺上读出. 盘形弹簧的外端固定在杠杆上,内端与摆轮连接. 杠杆与连杆一端相连,连杆另一端与偏心轮连接,偏心轮由可调速电机驱动. 偏心轮转动时,通过连杆和杠杆推动盘形弹簧外端,再通过盘形弹簧驱动摆轮振动. 调节电机转速可以改变摆轮的振动状态. 阻尼的大小可通过改变电磁铁电流来控制. 为了测量驱动力矩与扭摆振动之间的相位差,在环形标尺零点的下方装有光电触发

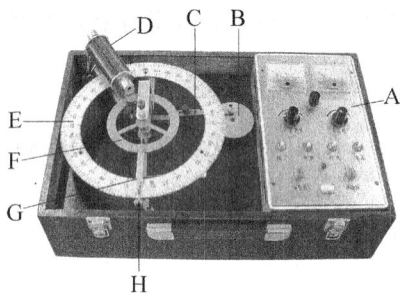

图 4-16-1

A—控制面板;B—偏心轮;C—连杆;
D—电磁铁;E—环形标尺;F—摆轮;
G—摆轮指针;H—外力矩指针

器,当力矩指针按规定方向通过零点时,由光电触发器产生一高压脉冲,使摆轮指针的尖端立即在环形标尺上产生一放电火花,由火花位置和相应的幅值可以计算出相位差.

2. 扭摆的阻尼振动

在有阻力矩的情况下,使扭摆由某一摆角开始做自由振动,此时扭摆受到两个力矩的作用:一是弹性恢复力矩 M_T,它与摆的扭转角 θ 成正比,即 $M_T = -c\theta$ (c 为扭转系数);一是阻力矩 M_Z,可近似认为它与摆动的角速度成正比,即 $M_Z = -r\dfrac{\mathrm{d}\theta}{\mathrm{d}t}$ (r 为阻力矩系数). 若扭摆的转动惯量为 J,由转动定律可得

$$J\frac{\mathrm{d}^2\theta}{\mathrm{d}t^2} = -c\theta - r\frac{\mathrm{d}\theta}{\mathrm{d}t} \qquad (4\text{-}16\text{-}1)$$

即

$$\frac{\mathrm{d}^2\theta}{\mathrm{d}t^2} + \frac{r}{J}\frac{\mathrm{d}\theta}{\mathrm{d}t} + \frac{c}{J}\theta = 0 \qquad (4\text{-}16\text{-}2)$$

令 $\dfrac{r}{J} = 2\beta$ (β 称为阻尼系数),$\dfrac{c}{J} = \omega_0^2$ (ω_0 称为固有角频率),则方程(4-16-2)的解可分为三种情况:

(1) $\beta^2 > \omega_0^2$

此时
$$\theta = c_1 \mathrm{e}^{-\left(\beta - \sqrt{\beta^2 - \omega_0^2}\right)t} + c_2 \mathrm{e}^{-\left(\beta + \sqrt{\beta^2 - \omega_0^2}\right)t} \tag{4-16-3}$$

这种情况为扭摆的过阻尼状态，c_1，c_2 由初始条件决定.

（2）$\beta^2 = \omega_0^2$

此时
$$\theta = (c'_1 + c'_2 t)\mathrm{e}^{-\beta t} \tag{4-16-4}$$

这种情况为扭摆的临界阻尼状态，c'_1 和 c'_2 由初始条件决定.

（3）$\beta^2 < \omega_0^2$

此时
$$\theta = A_0 \mathrm{e}^{-\beta t}\cos \omega t \tag{4-16-5}$$

这种情况为扭摆的阻尼振动状态，A_0 为初始振幅，ω 为振动角频率，$\omega = \sqrt{\omega_0^2 - \beta^2}$. 实验中只研究第（3）种情况. 由式（4-16-5）可见，扭摆的振幅随着时间按指数规律衰减. 若测得初始振幅 A_0 及第 n 个周期时的振幅 A_n，并测得振动 n 个周期所用的时间 nT，则有

$$\frac{A_0}{A_n} = \frac{A_0}{A_0 \mathrm{e}^{-\beta n T}} = \mathrm{e}^{\beta n T} \tag{4-16-6}$$

所以
$$\beta = \frac{1}{nT}\ln \frac{A_0}{A_n} \tag{4-16-7}$$

3. 扭摆的受迫振动

在有阻尼的情况下，外加简谐外力矩通过盘形弹簧作用到摆轮上，外力矩角频率为 ω，幅度为 M_0（$M_0 = c\theta_0$，θ_0 为外力矩角幅），且有外力矩 $M_\mathrm{w} = M_0 \cos \omega t$，则扭摆的运动方程为

$$\frac{\mathrm{d}^2 \theta}{\mathrm{d}t^2} + 2\beta \frac{\mathrm{d}\theta}{\mathrm{d}t} + \omega_0^2 \theta = h\cos \omega t \tag{4-16-8}$$

其中 $h = \dfrac{M_0}{J}$，在稳态情况下，式（4-16-8）的解为

$$\theta = A\cos (\omega t + \varphi) \tag{4-16-9}$$

其中 A 为角振幅，由下式表示

$$A = \frac{h}{\sqrt{(\omega_0^2 - \omega^2)^2 + 4\beta^2 \omega^2}} \tag{4-16-10}$$

φ 为角位移 θ 与简谐外力矩之间的相位差，由下式表示

$$\varphi = \arctan \left(\frac{2\beta \omega}{\omega^2 - \omega_0^2}\right) \tag{4-16-11}$$

式（4-16-9）说明：扭摆在简谐外力矩作用下的运动也是简谐振动，其振幅为 A，频率与外力矩相同，两者之间有一相位差 φ.

由式（4-16-10）可见，当 $\omega \to 0$ 时，振幅 A 接近外力矩角幅 θ_0.

$\left(因为\ h = \dfrac{M_0}{J} = \dfrac{c\theta_0}{J} = \omega_0^2\theta_0\right)$，随着 ω 的逐渐增大，振幅 A 将随之增加. 当 $\omega = \sqrt{\omega_0^2 - 2\beta^2}$ 时，振幅 A 有最大值，此时称为共振，此频率称为共振频率. 当频率大于或小于共振频率时，振幅都将减小，当 ω 很大时，振幅趋于零.

由式(4-16-11)可见，当 $0 \leqslant \omega \leqslant \omega_0$ 时，有 $-\dfrac{\pi}{2} \leqslant \varphi \leqslant 0$，即受迫振动的相位落后于外加简谐力矩的相位. 在共振情况下，相位落后接近于 $\dfrac{\pi}{2}$，而在 $\omega = \omega_0$ 时(有阻尼时不是共振状态)，相位差才正好是 $\dfrac{\pi}{2}$. 当 $\omega > \omega_0$ 时，有 $\tan\varphi > 0$，此时 $\varphi < -\dfrac{\pi}{2}$，即相位落后得更多. 当 $\omega \gg \omega_0$ 时，$\varphi \rightarrow -\pi$，即接近于反相. 在已知 ω_0 及 β 的情况下，可由式(4-16-11)计算出各 ω 对应的 φ 值.

实验时还可通过测量摆轮的振幅和角位移求出各 ω 对应的 φ 值. 每当力矩指针按规定方向通过零点时，即表示外力矩的相位是 $\omega t = 2n\pi + \dfrac{\pi}{2}$ 时，摆轮指针的相位为 $\omega t + \varphi = 2n\pi + \dfrac{\pi}{2} + \varphi$，根据式(4-16-9)可知

$$\theta = A\cos\left(2n\pi + \dfrac{\pi}{2} + \varphi\right) = A\sin(-\varphi) \qquad (4\text{-}16\text{-}12)$$

其中 A 为摆轮指针的振幅，θ 为在力矩指针按规定方向通过零点时摆轮指针的角位移. 对某一 ω，测出 A 及 θ 就可求出 φ，即

$$\varphi = \begin{cases} -\arcsin\dfrac{\theta}{A}, & \omega \leqslant \omega_0 \text{ 时} \\[2mm] -\pi + \arcsin\dfrac{\theta}{A}, & \omega \geqslant \omega_0 \text{ 时} \end{cases} \qquad (4\text{-}16\text{-}13)$$

[实验内容]

1. 测定扭摆的固有频率 ω_0

(1)在实验仪不通电的情况下，使力矩指针和摆轮指针都停在零点.

(2)将摆轮指针扳到 $140°$ 处释放，测量连续振动 10 个周期的时间.

(3)求出扭摆的固有频率 ω_0.

2. 观察阻尼振动现象，测定阻尼系数 β

(1)给电磁铁通以电流 I_1，取初始振幅 A_0 为 $140°$，测量连续振动 3 个周期的时间 $3T$ 和振幅 A_3.

(2)由式(4-16-7)计算阻尼系数 β_1.

(3)改变电磁铁电流为 I_2，重复上述测量，计算阻尼系数 β_2.

3. 在不同阻尼情况下，测量扭摆做受迫振动时的幅频特性和相频特性

(1)设定阻尼电流为 I_1(与实验内容 2 中的 I_1 相同).

(2)调节电机转速，确定共振频率.

(3)在共振频率两侧各选取 7 个点，分别测量振动频率、振幅和相位差.

(4)做出幅频特性曲线和相频特性曲线.

[注意事项]

1. 测量频率时，应测量扭摆连续振动 10 个周期的时间，算出 ω.

2. 测量振幅时应取左右读数的平均值.

3. 测量相位差时应注意力矩指针规定的方向.

4. 测量过程中应注意监视阻尼电流，如有变化及时调整.

[问题讨论]

1. 式(4-16-7)(4-16-10)及(4-16-11)中各量的物理意义是什么？如何测量？

2. 实验中如何判断共振状态？怎样调整到共振状态？

3. 根据实验中得到的幅频特性曲线和相频特性曲线，说明受迫振动的特点.

实验十七　弦上的驻波实验

[实验目的]

1. 观察弦上振动的合成，学会判断何时形成驻波.

2. 通过测定驻波波长与弦张力的关系，确定弦的线密度.

[实验仪器]

弦振动实验仪，砝码及米尺等.

[实验原理]

横波沿均匀弦线传播时，在维持弦线张力不变的情况下，横波的传播速度 v 与张力 T 及弦的线密度（单位长度的质量）μ 之间的关系为：

$$v = \sqrt{\frac{T}{\mu}} \qquad (4\text{-}17\text{-}1)$$

设弦振动的频率为 f，弦上传播的横波波长为 λ，由 $v = f\lambda$ 有

$$\lambda = \frac{1}{f}\sqrt{\frac{T}{\mu}} \qquad (4\text{-}17\text{-}2)$$

实验装置如图 4-17-1 所示，张力 T 可由砝码质量确定，变压器将市电 220 V／50 Hz 降压后，加在线圈 C 上，此时线圈中的铁芯（簧片）两端的极性按 50 Hz 频率不断地在 N，S 之间变化，故簧片将在永久磁铁的磁场中间产生相应频率的振动．弦线一端固定在簧片端点（B 点），弦上各点将随之按 50 Hz 的频率振动起来，形成横波的传播．

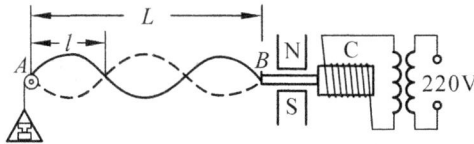

图 4-17-1

我们采用在弦线上形成驻波的方法来测定 λ．将弦线的另一端 A 绕过滑轮，挂以砝码．维持弦线张力不变，B 点振动时，振动方向与传播方向垂直，这时横波沿弦线向滑轮方向传播，到达 A 点时又反射回来，反射时伴有半波损失．入射波与反射波干涉形成驻波，此时弦上有些点的振幅最大，称为波腹；有些点振幅为零，称为波节．相邻波节（或波腹）间距离 l 等于形成这一驻波的相干波波长的一半，有

$$l = \frac{\lambda}{2} \qquad (4\text{-}17\text{-}3)$$

因此

$$l = \frac{1}{2f}\sqrt{\frac{T}{\mu}}$$

则

$$T = 4f^2 l^2 \mu \qquad (4\text{-}17\text{-}4)$$

由于弦线 A 端不动，A 一定是波节，因此只有另一端也为（本实验中 B 点近似为）波节时，才能使 B 端的反射波与入射波同位相，从而得到波腹最大且波形稳定的驻波．通过调整弦线长度可以实现这点，此时 AB 间长度 L 及 AB 之间的波腹个数 n 的关系为

$$l = \frac{L}{n} \qquad (4\text{-}17\text{-}5)$$

本实验可通过改变张力 T，测出相应的半波长 l．由式(4-17-4)知，l^2 与 T 成正比，令 T 为 y 轴，l^2 为 x 轴，作 $T\text{-}l^2$ 图线，即可由图线的斜率求出弦的线密度．

［实验内容］

1. 移动振动源，调节弦线长度，观察振动的合成，调出驻波．

2. 砝码依次取 35、30、25、20、15 和 10 g(含托盘 10 g)．

3. 用步进法推或拉振源，分别调出最佳稳定驻波状态，L 值取推、拉各一次的平均值，求 l．

4. 课堂上求解直线拟合 $T = a + bl^2$ 的 a，b 值及相关系数 r，要求 $r > 0.9995$．

5. 课后作 $T\text{-}l^2$ 图线(用 16 开坐标纸)，由斜率求出弦的线密度．

6. 求出所取各张力下弦线上横波的传播速度．

［问题讨论］

1. 判断最佳驻波时，观察波节好还是观察波腹好？说明理由．

2. 测 L 时，测波节还是测波腹，取一个还是几个，怎样较好？试用实验比较．

3. 弦线在不同的张力作用下长度不同，这将对线密度测量结果有什么影响？

4. 人声和乐器的频率范围为 $60 \sim 1000$ Hz，若本实验中弦线的长度为 70 cm,则能发出最低乐音时的张力需多大？

实验十八　空气密度的测定

［实验目的］

1. 学习测定空气密度的方法．

2. 学习低真空系统的使用．

[实验仪器]

电子天平，低真空系统，带旋塞的定容瓶，火花探漏器，气压计及干湿泡温度计等.

[实验原理]

将体积为 V 的定容瓶抽空，测量抽空的定容瓶质量 M_1，然后将空气充入，再称其质量 M_2，则定容瓶内的空气质量 $m = M_2 - M_1$. 定容瓶的容积 V 由实验室给出.

由密度定义可得

$$\rho = \frac{m}{V} = \frac{M_2 - M_1}{V} \tag{4-18-1}$$

由上式测定的空气密度值，显然要受到大气压、湿度及温度等条件的影响. 而所要测定的空气密度应是在标准状况下干燥空气的密度，这就需要对(4-18-1)式的测定值进行压强、温度及湿度的校正.

空气中的干燥空气及水蒸气都可近似看作理想气体. 由理想气体状态方程可得

$$\rho = \frac{\mu p}{RT} \tag{4-18-2}$$

式中，R 为普适气体常数，p 为气体压强，T 为绝对温度，μ 为摩尔质量. 设干燥空气、水蒸气的压强和摩尔质量分别为 p_a，μ_a；p_w，μ_w. 由式(4-18-2)有

$$\rho_a = \frac{\mu_a p_a}{RT}, \ \rho_w = \frac{\mu_w p_w}{RT}$$

两式相比得到

$$\rho_w = \rho_a \frac{\mu_w p_w}{\mu_a p_a} \tag{4-18-3}$$

代入摩尔质量值 $\mu_w = 18.02$ g，$\mu_a = 28.98$ g 有

$$\rho_w \approx \rho_a \frac{5}{8} \frac{p_w}{p_a} \tag{4-18-4}$$

实验中所测到的是混合气体的密度

$$\rho = \rho_a + \rho_w = \rho_a \left(1 + \frac{5}{8} \frac{p_w}{p_a}\right)$$

则有

$$\rho_a = \frac{\rho}{1 + \frac{5}{8}\frac{p_w}{p_a}} \tag{4-18-5}$$

在实验室条件下 $p_w \ll p_a$，因此上式可近似表示为

$$\rho_a \approx \rho\left(1 - \frac{5}{8}\frac{p_w}{p_a}\right) \tag{4-18-6}$$

同样，由气压计得到的压强值也是混合气体的压强，可表示为

$$p = p_a + p_w = p_a\left(1 + \frac{p_w}{p_a}\right) \tag{4-18-7}$$

则有

$$p_a = \frac{p}{1 + \frac{p_w}{p_a}} \approx p\left(1 - \frac{p_w}{p_a}\right) \tag{4-18-8}$$

式(4-18-6)及式(4-18-8)分别表示了实验室条件下的干燥空气的密度和压强. 但在标准状况（p_0，T_0）下，干燥空气的密度为

$$\rho_0 = \frac{\mu_a p_0}{RT_0} \tag{4-18-9}$$

而

$$\rho_a = \frac{\mu_a p_a}{RT} = \frac{\mu_a p_a}{RT_0(1 + \alpha t)} \tag{4-18-10}$$

由(4-18-9)及(4-18-10)两式相比得到

$$\rho_0 = \rho_a(1 + \alpha t)\frac{p_0}{p_a} \tag{4-18-11}$$

再将(4-18-6)及(4-18-8)式中的 ρ_a，p_a 代入式(4-18-11)，得到

$$\rho_0 = \frac{\rho\left(1 - \frac{5p_w}{8p_a}\right)}{\left(1 - \frac{p_w}{p_a}\right)}(1 + \alpha t)\frac{p_0}{p}$$

考虑到 $p_w \ll p_a$，则有

$$\rho_0 = \rho\frac{p_0}{p}\left(1 - \frac{5}{8}\frac{p_w}{p_a}\right)\left(1 + \frac{p_w}{p_a}\right)(1 + \alpha t)$$

$$\approx \rho\frac{p_0}{p}\left(1 + \frac{3}{8}\frac{p_w}{p_a}\right)(1 + \alpha t) \tag{4-18-12}$$

实验室中大气压 p 由福廷气压计读出. 水蒸气压强 $p_w = H_T p_N$，先由干湿泡温度计上读出相对湿度 H_T 及室温 T，再由附表 17 查出室温下水的饱和蒸汽压值 p_N.

［实验内容］

1. 检验电子天平的工作状态，熟悉电子天平的使用方法.
2. 阅读附录，认识低真空系统设备，并弄清其操作方法和步骤.
3. 测量实验室中的空气密度.（拿定容瓶时须戴手套）
4. 熟悉气压计、湿度计的使用方法，准确读出大气压、相对湿度及室温.（参见实验室内气压计、湿度计的使用说明）
5. 根据室温对大气压数值进行修正. 由附表 17 查水的饱和蒸汽压值，算出 p_w.
6. 根据(4-18-12)式对测量结果进行修正.

［问题讨论］

1. 用低真空系统抽真空时的操作顺序如何？
2. 假定本实验中机械泵的极限真空度为 5.07×10^2 Pa，这会导致实验有多大的误差？如何进行修正？通过计算进行说明.

［附录］

低真空系统的使用

低真空系统如图 4-18-1 所示. 抽真空时将定容瓶插入与真空系统连接的橡胶软管，打开活塞，使定容瓶与管道连通. 旋转三通活塞，使机械泵与管道连通，开启机械泵. 由真空计可读出低真空的压强值. 同时可用火花探漏器探察定容瓶内的真空度，看其辉光颜色的变化，由较深紫红色到较淡的红色，且玻璃壁上有微弱的荧光，待抽到极限真空时(应低于 1.33 Pa)，将定容瓶上的活塞关闭，并旋转三通活塞，使机械泵与大气相通，以防泵油倒灌，最后关闭机械泵，取下定容瓶.

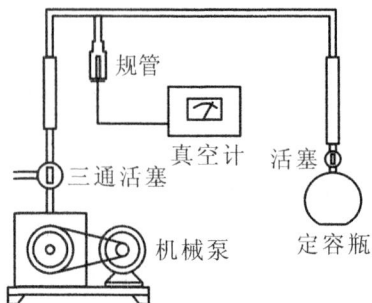

图 4-18-1

实验十九　惯性质量的测量

[实验目的]

1. 掌握惯性秤的测量原理和方法.
2. 学习惯性秤的定标方法.

[实验仪器]

惯性秤，砝码，待测圆柱体，水平仪，数字计时系统，天平及米尺等.

[实验原理]

根据牛顿定律 $f=ma$ 定义的质量为惯性质量，在下面的讨论中质量均指惯性质量.

1. 惯性秤

惯性秤如图 4-19-1 所示. 秤臂是两根弹性相同的钢带，连接在秤台和台座之间. 调节螺栓可以改变台座在支架上的位置和秤臂的方位（水平或垂直）.

在秤臂水平放置时，将秤台沿水平方向拉离平衡位置后释放，则秤台及加在其上的负载在秤臂弹性恢复力的作用下做水平往复振动. 当振幅较小时，这一振动可看成简谐振动. 设秤台偏离平衡位置的位移为 x，则秤台受到的弹性恢复力为 $f=-kx$ ，其中 k 为秤臂的弹性系数. 根据牛顿第二定律，秤台的运动方程为

$$(m_0+m)\frac{\mathrm{d}^2 x}{\mathrm{d}t^2}=-kx \quad (4\text{-}19\text{-}1)$$

其中 m_0 为秤台的有效质量，m 为负载的质量. 由(4-19-1)式可得秤台的位移方程为

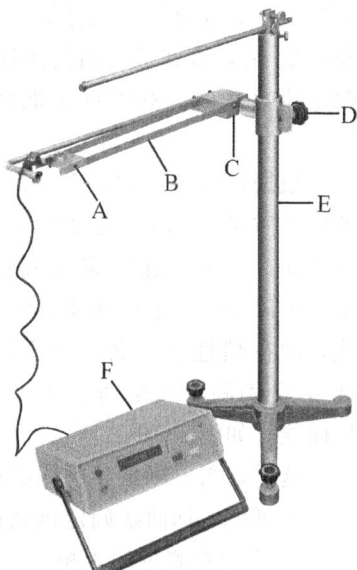

图 4-19-1

A—秤台；B—秤臂；C—台座；D—调节螺栓；E—支架；F—数字计时器

$$x = x_0 \cos \omega t$$

其中 x_0 为秤台的振幅，振动圆频率 $\omega = \sqrt{\dfrac{k}{m_0 + m}}$ ，振动周期为

$$T = 2\pi \sqrt{\frac{m_0 + m}{k}} \tag{4-19-2}$$

2. 惯性质量的测量

在秤臂的弹性限度内（忽略弹性系数随负载的微小变化），对于空载和不同负载 m_1 与 m_x 的情况，由(4-19-2)式可得惯性秤的振动周期分别为

$$\left. \begin{aligned} T_0^2 &= \frac{4\pi^2}{k} m_0 \\ T_1^2 &= \frac{4\pi^2}{k}(m_0 + m_1) \\ T_x^2 &= \frac{4\pi^2}{k}(m_0 + m_x) \end{aligned} \right\} \tag{4-19-3}$$

从(4-19-3)式中消去 k 和 m_0，得

$$m_x = \frac{T_x^2 - T_0^2}{T_1^2 - T_0^2} m_1 \tag{4-19-4}$$

由(4-19-4)式可知，当已知质量 m_1 时，分别测量 T_0、T_1 和 T_x，就可求得未知质量 m_x，这就是利用惯性秤测量质量的基本原理和方法. 这种方法是以牛顿定律为基础，不依赖于地球的引力，因此以这种方法测量的质量是惯性质量.

根据(4-19-4)式测定未知质量时，除了需要知道已知质量 m_1 外，还要测量 3 个周期值，使用并不方便. 为了迅速准确地确定被测物体的惯性质量，可以先用多个已知质量的砝码作出 T-m 定标曲线，即在惯性秤上加载不同质量的砝码（包括空载），分别测量其振动周期，根据这些数据作出定标曲线，如图 4-19-2 所示.

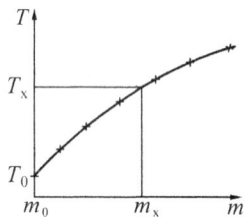

图 4-19-2　惯性秤定标曲线

这样，当要测量某物体的质量时，只要测量惯性秤加载该物体时的振动周期，就可由定标曲线确定该物体的质量.

3. 重力对测量的影响

若将秤臂铅直放置，惯性秤在振动时将受到重力的影响. 设秤台中心至台座的距离为 L，秤台偏离平衡位置的位移为 x，则秤台（包括负载）在振动方向

上受到的力为弹性恢复力和重力分力的合力，即 $F = -kx - (m_0 + m)g\dfrac{x}{L}$，如图 4-19-3 所示.

根据牛顿定律，此时的运动方程为

$$(m_0 + m)\frac{\mathrm{d}^2 x}{\mathrm{d}t^2} = -\left[k + \frac{(m_0 + m)g}{L}\right]x$$

相应的振动周期为

$$T' = 2\pi\sqrt{\frac{m_0 + m}{k + \dfrac{(m_0 + m)g}{L}}} \qquad (4\text{-}19\text{-}5)$$

与(4-19-2)式比较有

$$\frac{T}{T'} = \sqrt{1 + \frac{(m_0 + m)g}{kL}} \qquad (4\text{-}19\text{-}6)$$

显然铅直放置时的振动周期比水平放置时要小，即重力对测量有明显的影响. 一般为了避免重力的影响，秤臂应在水平状态下使用.

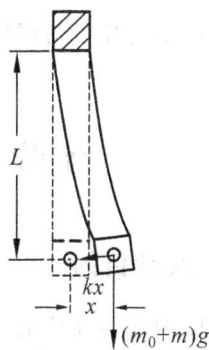

图 4-19-3　秤臂铅直安装的情况

[实验内容]

1. 作惯性秤定标曲线

(1)水平安装秤臂，用水平仪检查其水平状态.

(2)调整数字计时系统.

(3)给定 10 个质量相等的砝码(将单个砝码的质量取做惯性质量单位，即 $m_i = 1\,G$，此处 G 读作"惯")，将这些砝码依次累加到惯性秤上，分别测出相应的振动周期.

(4)作出定标曲线.

2. 测定给定圆柱体的惯性质量

3. 验证重力对测量的影响

将秤臂铅直安装，以圆柱体为负载，测定振动周期，验证(4-19-6)式.

4. 用天平称量砝码和圆柱体的引力质量，分析引力质量与惯性质量的关系.

[问题讨论]

1. 如何测定秤臂的弹性系数和秤台的有效质量？给出计算公式和测量方法.

2. 实验中忽略了哪些因素的影响?

3. 重力对测量结果有什么影响? 试根据测量数据说明重力引起的测量误差.

4. 引力质量与惯性质量有何不同, 两者有什么关系?

实验二十　金属线胀系数的测量

[实验目的]

1. 测定金属棒的线胀系数.
2. 巩固光杠杆原理及其应用.

[实验仪器]

线胀系数测定仪, 被测金属棒, 温度计, 蒸汽发生器, 米尺, 光杠杆及望远镜等.

[实验原理]

设金属棒在 0℃时的长度为 L_0, 当温度上升至 t℃时, 其长度 L 可表示为

$$L = L_0(1 + \alpha t) \tag{4-20-1}$$

式中 α 称为线胀系数. 一般 α 随温度有微小的变化, 但在温度变化不太大时, 可视为常量. 在测定 α 时, 为方便起见, 不必从 0℃开始测定其标准长度 L_0, 可以室温 t_1 时的长度 L_1 作为标准长度, 按(4-20-1)式有

$$L_1 = L_0(1 + \alpha t_1) \tag{4-20-2}$$

将(4-20-1)与(4-20-2)两式合并, 有

$$L = L_1 \frac{1 + \alpha t}{1 + \alpha t_1} = L_1 \frac{1 + \alpha t_1 + \alpha t - \alpha t_1}{1 + \alpha t_1} = L_1 \left[1 + \frac{\alpha(t - t_1)}{1 + \alpha t_1}\right] \tag{4-20-3}$$

由于 α 是个很小的数, 因此式(4-20-3)可近似写为

$$L \approx L_1 \left[1 + \alpha(t - t_1)\right] \tag{4-20-4}$$

即

$$\alpha = \frac{L - L_1}{L_1(t - t_1)} = \frac{\Delta L}{L_1(t - t_1)} \tag{4-20-5}$$

式中 $\Delta L = L - L_1$ 为温度由 t_1 升至 t 时金属棒的伸长量, 其值很小, 可借助光

杠杆来测量(参见实验十二),有

$$\Delta L = \frac{K \Delta x}{2D} \qquad (4\text{-}20\text{-}6)$$

其中 K 为光杠杆两前足连线至后足的距离, D 为光杠杆镜面至标尺间的距离, Δx 是温度由 t_1 升至 t 时望远镜中标尺读数的增量. 将(4-20-6)式代入(4-20-5)式,得金属棒线胀系数的计算公式

$$\alpha = \frac{K \Delta x}{2DL_1(t-t_1)} \qquad (4\text{-}20\text{-}7)$$

实验装置如图 4-20-1 所示.

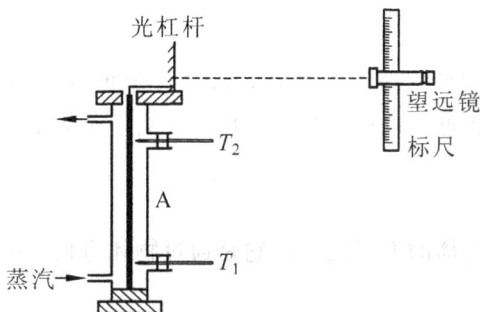

图 4-20-1

图中,A 为金属套管,被测金属棒直立于其中,在金属棒的顶端放置光杠杆的后足,在靠近套管的上下两端,各有一个温度计插孔和蒸汽的进、排口,水蒸气由下端通入. 蒸汽发生器未在图中画出. 在光杠杆镜前约 90 cm 处放置望远镜及标尺.

[实验内容]

1. 安装调节实验观测系统.
2. 重复测量 5~7 次,取其平均值.
3. 计算测量结果的不确定度.

[问题讨论]

1. 分析实验中哪个量对测量结果影响最大?
2. 本实验系统不是绝热系统,对实验结果是否有影响?
3. 被测金属棒的端面及下支撑面若不平整对实验结果会发生怎样的影响?

实验二十一 稳态法测量金属热导率

[实验目的]

1. 用稳态法测定铜棒的热导率.
2. 学习用热电偶测量温差的方法.

[实验仪器]

金属热导率测定仪，蒸汽发生器，停表，温度计 2 支，铜-康铜热电偶，数字电压表，恒压水槽，烧杯 5 只，橡皮管，夹子及天平等.

[实验原理]

热传导是热量传播的方式之一，它是通过物体直接接触来传导热量的. 热传导的规律为

$$Q = \lambda S \frac{\mathrm{d}T}{\mathrm{d}x} t \qquad (4\text{-}21\text{-}1)$$

式中 $\frac{\mathrm{d}T}{\mathrm{d}x}$ 叫做温度梯度；Q 是 t 时间内通过横截面积为 S 的物体传递的热量；常数 λ 称为热导率，热导率大的物体具有较好的导热性能，称为良导体. 热导率小的物体则称为不良导体. 一般来说，金属比非金属的热导率大，固体比液体热导率大，而气体的热导率最小.

一根长为 L、截面积为 S 的金属棒，设左端面的温度为 T，右端面温度较低，为 T'，且 $T > T'$，如图 4-21-1 所示.

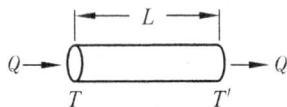

图 4-21-1

热量将从金属棒高温的一端传向低温的一端. 当金属棒的侧面热传递可以忽略时，热流则从左向右流过金属棒. 当金属棒内各点的温度沿热传导方向均匀减小，且不随时间变化时，系统达到稳定状态. 此时温度梯度 $\frac{\mathrm{d}T}{\mathrm{d}x} = \frac{T - T'}{L} = \frac{\Delta T}{L}$，其中 $\Delta T = T - T'$ 为金属棒两端的温度差，于是(4-21-1)式可写为

$$Q = \lambda S \frac{\Delta T}{L} t \qquad (4\text{-}21\text{-}2)$$

实验中利用稳流法测量传递的热量. 在系统达到稳定状态后，测出在 t 秒内由如图 4-21-2 所示的 D 室流出的水的质量 m 及流入和流出的水温 T_1，T_2，则在 t 秒内流水带走的热量为

$$Q' = mc(T_2 - T_1) \tag{4-21-3}$$

其中 c 为水的比热容. 由于金属棒侧面散热可以忽略，故流水带走的热量就是 t 时间内通过金属棒传导的热量，即 $Q = Q'$，因此可得

$$\lambda S \frac{\Delta T}{L} t = mc(T_2 - T_1)$$

则有
$$\lambda = \frac{mcL(T_2 - T_1)}{St\Delta T} = \frac{4mcL(T_2 - T_1)}{\pi d^2 t \Delta T} \tag{4-21-4}$$

其中 d 为金属棒的直径. 由(4-21-4)式可确定热导率 λ.

实验装置如图 4-21-2 所示.

图中，AB 为被测圆柱形铜棒，其两端分别与铜室 C、D 固定. 由 C 室上部导入蒸汽，以此对 A 端加热. 由 D 室上部 E 口流入冷水，再由 F 口流出，以此来吸收由金属棒传导过来的热量. 恒压水槽 H 用来保持水流的稳定，水经过恒压水槽后流入 E 口. 由于恒压

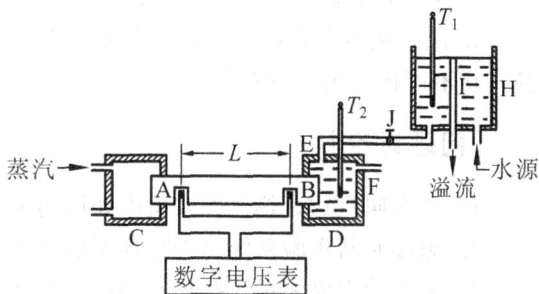

图 4-21-2

水槽内设置了溢流管 I，槽中水面维持在与 I 管管口相同的高度，多余的水经溢流管排出，从而达到了恒压的目的，使水流保持稳定.

铜-康铜热电偶插在 AB 棒中相距 L 的两个小孔中，用以测量温度差 ΔT. 实验中根据数字电压表的读数，并配合温差定标曲线确定 ΔT.

为了防止铜棒向周围散热，将铜棒、铜室和热电偶等全部装在填充有绝热材料的盒中(图中未画出).

插在恒压水槽和 D 室中的温度计用来测量流入、流出 D 室的水温 T_1 和 T_2，水流量的大小可由夹子 J 来控制.

[实验内容]

1. 用游标卡尺测量金属棒直径 d 和有效长度 L(即热电偶两孔间距).

2. 安装调试仪器，使其达到工作状态.

3. 接通蒸汽发生器电源，使水沸腾，将蒸汽自 C 端上管送入. 打开水源，调节水流，经过一段时间后温度达到稳定.

4. 将一空烧杯置于 F 管口下方，同时启动停表，测定 t 时间内的流水质量. 每隔 1 min 读一次 T_1，T_2，并计算 ΔT，如有变化取平均值.

5. 改变水流量，重复上述测量.

6. 计算热导率 λ 及其不确定度.

[注意事项]

1. 给恒压水槽供水时，不要使水流过急，以防水流喷洒，流量亦不要过大(40~80 g/min).

2. 开始实验时就接通蒸汽发生器电源，以节省加热时间.

3. 必须待各温度稳定后再开始测量.

4. 注意观察实验系统是否有漏水、漏气现象，一旦发现要立即修理或更换，切不可将绝热物质弄湿.

[问题讨论]

1. 什么叫"稳态"热流？实验中如何实现"稳态"条件？

2. 怎样判断实验系统是否达到了稳定状态？

3. 本实验中要测量哪些量？其中哪些是关键量？

4. 从相对误差考虑，本实验 $T_1 - T_2$ 的数值不应低于多少？

5. 分析本实验中可能的误差来源.

实验二十二   动态法测量不良导体的热导率

[实验目的]

学习一种测量不良导体热导率的方法.

[实验仪器]

不良导体热导率测定仪，蒸汽发生器，热电偶及数字电压表等.

[实验原理]

实验装置如图 4-22-1 所示.

将热导率为 λ，厚度为 D 的平板样品置于温度恒为 T_0 的热源 A 和有效吸热面积为 A、温度为 T（不断上升）的冷源 C 之间，在 dt 时间内由 A 传到 C 的热量为

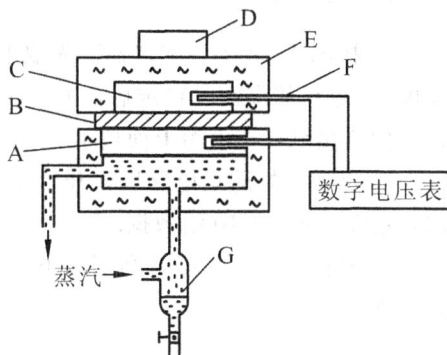

$$dQ = \lambda \frac{A(T_0 - T)}{D} dt$$

$$(4\text{-}22\text{-}1)$$

当冷源没有其他热损失时，dQ 将全部被冷源吸收，使冷源有一温升 dT，若冷源质量为 m，比热容为 c，且为热的良导体，则有

图 4-22-1

A—热源；B—待测样品；C—冷源；D—压铁；
E—绝热器；F—热电偶；G—滤汽室

$$dQ = mc\,dT \qquad (4\text{-}22\text{-}2)$$

由 (4-22-1)(4-22-2) 两式得

$$\frac{\lambda A(T_0 - T)}{D} = mc\,\frac{dT}{dt} \qquad (4\text{-}22\text{-}3)$$

对式 (4-22-3) 做积分变换，得

$$\ln (T_0 - T) = -\frac{\lambda A}{mcD}t \qquad (4\text{-}22\text{-}4)$$

A 与 C 间的温差 $\Delta T = T_0 - T$ 可用铜-康铜热电偶测量，在温差不大时，热电偶两端的电位差 U 正比于温差 ΔT，即

$$U = C_0(T_0 - T) \qquad (4\text{-}22\text{-}5)$$

其中 C_0 是比例常数，相当于热电偶两接点间具有单位温差时所产生的电位差.

将式 (4-22-5) 代入式 (4-22-4)，并考虑到初始条件：$t_0 = 0$ 时，$U = U_0$，可得

$$\ln U = \ln U_0 - \frac{\lambda A}{mcD}t \qquad (4\text{-}22\text{-}6)$$

如果由 $t = 0$ 开始，在不同时刻 t_i 分别读出数字电压表读数 U_i，以 $\ln U$ 为纵坐标，t 为横坐标，做出一条直线，其斜率为 $b = -\dfrac{\lambda A}{mcD}$（截距 $a = \ln U_0$），由此可得样品材料的热导率

$$\lambda = -\frac{bmcD}{A} \qquad (4\text{-}22\text{-}7)$$

[实验内容]

1. 按图 4-22-1 装配仪器. 先取下冷源, 以蒸汽充分加热热源 A, 待热源温度 T_0 尽可能高而且稳定后, 放上被测样品, 再在上面放上冷源, 为保证有良好的热接触, 在冷源上面放上 2~4 kg 的压铁.

2. 迅速接好测量电路后, 开始计时, 每隔相等时间读取数字电压表读数 1 次, 连续读取 7~10 组数据.

3. 根据式(4-22-6), 利用最小二乘法计算直线斜率, 由式(4-22-7)求出热导率.

[问题讨论]

1. 本实验在原理、方法和装置方面有哪些近似和不足之处?
2. 本实验的关键是什么? 怎样才能使实验误差尽可能减小?

实验二十三　弹簧振子周期经验公式的总结

[实验目的]

学习通过实验总结经验公式的方法.

[实验仪器]

气垫导轨及附件, 光电计时系统, 朱利氏秤, 砝码及弹簧等.

[实验原理]

物理实验中的一个重要内容是根据实验测量数据寻找变量间的相关关系, 即确定变量间的经验公式. 一般做法是:(1)通过实验确定变量间的相关性, 即初步确定所研究的物理量与哪些因素有关;(2)根据已经掌握的相关知识和经验, 对变量间的相关关系建立一个数学模型, 该模型中含有若干个待定参数.(3)对所研究的物理量在一定条件下进行测量;(4)运用适当的数学方法对实验数据进行处理, 确定数学模型中的待定参数, 从而得到反映变量间数量关系的经验公式.

本实验研究弹簧振子周期与决定周期的其他物理量之间的数量关系. 首先对弹簧振子的振动现象进行细致的观察, 以确定弹簧振子的周期和哪些物理量有关.

在气垫导轨上搭建一个弹簧振子(实验装置见实验十五), 通过以下方法确定弹簧振子的振动周期与哪些物理量有关:

1. 保持振子质量不变, 改换不同的弹簧(改变弹性系数), 测量其振动周期, 观察振动周期与弹性系数的关系.

2. 选定一组弹簧, 在滑行器上加不同砝码(改变振子质量), 测量其振动周期, 观察振动周期与振子质量的关系.

3. 选定一组弹簧, 并保持振子质量一定, 在不同振幅的情况下, 测量其振动周期, 观察振动周期与振幅的关系. (注意振幅不可过大, 以免把弹簧拉坏).

通过上述观察, 可初步得到如下结论: 振子的周期与质量和弹性系数有关, 与其振幅大小无关. 因此, 可以建立描写弹簧振子振动周期 T 与振子质量 m 和弹性系数 k 间相关关系的数学模型为

$$T = Ak^{\alpha}m^{\beta} \qquad (4\text{-}23\text{-}1)$$

其中 α, β 和 A 为待定参数.

确定 α, β 和 A 的方法如下:

为简化起见, 先使其中一个物理量 k 保持不变, 于是(4-23-1)式可以写成

$$T = c_1 m^{\beta} (c_1 = Ak^{\alpha} = 常数) \qquad (4\text{-}23\text{-}2)$$

改变振子的质量 m, 测量相应的振动周期 T, 得到一组数据(m_i, T_i), $i = 1$, $\cdots$, n.

同理, 使振子质量 m 保持不变, (4-23-1)式可写成

$$T = c_2 k^{\alpha} (c_2 = Am^{\beta} = 常数) \qquad (4\text{-}23\text{-}3)$$

改变振子的弹性系数, 即选用不同的弹簧, 测量相应的振动周期 T, 得到一组数据(k_i, T_i), $i = 1, \cdots, n$.

实验数据的处理方法: 分别对式(4-23-2)(4-23-3)两边取对数得到

$$\lg T = \lg c_1 + \beta \lg m \qquad (4\text{-}23\text{-}4)$$
$$\lg T = \lg c_2 + \alpha \lg k \qquad (4\text{-}23\text{-}5)$$

利用最小二乘法分别对上列二式进行处理, 可得到 $\lg c_1$, β, $\lg c_2$ 和 α. 将 $c_1 = Ak^{\alpha}$, $c_2 = Am^{\beta}$ 代入 $\lg c_1$ 和 $\lg c_2$, 可解出两个 A 值, 取其平均作为本实验的结果. 最后将 A, α, β 的数值代入数学模型(4-23-1), 即可得到弹簧振子周期的

经验公式.

[实验内容]

1. 利用朱利氏秤测量各弹簧的弹性系数.

2. 测量各弹簧的质量.

3. 取定一对弹簧，改变质量 5~7 次，研究 T 与 m 的关系，注意 $m = m_1 + \frac{1}{3}m_0$（m_0 为弹簧质量，m_1 为砝码质量）.

4. 取定振子质量$\left(\text{要计入弹簧的等效质量 } \frac{1}{3}m_0\right)$，改换弹簧 5~7 次，研究 T 与 k 的关系.

5. 用最小二乘法处理实验数据，确定 A, α, β 的数值.

[问题讨论]

1. 由实验总结经验公式的基本思想和步骤是什么？

2. 确定弹簧振子的质量时应注意什么？

实验二十四　用混合法测量固体的比热

[实验目的]

1. 学习用混合量热法测定固体的比热.

2. 学会使用量热器及温度计.

3. 学习系统误差的修正方法.

[实验仪器]

量热器，温度计，被测物体（金属颗粒），天平及加热器具等.

[实验原理]

单位质量的物质温度升高或降低 1℃ 时吸收或释放的热量称为该物质的比热容，简称比热. 在一定温度范围内，比热容近似于恒量. 实验中采用混合法测量固体(金属粒)的比热容.

　　实验时在量热器内筒里装适量的水,设平衡时水及量热器内筒(包括搅拌器)的温度为 t_1,在加热器上加热待测金属粒,设加热后的金属粒温度为 t_2,将加热后的金属粒迅速倒入量热器内筒的水中(注意不要溅出水来),并及时进行搅拌,设混合平衡后的温度为 t. 在此过程中,金属粒释放热量,水及量热器内筒(包括搅拌器)吸收热量. 由于混合过程时间很短,可近似看成绝热过程. 于是有

$$mc\,(t_2 - t) = (m_1 c_1 + m_2 c_2)\,(t - t_1)$$

则有待测金属粒比热

$$c = \frac{(m_1 c_1 + m_2 c_2)(t - t_1)}{m(t_2 - t)}$$

式中:m 为待测金属粒质量,m_1 为内筒及搅拌器的质量,其比热为 c_1,m_2 为水的质量,其比热为 c_2.

　　为了减小实验误差,可以适当选择水的初温 t_1,使在投放金属粒之前 t_1 比环境温度(室温)t_0 低 Δt_1,而使混合后的热平衡温度 t 比环境温度 t_0 高 Δt_2,并且尽量使 Δt_1 等于 Δt_2,这样,在整个实验过程中,前半过程系统因低于环境温度而吸收的热量和后半过程系统因高于环境温度而散失的热量大体上相等,互相补偿,相当于系统并未向环境散失或吸收热量,这种方法称为冷热补偿法.

[实验内容]

　　1. 阅读第二章中关于量热器的内容.

　　2. 分别测定铜和铝的比热.

　　3. 根据冷热补偿法的原则适当选择实验条件.

[注意事项]

　　1. 将金属粒放入加热筒至1/3深度时放入温度计,然后再放入剩余的部分,使温度计水银泡处在加热筒的中下部,并且不要触到筒壁.

　　2. 将加热后的金属粒倒入内筒时,动作要快,但不要将水溅出筒外.

　　3. 插入内筒的温度计高度要合适,倒入金属粒后不要使水银泡触在金属粒上,避免给出错误数据和损坏水银泡.

[问题讨论]

1. 量热器的这种结构如何减少测量系统与外界的热交换？
2. 为使测量更准确，实验操作过程中应注意什么？
3. 试分析实验中产生系统误差的主要原因，以及这些误差对测量结果的影响.

实验二十五　水的汽化热的测定

[实验目的]

1. 学习测定水的汽化热的方法.
2. 掌握量热器和水银温度计的使用.
3. 学习系统误差的修正方法.

[实验仪器]

量热器，冷凝器，温度计两只，滤汽室，蒸汽发生器，支架，夹子，天平，停表及烧杯两个等.

[实验原理]

在如图 4-25-1 所示的量热器中放一(与量热器质料相同)冷凝器，其质量为 m_1，量热器内筒的质量为 m_2，在量热器内筒中注入质量为 m 的冷水，达到热平衡时的初始温度为 T_0，设量热器内筒及冷凝器的比热为 c_1，水的比热为 c，水的汽化热为 r，在冷凝器中通入温度为 t_0，质量为 M 的蒸汽，这些蒸汽在冷凝器中凝结为水，并放出热量被量热器系统吸收. 若系统达到热平衡时的温度为 T，则可列出下列热平衡方程式：

$$Mr + cM(t_0 - T) = [c_1(m_1 + m_2) + cm](T - T_0) \qquad (4\text{-}25\text{-}1)$$

因此，水的汽化热为

$$r = \frac{[c_1(m_1 + m_2) + cm](T - T_0) - cm(t_0 - T)}{M} \qquad (4\text{-}25\text{-}2)$$

本实验就是通过对式(4-25-2)右边各量的测量来计算水的汽化热的.

为了减小实验误差，我们应该考虑一些必要的修正.

1. 系统与环境吸、放热的修正. 应该注意使用冷热补偿法：适当控制实验条件，例如在系统中加入冰块，将系统初温降低. 尽量使系统的初温 T_0 和终温 T 满足：$T-\theta=\theta-T_0$，式中 θ 为室温. 从而使系统在前段时间由环境吸收的热量与在后段时间向环境散失的热量可大体上互相抵消. 这种方式的补偿尽管比较粗糙，但它还是一种比较常用的方法.

2. 冷凝水的修正. 由于蒸汽在通过滤汽室后，仍会在后段管壁上有少量的凝结，其中一部分会随同蒸汽一同送入冷凝器. 这部分已凝结的水不再提供汽化热. 因此对 (4-25-2) 式的分母 M 应进行修正. 设随同蒸汽带入冷凝器的水质量为 M'，则该式应改写为

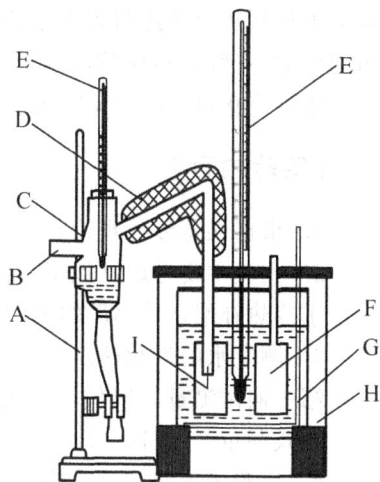

图 4-25-1

A—支架；B—蒸汽入口；C—滤汽室；
D—保温室；E—温度计；F—冷凝器；
G—搅拌器；H—量热器；I—喷汽口

$$r=\frac{\left[c_1(m_1+m_2)+cm\right](T-T_0)-cM(t_0-T)}{M-M'} \tag{4-25-3}$$

为了测得 M' 可采用下面的近似方法：即在上述实验中同时记录通入蒸汽所用的时间 τ，然后另将一容器(如烧杯或蒸发皿)置于喷汽口下方，使由喷汽口滴下的凝结水能滴入其中. 这样在同样长的时间 τ 中，把由喷汽口滴下的数滴凝结水加以收集，用天平称出其质量即为 M'.

3. 初、终温度的修正.

因为冷、热物体混合达到热平衡需要时间，而量热器并非理想孤立系统，系统不断地和外界交换热量，因此混合前水的初温和混合后系统的终温均不可能准确读出. 为校正由此而产生的系统误差，热学实验中通常采用如下方法：

混合前，每隔一段时间测定一次水温(比室温低). 注入高温物质后测定水升温及系统温度达到最高点后自然冷却时温度的变化过程，画成如图 4-25-2 所示的实验曲线. 将图中曲线上升部分 MW 向前延长，下降部分 RS 向后延长，然后垂直于时间坐标作直线 QN，使它与实测曲线所共同包围的两块面积 WNP 与 PQR 大小相等. 这样

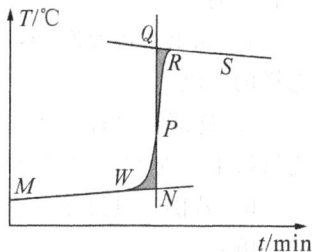

图 4-25-2

可以外推到热交换进行得无限快时的情况，其对应的水的初温、系统的终温便由图中的 N 和 Q 对应的温度所确定.

水的汽化热（100℃时）标准值为 $r_0 = 2.26 \times 10^6$ J/kg = 539 cal/g.

[实验内容]

1. 根据误差分析理论，选择不同准确度的温度计测量 T_0，T 和 t_0.

2. 实验中要考虑从以下方面修正系统误差：

①冷热补偿；② M' 的测定；③初、终温度的修正.

3. 测量水的汽化热.

第一遍试测量，以估计冷热补偿的控制条件；

正式测量 2～3 次，取其平均值作为实验结果.

4. 实验步骤与记录表格自行设计.

[注意事项]

1. 实验前应检查冷凝器内是否有水，重复实验时，应将冷凝水倒掉并吹干.

2. 向冷凝器中通入蒸汽后立即充分搅拌，但要防止动作过猛将水溅出.

3. 整个实验过程中，手不要直接接触量热器外筒.

4. 用器皿接 M' 时，喷汽口应倾斜放置，避开气流，只接水滴.

[问题讨论]

1. 本实验的各项系统误差如何修正？

2. 为将蒸汽发生器产生的水蒸气顺利、迅速地通入量热器中的冷凝器，事先要做怎样的准备工作？

3. 如果内筒中注入的水量过小，冷凝器不能充分浸入水中，对实验是否会有影响？

4. 如果不用冷凝器，用导管直接将水蒸气导入水中，对实验结果将产生怎样的影响？

5. 冷凝器设计有入汽口和出汽口，若没有出汽口，并将入汽口直接用胶皮管接上，对实验结果会有怎样的影响？

6. 若供气量过足，有部分蒸汽溢出，从出汽口喷出，会对实验带来怎样的影响？

实验二十六　拉脱法测定水的表面张力系数

[实验目的]

1. 学习测量液体表面张力系数的一种方法.
2. 学习力传感器的使用.

[实验仪器]

表面张力测量仪一套、砝码、托盘、▢形金属丝、温度计、游标卡尺及烧杯等.

[实验原理]

液体表面张力在物理学中既是一个古老而传统的研究课题，又是一个极为活跃、不断创新的研究热点问题. 液体表面与张紧的弹性薄膜非常相似，如果想要扩大液体表面积会感到有一种收缩力的存在，这个收缩力就是表面张力.

如果我们用 ▢ 形的铁丝浸于液面之下，然后垂直地从液面向上拉，如图 4-26-1 所示，这时液体表面就会增加. 如果在液体表面取一长为 l 的线段，那么因表面张力的存在就会使线段两边受到一定的作用力 f，且作用力 f 的大小与线段的长度 l 成正比，方向与线段垂直，即

$$f = \sigma l$$

其中系数 σ 定义为液体的表面张力系数，它的大小与液体的性质、温度及液体中所含的杂质等都有关系.

图 4-26-1

研究分析发现，在铁丝(▢形铁丝)拉出液面直至破裂的过程中共经历了三个状态：过程一、临界状态和过程二. 在过程一中：铁丝刚拉出水面，受到的作用力如图 4-26-2(截面图)所示. 铁丝自身的重量为 mg；铁丝下的液体分成两部分，其中阴影部分的重力为 $\rho gldh$，并设其余的液体重力为 $2M_0 g$；液体的表面张力为 $2\sigma l$，它与竖直方向的夹角为 φ. 将这个过程看成是铁丝匀速运动的过程，则有以下的表达式：

$$F = mg + \rho gdlh + 2\sigma l \cos \varphi \qquad (4\text{-}26\text{-}1)$$

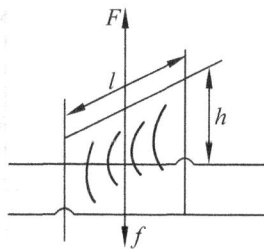

其中：F 为向上的拉力；mg 为铁丝的重力；ρ 是液体密度，d 是铁丝直径，l 是铁丝的长度，g 是重力加速度，h 是铁丝拉出液面的高度，σ 为表面张力系数.

在铁丝上升的过程中，随着 h 的增加，φ 不断地减小，F 随之增大. 当 $\varphi=0°$ 时，达到临界状态（如图 4-26-3）. 令此时的 $h=h_0$，则 $F=F_b$ 可以很容易地得出：

$$F_b = mg + \rho d l h_0 g + 2l\sigma \qquad (4\text{-}26\text{-}2)$$

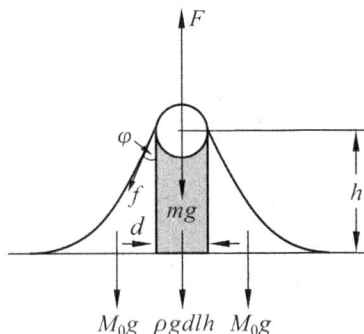

图 4-26-2

但这个临界状态很不稳定，若有一微小的扰动，使得 F 略为增大或 h 稍微增大时，此时向上的拉力 F 大于向下的各力之和，因此铁丝会自然向上提升，铁丝下的液体迅速减少.

在自然提升之后，会达到一个新平衡的状态直至破裂，这就是过程二（如图 4-26-4 所示）.

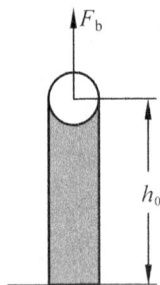

图 4-26-3

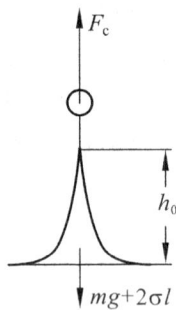

图 4-26-4

这时铁丝下的液膜两表面相互靠近，特别是高于 h_0 的部分，液膜两表面之间的距离（即膜厚）已经非常小，此时可以将液膜上高于 h_0 部分的液体重力忽略. 因此依据该状态下铁丝的受力情况，设此状态下的拉力为 F_c，则此时有

$$F_c = mg + 2l\sigma \qquad (4\text{-}26\text{-}3)$$

成立. 由此计算出表面张力系数

$$\sigma = \frac{F_c - mg}{2l} \qquad (4\text{-}26\text{-}4)$$

实验中所使用的实验装置如图 4-26-5 所示，其中，A 为教育部教学仪器

研究所提供的 HPCI56 型力传感器；B 为 ⊓ 形铁丝，⊓ 形铁丝下会形成液膜，直至破裂；C 为一可调节的滴管；可以调节水流速度，使 F 水杯中的液面慢慢下降；E 为铁架；D 为传感器供电及检测的显示装置，该装置可以给传感器供电，检测传感器输出信号，对信号进行单位换算、模数转换及数字显示，它在处理传感器的电压信号时具有很大的优越性.

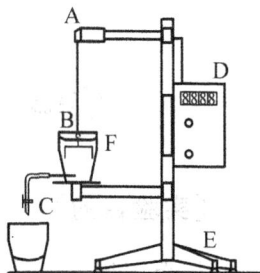

图 4-26-5

[实验内容]

1. 首先定标力传感器（⊓ 形铁丝没有接触液体）.

2. 测量表面张力及重力（⊓ 形铁丝带起液体）.

3. 测量 ⊓ 形铁丝的长度 l.

4. 计算水的表面张力及其不确定度.

5. 测量实验过程中的水温.

6. 对实验结果进行分析讨论.

[注意事项]

1. 在拉起液膜后，操作要十分谨慎，不要触动实验桌，要避免颤动.

2. ⊓ 形铁丝测定 l 后，用酒精灯将其烧红以便去油，之后不得再用手触摸.

3. 滴管位置一经选定之后，在实验中不需要移动.

[问题讨论]

1. 为何用摸过头发的手摸金属丝后，再测液体的表面张力系数，结果会缩小？

2. 你能否用毛细管测水的表面张力系数？设毛细管半径为 R，弯月面是半球面，且完全浸润（即接触角 $\theta=0$），液柱高度为 h，密度为 ρ. 试导出实验用的公式，并简述实验步骤.

3. 将 ⊓ 形金属丝换成矩形金属片，是否也可以进行本实验，比较一下各自的优缺点，如条件允许，亲自实践一下.

实验二十七　液体黏性系数的测量

[实验目的]

1. 学习用旋转圆筒法测定液体的黏性系数.
2. 用作图法处理数据.

[实验仪器]

转筒式黏性系数测定仪，被测液体，温度计，砝码及砝码盘，停表，米尺，游标卡尺及定滑轮等.

[实验原理]

黏性系数反映了液体流动的行为特性，与液体的特性、温度和流速有关. 无论在科学研究，还是在工业生产，以及人们的健康检查中，例如：石油的开采和管道输运、机械润滑油的选择，以及医疗和药物等领域，常常需要测量液体的黏度(黏性系数). 测量液体黏性系数常用的方法有落球法、扭摆法、转筒法和毛细管法等. 下面就介绍转筒法测量油的黏性系数.

实验所用仪器装置示意图如图 4-27-1 所示.

其中，A 是高为 h、半径为 R_1 的圆柱体，在外力矩的驱动下，可绕轴 OO' 转动. 在 A 和与其同轴的外圆筒 B 之间充以被测液体. 绕在 C 轴上的细线通过定滑轮 D，挂一砝码盘，其上可加适量砝码. 砝码盘释放后产生的外力矩使内圆柱体 A 及 A，B 间的液体旋转. 当达到稳定状态时，砝码开始匀速下降. 在该状态下外力矩与液体内摩擦力产生的力矩相等. 须注意这种内摩擦力矩是由液体各层间具有稳定的、各不相同的角速度引起的.

由牛顿黏性定律知，在半径为 r 处的一层液体所受到的黏性力为

$$f = \eta s \frac{\mathrm{d}v}{\mathrm{d}r} \qquad (4\text{-}27\text{-}1)$$

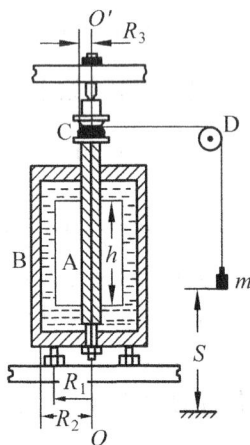

图 4-27-1

其中，η 表示液体的黏性系数，s 表示该层的面积，而

$$\frac{\mathrm{d}\boldsymbol{v}}{\mathrm{d}r} = \frac{\mathrm{d}(\boldsymbol{\omega} \times \boldsymbol{r})}{\mathrm{d}r} = \boldsymbol{\omega} + \boldsymbol{r} \times \frac{\mathrm{d}\boldsymbol{\omega}}{\mathrm{d}r} \qquad (4\text{-}27\text{-}2)$$

此式中第一项表示，即使液体是以同一角速度 ω 旋转，而由于 r 不同，也可以在各点引起一定的速度梯度．但这一项并没有反映各液层之间有相对运动，ω 的方向与速度 v 的方向垂直，因此对产生内摩擦没有贡献．第二项则表示各层间有角速度的变化，对内摩擦有贡献．这样式(4-27-1)可写成

$$f = \eta \, s r \, \frac{\mathrm{d}\omega}{\mathrm{d}r} = -2\pi\eta \, h r^2 \, \frac{\mathrm{d}\omega}{\mathrm{d}r} \qquad (4\text{-}27\text{-}3)$$

式中 h 表示圆柱体 A 的高度，负号表示随着 r 的增加，ω 是减小的，显然该层所提供的黏性阻力矩为

$$M = fr = -2\pi\eta \, h r^3 \, \frac{\mathrm{d}\omega}{\mathrm{d}r} \qquad (4\text{-}27\text{-}4)$$

在达到稳定状态后，忽略各轴与滑轮的摩擦，应有

$$mgR_3 = -2\pi\eta \, h r^3 \, \frac{\mathrm{d}\omega}{\mathrm{d}r} \qquad (4\text{-}27\text{-}5)$$

对上式作积分运算，利用 $r = R_1$ 时，$\omega = \Omega$ 及 $r = R_2$ 时，$\omega = 0$ 的边界条件得到：

$$\frac{1}{2} mgR_3 \left(\frac{1}{R_1^2} - \frac{1}{R_2^2} \right) = 2\pi\eta h \Omega \qquad (4\text{-}27\text{-}6)$$

所以有

$$\eta = \frac{R_2^2 - R_1^2}{4\pi h R_1^2 R_2^2} \frac{mgR_3}{\Omega} \qquad (4\text{-}27\text{-}7)$$

式中 $\Omega = \dfrac{v}{R_3}$，又 $v = \dfrac{s}{t}$（t 为砝码匀速下落 s 所经历的时间）．最后得到测定 η 的公式

$$\eta = \frac{R_2^2 - R_1^2}{4\pi h R_1^2 R_2^2} \frac{R_3^2 mg}{s} t \qquad (4\text{-}27\text{-}8)$$

其中 R_1，R_2，R_3，h 均为仪器常数．实验中可选择的条件是 m，s 及 t．

应当注意(4-27-7)式是在忽略机械系统的摩擦情况下得到的，但实际上是不能忽略的．我们假定外力矩 mgR_3 中有一部分用来克服这种摩擦力矩，假定其值为 $m_0 gR_3$，则有

$$\eta = k \frac{R_3^2 (m - m_0)}{s} t \qquad (4\text{-}27\text{-}9)$$

式中 $k = \dfrac{R_2^2 - R_1^2}{4\pi h R_1^2 R_2^2} g$．通过作图法处理数据可得到 m_0．

[实验内容]

1. 调节圆柱与圆筒，使其共轴，且转动灵活．记录 R_1，R_2，h（在仪器标签上），用游标卡尺测量 R_3．

2. 调整支架上的上、下两个标记，上标记距地面 1.2 m 左右，在保证测量方便的前提下应使两个标记之间的距离 s 尽量长，用直尺测量 s．

3. 测量液体的温度．

4. 测量砝码盘在两个标记之间运动所用的时间 t．

5. 改变砝码盘中的砝码 m，按步骤 4 测量 t．（砝码重量从 3 g 依次递增到 5 g，7 g，9 g，11 g，然后再从 11 g 依次递减到 9 g，7 g，5 g，3 g．）

6. 取两次的平均值计算 t．

7. 再次测量液体的温度．

8. 设计一个简单的实验验证砝码盘后来的运动是匀速运动．

[注意事项]

本实验结果与温度关系密切，操作时尽量不要手握外筒，并适当控制测量次数，避免因内摩擦而导致液体的温度升高．

[问题讨论]

1. 为何要等砝码达到匀速下落后再测下落时间？

2. (4-27-8)式中各量的物理意义是什么？哪些量需要测量，如何测量？

3. 本实验中能否通过增加测量 t 的次数，来提高 η 的准确度，为什么？

4. 以所加砝码（含盘）量为横轴，下落速度为纵轴作图，图线是否过原点？若不过原点，其横轴截距有何物理意义？

5. 计算并分析实验结果的误差．

6. 图 4-27-2 是用毛细管法测水的黏性系数的实验装置示意图．请简述实验的设计思想和方法．

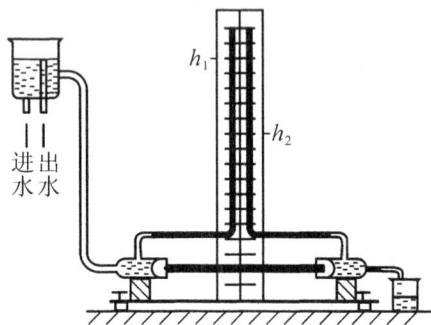

图 4-27-2

实验二十八　惠斯通电桥

[实验目的]

1. 掌握惠斯通(Wheastone)电桥测量电阻的原理.
2. 学会正确使用电桥测量电阻的方法.
3. 了解提高电桥灵敏度的几种方法.

[实验仪器]

电阻箱，检流计，电位器或滑线变阻器，成品惠斯通电桥，数字多用表，直流电源，待测电阻和开关等.

[实验原理]

1. 惠斯通电桥原理

惠斯通电桥原理电路如图 4-28-1 所示.

被测电阻 R_x 和三个阻值已知的 R_1，R_2，R_0 构成了电桥的四个臂. 一般在 A，C 两点间接电源，称为电源对角线，在 B，D 之间接检流计，称为测量对角线.

适当调节 R_1，R_2，R_0，使检流计指零，此时 B，D 两点的电位相等，桥路达到平衡. 根据欧姆定律有

$$R_1 I_1 = R_2 I_2, \quad R_x I_1 = R_0 I_2$$

两式相除可得到 R_x 的测量公式

$$R_x = \frac{R_1}{R_2} R_0 \qquad (4\text{-}28\text{-}1)$$

其中 R_1 和 R_2 称为比例臂，R_0 是比较臂（又称调节臂）.

2. 电桥灵敏度

电桥灵敏度关系到测量结果的精确性. 当电桥处于平衡时，使调节臂 R_0 变化一个小量 ΔR_0，从而会引起检流计偏转一个小量 $\Delta \alpha$，定义电桥的绝对灵敏度为

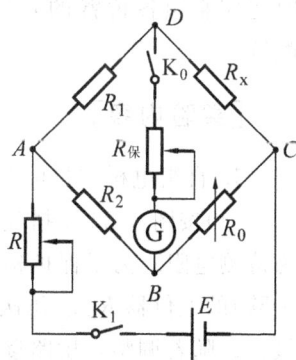

图 4-28-1

$$S = \frac{\Delta \alpha}{\Delta R_0} \qquad (4\text{-}28\text{-}2)$$

电桥的相对灵敏度为

$$S_{相} = \frac{\Delta \alpha}{\Delta R_0 / R_0} \qquad (4\text{-}28\text{-}3)$$

可以证明改变电桥的任何一个桥臂，电桥的相对灵敏度都是相同的.

通过理论计算(见本实验附录)，可得出以下结论：

(1)电桥的相对灵敏度与所用检流计的电流灵敏度成正比.

(2)所用检流计的内阻 R_g 愈小，电桥的相对灵敏度愈高，但不成比例变化. 当 $R_g = 0$ 时，电桥相对灵敏度与电桥的四个桥臂电阻之和成反比.

(3)电桥的相对灵敏度与电桥所用电源的电压成正比.

以上结论为改善电桥的相对灵敏度指出了方向. 需要指出，在利用提高电源电压或减小桥路各臂阻值的方法来提高电桥相对灵敏度时，千万注意不要使流过各桥臂电阻的电流超过其额定值，否则将会损坏桥臂电阻.

3. 桥臂阻值的选取

这个问题是一个相当复杂的问题. 从电桥灵敏度角度分析可以证明，在取电桥各臂为等值电阻时，灵敏度较高. 但这不是选取桥臂阻值的唯一条件，同时还应兼顾各桥臂的具体情况，在允许的范围内一般取等值或接近等值的配置.

[实验内容]

1. 自组电桥测量电阻

(1)按图 4-28-1 搭建一个惠斯通电桥，其中 R_1、R_2 和 R_0 为电阻箱，R_x 为待测电阻. 为了保护检流计，应在检流计支路内串接一个阻值较大(约数十千欧)的电位器 $R_保$. 每次测量开始时，因桥路远离平衡状态，应使 $R_保$ 阻值取最大；随着调整，桥路逐渐接近平衡，再逐渐减小 $R_保$ 的阻值，直至为零.

(2)先用多用表粗测被测电阻阻值. 根据粗测结果，选取 R_1 和 R_2 的阻值，选取的原则是要保证测量结果至少有 4 位有效数字.

(3)调节比较臂，使电桥达到平衡，根据(4-28-1)式确定待测电阻 R_x 的阻值.

(4)将 R_x 和 R_0 互换，重复测量.

(5)估计测量结果的不确定度.

2. 对影响电桥相对灵敏度的各种因素的实验研究

（1）电源电压的影响

保持其他条件不变，改变电源电压，分别测定电桥的相对灵敏度.

（2）检流计内阻的影响

保持电源电压一定，改变检流计的内阻（通过改变 $R_保$ 来实现），分别测定电桥的相对灵敏度.

（3）检流计电流灵敏度的影响

保持电源电压和检流计内阻一定，改变检流计的电流灵敏度，分别测定电桥的相对灵敏度.

可通过图 4-28-2 的方法来改变检流计的灵敏度. 调节电阻 R_1，可以改变检流计 G 的灵敏度. 调节电阻 R_2，可以实现 1，2 两点间的电阻不变，也即相当于检流计的内阻不变.

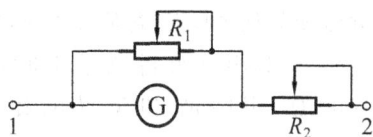

图 4-28-2

3. 用成品惠斯通电桥（见第二章）测定一组电阻产品的质量稳定性，样本数不低于 15 个，电桥测量的不确定度应远小于产品质量的不稳定性.

用 3σ 准则和格拉布斯准则（见第一章的第八节）剔除不合格电阻. 计算仪器误差（限），将产品的标准不确定度和仪器的标准不确定度比较，说明测量是否有效.

[注意事项]

1. 使用检流计时，应首先打开"止动"钮，然后调零；测量时，不要使检流计指针超出其刻度尺范围；测量完毕，要使检流计"止动".

2. 应用电桥测定电阻时，首先要使用多用表进行粗测. 根据粗测结果，才好选取电桥的比例臂的比率和估计比较臂的阻值.

3. 使用箱式电桥前，一定要认真阅读箱式电桥说明书.

4. 在测定电桥相对灵敏度与电源电压关系时，注意不要使任何一个桥臂电阻过载.

[问题讨论]

1. 在自组电桥时，怎样布局才能做到观察、操作和接线都方便？

2. 电桥的相对灵敏度与哪些因素有关系？有怎样的关系？在实验中如何进行测定？

3. 在检流计支路中接一大电阻的作用是什么？对桥路灵敏度有无影响？

为什么? 怎样保证在测量时, 对桥路的灵敏度不造成影响?

4. 使用成品桥时, 如何调节能使桥路较快地达到平衡?

5. 电桥中 R_1, R_2 和 R_0 的值不够准确是造成电桥测量存在系统误差的一个重要原因. 如果另外再给你一个数值准确的可变标准电阻箱, 你能否找到一个消除 R_1, R_2 和 R_0 不准引起的系统误差的方法?

6. 电桥当取 $R_1 = R_2$ 进行测量时, $R_x = R_0$, 若 R_1, R_2 不严格相等(要做到严格相等在实际上是非常困难的), 就会产生一定的系统误差. 这种系统误差可采取 R_x 与 R_0 互换位置各测一次的方法消除, 试推导出实验测试公式, 并说明如何消除系统误差的影响.

7. 利用自组桥测电阻时, 若 $E = 20$ V, $R_1 = R_2 = 20$ Ω, $R_0 = R_x = 1000$ Ω, 其中 R_0 和 R_2 为电阻箱, 额定功率为 0.25 W, 被测电阻 R_x 的额定功率为 0.5 W, 接通电源后会产生什么严重后果? 通过具体计算加以说明.

8. 当用自组桥测电阻时, 无论怎样调节比较臂电阻, 桥路总是达不到平衡, 即检流计总是偏向一边, 假定电源电压正常, 各臂电阻是好的, 请考虑是什么原因导致上述现象的? 若给你一根好导线, 能否用它找出故障所在?

[附录]

电桥灵敏度的推导

当电桥处于平衡时, 使调节臂 R_0 变化一个小量 ΔR_0, 从而会引起检流计偏转一个小量 $\Delta \alpha$, 如检流计灵敏度为 S_1, ΔI_g 为流过检流计的电流, 则有

$$\Delta \alpha = S_1 \Delta I_g$$

电桥电路如图 4-28-3 所示.

假定略去电源内阻, 认为桥路在平衡状态附近有一较小的不平衡状态. 利用基尔霍夫第二定律, 对 $ABDA$ 回路, 有:

$$I_1 R_1 + \Delta I_g R_g - I_4 R_4 = 0 \qquad (4\text{-}28\text{-}4)$$

对 $BCDB$ 回路, 有:

$$I_2 R_2 - I_3 R_3 - \Delta I_g R_g = 0 \qquad (4\text{-}28\text{-}5)$$

对 $ABCKEA$ 回路, 有:

$$I_1 R_1 + I_2 R_2 = E \qquad (4\text{-}28\text{-}6)$$

由基尔霍夫第一定律有:

$$I_2 = I_1 - \Delta I_g \qquad (4\text{-}28\text{-}7)$$

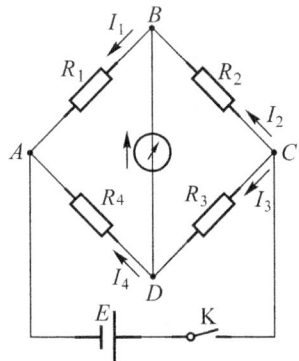

图 4-28-3

$$I_3 = I_4 + \Delta I_g \qquad\qquad (4\text{-}28\text{-}8)$$

将(4-28-7)(4-28-8)两式分别代入(4-28-5)(4-28-6)，经过整理有：

$$I_1 R_2 - (R_2 + R_3 + R_g)\Delta I_g - I_4 R_3 = 0 \qquad (4\text{-}28\text{-}9)$$

和

$$I_1(R_1 + R_2) - \Delta I_g R_2 = E \qquad\qquad (4\text{-}28\text{-}10)$$

由(4-28-4)(4-28-9)(4-28-10)三式联立，即可解出 I_1，I_4 及 ΔI_g 的表达式.
这里只解出 ΔI_g.

利用行列式求解可得到：
$$\Delta I_g = \frac{\Delta_1}{\Delta} \qquad\qquad (4\text{-}28\text{-}11)$$

式中：

$$\Delta_1 = \begin{vmatrix} R_1 & 0 & -R_4 \\ R_2 & 0 & -R_3 \\ R_1 + R_2 & E & 0 \end{vmatrix} = E(-R_1 R_3 + R_2 R_4)$$
$$(4\text{-}28\text{-}12)$$

$$\Delta = \begin{vmatrix} R_1 & R_g & -R_4 \\ R_2 & -(R_2 + R_3 + R_g) & -R_3 \\ R_1 + R_2 & -R_2 & 0 \end{vmatrix}$$
$$= -[R_1 R_2 (R_3 + R_4) + R_3 R_4 (R_1 + R_2) + R_g (R_1 + R_2)(R_3 + R_4)]$$
$$(4\text{-}28\text{-}13)$$

由 (4-28-12)式可以看出，若 $R_1 R_3 = R_2 R_4$，则有 $\Delta_1 = 0$，代入(4-28-11)
式可知 $\Delta I_g = 0$，所以 $R_1 R_3 = R_2 R_4$ 是平衡条件.

在电桥平衡的情况下，若给 R_2　个小的增量，变为$(R_2 + \Delta R_2)$，则由式
(4-28-12)可得出：

$$\Delta_1 = -R_1 \cdot \Delta R_3 E \qquad\qquad (4\text{-}28\text{-}14)$$

而对于 (4-28-13) 式，因 ΔR_3 是很小的增量，可忽略，公式的形式不变. 将
(4-28-13)(4-28-14)式代入(4-28-11)式，即可得到下式：

$$\Delta I_g = \frac{R_1 \Delta R_3 E}{R_1 R_2 (R_3 + R_4) + R_3 R_4 (R_1 + R_2) + R_g (R_1 + R_2)(R_3 + R_4)}$$
$$(4\text{-}28\text{-}15)$$

故电桥的灵敏度为

$$S_{相} = \frac{\Delta\alpha}{\Delta R_0 / R_0} = \frac{S_1 \Delta I_g}{\Delta R_3 / R_3}$$
$$= \frac{S_1 E}{(R_2 + R_1 + R_4 + R_3) + R_g(1 + R_2/R_3)(1 + R_4/R_1)}$$
$$(4\text{-}28\text{-}16)$$

实验二十九　交流电桥

［实验目的］

1. 掌握交流电桥的平衡原理和调节平衡的方法.
2. 用自组交流电桥测量电感 L 和电容 C 及其损耗.

［实验仪器］

电阻箱，标准电容箱，标准电感，交流毫伏表，音频信号发生器，待测电感和电容等.

［实验原理］

实验中交流元件指的是电感器和电容器. 实际电容器在电路中可以等效成一个理想电容和一个损耗电阻的串联，实际电感器在低频情况下可以等效成一个理想电感和一个电阻的串联.

交流电桥和单臂直流电桥相似，也是由四个桥臂构成，但桥臂中含有交流元件. 如图 4-29-1 所示.

图中 E 为交流电源，D 为交流平衡指示器，通常可用耳机或由电子线路构成的指示器(如电子管、晶体管毫伏表或示波器等). 交流电桥四个桥臂的阻抗通常用复阻抗表示. AC 称电源对角线，BD 称测量对角线.

1. 交流电桥的平衡条件

与直流电桥平衡电路类似. 考虑到平衡时，B，D 两点在任意瞬时电位都相等，没有电流流过平衡指示器，所以有

图 4-29-1

$$\dot{i}_1 = \dot{i}_2, \ \dot{i}_3 = \dot{i}_4 \tag{4-29-1}$$

根据交流电路欧姆定律还有

$$\dot{i}_1 Z_1 = \dot{i}_4 Z_4 \tag{4-29-2}$$

$$\dot{i}_2 Z_2 = \dot{i}_3 Z_3 \tag{4-29-3}$$

(4-29-2)(4-29-3)两式相除，并结合(4-29-1)式，可得到

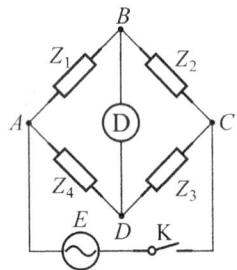

$$\frac{Z_1}{Z_2} = \frac{Z_4}{Z_3} \text{ 或 } Z_1 Z_3 = Z_2 Z_4 \tag{4-29-4}$$

式(4-29-4)称为交流电桥的平衡条件方程式,可以表述为:桥路相对两臂的复阻抗乘积相等.

由式(4-29-1)可以看出,交流电桥的平衡条件在形式上和直流电桥是完全相同的,但它们的物理意义却有着很大的差别. 将(4-29-4)式中的各量以指数形式表示,则有

$$\frac{\mid Z_1 \mid \exp j\varphi_1}{\mid Z_2 \mid \exp j\varphi_2} = \frac{\mid Z_4 \mid \exp j\varphi_4}{\mid Z_3 \mid \exp j\varphi_3} \tag{4-29-5}$$

式中 $\mid Z_i \mid$ 为 Z_i 的模,φ_i 则为对应复阻抗 Z_i 的幅角. 由式(4-29-5)可得出

$$\mid Z_1 \mid\mid Z_3 \mid = \mid Z_2 \mid\mid Z_4 \mid \tag{4-29-6}$$

$$\varphi_1 + \varphi_3 = \varphi_2 + \varphi_4 \tag{4-29-7}$$

可见式(4-29-4)实际上包括了两个平衡条件,一是复阻抗模的平衡,一是复阻抗幅角的平衡. 只有这两个平衡条件同时被满足,交流电桥才能达到平衡. 显然,这一点与直流电桥是不同的. 但是,平衡条件和电源电压无关,这一点两者却是相同的.

2. 测量实际电容和实际电感的电桥

实际上电容器的介质并不是理想的介质,在电路中总要消耗一定的能量. 因此,如前所述,实际电容器在电路中可以等效成一个理想电容 C 和一个损耗电阻 r_c 的串联,同样,实际电感器总是存在电阻,在低频情况下,可以将它等效成一个理想电感 L 和一个电阻 r_L 的串联,见图 4-29-2.

对于实际电容来说,因为损耗电阻的存在,使得当正弦交流电流通过它时,加在电容两端的电压与通过其上的电流之间的位相差不是 $\pi/2$,而是 $(\pi/2 - \delta)$. 且损耗电阻越大,δ 越大,故称 δ 为实际电容的损耗角. 通常用损耗角的正切来描述实际电容器的质量,称其为损耗. 可以推出

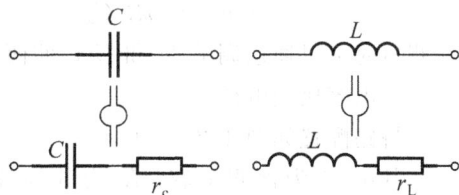

图 4-29-2

$$\tan \delta = r_c C \omega \tag{4-29-8}$$

其中 ω 为交流电的频率. 对于实际电感,用品质因数 Q 来描述电感线圈的质量,其定义为

$$Q = \frac{\omega L}{r_L} \tag{4-29-9}$$

其中 r_L 为电感线圈的等效电阻. 由上式可看出,r_L 越大,Q 越小;反之,r_L 越小,Q 越大. 因此也可用 $1/Q$ 来描述线圈的损耗,即品质因数 Q 越高,其损耗就越小.

测量电容、电感和它们的损耗的电桥种类较多,下面只介绍常见的几种类型.

(1)测量电容及其损耗的电桥

①西林(Shering)电桥

这是一种最为常见的用以测量电容,特别是测高质量、绝缘性能好的电容所用的电桥. 桥路布置见图 4-29-3.

图中 C_x 为被测电容,R_x 为其损耗电阻,R_2,R_3 为可变电阻,C_4 为一标准电容(云母电容或空气电容),C_3 为可变标准电容.

由桥路平衡条件(4-29-4),不难得出西林桥的平衡条件为

$$\left. \begin{aligned} C_x &= \frac{R_3}{R_2} C_4 \\ R_x &= \frac{C_3}{C_4} R_2 \end{aligned} \right\} \tag{4-29-10}$$

结合式(4-29-8)可得出被测电容的损耗为

$$\tan \delta = \omega R_3 C_3 \tag{4-29-11}$$

在测量时可以通过调节 R_3 和 C_3,使西林桥达到平衡.

②电容比较电桥

桥路配置如图 4-29-4 所示.

其中 C_x 为被测电容,R_x 为其等效电阻;R_2,R_3 及 R_4 为可调电阻箱,C_2 为标准电容或可变标准电容箱. 本桥路平衡条件为

$$\left. \begin{aligned} C_x &= \frac{R_3}{R_4} C_2 \\ R_x &= \frac{R_2}{R_3} R_4 \end{aligned} \right\} \tag{4-29-12}$$

被测电容的损耗为

$$\tan \delta = \omega R_2 C_2 \tag{4-29-13}$$

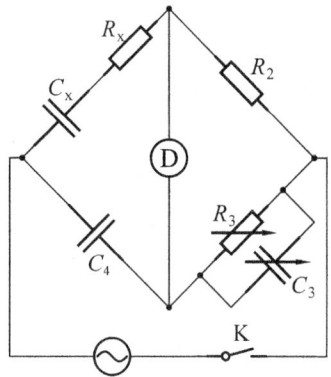

图 4-29-3

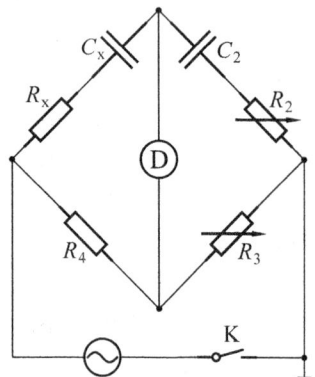

图 4-29-4

比较电桥适用于测量具有一定损耗的电容,虽然测绝缘材料的性能不如西林桥,但组装起来,因只需一个可变标准电容箱,较之西林桥要方便.

(2)测量电感及其品质因数的电桥

①麦克斯韦(Maxwell)电桥

桥路布置如图 4-29-5 所示.

这是用来测定不含铁芯的电感的通用桥路.其中 L_x 为被测电感,R_x 为其等效电阻,R_2,R_3 和 R_4 为电阻箱,C_3 为可变标准电容箱,桥路的平衡条件为

$$\left. \begin{array}{l} L_x = R_2 R_4 C_3 \\ R_x = \dfrac{R_2 R_4}{R_3} \end{array} \right\} \qquad (4\text{-}29\text{-}14)$$

结合式(4-29-9)可导出被测电感线圈的品质因数为

$$Q = \omega R_3 C_3 \qquad (4\text{-}29\text{-}15)$$

测量时可通过调节 R_3 和 C_3,使桥路达到平衡.

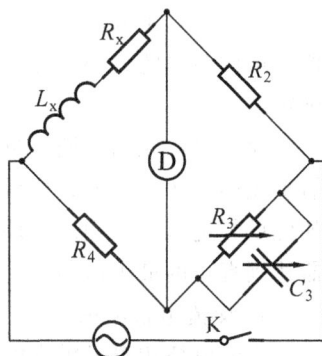

图 4-29-5

②海氏(Hay's)电桥

桥路布置如图 4-29-6 所示.

其中 L_x 为被测电感,R_x 为其等效电阻,R_2,R_3 和 R_4 为可变电阻箱,C_3 为可变标准电容.平衡条件为

$$\left. \begin{array}{l} L_x = \dfrac{R_3 R_2 R_4}{1 + \omega^2 C_3^2 R_3^2} \\ R_x = \dfrac{\omega^2 C_3^2 R_3 R_2 R_4}{1 + \omega^2 C_3^2 R_3^2} \end{array} \right\} \qquad (4\text{-}29\text{-}16)$$

3. 交流电桥的调节

由于交流电桥的平衡必须同时满足幅、相平衡两个条件,由此决定了在调节桥路平衡时,至少要调节两个量才能达到要求. 而在实际调节中,总是选定两个量进行调节:先固定其中的一个量(次调节量),调节另一个(主调节量),在找到一个趋于平衡的位置后再更换调节量. 这种调节要反复多次,逐次逼近,才能使桥路平衡. 通常我们取与被测电容或电感数值有关的量作为主调节量,与它们的损耗有关的量取作次调书量. 如西林桥中取 R_3 为主调节

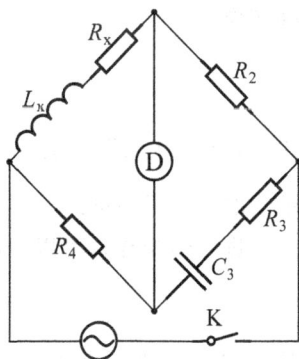

图 4-29-6

量，C_3 为次调节量；麦克斯韦桥中取 C_3 为主调节量，R_3 为次调节量.

一旦可调节量确定之后，对次调节量需给定一合适的初值. 若选定的次可调节量在所在桥臂中与另一元件（电阻、电容或电感）相串联，可置零；若为并联，置最大. 若桥臂仅为次调节量本身，当该量处在相关平衡条件的分子位置时，可置零；若处于分母位置，则置最大.

对于桥臂中取固定数值的参量的确定，通常根据被测电容和电感的估计数值、可调参量的大小和在可能条件下使电桥各臂阻抗接近相等的配置等原则来确定.

使用时，先调主调节量，暂时将次调节量取固定初值，使桥路的平衡指示器出现第一次最小值；然后调节次调节量，使桥路指示器出现第二次最小值；如此反复进行，分别调主调节量和次调节量，直至桥路达到最终平衡，即指示器达到真正的最小值为止.

4. 交流电桥灵敏度

交流电桥相对灵敏度的定义为

$$S_{相} = \frac{\Delta n}{\Delta Z / Z} \tag{4-29-17}$$

式中 $\Delta Z / Z$ 是在电桥平衡的基础上可调臂的微小相对改变量，Δn 是由此引起的平衡指示器的指示变化量. 为说明 $S_{相}$ 与哪些因素有关，将 (4-29-17) 作些变换

$$S_{相} = \frac{\Delta n}{\Delta U} \frac{\Delta U}{\Delta Z / Z} \tag{4-29-18}$$

式中，ΔU 是 $\Delta Z / Z$ 引起的测量对角线上的电压变化量，显然，$\dfrac{\Delta n}{\Delta U}$ 是平衡指示器的指示灵敏度.

进一步推导，可以得出

$$S_{相} \approx -\frac{\Delta n}{\Delta U} \frac{E Z_1 \Delta Z_3}{(Z_1 + Z_2)(Z_3 + Z_4)} \tag{4-29-19}$$

其中 E 为电源电动势.

由上式可看出，交流电桥的相对灵敏度具有以下特点：

(1) 与电源电动势成正比. 但在提高电源电动势时，一定要注意各桥臂器件的额定功率.

(2) 与平衡指示器的指示灵敏度成正比.

(3) 与桥路各臂的配置情况有关. 在通常情况下可取等臂配置，虽达不到最佳灵敏度，但也可取得较好的效果.

[实验内容]

1. 用电容比较电桥测定电容的大小及其损耗, 并测量电桥的灵敏度.

2. 用麦克斯韦电桥测定两线圈的互感系数.

3. 用成品交流电桥重复以上测量, 并与自组电桥测得的结果相比较.

[注意事项]

1. 如果实验室没有标准信号源, 可用音频信号发生器作为电桥的交流电源. 工作频率选为 1000 Hz, 工作电压为 6 V.

2. 实验开始调节时, 指示器应置于最不灵敏处. 成品桥用毕, 一定要切断其工作电源.

3. 为避免外界交流信号的干扰, 在自组桥中要选择一个顶点作为接地点. 该点应选在可调变量的同侧, 并与交流电源接地端共点.

[问题讨论]

1. 电容比较电桥和麦克斯韦电桥的用途及其平衡条件分别是什么?

2. 以上两电桥的可调参量怎样选择? 哪个量是主调节量? 哪个是次调节量? 次调节量的初始值怎样设置?

3. 若要近似地取等臂配置, 以上两电桥的固定参量的数值如何选择?

4. 怎样调节以上两电桥使它们达到平衡?

5. 怎样求得所测电容和互感系数的不确定度?

6. 指出 4-29-7 电路图的错误, 并说明会导致什么样的后果.

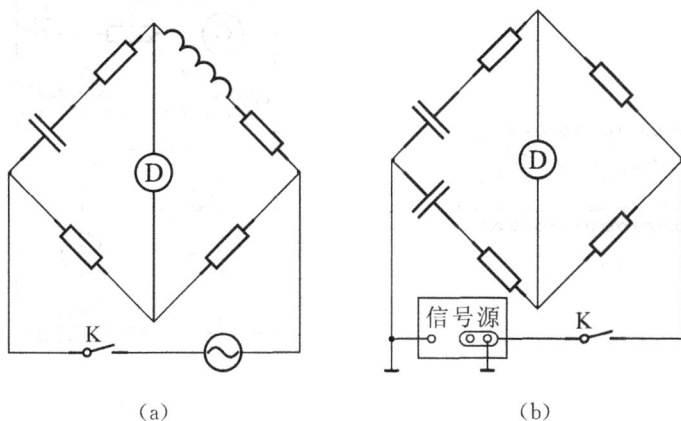

(a)   (b)

图 4-29-7

7. 在电容比较电桥或麦克斯韦电桥中，若将 C_3 的初始值选作零，在调节时将会出现什么现象？并说明发生所列现象的理由.

8. 在麦克斯韦电桥中，是否可将 R_3 与 C_3 改成串联？为什么？

实验三十　螺线管内轴向磁场分布的测量

[实验目的]

1. 掌握冲击法的原理，并正确使用冲击电流计.
2. 用冲击电流计测定螺线管内轴向磁场的分布.

[实验仪器]

冲击电流计，螺线管，探测线圈，标准互感器，电阻箱，滑线变阻器，直流电流表，直流稳压电源，开关等.

[实验原理]

根据毕奥-萨伐尔（Biot-Savart）定律，可以证明螺线管轴上某点 P 的磁感应强度（见图 4-30-1）

$$B = \frac{1}{2}\mu_0 nI(\cos\theta_1 - \cos\theta_2) \tag{4-30-1}$$

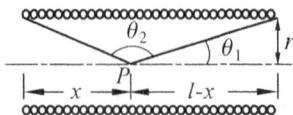

图 4-30-1

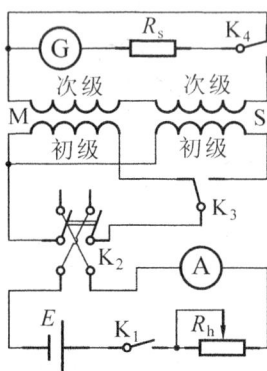

图 4-30-2

式（4-30-1）中 I 为磁化电流，单位为安培；n 为螺线管每米长度的匝数；真空磁导率 $\mu_0 = 4\pi \times 10^{-7}$ H/m．由（4-30-1）式求得的 B 的单位为特斯拉（以 T 表示）．

当 $l \gg r$ 时，在螺线管的中部，因 $\cos \theta_1 \approx 1$ 和 $\cos \theta_2 \approx -1$，代入式（4-30-1），便可求出其磁感应强度为

$$B = \mu_0 nI \tag{4-30-2}$$

在端部如左端，$\cos \theta_1 = 1$ 和 $\cos \theta_2 = 0$，仍代入（4-30-1）式，求出端部的磁感应强度为

$$B = \frac{1}{2}\mu_0 nI \tag{4-30-3}$$

在右端，则有 $\cos \theta_1 = 0$ 和 $\cos \theta_2 = -1$．

而式（4-30-2）及式（4-30-3），实际上是由无限长的螺线管导出的．但对一有限长的螺线管来说，在一定条件下以上两式只是近似成立，然而式（4-30-1）则对有限长的螺线管准确成立．

本实验利用冲击电流计研究螺线管磁场之磁感应强度沿其轴向是如何分布的（有关冲击电流计的内容请见第二章）．通过实验测定，一方面对（4-30-1）（4-30-2）及（4-30-3）式的准确性及其适用条件有所认识，而且能掌握实际的螺线管磁场的一些特点；另一方面，掌握冲击法测磁感应强度的基本原理．

测量电路如图 4-30-2 所示．将一探测线圈 S 置于螺线管内部，并可沿轴向移动．它与标准互感的次级、可变电阻箱 R_s 和冲击电流计 G 相连．而螺线管本身则通过一换向开关 K_2 与电源 E 接通．本实验通过把电流 I 突然反向，使磁通发生变化，从而在探测线圈内产生感生电动势，于是便有感生电流脉冲通过冲击电流计，测出其迁移的电量，便可求出被测的磁感应强度 B．

设 m 为探测线圈的总匝数，S 为其截面积，当螺线管所在回路电流由 $+I$ 突然变至 $-I$ 时，在探测线圈内部磁通的变化为

$$\Delta\Phi = 2B_\text{x}mS \tag{4-30-4}$$

其中 B_x 为螺线管内探测线圈所在处的磁感应强度．而此时变化的磁通所产生的感生电动势

$$E = -\frac{\mathrm{d}\Phi}{\mathrm{d}t} \tag{4-30-5}$$

由它导致的感生电流

$$i = -\frac{1}{R}\frac{\mathrm{d}\Phi}{\mathrm{d}t} \tag{4-30-6}$$

在冲击作用期间电流计迁移的电量

$$Q = \int_0^\tau i\,\mathrm{d}t = \int_0^\tau \left(-\frac{1}{R}\frac{\mathrm{d}\Phi}{\mathrm{d}t}\right)\mathrm{d}t = \frac{1}{R}\Delta\Phi \qquad (4\text{-}30\text{-}7)$$

上式中的 τ 为磁通发生变化的时间. 又知冲击电流计测得的电量与其第一次最大偏转有如下关系：

$$Q = K_m \alpha_m \qquad (4\text{-}30\text{-}8)$$

其中 K_m 为该测量状态下的冲击电流计的磁链常数. 将由式（4-30-7）及（4-30-8）所得到的 $\Delta\Phi$ 代入式（4-30-4），则有

$$B_x = \frac{RK_m}{2mS}\alpha_m \qquad (4\text{-}30\text{-}9)$$

式中探测线圈的参数 m、S 和总回路电阻 R 中的电流计内阻、探测线圈电阻及标准互感次级线圈电阻等由实验室给出，其余均可由实验者自己测量.

［实验内容］

1. 按图 4-30-2 连线.

2. 调节冲击电流计外回路电阻，使之处于临界阻尼工作状态.

3. 调节螺线管的磁化电流，当探测线圈位于其中部时，使冲击电流计在突然改变磁化电流的方向时，达到一定的偏转（最大偏转不得超过冲击电流计的最大量限）. 然后沿轴向移动探测线圈，自中部至端部，观察电流计偏转的变化，以确定测量点. 选取测量点时应注意，在变化缓慢的范围要少取，在变化迅速的范围要多取. 但不得少于 7 个点（自中部至端部）. 对每一点至少左右偏转各读一次，并取平均值.

4. 测定冲击电流计在以上工作状态下的磁链常数. 磁链常数测量方法参看第二章中的冲击电流计.

5. 绘制螺线管磁感应强度沿其轴向分布的曲线图.

6. 将测定的螺线管中部与端部的磁感应强度值与由理论计算得出的结果相比较.

［问题讨论］

1. 怎样利用冲击法测螺线管磁场？

2. 图 4-30-2 中开关 K_2 及 K_3 的作用是什么？

3. 图 4-30-2 中 R_s 的作用是什么？电流计应工作于什么状态？实验中如何判断？

4. 测量磁链常数时，R_s 能否改变？为什么？R_h 能否改变？为什么？

5. 在使用换向开关时换向动作快慢对测量结果有无影响？为什么？

6. 怎样用冲击法测定永磁铁间的磁场？

7. 对比中间与端部的测量值与理论值，分析测量产生误差的原因.

实验三十一 亥姆霍兹线圈磁场的描绘

[实验目的]

1. 了解感应法测量磁场的原理.

2. 研究圆电流轴向磁场的分布.

3. 用感应法描绘磁感线和亥姆霍兹线圈中的磁场均匀区.

[实验仪器]

亥姆霍兹线圈，感应探测线圈，数字电压表，数字电流表，低频信号发生器等.

[实验原理]

磁感应强度 $\boldsymbol{B}$ ，是空间矢量点函数，为了描绘它，不仅要测定其数值，而且要确定它在空间各点的方向. 通过实验测定和研究磁场分布，方法有多种，本实验介绍的是利用交变感应法进行磁场的测量.

被测磁场是由正弦交变电流产生的，因此其磁感应强度也是正弦交变的，即其数值按如下规律随时间变化

$$B = B_m \sin \omega t \qquad (4\text{-}31\text{-}1)$$

其中 B_m 为磁感应强度的峰值，ω 为交变磁场的圆频率. 当我们将一截面积很小，其值为 S 的探测线圈 m 置入待测磁场中某点（如图 4-31-1 中的 P 点），则穿过探测线圈 m 的磁通为

$$\Phi = B_m \cos \theta \sin \omega t \qquad (4\text{-}31\text{-}2)$$

式中 θ 为探测线圈法线 $\boldsymbol{n}$ 与该点磁感应强度 $\boldsymbol{B}$ 的夹角. 式中 B_m 则应为线圈所在处的平均峰值.

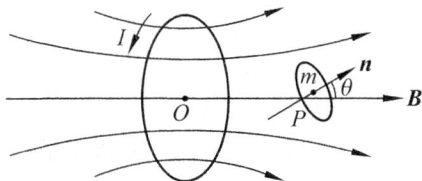

图 4-31-1

由式（4-31-2）不难看出，通过线圈的交变磁通将在其两端产生感应电动势

$$E = -N\frac{\mathrm{d}\Phi}{\mathrm{d}t} = -NB_\mathrm{m}S\omega\cos\theta\cos\omega t = -E_\mathrm{m}\cos\omega t \qquad (4\text{-}31\text{-}3)$$

其中 $E_\mathrm{m} = NB_\mathrm{m}S\omega\cos\theta$，$N$ 为探测线圈的匝数，E_m 为感应电动势的峰值，其相应的电压值

$$U_\theta = \frac{1}{\sqrt{2}}E_\mathrm{m} \qquad (4\text{-}31\text{-}4)$$

可以利用数字电压表测得. 由上式知，被测电压与探测线圈所在方位 θ 有关，当 $\theta = 0$ 时，则有

$$U_0 = \frac{1}{\sqrt{2}}NB_\mathrm{m}S\omega \qquad (4\text{-}31\text{-}5)$$

此 U_0 即为该点处的最大值. 由上式知，若通过实验测得被测磁场中某点的最大电压有效值，则只要探测线圈参数 N，S 已知，交变正弦圆频率 ω 已知，便可确定该点的磁感应强度峰值 B_m.

如果我们要通过实验测定待测磁场在空间的分布，那么无须确定磁场的绝对值，而通过测定被测磁场空间中任一点与其中某特殊点的电压有效值的比值，来确定磁感应强度峰值的相对值.

本实验将利用交变感应法研究载流圆线圈轴线上的磁场分布和亥姆霍兹线圈间的磁场分布规律.

由毕奥-萨伐尔定律我们知道，载流圆线圈轴线上某点 P 的磁场的磁感应强度

$$B_x = \frac{\mu_0}{2}\frac{R^2 I}{(R^2 + x^2)^{3/2}} \qquad (4\text{-}31\text{-}6)$$

式中 μ_0 为真空中磁导率，R 为圆线圈的半径，x 为圆线圈中心至 P 点的距离，见图 4-31-2，I 为通过圆线圈的电流，本实验中

$$I = I_\mathrm{m}\sin\omega t$$

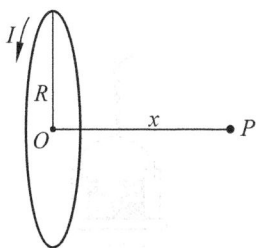

图 4-31-2

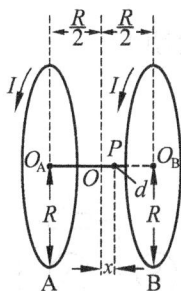

图 4-31-3

当 $x=0$ 时，

$$B_0 = \frac{\mu_0}{2}\frac{I}{R} \tag{4-31-7}$$

即为在圆线圈中心处的磁感应强度.

本实验取圆线圈中心为特殊点，测定其轴线上任一点磁感应强度 B_x 与该特殊点的 B_0 的比值，研究该比值沿轴线上变化. 由 (4-31-6) 式和 (4-31-7) 式不难得出

$$\frac{B_x}{B_0} = \frac{1}{\left[1+\left(\dfrac{x}{R}\right)^2\right]^{3/2}} \tag{4-31-8}$$

而

$$\frac{B_x}{B_0} = \frac{U_{xm}}{U_{0m}} \tag{4-31-9}$$

此式中 U_{xm} 为距圆心 x 处的最大电压有效值，U_{0m} 为圆心处的最大电压有效值.

同理，可测定亥姆霍兹线圈间的磁场分布. 所谓亥姆霍兹线圈，是指其间距等于半径的一对平行共轴线圈. 当在亥姆霍兹线圈中通有同方向的电流 I 时，则在其中任一点（如图 4-31-3 的 P 点）的磁感应强度为

$$B = \frac{\mu_0 IR^2}{2}\left[\frac{1}{(R^2+x^2)^{3/2}} + \frac{1}{(R^2+(R-x)^2)^{3/2}}\right] \tag{4-31-10}$$

取其间距中点，即 $x=R/2$ 处为特殊点，对应的磁感应强度为 B_0，实验中通过测定 U_x/U_0，来确定亥姆霍兹线圈间的 B_x/B_0 的分布规律.

[仪器说明]

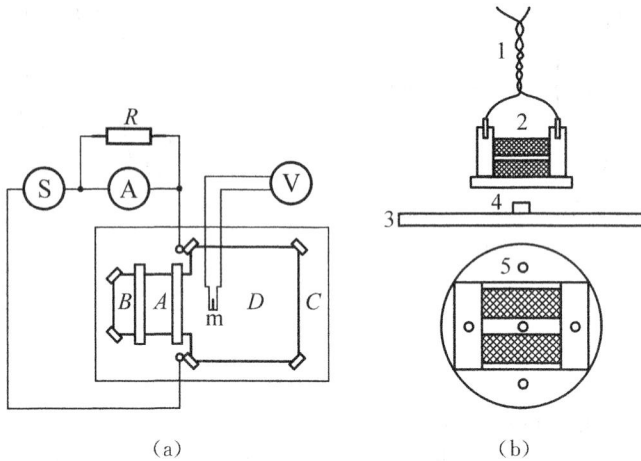

图 4-31-4

图 4-31-4 所示为一磁场描绘仪装置. (a) 中 A 和 B 为亥姆霍兹线圈对, S 为交流信号源, A 为交流电流表, 用来监测通过线圈的电流值. m 为探测线圈, 它与交流电压表 V 相连. C 为工作平台, D 为方格纸.

实验时, 将毫米方格纸制成如图所示的形状 D, 平铺在工作台 C 上, 并置入线圈对 A, B 内, 而后固定. 放置时, 应使方格纸的水平轴和线圈 A, B 的平面垂直.

描绘磁感线时, 可利用如图 4-31-4 (b) 所示的装置. 将垫片 3 中间的定位针 4 插入探测线圈 2 的定位孔 5 中, 固定垫片 3, 便可转动线圈 2 进行测试, 当找到感应电压的最大 (或最小) 值处时, 自测量孔中插进记录针, 在方格纸上记录下该点. 如此下去便可描绘出待测磁场的磁感线.

[实验内容]

1. 测定圆形电流磁场沿其轴线的分布, 绘出相应的磁感线.

2. 描绘亥姆霍兹线圈产生的磁场的均匀区. 在实验中, 测试点 P 的磁感应强度 B_x 与亥姆霍兹线圈中心点 O 的 B_0 相比, 误差不超过 ± 0.02, 即可认为是均匀的.

[问题讨论]

1. 感应法测磁场的基本原理是什么?

2. 试说明感应法测磁场的优缺点及其适用条件.

3. 在本实验中如何测定待测磁场的大小和方向？

4. 在测量电路中所串联的交流电流表的作用是什么？

5. 置方格纸时应该注意什么？

6. 用交变感应法测磁场的误差来源主要有哪些？

7. 试举出亥姆霍兹线圈对的应用实例.

实验三十二　示波器的使用

［实验目的］

1. 进一步掌握示波器的使用方法.

2. 熟悉李萨如图的应用.

［实验仪器］

双踪示波器，信号发生器，相移器及二极管等.

［实验原理］

1. 用示波器测量相位差

示波器除可以用来测量电压、周期等，还可以测量相位差. 在示波器上有两种方法测量相位差.

（1）双踪显示法

将示波器垂直工作方式开关置于 DUAL，由通道 1 和通道 2 分别输入两个频率相同而相位不同的正弦电压信号，荧光屏上显示的电压信号波形如图 4-32-1 所示.

若示波器的扫描速度为 K_t，信号波形一个周期长度所占的标尺格数为 N，两信号电压过零点之间所占标尺格数为 N_1，则信号周期 $T = K_t N$，两信号电压过零点之间的时间差 $\Delta t = K_t N_1$，于是可得两信号的相位差

$$\varphi = 2\pi \frac{\Delta t}{T} = 2\pi \frac{N_1}{N}$$

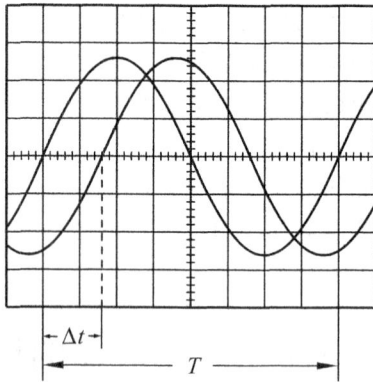

图 4-32-1

(2)李萨如图形法

将示波器设为 X-Y 工作方式. 在这种工作方式下，由通道 1 和通道 2 分别输入的两个正弦电压信号将分别加在 X 和 Y 方向上，这时电子束光点将同时在 X 和 Y 方向上做简谐振动，荧光屏上显示的图形为电子束光点的运动轨迹，该图形称为李萨如图形. 若两个信号频率相同而相位不同，李萨如图形为一椭圆，如图 4-32-2 所示.

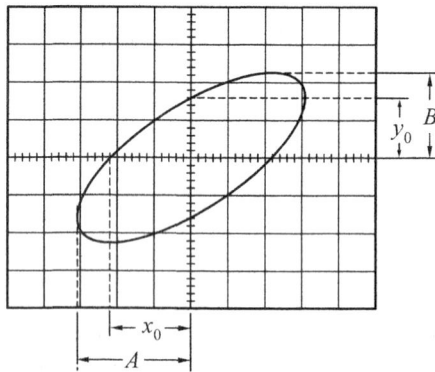

图 4-32-2

设由 X，Y 轴输入的正弦波信号分别为

$$x = A\sin \omega t \tag{4-32-1}$$

$$y = B\sin (\omega t + \varphi) \tag{4-32-2}$$

当 $x=0$ 时，有

$$y_0 = B\sin \varphi \tag{4-32-3}$$

于是可得

$$\varphi = \arcsin \frac{y_0}{B} \tag{4-32-4}$$

或当 $y=0$ 时，有 $\qquad\qquad\qquad x_0 = A\sin(-\varphi)$ $\qquad\qquad$ (4-32-5)

可得 $\qquad\qquad\qquad\qquad\qquad -\varphi = \arcsin\dfrac{x_0}{A}$ $\qquad\qquad$ (4-32-6)

对应 $\dfrac{y_0}{B}$ 或 $\dfrac{x_0}{A}$ 的同一数值，将有四种不同的相位差 φ 值，这时应首先确定 φ 在哪个象限. 如果椭圆的长轴在 I，III 象限内，则所求的位相差将在 $0\sim\dfrac{\pi}{2}$ 或 $\dfrac{3}{2}\pi\sim 2\pi$ 之间，如果椭圆长轴在 II、IV 象限内，则所求的位相差将在 $\dfrac{\pi}{2}\sim\pi$ 或 $\pi\sim\dfrac{3}{2}\pi$ 之间. 然后，再根据示波器光点的扫描方向来确定位相差的具体值. 如果光点是顺时针扫描，表示所求的位相差在 $0\sim\pi$ 之间，若逆时针扫描，则表示位相差在 $\pi\sim 2\pi$ 之间.

对位相差为 0，$\dfrac{\pi}{2}$，π 的情况，由图形可直接做出准确的判断，如图 4-32-3所示.

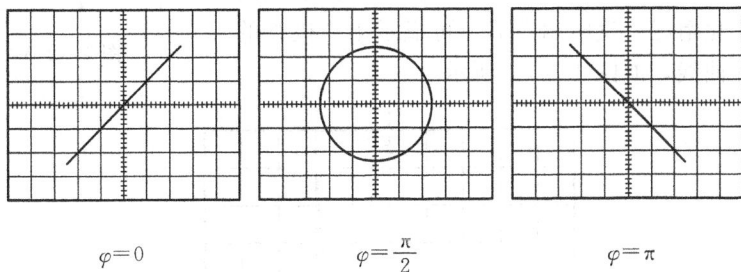

$\varphi=0$ $\qquad\qquad\qquad\qquad \varphi=\dfrac{\pi}{2}$ $\qquad\qquad\qquad\qquad \varphi=\pi$

图 4-32-3

2. 利用李萨如图形测量频率

将示波器设为 X-Y 工作方式. 在示波器的两个输入端分别输入两个不同频率的正弦电压信号，则李萨如图形将随频率的不同而发生各种各样的变化. 图 4-32-4 中所示为几种不同频率情况下的李萨如图形.

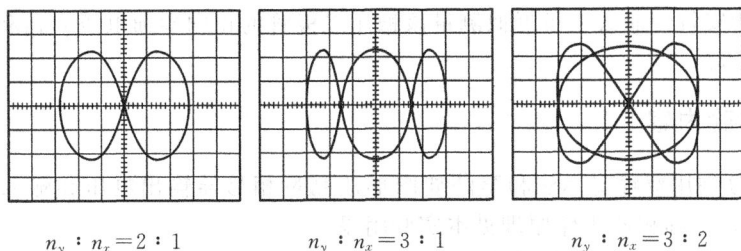

$n_y : n_x = 2:1$ $\qquad\qquad\quad n_y : n_x = 3:1$ $\qquad\qquad\quad n_y : n_x = 3:2$

图 4-32-4

可以利用李萨如图形测量频率. 由图 4-32-4 可见, 图形与水平轴、垂直轴的切点数之比与垂直输入、水平输入的正弦波频率之比相同, 即

$$\frac{n_x}{n_y} = \frac{f_x}{f_y} \tag{4-32-7}$$

其中 f_x 为 X 方向的信号频率, n_x 为图形与垂直轴相切的切点数; f_y 为 Y 方向的信号频率, n_y 为图形与水平轴相切的切点数. 若已知 f_x 或 f_y, 可利用李萨如图形求出 f_y 或 f_x.

3. 二极管特性曲线的观测

将示波器设为 X-Y 工作方式. 可以直接观察二极管伏安特性. 测试电路如图 4-32-5 所示.

图 4-32-5 中 D 为稳压二极管, R 为一电阻. 由图 4-32-5 可知, 在示波器 X 方向输入的电压为二极管 D 两端的电压 u_D, 在示波器 Y 方向输入的电压为电阻 R 上的电压 u_R. 因为 $u_R = iR$, 且 i 与 u_R 同相位, 所以 u_R 实际上反映了通过二极管 D 的电流的变化情况. 这时示波器上可显示出二极管的伏安特性曲线, 如图 4-32-6 所示.

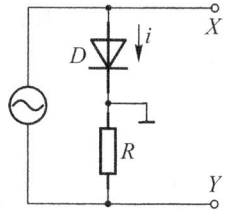

图 4-32-5

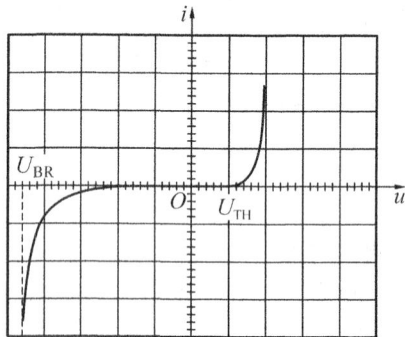

图 4-32-6

在伏安特性曲线上可近似测量该稳压二极管的正向导通电压 U_{TH} 和反向击穿电压 U_{BR}.

[实验内容]

1. 分别用双踪显示法和李萨如图形法测量相移器输出电压和输入电压间的相位差. (移相器工作原理见本实验附录)

2. 观察不同频率比的李萨如图形, 用李萨如图形测量频率.

3. 按图 4-32-5 连接电路(注意共地点的选择)，观察稳压二极管的伏安特性曲线，测量其正向导通电压 U_{TH} 和反向击穿电压 U_{BR}.

[问题讨论]

1. 示波器在本实验的各种测量中，共地点应如何选择？

2. 怎样利用示波器显示李萨如图形？

3. 怎样利用李萨如图形来确定两个正弦信号的位相差？

[附录]

移相器工作原理简介

移相器电路如图 4-32-7 所示.

图 4-32-7 中 $R_1 = R_2$，R_w 为一电位器，C 为电容器. 若在 1，2 两点间加一正弦电压，则 3，5 两点间的电压 U_{35} 与 4，5 两点间的电压 U_{45} 大小相等，位相差随 R_w 值的大小而改变.

因为 $U_{12} = U_{RW} + U_C$，而且 U_C 比 U_{RW} 滞后 $\dfrac{\pi}{2}$，所以当 R_w 改变时，4 点必沿以 $|U_{12}|$ 为直径的半圆周上移动，如图4-32-8所示.

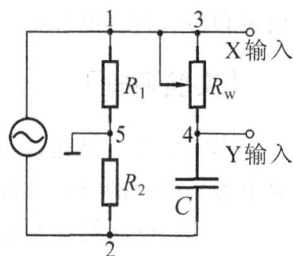

图 4-32-7

又因为 $|U_{R1}| = |U_{R2}|$，所以 5 点必落在 $|U_{12}|$ 的中点，即在圆心上. 显然 U_{35} 与 U_{45} 的位相差为图 4-32-8 中的 φ 角. 由图 4-32-8可见 $\triangle 245$ 为一等腰三角形，则有 $\varphi = 2\alpha$，而

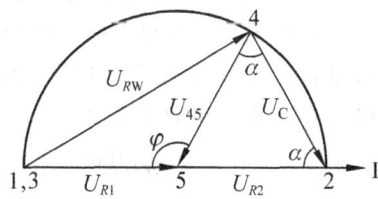

图 4-32-8

$$\tan \alpha = \frac{|U_{RW}|}{|U_C|} = \omega C R_w \qquad (4\text{-}32\text{-}8)$$

所以

$$\varphi = 2\alpha = 2\arctan \omega C R_w \qquad (4\text{-}32\text{-}9)$$

在 ω，C 为定值时，改变 R_w 值可得到不同的相位差. 若 R_w 与 C 取值合适，可使相位差有接近 $0 \sim 180°$ 的变化范围.

实验三十三　*RLC* 电路的暂态过程研究

[实验目的]

1. 研究 *RLC* 电路的暂态特性.
2. 进一步熟悉使用示波器.

[实验仪器]

示波器，频率计，方波发生器，电阻箱，标准电感，标准可变电容箱，多用表和稳压直流电源等.

[实验原理]

本实验重点是通过对 *RC* 和 *RLC* 电路暂态过程的物理现象的观测. 加深对电容、电感的特性及在暂态过程中存在的物理规律的理解.

1. *RC* 电路的暂态过程

（1）充电过程

RC 串联电路的暂态过程电路如图 4-33-1 所示.

设开关位于接点 2 时，电路已处于稳态，在 $t=0$ 时刻将开关 K 由"2"合到"1"处，电源 E 通过电阻对电容 C 充电. 电路方程为

$$RC\frac{\mathrm{d}u_C}{\mathrm{d}t} + u_C = E \qquad (4\text{-}33\text{-}1)$$

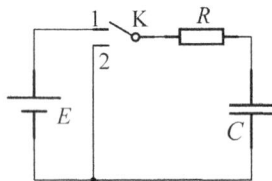

图 4-33-1

因电容两端电压不能突变，故初始条件为 $u_C(0)=0$. 满足该初始条件的方程（4-33-1）的解为

$$u_C(t) = E(1 - \mathrm{e}^{-\frac{t}{RC}}) \qquad (4\text{-}33\text{-}2)$$

由以上不难求出回路电流为

$$i_C(t) = C\frac{\mathrm{d}u_C}{\mathrm{d}t} = \frac{E}{R}\mathrm{e}^{-\frac{t}{RC}} \qquad (4\text{-}33\text{-}3)$$

而 $u_C(t)$ 及 $i_C(t)$ 的函数曲线如图 4-33-2 中的 0 到 t_1 部分.

由图 4-33-2 可以看出：

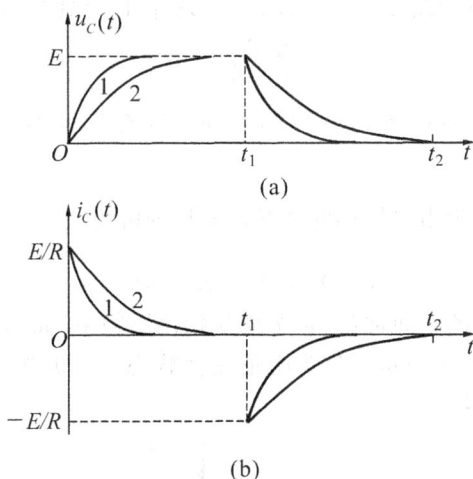

图 4-33-2

①充电过程中，$u_C(t)$ 按指数规律上升，$i_C(t)$ 则按指数规律下降.

②令 $RC=\tau$，定义其为电路的时间常数，其大小反映了电路由暂态达到稳态变化过程的快慢.

（2）放电过程

设 $t=t_1$ 时，电路已处于稳态（$u_C=E$），此时将 K 由"1"合到"2"，电容通过电阻 R 放电. 电路方程为

$$RC\,\frac{\mathrm{d}u_C}{\mathrm{d}t}+u_C=0 \qquad (4\text{-}33\text{-}4)$$

而初始条件：$u_C(t_1)=E$.

满足以上初始条件的解为

$$u_C(t)=E\exp\left\{-\frac{t-t_1}{RC}\right\} \qquad (4\text{-}33\text{-}5)$$

从而

$$i_C(t)=-\frac{E}{R}\exp\left\{-\frac{t-t_1}{RC}\right\} \qquad (4\text{-}33\text{-}6)$$

其中 $u_C(t)$ 和 $i_C(t)$ 的变化规律如图 4-33-2 中的 t_1 到 t_2 部分. 由图可看出：

①放电过程中，$|i_C(t)|$，$u_C(t)$ 均按指数规律减小，$i_C(t)$ 的负号表示放电电流与充电电流方向相反；

②τ 越大，放电过程越慢.

2. RLC 串联电路的暂态过程

（1）放电过程

RLC 串联电路如图 4-33-3 所示，开关由"1"合到"2"时，电路方程为

$$\frac{\mathrm{d}^2 u_C}{\mathrm{d}t^2} + \frac{R}{L}\frac{\mathrm{d}u_C}{\mathrm{d}t} + \frac{1}{LC}u_C = 0 \tag{4-33-7}$$

随电路参数 R，L 和 C 数值选取的不同，则有三种不同的解，现分别讨论如下：

① $R^2 < \dfrac{4L}{C}$ ，为阻尼较小的情况，方程的解为

$$u_C(t) = A\mathrm{e}^{-\frac{t}{\tau}}\cos(\omega t + \varphi) \tag{4-33-8}$$

式中 τ 为阻尼振荡的时间常数，ω 为阻尼振荡圆频率. $u_C(t)$ 随时间变化的规律如图 4-33-4 中曲线 I 所示，称为阻尼振荡状态. 它的振荡幅值随时间 t 的增加，按指数规律衰减.

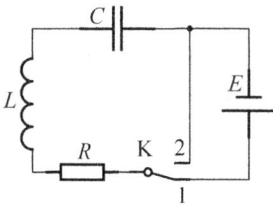

图 4-33-3

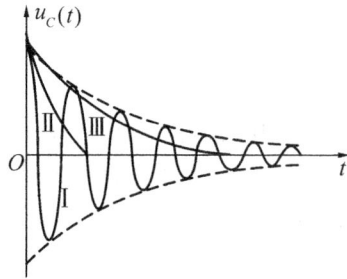

图 4-33-4

从电能与磁能的相互转换过程中存在能量的消耗，可以说明产生衰减振荡的原因，当 K 合在"1"且电路已达稳态时，回路电流为零，磁能 $\omega_m = \frac{1}{2}Li^2 = 0$，而电容电压充至最高，电场能量 $\omega_E = \frac{1}{2}Cu^2 = \frac{1}{2}CE^2$. 当 K 从"1"合到"2"时，暂态过程开始，当 t 在 $0 \sim \dfrac{T}{4}$ 时间间隔内，电容释放电能形成回路电流，u_C 降低，i 逐渐加大，直至 $u_C = 0$ ，i 达最大，除去电路中的热能损失外，电场能全部转化为磁能；在 $\dfrac{T}{4} \sim \dfrac{T}{2}$ 时间间隔内，由于线圈电流不能突变，它将维持原方向给电容反充电，逐渐减小，直至 $i=0$，u_C 达负最大，磁能又全部转化为电能. 此后电容又开始放电，放电电流方向与原来相反. 由上述不难看出，回路若无热能损耗，将产生自由等幅振荡，但回路总存在电阻，在上述能量转换过程中必将损失电磁能变为热能，因而产生了衰减振荡，当电磁能全部耗费掉时，振荡就停止下来. 电阻越大，每个周期损耗能量百分比越大，衰减越快，

电阻大到某种程度,可使振荡终止.

对于 $R^2 < \dfrac{4L}{C}$ 的阻尼振荡有如下几点结论:

(a) $\tau = \dfrac{2L}{R}$, 时间常数 τ 的大小决定了振荡衰减的快慢, 它的物理意义是:振荡振幅衰减到起始振幅的 $\dfrac{1}{e}$ 所经过的时间. R 越大, τ 越小, 振荡衰减越快.

(b) 根据 $T = \dfrac{2\pi}{\omega}$, 当 $R^2 \ll \dfrac{4L}{C}$ 时, 可得阻尼振荡周期

$$T \approx T_0 = 2\pi \sqrt{LC} \tag{4-33-9}$$

T_0 为 $R = 0$ 时, LC 回路的固有周期.

(c) 由 $Q = \dfrac{\omega L}{R}$, 并利用 $\omega = \dfrac{2\pi}{T}$ 及 $\tau = \dfrac{2L}{R}$ 可得

$$Q = \dfrac{\pi \tau}{T} \tag{4-33-10}$$

显然 Q 越大, τ 比 T 越大, 振荡衰减越慢, 所以 Q 值的大小直接反应振荡衰减的快慢.

② $R^2 = \dfrac{4L}{C}$, 对应临界阻尼状态. 方程 (4-33-7) 的解为

$$u_C(t) = (A_1 + A_2 t)e^{-\frac{t}{\tau}} \tag{4-33-11}$$

其中

$$\tau = \dfrac{2L}{R} \tag{4-33-12}$$

$u_C(t)$ 随时间变化规律如图 4-33-4 中曲线 Ⅱ 所示. 前面已分析过, 在阻尼振荡情况下, R 越大衰减越快. 当 R 增大到刚满足 $R^2 = \dfrac{4L}{C}$ 时, 电路刚刚不产生振荡, 此状态就是临界阻尼状态. $u_C(t)$ 将很快衰减到平衡位置并稳定下来.

③ $R^2 > \dfrac{4L}{C}$, 对应过阻尼状态. 方程 (4-33-7) 的解为

$$u_C(t) = A_3 e^{-\frac{t}{\tau}} \tag{4-33-13}$$

$$\tau = \dfrac{2L}{R} \dfrac{1}{1 - \sqrt{1 - \dfrac{4L}{R^2 C}}} \tag{4-33-14}$$

$u_C(t)$ 以时间常数 τ , 按指数规律衰减到零, 如图 4-33-4 中曲线 Ⅲ 所示. 这时 $R > R_\text{临}$, 电路也不产生振荡, 即电容放电后不会反向充电, 但达到平衡所

需的时间较长. R 越大放电电流越小,因而放电越慢. 从式(4-33-14)也可看出,τ 随 R 的增加而变大①,即 R 越大,τ 越大,衰减越慢.

(2)充电过程

当开关 K 合到"1"时,电路方程为

$$\frac{\mathrm{d}^2 u_C}{\mathrm{d}t^2} + \frac{R}{L}\frac{\mathrm{d}u_C}{\mathrm{d}t} + \frac{1}{LC}u_C = \frac{E}{LC} \tag{4-33-15}$$

方程的解为在(4-33-8)(4-33-11)(4-33-13)各式右边分别加一项 E,即最后趋向的平衡位置不同. 其他结论完全相同.

为了获得暂态,图 4-33-3 中配置了直流电源 E 及开关 K,但这种暂态过程瞬间即消失,相应的波形在示波器上一扫而过,不便于仔细观察和测量. 为此,用方波发生器代替它,方波发生器将直流电转换成矩形脉冲,输出的波形如图 4-33-5 所示. 脉冲前沿到达时

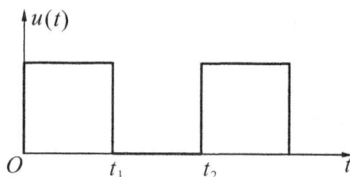

图 4-33-5

刻,即图中 0 时刻,相当于电源接通瞬间;$0 \sim t_1$ 时间间隔,即电源接通时间. 脉冲后沿到达的时刻,即图中 t_1 时刻,相当于电源断开瞬间;$t_1 \sim t_2$ 时间间隔,即电源断开时间. 由于脉冲方波是周期性的,使 RLC 电路的暂态过程能稳定地呈现在示波器的荧光屏上,以便观察和测量.

[实验内容]

1. RC 电路暂态的研究

按图 4-33-6 连线.

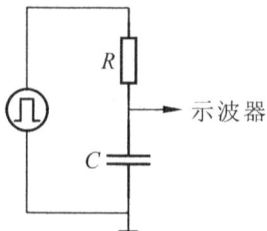

图 4-33-6

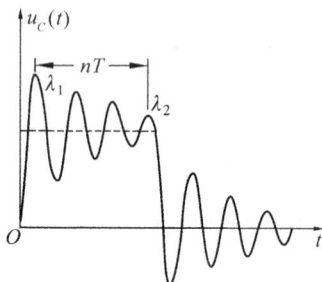

图 4-33-7

(1)观察 $u_C(t)$ 波形,维持方波频率不变,依次在 $100 \sim 5000\ \Omega$,$0.01 \sim$

---

① 由 $\frac{\partial \tau}{\partial R} > 0$ 可以证明.

$1.0\ \mu$F 的范围内改变 R，C 的数值，观察并记录波形的变化规律，对典型情况画出 $3\sim 5$ 张草图.

（2）选取适当的方波频率 f 及 R，C 的数值，测量一个充电（或放电）过程中 u_C 与 t 的关系. 将 u_C 与 t 的关系式化为直线方程. 通过作图或最小二乘法处理所得数据，确定回路的时间常数 τ 及电源内阻 r_0.

2. RLC 串联电路暂态过程的研究

按图 4-33-8 连线，选取适当的 L 和 C 的数值.

（1）改变回路电阻 R，观察 3 种不同的运动状态的波形. 绘出 3 种波形草图.

（2）根据波形变化估测选定的电路中临界阻尼状态的电阻值，并与理论值相比较.

（3）取 $R=1000\ \Omega$，测定衰减阻尼振荡周期，并与从公式 $T\approx T_0=2\pi\sqrt{LC}$ 所得的计算值相比较.

（4）用对数衰减的方法测定 RLC 衰减振荡的时间常数 τ.

设衰减振荡经过 n 个周期后，振幅由 λ_1 衰减为 λ_2，由（4-33-8）式得到

$$\frac{\lambda_2}{\lambda_1}=\exp\left(-\frac{nT}{\tau}\right)$$

参阅图 4-33-7，测出 λ_1，λ_2 及 nT 便可由上式得到 τ.

（5）测量示波器 Y 偏转板两板间的电容.

① 选取适当的 L，R 及 f，令电容箱全部旋钮指零. 这时电路中还有一定的电容存在，这主要是示波器 Y 偏转板两板间的电容，记为 C_0.

② 调节电阻箱，使示波器显示出稳定的阻尼振荡波形.

③ 测定阻尼振荡的周期并由公式 $T\approx 2\pi\sqrt{LC}$ 计算出 C_0.

图 4-33-8

[问题讨论]

1. 怎样将 RC 电路放电过程的 u_C-t 曲线直化？

2. 说明 RLC 串联电路 3 种暂态过程的特点及产生的条件.

3. 画出观察 RC 电路中 $i(t)$ 波形的电路图.

4. 输入方波，你能用 RC，RL 电路获得尖脉冲输出吗？R，L，C 参数值怎样选取？从哪个元件上选输出？画出电路图及输入、输出端波形.

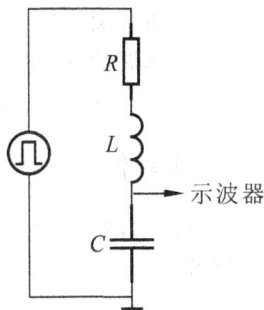

实验三十四　RLC 电路的稳态特性研究

[实验目的]

1. 研究交流信号在 RLC 电路中的相频和幅频特性.
2. 掌握两种用示波器测量相位的方法.
3. 复习巩固交流电路中的矢量图解法和复数法.

[实验仪器]

双踪示波器，交流毫伏表，电阻箱，标准电感，标准电容箱和音频信号发生器等.

[实验原理]

在 RLC 串联电路中，通过正弦稳态交流电流，运用复数运算法，其电路方程可写成

$$j\omega L \dot{\boldsymbol{i}} + R \dot{\boldsymbol{i}} + \frac{1}{j\omega C} \dot{\boldsymbol{i}} = \dot{\boldsymbol{U}} \qquad (4\text{-}34\text{-}1)$$

其中，$\dot{\boldsymbol{i}}$ 及 $\dot{\boldsymbol{U}}$ 分别为复电流和复电压.

下面分别讨论 RC 串联电路和 RLC 串联电路.

1. RC 串联电路的相频特性和幅频特性

电路如图 4-34-1 所示，电路方程为

$$\dot{\boldsymbol{U}} = \dot{\boldsymbol{i}}(R + \frac{1}{j\omega C}) \qquad (4\text{-}34\text{-}2)$$

$$Z = R + \frac{1}{j\omega C} \qquad (4\text{-}34\text{-}3)$$

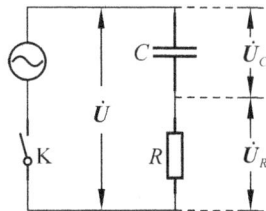

图 4-34-1

方程(4-34-2)的解为

$$\dot{\boldsymbol{i}} = \frac{\dot{\boldsymbol{U}}}{R + \dfrac{1}{j\omega C}} \qquad (4\text{-}34\text{-}4)$$

由(4-34-3)(4-34-4)二式可得出以下结论:

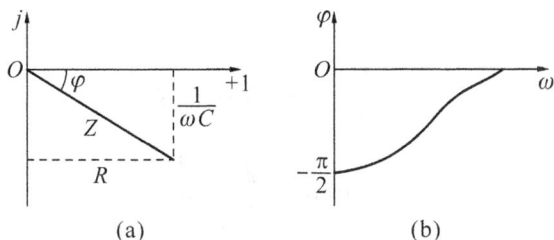

图 4-34-2

（1）相频特性：由(4-34-3)式并参照图 4-34-2 得

$$\varphi = \arctan\left(\frac{1}{\omega RC}\right) \tag{4-34-5}$$

即总电压与回路电流间的相位差 φ 与圆频率 ω 有关，变化规律如图 4-34-2(b) 所示. 显然：

①当频率很低时，φ 趋于 $-\dfrac{\pi}{2}$，即总电压比电流位相落后 $\dfrac{\pi}{2}$；

②当频率很高时，φ 趋于 0，即总电压与电流同位相.

根据 RC 电路的相频特性，可以组成各种相移电路.

（2）幅频特性：回路电流及电阻、电容上的电压分别为

$$I = \frac{U}{\sqrt{R^2 + \left(\dfrac{1}{\omega C}\right)^2}} \tag{4-34-6}$$

$$U_R = IR \tag{4-34-7}$$

$$U_C = I/\omega C \tag{4-34-8}$$

若维持电压 U 一定，回路电流 I 随 ω 增加而增加，同时 U_R 也随之增加，U_C 却随之减小.

显然：

①当频率很低时，$\dfrac{1}{\omega C} \gg R$，电压降主要在电容上，这和相频特性①一致；

②当频率很高时，$\dfrac{1}{\omega C} \ll R$，电压降主要在电阻上，这和相频特性②一致.

根据 RC 电路幅频特性，可以组成各种滤波器.

2. RLC 串联电路相频特性

电路如图 4-34-3 所示. 电路方程为

$$\dot{U} = \dot{I}\left(R + j\omega L + \frac{1}{j\omega C}\right) \tag{4-34-9}$$

由此得

$$Z = \frac{\dot{U}}{\dot{I}} = R + j\omega L + \frac{1}{j\omega C} \qquad (4\text{-}34\text{-}10)$$

$$\varphi = \arctan\left(\frac{\omega L - \dfrac{1}{\omega C}}{R}\right) \qquad (4\text{-}34\text{-}11)$$

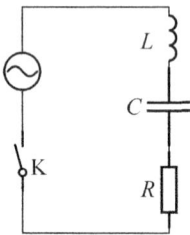 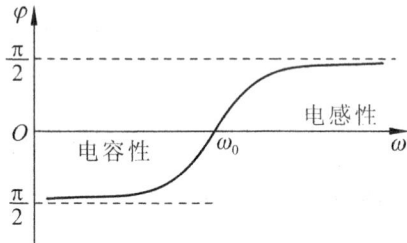

图 4-34-3   图 4-34-4

由上式得出 RLC 串联电路相频特性的结论如下：

(1)当 $\omega L = \dfrac{1}{\omega C}$ 时，$\varphi = 0$. 总电压与回路电流同位相，犹如电路中只有纯电阻元件，此时称电路发生谐振. 将此频率称为谐振圆频率.

$$\omega_0 = \frac{1}{\sqrt{LC}} \qquad (4\text{-}34\text{-}12)$$

(2)当 $\omega L > \dfrac{1}{\omega C}$ ，即 $\omega > \omega_0$ 时，$\varphi > 0$. 总电压比电流位相超前，电路呈电感性. φ 随 ω 增加而增加. 当 $\omega \to \infty$ 时，$\varphi \to \dfrac{\pi}{2}$.

(3)当 $\omega L < \dfrac{1}{\omega C}$ ，即 $\omega < \omega_0$ 时，$\varphi < 0$. 总电压比电流位相落后，整个电路呈电容性. φ 随着 ω 的减小而减小，当 $\omega \to 0$ 时，$\varphi \to -\dfrac{\pi}{2}$. φ 随 ω 的变化曲线见图 4-34-4.

利用双踪示波器测量电压与电流位相差 φ，测量电路如图 4-34-5.

方法一：将示波器设为 Y-t 方式. 输入到 CH1 的信号为 RLC 串联电路两端的总电压 U，输入到 CH2 的信号为电阻两端的电压 U_R. 由于 U_R 与电流 I 同位相，所以 U 与 U_R 的位相差即为 U 与 I 的位相差. 示波器上显示如图 4-34-6所示的图形.

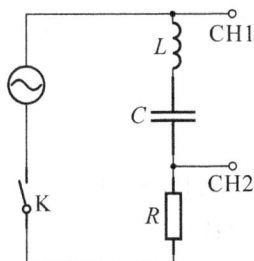

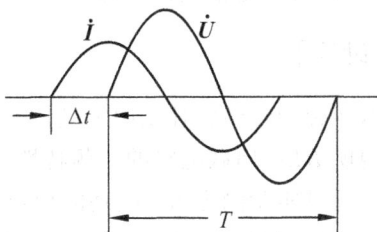

图 4-34-5   图 4-34-6

在示波器上测量 Δt 和 T，则位相差 $\varphi = 2\pi \dfrac{\Delta t}{T}$.

方法二：将示波器设为 X-Y 方式，示波器上显示如图 4-34-7 的图形.

设 $x = a\sin(\omega t + \varphi)$，$y = b\sin \omega t$. 当 $y = 0$ 时有 $x = a\sin \varphi$，其中 a 为 x 的极大值（如图 4-34-7），则位相差 $\varphi = \arcsin\left(\dfrac{x}{a}\right)$.

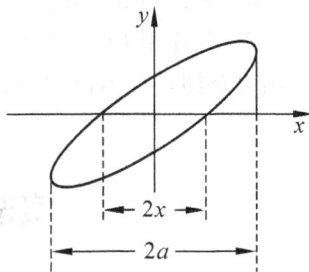

图 4-34-7

［实验内容］

1. 分别用方法一和方法二观察和测试 RLC 串联电路的相频特性. 按图 4-34-5 连线，适当选取 R，L，C 的数值和电源电压.

(1)分别用上述两种方法测量谐振频率 f_0，并与理论值相比较，给出百分误差.

(2)测量 RLC 串联电路的相频特性曲线.

(3)用半对数坐标纸，描绘 RLC 的相频特性曲线，对数轴取为 $\dfrac{f}{f_0}$.

2. 观察并测试 RC 串联电路的 U_R，U_C 以及它们的位相差 φ 随频率 f 的变化关系，见图 4-34-1，适当选取电压 U 及 R，C 的数值.

(1)幅频特性研究：改变频率并对每一个频率 f 测出相应的 U_R，U_C. 每次改变频率后，注意保持总电压不变.

(2)描绘 RC 电路中总电压 $\dot{U}$ 的矢端轨迹曲线，并由曲线说明电路的相频及幅频特性.

以上测量，特别是幅频特性的测定亦可用交流毫伏表来完成.

[问题讨论]

1. 什么叫幅频特性？什么叫相频特性？
2. 试说明 RLC 串联电路的相频特性，怎样通过实验测定？
3. 怎样通过实验测定 RC 电路的相频和幅频特性？
4. 怎样利用双踪示波器测定电压波形与电流波形的位相差？
5. 为什么要用半对数计算纸绘制 RLC 串联电路的相频特性曲线？
6. 怎样用 RC 电路构成最简单的低通滤波器和高通滤波器？
7. 怎样用 RC 元件构成使输出电压比输入电压位相超前及落后的电路？绘出电路图，写出位相公式.

实验三十五　霍尔效应

[实验目的]

1. 观察霍尔效应实验中的现象.
2. 了解用特斯拉计测量磁感强度的基本原理与操作方法.
3. 掌握用数字电压表测量霍尔电压的方法.

[实验仪器]

霍尔元件，数字电压表，直流电源，电磁铁，变阻器，特斯拉计，直流电流表等.

[实验原理]

将一通有电流的片状导体或半导体置于磁场中，若磁场方向与流过其上的电流方向垂直，则导体或半导体内的载流子因受洛伦兹力的作用，向该片两侧横向运动，构成了横向电场，因这一效应是霍尔发现的，作为纪念，称上述效应为霍尔效应. 霍尔效应发现至今已有一百多年，目前已得到了相当广泛的应用. 主要用于磁场测量，功率测量及作为模拟运算的乘法器. 应用到非电量测量方面，可作为压力、位移和流量的传感器.

对满足一定几何条件的样品，其霍尔电压有以下关系：$U_H = R_H \dfrac{IB}{t}$. 其中 t 为被测样品的厚度，R_H 为被测样品的霍尔系数，其单位为 m^3/C. 必须指出：上式只有当被测样品为规则矩形，霍尔电压的测试点间距与样品宽度相同，且样品（常被称为霍尔片）的长度与其宽度比至少为 2：1 时方成立.

对于确定的样品（材料种类与尺寸一定），如果通过它的电流 I 维持不变，则霍尔电压 U_H 与磁感强度 B 成正比. 若材料的霍尔系数已知，也可以由测得的 U_H 来确定 B 的数值. 用此原理制成的测量磁感强度的仪器叫做特斯拉计.

实验中所用霍尔片上的 A，B 两点（见图 4-35-1）为人工焊点，因此 AB 两点的连线不可能与电流方向完全垂直. 这样当外磁场为零时，AB 间也会有一定的电势差 U_0，称为零值电压. 其大小与流过霍尔片的电流 I 成正比. 加入外磁场后，电压表测得的数值实为霍尔电压 U_H 与 U_0 之代数和. 记作 U_H'.

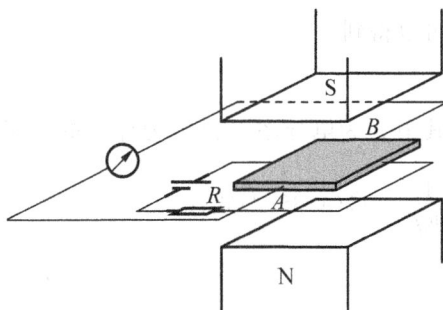

图 4-35-1

由固体物理的理论可以证明金属的霍尔系数：

$$R_H = \frac{1}{n_0 q} \qquad (4\text{-}35\text{-}1)$$

其中 n_0 为金属内载流子浓度，q 为载流子所带之电量. 同样由固体理论可知半导体的霍尔系数的表达式比较复杂. 对纯半导体（无杂质）而言，有以下关系式：

$$R_H = \frac{3\pi}{8} \frac{1}{n_0 q} \qquad (4\text{-}35\text{-}2)$$

其中 n_0 仍为载流子浓度. 显然，若被测半导体为 P 型半导体，则(4-35-2)式中 n_0 为空穴之浓度；若为 N 型半导体，则(4-35-2)式中之 n_0 为电子浓度. 同时由(4-35-1)(4-35-2)式可以看出：若载流子是正电荷，其 q 值便为正值，那么 R_H 也取正值；若载流子是负电荷，其 q 为负值，则 R_H 亦取负值. 这样可以得出以下两点：(1)由霍尔系数的正负，可以判断被测样品的载流子类型（即是正电荷导电还是电子导电）；(2)由霍尔系数可以确定被测样品的载流子浓度. 这两点在半导体材料测试中很有意义.

半导体中的载流子在外加电场的作用下，将产生沿电场力方向的漂移运动. 若以 $\bar{v}$ 表示载流子在电场作用下获得的平均漂移速度，则形成的电流密

度可以写成

$$j = nq\bar{v} \tag{4-35-3}$$

而载流子的漂移速度 $\bar{v}$ 是和电场强度成正比的，因此有

$$\bar{v} = \mu E_{外} \tag{4-35-4}$$

系数 μ 定义为载流子的迁移率，表示在单位电场作用下的漂移速度，其单位为 $cm^2/(V \cdot s)$. 将(4-35-4)式代回(4-35-3)式，并考虑到欧姆定律的微分形式：

$$j = \sigma E \tag{4-35-5}$$

可以得到

$$\sigma = nq\mu \tag{4-35-6}$$

其中 σ 为电导率，若 ρ 为样品的电阻率，则有 $\sigma = \dfrac{1}{\rho}$. 由上式得迁移率 $\mu = \dfrac{1}{nq\rho}$. 将(4-35-2)式代入得

$$\mu = \frac{8}{3\pi} \frac{R_H}{\rho} \tag{4-35-7}$$

由此式知，若已知待测样品的霍尔系数，便可确定其内载流子的迁移率.

[实验内容]

1. 测定一给定霍尔片的霍尔系数

(1)连接电路.

(2)测量 $I = I_0$ 时的零值电压 U_0(I_0 为霍尔片电流额定值).

(3)用特斯拉计测量磁感强度 B，调节激磁电流，使 $B = 0.200$ T.

(4)将霍尔元件放入磁场，在 $1 \sim 10$ mA 间改变电流 10 次. 记录相应的 I 与 $U_H{}'$ 的数值，由 $U_H = U_H{}' - \dfrac{U_0}{I_0} I$ 求出各 U_H 的值.

(5)求出样品的霍尔系数.

2. 测量磁感强度

(1)维持第一段中所用的激磁电流不变，通过霍尔片的电流取 $I = I_0$.

(2)从磁极边缘处($X = 0$)开始，沿磁极长边的方向每隔 0.5 cm 测一个点的磁感强度，自己设计实验步骤.

(3)作出 B-X 曲线.

3. 确定样品中载流子的迁移率

(1)使外磁场为零.

(2)作外加电压 $U_外$ 随通过样品电流 I 的变化曲线. 取 $7\sim10$ 个数据.

(3)由 $U_外$-I 图确定电阻率 ρ.

(4)由所确定的 ρ 及 R_H 求出待定的迁移率.

[注意事项]

1. 通过霍尔片的电流不要超过其额定值.

2. 注意保护特斯拉计的探头.

[问题讨论]

若在第一段中用 $I=10$ mA 时测得的数据来求 R_H,已知所用的表为 0.5 级表,用特斯拉计测量磁感强度时探头的位置及后来霍尔片所放的位置都在磁极的中间位置附近,但彼此相差 0.5 cm,不计 t 的不确定度,试求出 U_H 的不确定度.

实验三十六 三棱镜色散曲线的测定

[实验目的]

1. 掌握正确调节和使用分光计的方法.

2. 学习测棱镜顶角、最小偏向角的方法.

3. 测定三棱镜的色散曲线,求出色散的经验公式.

[实验仪器]

汞灯,分光计,三棱镜,透镜及平面镜等.

[实验原理]

物质的折射率是波长的函数,对应不同波长的光有不同的折射率,这称为色散. 我国早在公元 11 世纪,已经有关于天然晶体的色散现象的记载. 北宋初年杨亿(974—1020 年)的《杨文公谈苑》中有:嘉州峨眉山有菩萨石……日射之有五色……这个时候的中国已经知道棱镜,并且因它的产生色彩的本领而把它看得很贵重. 1672 年,牛顿首次明确地对色散的研究提出了关于光和颜色的新理论：白光是由不同颜色的光混合而成的，折射过程与颜色有关.

折射率随着波长的增加而减小的色散称为正常色散. 绝大多数不带颜色的透明介质在可见光范围内，都为正常色散. 描述正常色散的公式是一个多项式：

$$n = A + \frac{B}{\lambda^2} + \frac{C}{\lambda^4} \tag{4-36-1}$$

这是一个经验公式，式中 A，B，C 是由介质性质决定的常数.

通常所说物质的折射率是对钠光(5893 Å)而言的，用 n_D 表示. 对棱镜来说，当入射光的波长 λ 给定时，如果测出该光线的最小偏向角和折射棱角，则折射率 n_λ 可由下式求出：

$$n_\lambda = \frac{\sin\left(\frac{A+\delta}{2}\right)}{\sin\frac{A}{2}} \tag{4-36-2}$$

其中 A 为折射棱角(对三棱镜则为棱镜顶角)，δ 为最小偏向角.

本实验即应用此公式测定三棱镜对汞灯的几条谱线的折射率. 为求 n 需已知 A 及 δ，现将测量棱镜顶角 A 及最小偏向角 δ 的方法分述如下(有关分光计的内容见第二章第三节).

1. 测量三棱镜的顶角 A

(1)把三棱镜放到载物台上. 使待测顶角 A 位于载物台中心附近，正对平行光管. 且使三棱镜顶角的平分线在准直管的光轴方向上，用压片压住.

(2)转动狭缝调节手轮，把狭缝尽量调细. 将螺钉拧紧，使载物台与游标盘连接在一起(注意：应使主尺零刻度置于准直管下方，二游标处于准直管光轴两侧). 转动望远镜，分别在目镜中找到由棱镜 AB，AC 两面反射的狭缝像(图 4-36-1). 再将望远镜对准 AB 面，用微动装置进行调节，使狭缝像与分划板中心竖线重合. 记下左右游标读数 R_1 和 R_1'. 同样方法测 AC 面反射的狭缝像，记下二游标的读数 R_2 和 R_2'. 则被测顶角 A 为

$$A = \frac{1}{2}\left[\frac{1}{2}(R_2 - R_1) + \frac{1}{2}(R_2' - R_1')\right]$$

$$= \frac{1}{4}[(R_2 + R_2') - (R_1 + R_1')] \tag{4-36-3}$$

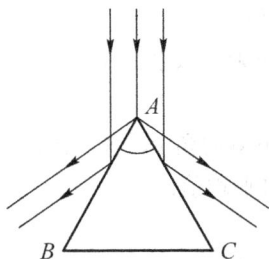

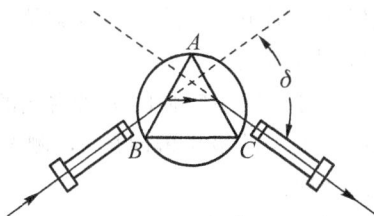

图 4-36-1　　　　　　　　　　　图 4-36-2

2. 测量谱线的最小偏向角 δ

（1）放置三棱镜，使其中心和载物台的中心重合．转动三棱镜到图 4-36-2 所示的位置，使光从棱镜的一个面 AB（或 AC）入射，再从另一面 AC（或 AB）出射．这时三棱镜的底面 BC 应在观察者的左方．

（2）向左转动望远镜(连同大圆盘)，直到在望远镜里看到汞灯的谱线．

（3）松开游标盘止动螺钉，转动游标盘（连同载物台及三棱镜），观察谱线的移动方向，判断偏向角是增大还是减小．然后使载物台向偏向角减小的方向转动．并使望远镜追踪要测量的谱线，以免谱线跑到视场以外．

（4）当载物台转到某一位置时，虽然载物台仍沿原方向旋转，但谱线却停住，进而反向移动．此转折点，就是该棱镜对汞灯这条谱线的最小偏向角位置．反复转动载物台，把最小偏向角位置找准，锁紧游标盘止动螺钉．再把望远镜分划板的中心竖线对准该谱线(办法与测顶角时相同)．记下分光计左右两个游标所指示的角度 R_1 和 $R_1{'}$．

（5）将望远镜对准另一条谱线，重复步骤(4)，将棱镜对该谱线的最小偏向角位置找准后测出该谱线的最小偏向角位置．依次类推．

（6）取下三棱镜，松开制动架与底座的止动螺钉，转动望远镜．使望远镜正对准直管．再拧紧止动螺钉，对望远镜进行微调．使分划板中心竖线对准光源狭缝的像．记下游标所对应的两个角度值 R_2 和 R'_2．则最小偏向角为

$$\delta = \frac{1}{2}\left[(R_2 - R_1) + (R'_2 - R'_1)\right]$$

$$= \frac{1}{2}\left[(R_2 + R'_2) - (R_1 + R'_1)\right] \tag{4-36-4}$$

［实验内容］

1. 调整分光计，使之达到测量要求．

分光计的结构与调整见第二章．

2. 测量三棱镜的顶角 A ，测 3 次取平均值.

3. 观察并识别汞灯谱线，注意调整狭缝使汞灯双黄线分开.

汞灯波长表见附表 30.

4. 测出汞灯谱线中较强的 7 条谱线的最小偏向角 δ，各 1 次.

其中对 5461 Å 的最小偏向角 δ，测 3 次取平均值.

5. 数据处理：

(1)将 A 及 δ 值代入折射率公式，计算 n 值，绘制 n-λ 曲线.

(2)由 n-λ 曲线图用插值法求出棱镜对钠光(5893 Å)的折射率 n_D.

(3)计算 n (5461 Å)的不确定度，给出最后的结果表述.

(4)用多项式回归拟合求出棱镜材料折射率的经验公式.

[问题讨论]

1. 测顶角时棱镜相对于准直管应如何放置？望远镜应转到哪个方位来观察？

2. 分光计为什么要用两个圆游标？测量时两个圆游标应如何摆置？

3. 三棱镜在载物台上前后移动对测量顶角有无影响？为什么？

4. 测量偏向角时棱镜相对于准直管应如何放置？望远镜应转到哪个方位来观看谱线？

5. 经过棱镜的折射光的色序排列与棱镜的方位关系是怎样的？

6. 怎样准确找到最小偏向角的位置？

7. 试由式(4-36-2)导出折射率 n 的不确定度公式.

8. 试设计用自准法测三棱镜顶角的方法和步骤，并推出测量公式.

实验三十七　液体折射率的测定

[实验目的]

1. 掌握用掠入法测定液体的折射率.

2. 了解阿贝折射计的工作原理，学会使用它来测定液体的折射率.

[实验仪器]

分光计, 直角三棱镜两块, 钠灯, 待测液体(水、酒精)及阿贝折射计等.

[实验原理]

光线自光密介质进入光疏介质, 其入射角小于折射角. 逐渐加大入射角, 可使折射角达到 $90°$. 折射角等于 $90°$ 时的入射角称为临界角. 反过来, 若光线自光疏介质进入光密介质, 入射角大于折射角. 当光线以 $90°$ 角入射(即掠入射)时, 仍有光线进入光密介质, 此时的折射角亦为临界角. 本实验中测定液体折射率的方法以及阿贝折射计所依据的工作原理, 都是基于存在临界角这一事实.

如图 4-37-1 所示, 在一折射棱镜的 AB 面外充满了折射率为 n 的液体, 已知棱镜的折射率 $n_0 > n$. 若用钠灯经毛玻璃散射后, 从 AB 界面的上方照射界面. 凡入射角小于 $90°$ 的光线都能折射进入棱镜, 而入射角等于 $90°$ 的光线乃是折射到棱镜内的最边缘(折射角最大)的一条光线, 如图中的 $MOO'P$ 所示. 此光线以上则完全无光(因为没有入射角大于 $90°$ 的光线). 这样用望远镜向 BC 面看过去, 在视场内, 必然呈现以 OO' 为分界线的明暗两部分. 若 BC 面外为空气, 其折射率为 1. 根据折射定律, 应有:

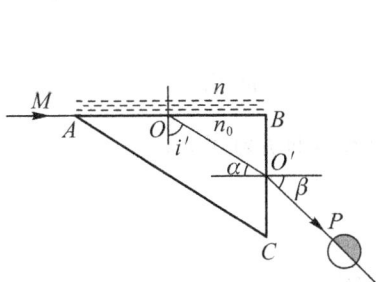
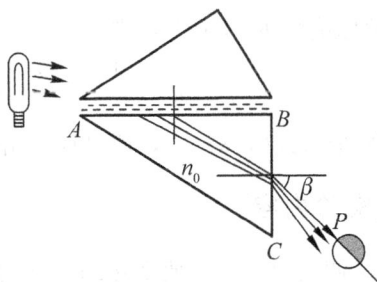

图 4-37-1　　　　　　　　　　　　图 4-37-2

$$n \sin 90° = n_0 \sin i'$$
$$n_0 \sin \alpha = \sin \beta \tag{4-37-1}$$

从图中可以看出

$$\angle B = \alpha + i'$$

即
$$i' = \angle B - \alpha \tag{4-37-2}$$

把(4-37-2)式代入(4-37-1)式得

$$n = n_0 \sin(B - \alpha) = n_0(\sin B \cos \alpha - \cos B \sin \alpha) \qquad (4\text{-}37\text{-}3)$$

把(4-37-1)式中的 $\sin \alpha = \dfrac{\sin \beta}{n_0}$ 代入(4-37-3)式，得

$$n = \sin B \sqrt{n_0{}^2 - \sin^2 \beta} - \cos B \sin \beta \qquad (4\text{-}37\text{-}4)$$

式中 n_0 及 $\angle B$ 为已知，可见如果测出角 β，则被测液体的折射率 n 即可求出．如果我们使用的棱镜角 $\angle B = 90°$，则上式可简化为

$$n = \sqrt{n_0{}^2 - \sin^2 \beta} \qquad (4\text{-}37\text{-}5)$$

现将测量 β 的方法介绍如下：

1. 取少许待测液体，滴在直角棱镜的一光面 AB 上．将另一辅助棱镜的毛面紧贴在面 AB 上．使待测液体在二棱镜两个面间形成一均匀薄膜，如图 4-37-2所示．然后把它放在分光计的载物台上，并用钠灯从 AB 线的上方照亮液膜(掠入射)．将辅助棱镜的毛面与液体接触，是为使入射到界面 AB 时有各种方向的光．

2. 旋转载物台，同时用眼睛朝 BC 面的出射光方向观察半荫视场，使半荫视场的分界线处于载物台轴线附近，并把载物台固定．转动望远镜，使望远镜中央竖线与半荫分界线重合，记下两游标的读数 R_1，R_2．

3. 转动望远镜，使镜筒对准 BC 面．用自准法测出 BC 面的法线方向，记下两游标读数 $R_1{}'$，$R_2{}'$，则

$$\beta = \frac{1}{2}\left[(R_1{}' - R_1) + (R_2{}' - R_2)\right] \qquad (4\text{-}37\text{-}6)$$

将 β 值 带入式(4-37-5)，便可计算出被测液体的折射率 n．

［实验内容］

1. 调整分光计，使之达到正常测量状态．

2. 用最小偏向角法测水棱镜对钠光的折射率(与测玻璃三棱镜折射率的方法相同)，测 3 次，取平均值．

3. 用掠入法测液体的折射率，测 3 次，取平均值．

4. 用阿贝折射计测定液体的折射率．测 3 次，取平均值．有关阿贝折射计的内容见第二章．

［问题讨论］

1. 用掠入法能测量折射率大于折射棱镜的折射率的液体吗？说明理由．

2. 望远镜内为什么能形成半荫视场？如何才能调出半荫视场？

3. 用掠入法可否测定玻璃棱镜的折射率？说明测量方法并推导折射率的计算公式.

4. 当用反射光测量折射率时，(4-37-4)式是否适用？什么时候需用反射光？

实验三十八　用菲涅耳双棱镜测光波波长

[实验目的]

1. 学习调整复杂光路的方法.

2. 掌握用双光束干涉测波长的一种方法，加深理解干涉的本质与产生干涉的必要条件.

3. 学习测微目镜的使用.

[实验仪器]

菲涅耳双棱镜，单缝，钠灯，凸透镜两块，测微目镜，米尺及白屏等.

[实验原理]

菲涅耳双棱镜可以看成是由两块楔形劈尖的直角棱镜组成，劈尖角很小，约为 1°，镜面可以平移，也可以转动. 菲涅耳双棱镜是利用单色光产生干涉的著名光学实验装置之一. 菲涅耳双棱镜干涉实验的光路如图 4-38-1 所示. S 是细缝光源(缝的方向垂直于纸面)，由它发出的光经双棱镜 F（其棱脊与光缝 S 平行)折射后，可形成不同方向的两束光. 按折射定律，可确定由 F 产生的

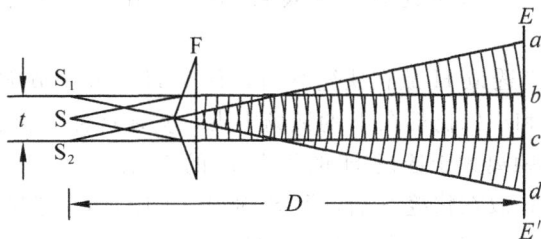

图 4-38-1

细缝 S 的两个虚像 S_1 和 S_2. 这就是两个相干的虚光源.

当细缝的宽度小到一定的限度时，就在由 S_1 和 S_2 "发出"的两束光的重叠区域 bc 内产生清晰的明暗相间的干涉条纹. 在屏 EE' 上呈现条纹的间隔 Δy 由下式决定：

$$\Delta y = \frac{D\lambda}{t} \tag{4-38-1}$$

式中 D 是由光源 S 到屏 EE' 距离，t 是二虚光源（S_1 和 S_2）的间距，λ 是入射光的波长. 因此

$$\lambda = \frac{t}{D}\Delta y \tag{4-38-2}$$

可见，只要测出 Δy，t 及 D，就可算出入射光的波长 λ.

[实验内容]

1. 光路调节

(1)各光学元件的调整

做好这个实验的关键是调整光路，使各元件达到等高共轴. 先在光凳上做好每个光学元件等高共轴的目测粗调，然后可按如下步骤进行细调：

①在光凳的一端放带光窗的钠光灯 Q（图 4-38-2），在光凳的另一端放置测微目镜 E，把焦距为 10 cm 左右的聚光透镜 M 放在两者之间，利用共轭法使钠光灯光窗通过 M 所成的大像和小像的位置均在 E 视场的中央（可在测微目镜 E 的进光口前放小白纸屏接收视察）. 此时，Q，M，E 三者已调至等高共轴. 随即把 M 固定在距光源两倍焦距外的地方.

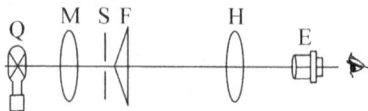

图 4-38-2

②在透镜 M 后面放单缝 S，使 Q 经 M 会聚在狭缝 S 的中央，且均匀照亮整个 S.

③将另一聚光透镜 H 放在狭缝 S 后，移动 H，并调节 H 的位置和高度. 使 S 所成的大像和小像仍都在 F 的视场中央. 实现这种观测的条件是 S 到测微目镜 E 之间的距离大于透镜 H 的焦距 f_H 的 4 倍.

④把双棱镜 F 放在狭缝 S 后，距 S 面约 3～10 cm. 打开 S，使光照射到 F 上. 再调节 F 的高度及左右位置，并转动 F 镜面的方位，可在纸屏上看到

一狭窄的亮区. 调整 F 使这一亮区处于 E 的中央即可. 减小 S 的宽度,并调整 F 的棱脊的方向,移动透镜 H,直至可在纸屏上分别观察到等长、并列(表示棱脊平行于狭缝)、等亮度(表示棱脊通过透镜光轴)的两条狭缝放大像和缩小像.

这时,各元件就达到了等高共轴.

(2)干涉条纹的调整

为使通过测微目镜看到清楚的干涉条纹,实验中必须满足两个条件:

① 狭缝宽度足够窄,以使条纹具有良好的反衬度. 但狭缝又不能过窄,这样光强太弱,也会观察不到干涉条纹.

② 棱镜的棱脊和狭缝的取向必须互相平行,否则缝的上下相应各点光源的干涉条纹互相错位叠加,降低条纹反衬度,同样无法观察到干涉条纹.

调整方法:在上述各光学元件调整的基础上,移去透镜 H,进一步交替调整(微调)狭缝的宽度和棱镜的棱脊取向,反复若干次,直至通过测微目镜清晰地看到 10 条以上的干涉条纹. 如果测微目镜离狭缝较远不便调节,可先把测微目镜移近狭缝,在获得清晰的条纹后,再逐步移回原位. 此时便可进行测量工作了.

2. 测量

(1)测量干涉条纹的间距 Δy. 测出连续 10 条以上条纹的总间距,再用条纹数除之. 测 3 次取平均值.

(2)测定两虚光源的间距. 分别测出两虚光源所成大小实像的间距 t_1 和 t_2. 利用公式 $t = \sqrt{t_1 t_2}$,即可算出两虚光源的间距. 测 3 次取平均值.

注意:切勿改变狭缝与双棱镜间的距离.

(3) 用米尺量出从单缝 S 到测微目镜 F 分划板面(约在鼓轮中央)的距离. 测 1 次,定出最大误差.

(4)根据公式计算钠灯的波长,要求误差小于 3%(钠光波长为 5893 Å).

[问题讨论]

1. 当入射光的波长改变时,双棱镜的干涉条纹是否有变化?

2. 菲涅耳双棱镜是由两块什么形状的棱镜组成的? 为什么必须要求双棱镜劈尖角 A 很小?

3. 调整光路时应注意哪些问题,其步骤如何?

4. 当狭缝变宽时,对干涉条纹的清晰度会有什么影响? 这说明了什么?

5. 为了得到清晰的干涉条纹,为什么必须保持单缝与双棱镜的棱脊平行?

6. 如果在实验中发现观察到的条纹数不到 10 条，应如何调整？

7. 试用双棱镜劈尖角 A，光源与棱镜的距离 d，双棱镜折射率 n，把两虚光源 s_1，s_2 的间距 t 表示出来.（提示：$\delta = (n-1)A$）

8. 指出本实验产生误差的主要原因是什么？

[相关知识]

1. 杨氏干涉实验

杨氏干涉实验在历史上曾是证明光的波动性的典型实验. 1801 年英国物理学家托马斯·杨用极简单的装置实现了普通光源照明下光波的干涉. 杨氏干涉实验通过分波阵面法得到相干的孔光源，从而获得了光的干涉条纹，后来杨又把它改进为双缝干涉，提高了条纹的亮度. 以后相继出现的双棱镜、双面镜、洛埃镜和双孔一样，都是通过分波前的方法从同一光源获得两束相干光来产生干涉现象. 杨氏干涉实验的成功是光波衍射理论的形成与现代光学理论的重要思想基础.

托马斯·杨（Thomas Yang，1773—1829），英国物理学家、考古学家、医生. 杨大学毕业后行医，而他感兴趣的始终是物理学. 他在光学领域的贡献有：发现眼睛晶状体的聚焦功能和眼睛散光的原因；提出人眼色视觉中的三原色理论；于 1801 年做了双孔和双缝实验，进而首次提出波干涉与波长的概念，论证了光的波动性，解释了牛顿环和薄膜的颜色，测量了 7 种颜色的波长. 托马斯·杨多才多艺，他的音乐绘画颇有造诣，尤其语言方面极具天赋，他的墓碑上刻着"他最先破译了数千年来无人能解读的古埃及的象形文字".

2. 公式 $t = \sqrt{t_1 t_2}$ 的证明

设透镜在位置 A 时的物距为 a_1，像距为 b_1；在位置 B 时的物距为 a_2，像距为 b_2. 如图 4-38-3 所示，为方便起见，设图中各量均为几何量，从图可得：

$$\frac{t}{t_1} = \frac{a_1}{b_1}, \frac{t_2}{t} = \frac{b_2}{a_2}$$

当物（S_1，S_2）和屏（EE'）位置不变时，从共轭成像关系可知：

$$a_1 = b_2, a_2 = b_1$$

所以

$$\frac{t}{t_1} = \frac{t_2}{t}$$

从而得出

$$t = \sqrt{t_1 t_2}$$

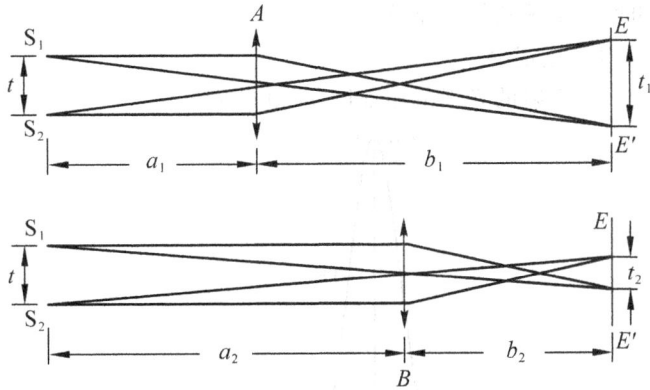

图 4-38-3

实验三十九　测量单缝和双缝衍射的光强分布

［实验目的］

1. 加深对单缝、双缝衍射原理的理解.
2. 掌握用光电元件测量相对光强分布的方法.
3. 掌握单缝衍射与双缝干涉的关系.

［实验仪器］

激光器，单缝，双缝，光电元件及微动读数装置及微电流计等.

［实验原理］

当光源和观察屏距离产生衍射的狭缝
都相当于无穷远时，所产生的衍射叫夫琅
禾费衍射. 它就是平行光通过狭缝的
衍射.

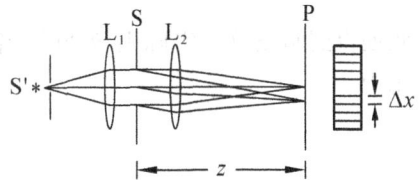

图 4-39-1

　　将光源 S′ 放于会聚透镜 L_1 的前焦平面上，如图 4-39-1 所示. 光通过透镜
L_1 形成平行光，平行光照射到狭缝 S 上，通过狭缝所形成的衍射光经过会聚
透镜 L_2 会聚到位于 L_2 后焦面的观察屏 P 上. 衍射光在观察屏上叠加形成一
组明暗相间的条纹. 中央条纹最亮，它的宽度是其他条纹宽度的两倍. 这一组

衍射条纹就叫做夫琅禾费衍射条纹.

1. 夫琅禾费单缝衍射

夫琅禾费单缝衍射的光强分布如图 4-39-2 所示.

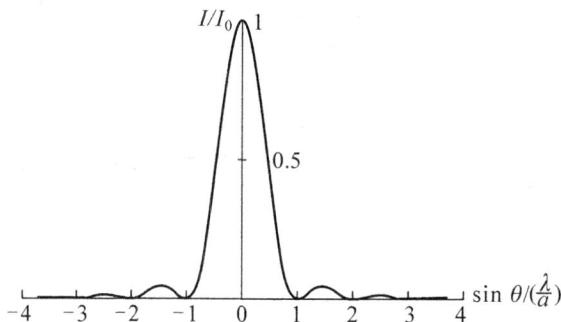

图 4-39-2

夫琅禾费单缝衍射的光强由下式决定：

$$I = I_0 \frac{\sin^2 \beta}{\beta^2} \qquad (4-39-1)$$

式中 I_0 为中央极大值的强度，且 I_0 正比于狭缝的宽度 a 的平方，即为 $I_0 = ca^2$. β 为单缝边缘上的波阵面与中心处的波阵面的位相差. 当光垂直地入射到单缝上时，

$$\beta = \frac{\pi a \sin \theta}{\lambda} \qquad (4-39-2)$$

式中 a 为缝宽，θ 为衍射角，λ 为入射光的波长. 当 $\theta=0$ 时，由式(4-39-2)可知 $\beta=0$，由式(4-39-1)得 $I=I_0$ 即中央极大值的强度，叫中央主最大值. 如果 θ 满足 $\sin \theta = \dfrac{k\lambda}{a}$ 时，k 为整数，由式(4-39-2)(4-39-1)可得 $\beta=k\pi$ 和 $I=0$，此处得到暗条纹. 实际上 θ 角相当小，$\sin \theta \approx \theta$，因此可将暗条纹的条件简化为

$$\theta = \frac{k\lambda}{a} \qquad (4-39-3)$$

由此可知，中央主最大值两侧的两第 k 级暗条纹间的角宽度为

$$\Delta \theta = \frac{2k\lambda}{a} \qquad (4-39-4)$$

第 k 级暗条纹的衍射角为

$$\theta = \frac{\Delta \theta}{2} \qquad (4-39-5)$$

若 $k=1$，则 $\Delta\theta=\dfrac{2\lambda}{a}$ ，这是中央主最大值的角宽度．在中央主最大值同一侧的

两相邻暗条纹之间的角宽度是 $\dfrac{\lambda}{a}$ ．

在实验中测出接收屏与单缝之间的距离 Z 和屏上两第 k 级暗条纹间的空间宽度 Δx ，则

$$\Delta\theta \approx \frac{\Delta x}{Z} \tag{4-39-6}$$

若入射光的波长 λ 已知，可以计算出单缝的宽度为

$$a = \frac{2k\lambda Z}{\Delta x} \tag{4-39-7}$$

除中央主最大值外，两相邻暗条纹之间都有次极大值．通过计算可知其位置应在 $\theta=\pm 1.43\,\dfrac{\lambda}{a}$ ， $2.46\,\dfrac{\lambda}{a}$ ， $\pm 3.47\,\dfrac{\lambda}{a}$ ，… 处．这些次极大值的相对强度为

$\dfrac{I}{I_0}=0.047$ ，0.017 ，0.008 ，…

2. 夫琅禾费双缝衍射

假定双缝的宽度均为 a ，两缝之间不透明的部分的宽度为 b ，令相邻缝的间距为 d ，则 $d=a+b$ ，又称为光栅常数．根据理论计算，夫琅禾费双缝衍射的强度分布由下式决定：

$$I = 4I_0\,\frac{\sin^2\beta}{\beta^2}\cos^2\gamma \tag{4-39-8}$$

式中 $\dfrac{\sin^2\beta}{\beta^2}$ 是宽度为 a 的夫琅禾费单缝衍射光强的分布式；$\cos^2\gamma$ 是光强度相等、位相差为 2γ 的双光束干涉的光强度分布式．因此，双缝衍射可看成单缝衍射调制下的双缝干涉，(4-39-8)式中若有一个因子为零，双缝衍射的光强就为零．对于因子 $\dfrac{\sin^2\beta}{\beta^2}$ 来说，$\beta=\pi$ ，2π ，3π ，… 时光强为零；对于因子 $\cos^2\gamma$ 来说，$\gamma=\dfrac{\pi}{2}$ ，$\dfrac{3\pi}{2}$ ，$\dfrac{5\pi}{2}$ ，… 时，光强为零．通过计算可知 β 与 γ 存在下列关系

$$\frac{\gamma}{\beta} = \frac{a+b}{a} = \frac{d}{a} \tag{4-39-9}$$

因为 $d=a+b>a$ ，所以 $\gamma>\beta$ ，这意味着 γ 变化比 β 变化要快．因此衍射光强最小值处恰恰位于干涉最强处，此时出现暗条纹，我们就说干涉条纹消失，

即发生干涉缺级现象. 例如当 $d=3a$ 时, 干涉缺级应发生在 $\dfrac{\gamma}{\beta}=3$ 以及 3 的整数倍处. $d=3a$ 的光强分布如图 4-39-3 所示.

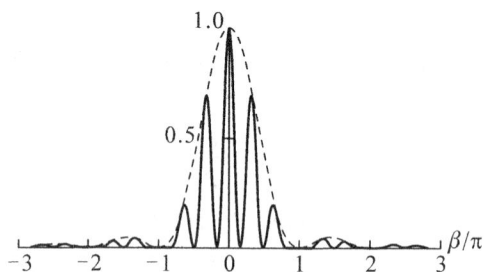

图 4-39-3

对于夫琅禾费衍射, 满足远场条件, 即满足: (1)点光源距狭缝相当远, 此时光源相对于狭缝的发散角 α 很小, 并且满足 $\dfrac{2\pi}{\lambda}\dfrac{\alpha}{8}\dfrac{a}{8}\ll 1$, 式中 λ 为入射光的波长, a 为缝宽; (2)观察屏离狭缝的距离 Z 满足 $\dfrac{a^2}{8Z\lambda}\ll 1$. 此时不使用透镜 L_1 和 L_2, 也满足平行光衍射的条件.

本实验中, He-Ne 激光器的波长 $\lambda=6328$ Å(或半导体激光器的波长 650 nm), 狭缝宽度 $a\leqslant 0.5$ mm, 缝屏间距 $Z\geqslant 100$ cm, 发散角 $\alpha\approx 1$ mrad (毫弧度)时, 可满足远场衍射条件.

[实验内容]

1. 布置调整光路, 衍射花纹清晰、对称, 使光电流显示达最大.
2. 调整狭缝宽度, 观察并记录狭缝宽度对衍射花样的影响.
3. 测量单缝的光强分布:
(1)测出主最大值一侧的 3 个完整的峰, 至少要测 15~20 个点.
(2)绘制衍射光的相对强度与该点的位置坐标的关系曲线.
(3)根据单缝与屏的间距以及衍射条纹的间距计算狭缝的宽度.
4. 测量双缝衍射的光强分布.

[问题讨论]

1. 设计好仪器的布置图.
2. 夫琅禾费衍射即远场衍射条件是什么?
3. 说明缝宽变化对衍射条纹将产生什么影响?

4. 如何选择检流计的量程？在测量衍射光强分布时，应如何调节接收器？

5. 描点绘图时，每一峰值间的测量点选取几点较合适？

6. 将实验结果与理论计算结果进行比较. 分析产生误差的原因.

实验四十 光栅衍射测量

[实验目的]

1. 加深对光的干涉及衍射原理的理解，理解光栅分光作用的基本原理.

2. 学习测定光栅常数的方法.

3. 学习用透射光栅测定光波波长和角色散率.

[实验仪器]

分光计，平面透镜光栅及汞灯等.

[实验原理]

衍射光栅是具有空间周期性的衍射屏，被广泛地用在单色仪、摄谱仪等光学仪器中. 光栅可分为透射光栅与反射光栅. 本实验中所用的透射光栅是在一块透明的玻璃上刻有大量的、排列均匀的、相互平行的刻痕. 光栅相当于一组数目众多的等宽、等距和平行排列的狭缝，被广泛地用在单色仪、摄谱仪等光学仪器中. 有应用透射光工作的透射光栅和应用反射光工作的反射光栅两种，本实验用的是透射光栅.

当一束平行的单色光以某一入射角 i 入射到光栅平面 G 上时，光栅后面的透镜 L 把衍射角为 φ_k 的衍射光会聚于屏 F 上的 P 点. 见图 4-40-1，则 P 点应满足

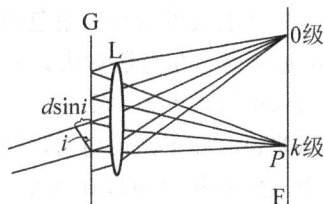

图 4-40-1

$$d(\sin i + \sin \varphi_k) = k\lambda \qquad (4\text{-}40\text{-}1)$$

上式叫做光栅方程. d 是光栅常数，即相邻的两狭缝对应点之间的距离，如狭缝的宽度为 a，相邻两狭缝的间距为 b，则 $d=a+b$. k 是光谱级数，它的取值为 $0, \pm1, \pm2, \cdots$

当一束平行的单色光垂直地入射到光栅平面上，如图 4-40-2 所示，即入

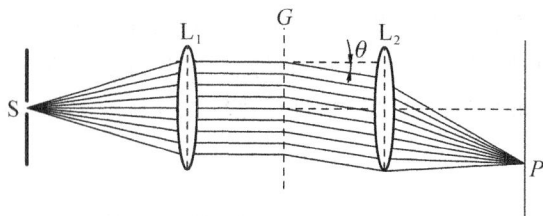

图 4-40-2

射角 $i=0$，光栅方程简化为

$$d\sin\varphi_k = k\lambda \qquad (4\text{-}40\text{-}2)$$

若入射光为复色光，对于不同波长的光，虽然入射角相等，但是它们的衍射角除零级以外，在同一级光谱线中是不相同的．因此，复色光经光栅衍射后，将按波长分开，并按波长的大小顺序排列，紫光的谱线在内侧，红光的谱线在外侧．这就是光谱．

在实验中，将光垂直地入射到光栅平面上．我们只要测出已知光波波长为 λ 的 k 级谱线的衍射角，就可以通过光栅方程(4-40-2)计算出光栅常数 d．反之，若我们已知光栅常数 d，就可以通过测某一未知波长 λ_x 的 k 级谱线的衍射角 φ_k，利用光栅方程计算出该谱线的波长 λ_x．

角色散率是光栅、棱镜等分光元件的重要参数，其衍射光栅的角色散定义为

$$D = \frac{\Delta\varphi}{\Delta\lambda} \qquad (4\text{-}40\text{-}3)$$

上式表示，光栅的角色散为同一级的两谱线的衍射角之差 $\Delta\varphi$ 与该两谱线波长差 $\Delta\lambda$ 的比值．角色散可表示成：

$$D = \frac{k}{d\cos\varphi_k}（单位：rad/Å） \qquad (4\text{-}40\text{-}4)$$

从上式可以看出角色散 D 与光栅常数 d 及光谱级数 k 有关．当光栅常数 d 愈小时，角色散愈大；光谱的级次愈高，角色散也愈大．且当光栅衍射时，如果衍射角不大，则 $\cos\theta$ 接近不变，光谱的角色散几乎与波长无关，即光谱随波长的分布比较均匀，这和棱镜的不均匀色散有明显的不同．对于确定的光栅，角色散 D 可以认为是一常数．

在实验中，我们测出某一光源(如汞灯)的光谱中同一级的每一根谱线的衍射角，然后以波长为横轴，以该波长所对应的衍射角为纵轴，作 φ-λ 曲线，这就是色散曲线．通过色散曲线上的两点，根据角色散的定义就可以计算出角色散．需要指出：我们所作的是在可见光区域内对某一级衍射的色散曲线．它

是一条近似的直线，并且，这一直线不能任意延长到不可见光区域.

[实验内容]

1. 调整分光仪和光栅

(1)调整分光计使其处于工作状态.

(2)用望远镜观察光谱，调节光栅使光栅刻线与小圆台转轴平行.

调节方法是：把平行光管的入射狭缝调细，用望远镜观察，使望远镜对准光谱的零级亮线，调节平行光管的倾斜度，使零级亮线的中心正落于望远镜的分划板的十字刻线的交叉点上. 然后转动望远镜观察零级亮线两侧的一级谱线，并缓缓地调节光栅，使两侧一级谱线的中心都与十字刻线的交点重合. 但要注意，不能破坏光栅面对望远镜轴的垂直关系.

2. 测定衍射角

(1)将望远镜的十字刻线对准零级亮线一侧的绿谱线的二级谱线，记录 φ_1 和 φ'_1（φ_1 和 φ_1' 为刻度盘上在同一直线上的两个刻度值）；再将望远镜旋转至零级亮线的另一侧，对准绿谱线的二级谱线，记录 φ_2 和 φ_2'（注意 φ_1 与 φ_2 为同一侧的读数，φ_1' 和 φ_2' 为另一侧的读数）. 则该谱线的衍射角由下式决定：

$$\varphi = \frac{1}{4} \left| [(\varphi_1 + \varphi_1') - (\varphi_2 + \varphi_2')] \right| \tag{4-40-5}$$

(2)重复上述测量，求出衍射角的平均值.

3. 测量给定光栅的常数

以汞灯绿谱线的波长（$\lambda - 546.1$ nm）为已知，将步骤 2 中所测绿谱线的衍射角 φ 代入(4-40-2)式，并取 $k=1$，求出光栅常数 d，然后由其他谱线的衍射角 φ 和求得的光栅常数 d 算出相应的波长，与公认值比较，并计算其测量误差.

4. 测量角色散率

将汞灯各谱线的衍射角 φ_k 代入(4-40-4)式中，计算出光栅相应于各谱线的第一级角色散率.

[问题讨论]

1. 本实验对分光仪的调整有何特殊要求？如何调节才能满足测量要求？

2. 分析光栅和棱镜分光的主要区别.

3. 如果光波波长都是未知的，能否用光栅测其波长？

实验四十一　偏振现象的观测和分析

[实验目的]

1. 通过实验掌握起偏和检偏的几种方法.
2. 了解偏振光的几种性质以及研究这些性质所使用的仪器.
3. 通过实验巩固关于偏振的理论知识，并用这些理论解释实验现象.

[实验仪器]

激光器，溴钨灯，钠光灯，偏振片，尼科尔棱镜，1/2 波片，1/4 波片，方解石，光电接收器，微电流计，旋光计及旋转光具座等.

[实验原理]

1. 自然光和偏振光

光波是横波，其电矢量的振动方向垂直于光的传播方向. 由于发光机制的无规律性，决定其电矢量的分布对光的传播方向来说是对称的，这种光称为自然光. 但是，由于某种原因，使光线的电矢量分布对其传播方向不再对称时，我们称这种光为偏振光.

光的偏振态分为自然光、部分偏振光、平面偏振光(线偏振光)、圆偏振光及椭圆偏振光共五种宏观偏振状态.

2. 起偏和检偏

产生偏振光的方法很多. 当一束自然光从空气斜入射到某种物质的界面时，其反射光与透射光均为部分偏振光. 而当入射角等于布儒斯特角 i_p 时，则反射光为平面偏振光，振动方向与入射面垂直，折射光为部分偏振光，如图 4-41-1. 由图可以看出

$$i_p = \arctan n \qquad (4\text{-}41\text{-}1)$$

式中，n 为介质的折射率.

当界面的层数很多，经过多次反射(如玻璃堆)，则透射光就变成振动面平行于入射面的线偏振光了.

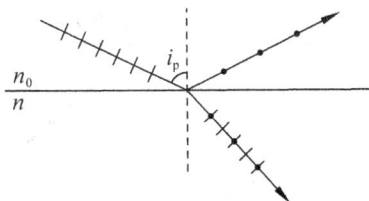

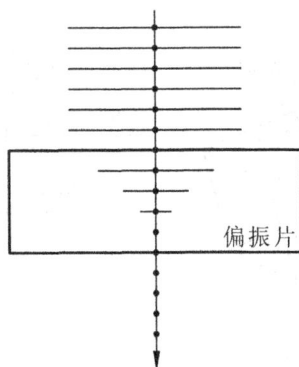

偏振片

图 4-41-1　　　　　　　　　　　图 4-41-2

　　自然光通过偏振片的选择吸收也可产生偏振光．偏振片是用一张附着有超微晶粒(硫酸碘奎宁)的硝化纤维薄膜拉制而成的，它对两个相互垂直振动的电矢量具有不同的吸收本领．这种选择吸收的性质，称为二向色性．当自然光通过二向色性晶体时，有一个方向的光部分几乎完全被吸收，而与其垂直方向上的振动几乎没有损失，如图 4-41-2．这个能让光透射的方向，称为偏振片的透振方向．利用偏振片可以获得截面较宽的偏振光束．

　　自然光通过单轴晶体(如方解石，石英)的双折射会产生的寻常光(o 光)和非常光(e 光)，各自都是平面偏振光．e 光的振动方向在晶体的主截面内．o 光的振动方向与主截面垂直．在单轴晶体内，沿某一方向传播的光不发生分岔，也不能起偏，该特殊的方向称为光轴，沿其他方向射入晶体的光则分为两束完全偏振的光，方解石晶体光轴示意图见图 4-41-3．由于晶体厚度有限，o 光和 e 光一般靠得很近，利用起来不方便，实用时多数采用晶体棱镜．实验中所用的是尼科尔棱镜，它由两块按特殊角度切割并抛光的方解石用加拿大树胶粘合在一起构成，简称尼科尔，其形状如图 4-41-4 所示．当一束自然光沿其纵向射入尼科尔时，在晶体内先分成两束光．透过尼科尔的是振动面平行于主截面的偏振光(e 光)，而 o 光则被完全反射到侧面不能透过尼科尔，因此尼科尔是较好的起偏器．通过尼科尔的光有较高的偏振程度．只是由于其截面较小，通过的光较弱．

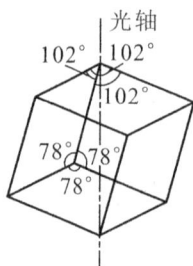

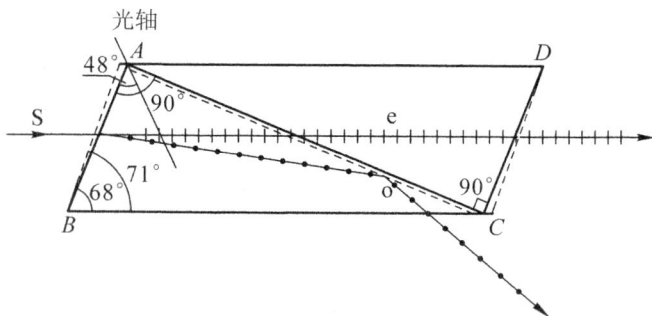

图 4-41-3　　　　　　　　　　图 4-41-4

任何的起偏器均可作为检偏器. 由于人眼不能判断哪一束光是偏振的, 因此必须借助于检偏器. 通过检偏器来观察偏振光, 在检偏器处于不同的方位时会看到亮暗的变化, 而自然光、圆偏振光则没有这种现象.

3. 波片

波片是用单轴晶体切成的表面平行于晶轴的薄片. 当一束单色自然光垂直于其表面入射时, 在波片内就被分成 o 光和 e 光. 虽然二者传播方向相同, 但由于晶体对两种光的折射率 n_o(对 o 光)、n_e(对 e 光)不同, 所以两束光速度不等. 这样, 在两束光通过晶体后即形成一定的位相差:

$$\Delta\varphi = \frac{2\pi}{\lambda}(n_o - n_e)d \qquad (4\text{-}41\text{-}2)$$

式中 λ 为入射光波长, d 为波片厚度. 当位相差 $\Delta\varphi = (2k+1)\pi$, 即光程差 $(n_o - n_e)d = k\lambda + \frac{\lambda}{2}$ 时, 称为 1/2 波片. 当 $\Delta\varphi = (2k+\frac{1}{2})\pi$, 即 $(n_o - n_e)d = k\lambda + \frac{\lambda}{4}$ 时, 称为 1/4 波片. 所以波片都是对某种波长的光而言.

单色自然光入射晶片时, 其光矢量虽然被分成 o 光和 e 光. 出晶片后也有一定的位相差. 但是由于自然光的光矢量是无规则分布的, 所以合成的矢量也是无规则的自然光.

当垂直入射晶片的是单色平面偏振光时, 情况就不同了. 若入射偏振光的振动面平行于晶轴时, 在晶片里的光矢量只有 e 分量而无 o 分量; 若振动面垂直于晶轴时, 则只有 o 光而无 e 光. 这两种情况下通过波片的仍为平面偏振光.

(1)1/2 波片: 若平面偏振光的振动面与晶轴成 θ 角入射时, 其光矢量 **A** 在晶片内被分成为互相垂直的 o 光和 e 光, 如图 4-41-5, 通过 1/2 波片后, 二者振动方向虽然不变，但却产生 π 的位相差. 设 o 光振动较 e 光振动位相落后 π，则两者合成的光矢量 **A′** 相对于入射光矢量 **A** 转过了 2θ 角. 就是说，平面偏振光经过 1/2 波片后仍为平面偏振光，但振动方向改变 2θ 角.

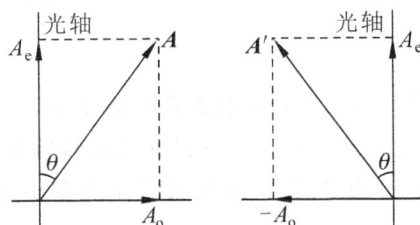

图 4-41-5

(2) 1/4 波片：若平面偏振光的振动面与晶轴成 θ 角入射时，透过 1/4 波片后，互相垂直的 o 光和 e 光的振动产生 $\pi/2$ 的位相差. 在一般情况下，二光矢量大小不等，其合成光矢量的轨迹应是椭圆. 它的长轴方向取决于 o 与 e 光分量的大小. 当 $\theta=45°$，即 o 光与 e 光二分量相等时，出射光矢量的轨迹为圆形. 所以，当一单色平面偏振光垂直入射 1/4 波片时，其出射光一般为椭圆偏振光或圆偏振光；而当其振动面平行或垂直晶轴时，出射光则为平面偏振光. 反之 1/4 波片也可将椭圆和圆偏振光变为平面偏振光.

4. 晶体和溶液的旋光性

某些晶体对于沿其光轴方向传播的平面偏振光，虽然不产生双折射，却能使其振动面发生偏转. 晶体的这种性质称为旋光性. 石英就是具有旋光性的晶体. 由石英和玻璃各一半做成的半荫片，就是利用了石英的这一性质. 此外还发现某些液体也有与晶体类似的性质. 如松节油也能使偏振光的振动面发生旋转，这些物质称为旋光物质. 由旋光物质与不旋光的溶剂组成的溶液也具有旋光性. 旋转角度的大小与光在旋光物质中所经过的路程成正比. 对溶液，则又与溶液的浓度成正比. 此外还与入射光的波长和溶液的温度有关. 对溶液，其旋转角

$$\varphi = \rho lc/10 \tag{4-41-3}$$

式中 l 是用 cm 为单位表示的光在液体中经过的路程，c 为每立方厘米溶液中所含溶质的克数，ρ 是旋光物质的旋光率，它在数值上等于偏振光经过长 10 cm，浓度为每立方厘米含有 1 g 溶质的溶液时所产生的旋转角. 例如，对纯蔗糖溶液，在 20℃时，对于钠光(5893 Å)，$\rho=6.650°/g\cdot cm^{-2}$. 工业上广泛用物质的这种性质来测定旋光物质的浓度. 还需指出，旋光物质有右旋及左旋之分. 迎着光的行进方向看去，振动面按顺时针方向旋转的称右旋物质，反之称

左旋物质. 此外, 旋光物质在不同的溶剂中的旋光本领也略有不同, 因此 ρ 值也不一样.

[实验内容]

1. 验证自然光

用溴钨灯作点光源, 经准直后入射到光电接收器上. 接收器前放一偏振片 1, 以透过某一方向的光矢量. 从任一位置开始旋转偏振片一周, 每隔 30° 记录一次光电流的数值. 则从偏振片在各方位上透过光强的大小应得出什么结论?

2. 偏振光的产生与检验

(1)偏振片起偏: 上述装置, 偏振片 1 后再放一偏振片 2, 从某个光电流为零的位置(即两个偏振片正交)开始, 旋转偏振片 2 一周, 每隔 15° 记录一次光电流的数值. 则从光强的大小得出什么结论? 并与理论值做比较.

(2)玻璃板反射起偏: 将一平板玻璃竖直放在旋转光具座中心圆台上, 转动光具座两臂, 使光束成某一角度入射平板玻璃, 反射光通过偏振片, 以白屏接收观察反射光的起偏程度. 旋转偏振片找到光强的极小位置(为什么要调到极小?). 入射角观察范围 30°~70° 内, 转动光具座两臂, 仔细找到光强为零的角度, 读出两臂夹角, 得到布儒斯特角, 然后求玻璃板的折射率. 画图说明此时反射光的偏振方向是什么方位, 同时确定出检偏器透光方向的方位.

(3)玻璃堆透射起偏: 取下玻璃板换上玻璃堆, 使接收器正对透射光. 旋转玻璃堆以改变光线的入射角, 从入射角为 50° 开始, 到 60°, 采用与(2)相同的方法确定透射偏振光最大时的入射角度, 并画图说明反射起偏与透射起偏的偏振光振动方向的关系.

(4)确定尼科尔棱镜的主截面: 换上尼科尔棱镜, 使检偏器的透光方向取某一方位. 以入射光方向为轴旋转尼科尔一周. 记录透射光最强与最弱时光电流的数值和尼科尔的方位. 由此来确定尼科尔的主截面.

3. 方解石双折射现象的观测

(1)换用氦-氖激光器, 使光束穿过方解石外壳上的小孔进入方解石, 在其后的白屏上可看到两个光点. 旋转方解石, 观察两个光点位置变化的规律. 确定 o 光和 e 光. 说明一个绕另一个转的原因.

(2)在激光器后加偏振片, 使透射光为完全偏振光, 并使其振动方向在竖直面内. 这时再旋转方解石一周, 观察二光点的亮度如何变化, 解释原因, 最后把方解石固定在二光点亮度相等的方位上.

（3）在屏前放一偏振片，将其旋转一周，观察二光点亮暗变化的规律，从而确定 o 光及 e 光的振动方向．画图表示 o，e 光的振动方向与入射偏振光振动方向间的关系．

4．波片性能的测定

（1）1/2 波片

①用一偏振片作起偏器，即用线偏振光作光源，在光电接收器前放置一偏振片作检偏器．调节二偏振片正交．把 1/2 波片放到二偏振片之间，旋转波片一周，记录光电流为零时波片光轴与入射线偏振光振动方向间所成的几种角度．说明理由．

②从某个光电流为零的位置开始，把 1/2 波片转过 15°角，此时光电流应不为零．顺着波片旋转的方向转动检偏器，使光电流为零．记录检偏器转过的角度．使 1/2 波片转角分别为 20°，25°，30°及 45°，测出光电流为零时使检偏器旋转的角度．总结出此二转角间的关系．

（2）1/4 波片

①取下 1/2 波片，使二偏振片正交．放上 1/4 波片，旋转一周．记录光电流为零时 1/4 波片光轴与入射偏振光振动方向所成的几种角度．说明理由．

②从任一电流为零的位置开始，将 1/4 波片转过 15°角，记录光电流数值．然后旋转检偏片一周，每隔 15°记录一次电流值．画出光强极坐标分布图，说明实验结果所反映的波片性质．

③从任一光电流为零的方位开始，把 1/4 波片转过 45°角，再做一遍上项实验．画光强的极坐标分布图．并与 15°的光强图比较，作出解释．

5．偏振光的干涉（色偏振）

光不能通过两个正交的偏振片，但是，当把平行于光轴切割的晶片置于二正交偏振片之间，并使晶片光轴 ZZ' 与第一个偏振片的透光方向 N_1N_1' 成某一角度 $\theta(0<\theta<90°)$ 时，一般说来入射光就可以透过第二个偏振片．这是由于线偏振光通过一定厚度的晶片后变成了椭圆偏振光，使其在第二偏振片的透光方向 N_2N_2' 上有了光矢量的分量．但是，当晶片的厚度恰能使通过晶片的 o 光和 e 光产生 $\Delta\varphi=2k\pi$ 的位相差（即 $(n_o-n_e)d=k\lambda$）时，该波长的光便不能通过第二偏振片．光矢量在晶片出射面以及在第二个偏振片上的分布如图 4-41-6 所示，o 光和 e 光矢量在第二偏振片透光方向上的分量为：

$$A'_e = A_e\sin\theta = A\cos\theta\sin\theta$$
$$A'_o = A_o\cos\theta = A\sin\theta\cos\theta$$

二者大小相等，方向相反，刚好干涉相消．所以称为偏振光干涉．

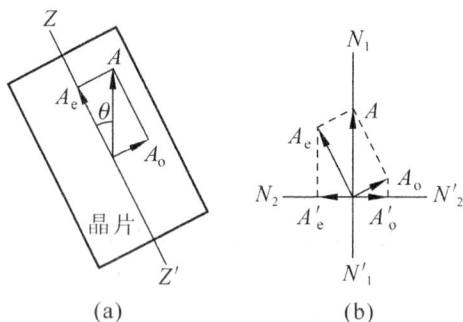

图 4-41-6

若用平行白光入射时,当晶片的厚度刚好使白光中某一波长的光如绿光干涉相消,则透过第二偏振片的光应呈品红色. 当把由不同厚度的晶片构成的图形放入二正交偏振片中间,各厚度不同的部分便形成不同的颜色. 所以也称色偏振.

用溴钨灯作光源,把色偏振实验晶片放在二正交偏振片之间. 后面放一凸透镜(亦可放在第二偏振片前),光具座的另一端放毛玻璃屏. 调整凸透镜的位置,使色偏振图形成像在屏上,即可看到彩色图像. 旋转偏振片还可看到颜色的变化.

6. 用旋光计测定糖溶液的浓度

旋光计使用前请阅读仪器说明书.

(1) 配制蔗糖溶液:用电子天平称出蔗糖 20 g 放入 0.1 L 的量筒里,再加蒸馏水至 0.1 L,等糖全部溶解后过滤待用(注意:所用容器均应用蒸馏水清洗干净).

(2)定出旋光计的零点:将旋光计中的样品管取出,对准钠灯. 调节望远镜,使其准焦在半荫片上. 可以看到半荫片两部分亮度不等. 然后转动手轮,使半荫片两部分的亮度相等且较暗,此时刻度盘上的数值即定为检偏镜的零点. 重复测量 10 次,取平均值,数值应准确至 $0.05°$.

(3)测量蔗糖溶液的旋光角:用蒸馏水洗净样品管后装满蔗糖溶液,放入旋光计内. 此时半荫片两部分亮度应不一样. 旋转刻度盘,使从望远镜看到半荫片两部分再度出现亮度相等的暗视场. 记下刻度盘上指示的刻度值,它与零点角度之差即为蔗糖溶液的旋转角 φ. 重复测量 10 次,取平均值.

(4)将测得的旋转角 φ 代入公式 $\varphi = \rho l c / 10$ 中,计算此蔗糖溶液的浓度,并与配制时的浓度相比较.

注意:测量时溶液的温度应保持20℃. 当温度超过20℃时,ρ 值应按下式修正.

$$\rho_t = 6.650 - 0.00184(t-20)$$

[问题讨论]

1. 如何调节起偏片的角度，使入射角满足布儒斯特角而出射光又恰在观察视场的中央？

2. 光的偏振现象为什么能说明光波是横波？

3. 如何用光学方法确定一偏振片的透光方向？

4. 1/2 波片的性质是什么？

5. 如何利用 1/4 波片产生线偏振光、椭圆偏振光和圆偏振光？

6. 如何用光学方法区分 1/2 波片及 1/4 波片？

7. 现有自然光、圆偏振光、自然光与圆偏振光的混合光，请你设计一个实验把这三者区分开.

实验四十二　全息照片的摄制

[实验目的]

1. 了解全息照相的原理，初步掌握拍摄全息图的技术.

2. 通过实验了解全息照相的特点.

[实验仪器]

全息台，激光器，分束镜，反射镜，扩束镜，被摄物体，曝光定时器及全息干板等.

[实验原理]

人眼通过接收发自物体光波的强度(亮暗)、波长(颜色)和位相(光的射向和距离远近)来从整体上辨认物体的全部特征. 而普通黑白照片却只记录了物光的强度；即使是彩色照片也只是比黑白照片多记录了物光的波长，但仍然丧失了物体的三维特征，使得通常的照片只是物体的二维平面像. 与此不同的是，全息照片除了记录物光的强度外，还记录了位相，从而能再现物体的立体特征. 虽然全息照相的理论早在 1948 年就由伽波提出，但却直到 20 世纪 60 年代初激光问世以后才得以迅速和广泛地发展.

全息照相的基本原理是以波的干涉和衍射为基础的. 由光的波动理论知道，光波是电磁波. 一列单色波可表示为

$$x = A\cos\left(\omega t + \varphi - \frac{2\pi r}{\lambda}\right) \tag{4-42-1}$$

式中 A 为振幅，ω 为圆频率，λ 为波长，φ 为波源的初相位.

一个实际物体发射或反射的光波比较复杂，但是通常可以将其看成是由许多不同频率的单色光波叠加而成，表示为

$$x = \sum_{i=1}^{n} A_i\cos\left(\omega_i t + \varphi_i - \frac{2\pi r_i}{\lambda_i}\right) \tag{4-42-2}$$

因此，任何一定频率的光波都包含着振幅 A 和位相 $\left(\omega t + \varphi - \frac{2\pi r}{\lambda}\right)$ 两大信息. 光在传播过程中可以借助于它们的频率、振幅和位相来区别物体的颜色（频率）、明暗（振幅平方）、形状和远近（位相）. 振幅表示光的强弱（光强与振幅的平方成正比），而相位表示光的传播方向和传播先后.

全息照相是借物光与参考光发生干涉现象把物光波前的强度（振幅）和位相以干涉条纹的形式记录在全息干板上，与普通照相在底板上形成一个与物体相似的像不同. 全息照相技术所记录的是物光光波本身，它记录了光波的全部信息. 全息照相包含两个过程：第一，把物体光波的全部信息记录在感光材料上，称为记录过程；第二，照明已被记录下来的全部信息的感光材料，使其再现原始物体的光波，称为再现过程. 由于只有用与参考光方向一致或相反的照明光照射全息图时，才能使物光波的波前得以重现. 而重现了物光的波前也就是再现了物体的像，因此全息照相应分为记录与再现两个步骤.

全息图可分为透射式全息图和反射式全息图两种. 下面分别叙述它们的记录与再现过程.

1. 透射全息图

在记录全息图时，全息干板位于物光和参考光的同一侧. 再现像是由透过全息图的衍射光所形成的. 这种全息图叫透射式全息图. 下面用简单模型来说明其记录与再现过程.

任何物体都可以看成是由大量发光点所组成的（反射光也一样）. 物光的波前就是由这些点光源发出的球面波叠加而成的. 所以只要分析清楚物体上任何一个点光源发出的球面波的记录与再现，也就从根本上说明了整个物体波前的记录与再现过程. 为此，设参考光是一个由点光源 A 发出的球面波，它与由

物点 B 发出的球面波在空间相干叠加，其强度极大值的轨迹（峰值强度面）乃是对称于 A，B 连线平分线的一簇双曲面，如图 4-42-1 所示.

处于这一干涉光场内的全息干板上的乳胶层 H 切割了这簇双曲面的一小部分．在显影后这些感光部分就析出银颗粒，形成具有反光性能的小反射镜群．当用与光源 A 方向相同的光照射此全息图时，如图 4-42-2(a)所示，由众多双曲面镜反射的光的反向延长线便会交于 B 点，这就是物点的再现虚像．同样，若用与 A 光源方向相反的光照射全息图时，见图 4-42-2(b)，从双曲面镜反射的光线将会聚于 B 点．这时可用毛玻璃屏接收到此实像，这就是物点的再现实像．

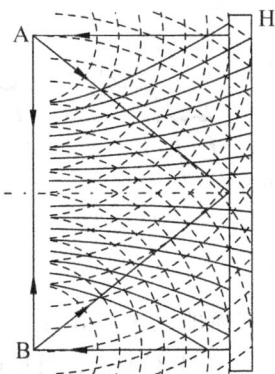

图 4-42-1

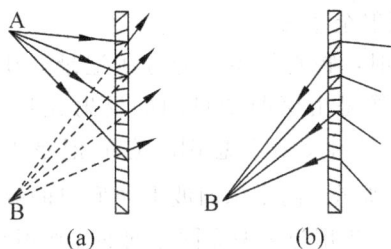

图 4-42-2

拍摄透射全息图的实际光路如图 4-42-3 所示，由 He-Ne 激光器发出的光束经分束镜 BS 分为两部分．光束 1 经反射镜 M₁ 反射、透镜 L₁ 扩束后照亮被摄物体，再由物体反射到全息板上．光束 2 经 M₂ 反射、L₂ 扩束后照明干板．为保证全息图清晰，必须使两光束的光程大致相等；且两光束射到干板上的夹角最好为 30° 左右．下面我们利用复振幅的表达式来说明记录与再现过程．设入射光和参考光在记录介质上的振幅分布为：

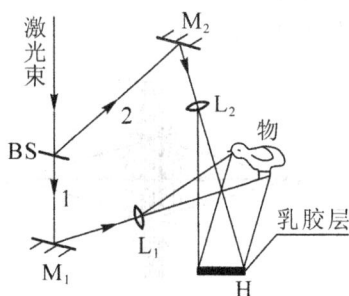

图 4-42-3

$$a(x,y) = a_0(x,y)e^{i\varphi_{a(x,y)}}$$
$$R(x,y) = R_0(x,y)e^{i\varphi_{r(x,y)}}$$

(4-42-3)

其光强分布应是复振幅和的平方，即

$$I(x, y) = (a+R)(a^* +R^*) = aa^* +RR^* +aR^* +a^* R \qquad (4\text{-}42\text{-}4)$$

将曝光后的干板经过线性冲洗(显影,定影),得到全息图的透过率函数 T 应与曝光时的光强成线性关系,即

$$T = \alpha + \beta I(x,y) = \alpha + \beta(a_0^2 + R_0^2 + aR^* + a^* R) \qquad (4\text{-}42\text{-}5)$$

其中 α,β 是由干板性质确定的常数. 再现时的光路如图 4-42-4 所示,设再现光波的复振幅为 $c(x, y)$,从全息图透过光的振幅为:

$$cT = c\alpha + c\beta(a_0^2 + R_0^2) + c\beta aR^* + c\beta a^* R \qquad (4\text{-}42\text{-}6)$$

第一、二项为常数,即直射光. 第三项与 a 成正比,即与物光波相同,称为原始像. 第四项与 a 的共轭量 a^* 成正比,称为共轭像,即在虚像的相反一侧形成一共轭实像,如图 4-42-4(b)所示.

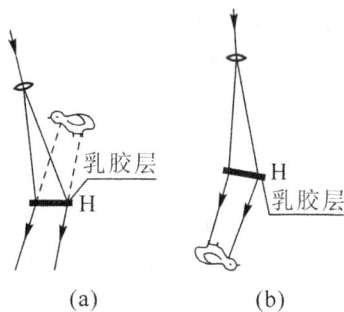

图 4-42-4

2. 反射全息图

记录时,物光与参考光分居记录介质的两侧,再现像是由照明全息图的反射光形成的,这种全息图叫反射全息图. 它的记录方式如图 4-42-5所示. 两个球面波干涉形成的峰值强度面的轨迹使乳胶层感光形成双曲面簇. 当用与参考光同方向的光照射全息图时,由双曲面镜反射的光的延长线正好交于物点 B,这就是物的再现虚像,如图 4-42-6(a). 而当照明光与参考光方向相反时,由双曲面镜反射的光便会交于 B 点,这就是再现实像,如图 4-42-6(b).

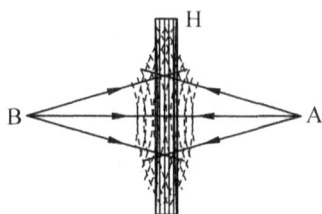

图 4-42-5

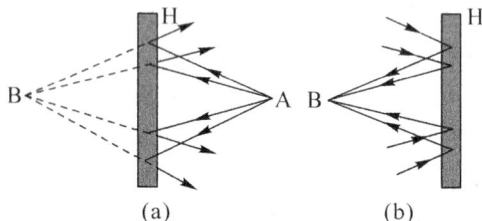

图 4-42-6

常见的反射全息图是白光再现全息图. 它的实际拍摄光路如图 4-42-7 所示. 激光经透镜 L 扩束后入射到全息干板的乳胶层,这就是参考光. 扩束光穿过乳胶层后照射到物体上,再由物体反射到乳胶层,这就是物光. 由于这两束光的夹角接近 $180°$,发生干涉后在乳胶层内形成的感光双曲面簇基本上平行于乳胶层. 各面的间隔应近似等于 $\lambda/2$. 若记录时用 $\lambda = 6328$ Å 的 He-Ne

激光作光源，此间隔应为 $0.32~\mu m$．因通常教学使用的全息干板乳胶层厚度
为 $6\sim12~\mu m$，由此可知在乳胶层内就有几十个反射银层．所以该全息图是一
个三维结构的衍射物体．由此衍射物体产生衍射光的极大值必须满足的布拉格
条件是：

（1）反射角等于入射角，即每一银层衍射极大值都沿反射方向．

（2）由相邻两反射银层反射光的光程差必须满足，$\Delta=2d\cos i=\lambda$，式中 d
为相邻二银层的间隔，i 为反射（入射）角．

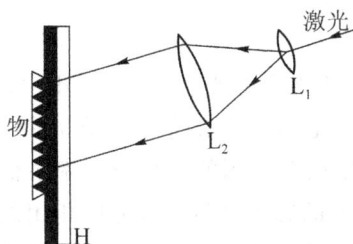
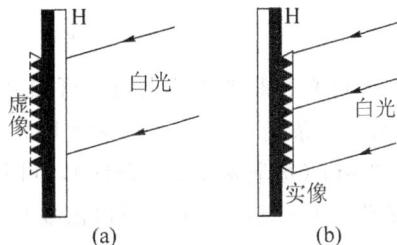

图 4-42-7　　　　　　　　　　　图 4-42-8

再现时，照明白光以某一角度 i 从与参考光相同的方向入射全息图，如
图 4-42-8(a)，根据布拉格条件，只有波长 $\lambda=2d\cos i$ 的光才有衍射极大值．
此反射光的反向延长线会交的位置就是再现虚像的位置．可知此像一定是单色
像，随 i 的增大，反射光的波长越短，像的颜色也向紫色变化．当再现白光从
与参考光相反的方向入射全息图时，反射光即形成单色实像如图 4-42-8(b)．

为了拍出一张满意的全息照片，拍摄系统必须具备以下要求：

（1）光源必须是相干光源

通过前面的分析知道，全息照相是依据光的干涉原理形成的，所以要求光
源必须具有很好的相干性．激光的出现为全息照相提供了一个理想的光源．这
是因为激光具有很好的空间相干性和时间相干性，实验中采用 He-Ne 激光器，
用其拍摄较小的漫散物体，可获得良好的全息图．

（2）全息照相系统要具有稳定性

由于全息底片上记录的是干涉条纹，且是又细又密的干涉条纹，所以在照
相过程中极小的干扰都会引起干涉条纹的模糊，甚至使干涉条纹无法记录．比
如，拍摄过程中若底片移动 $1~\mu m$，则条纹就分辨不清，为此要求全息实验台
是防震的．全息台上的所有光学器件都用磁性材料牢固地吸在工作台面钢板
上．另外，气流通过光路、声波干扰以及温度变化都会引起周围空气密度的变
化．因此，在曝光时应该禁止大声喧哗，不能随意走动，保证整个实验室安
静．实验时经常是各组都调好光路后，同学们离开实验台，稳定 1 min 后，再

在同一时间内曝光，得到较好的效果.

（3）物光与参考光应满足的要求

物光和参考光的光程差应尽量小，两束光的光程相等最好，最多不能超过 2 cm，调光路时用细绳量好. 两束光的光强比要适当.

（4）使用高分辨率的全息底片

由于干涉条纹间隔的公式为

$$d = \frac{\lambda}{2\sin\frac{\theta}{2}} \qquad (4\text{-}42\text{-}7)$$

式中 θ 为物光和参考光的夹角. 可知 θ 越大 d 越小. 若 $\theta = 15°$，$d = 2.4\ \mu m$（每毫米 412 条线）；$\theta = 30°$ 时 $d = 1.2\ \mu m$（每毫米 833 条线）；而在 $\theta = 45°$ 时，$d = 0.83\ \mu m$（每毫米 1 200 条线），可见能拍摄全息图的干板分辨率最低也得在每毫米 1 000 条线以上. 所以需要高分辨率的感光材料. 普通照相用的感光底片由于银化物的颗粒较粗，每毫米只能记录 50～100 个条纹，天津感光胶片厂生产的 I 型全息干板，其分辨率可达每毫米 3 000 条以上，能满足全息照相的要求.

（5）全息照片的冲洗过程

冲洗过程也是很关键的. 按照配方要求配药，配出显影液、停影液、定影液和漂白液. 上述几种药方都要求用蒸馏水配制，但实验证明，用纯净的自来水配制也可获得成功. 冲洗过程要在暗室进行，药液千万不能见光，保持在室温 20℃ 左右进行冲洗，配制一次药液，若保管得当可使用一个月左右.

[实验内容]

1. 拍摄一张透射全息图

（1）按图 4-42-3 布置光路，采用 3∶7 的分束镜.

（2）调好光路后，关闭快门或挡住激光，将全息干板放在底片夹上. 乳胶层面朝着光的入射方向，人离开全息台，静候 3 min 后曝光.

（3）将底片经过显影、定影和漂白过程后用清水冲洗后，吹干即可.

（4）用扩束后的激光照射全息图，按图 4-42-4 所表示的光路观察虚像，并用毛玻璃接收实像.

2. 拍摄反射式白光再现全息图

（1）按图 4-42-7 布置光路，使被摄物体紧贴乳胶层，挡光后把干板放在底片夹上. 静候几分钟后曝光.

（2）冲洗方法与 1 相同.

（3）在白光照射下观察再现像.

［问题讨论］

1. 何谓透射全息图及反射全息图？它们的主要区别是什么？

2. 拍摄好一张全息图的关键条件是什么？

3. 拍摄透射全息图时．怎样布置光路才能满足等光程及夹角小这两方面的要求，并画出图来.

4. 用参考光照明透射全息图时，再现的实像及虚像各在什么地方？绘图表示.

5. 推导干涉条纹间隔公式：$d = \dfrac{\lambda}{2\sin\dfrac{\theta}{2}}$.

实验四十三　光电效应

［实验目的］

1. 通过实验了解光的量子性，加深对爱因斯坦光电效应方程的物理意义的理解.

2. 掌握用光电效应方程测定普朗克常数的方法.

［实验仪器］

光电效应实验仪等.

［实验原理］

当某金属材料受到一定频率的光照射时，如果光子能量大于金属内电子的逸出功，电子吸收光子能量后，便从金属内发射出来. 这就是外光电效应. 这一现象所遵守的规律，就是著名的爱因斯坦方程：

$$\frac{1}{2}mv^2 = h\nu - \varphi \tag{4-43-1}$$

式中 φ 为电子的逸出功（对某种金属为一常数），ν 为照射光的频率，h 为普朗克常数，m 为电子质量，v 为电子脱离金属后所具有的速度.

该方程式就是能量守恒定律的具体形式. 它表明：1. 光子的能量是由其频率决定的，频率越高能量越大，被照金属发射光电子的动能也越大. 2. 只有当照射光的频率超过某一数值，即 $h\nu$ 大于 φ 时，才有光电子释放出来. 若低于该频率，则无论光强多大也不可能释放出光电子来. $h\nu = \varphi$ 时的频率称为该物质的"红限频率". 3. 照射光的频率超过"红限频率"时，发射光电子的数量（光电流）与光强成正比.

这就是光电效应的理论基础. 在实验中用来产生光电流的装置是光电管. 在光电管玻璃壳的内壁上半面涂以金属钾作为发射光电子的阴极. 在管的中心装上镍金属做成的环作为阳极. 当用光照射光电管阴极时，在阴极和阳极之间接上电流表，便可看到指针的摆动.

利用光电效应测普朗克常数的实验原理电路如图 4-43-1 所示. 图中 S 为单色光源. 从爱因斯坦方程可知，当用一定频率（某种颜色）的光照射光电管阴极时，发射光电子的动能是一定的. 若在光电管上加反向电压（即阳极接负电压，阴极接正电压），便可以阻止光电子向阳极运动. 当反向电压加大到某一数值 U_0，使 $eU_0 = \frac{1}{2}mv^2 = h\nu - \varphi$ 时，电子刚好不能达到阳极，电流为零，U_0 称为截止电压，e 为电子电量. 图 4-43-2 给出了不同频率的光入射时光电管的 I-U 理论图线.

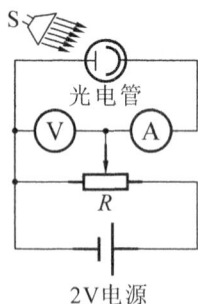
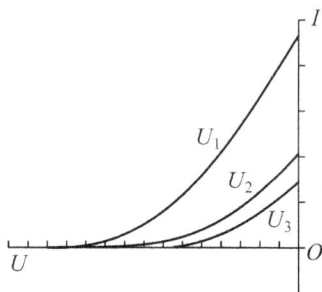

图 4-43-1　　　　　　　　图 4-43-2

如果我们测出几种不同频率光照射下光电管反向截止电压的值（ν 增大，U_0 也增大），可以发现，由于 φ 为常数，U_0 与 ν 为线性关系，如图 4-43-3 所示. 如果已知频率的改变量 $\Delta\nu$，再测出截止电压的改变量 ΔU_0. 则有

$$h = \frac{e\Delta U_0}{\Delta\nu} = e\tan\theta \qquad\qquad (4\text{-}43\text{-}2)$$

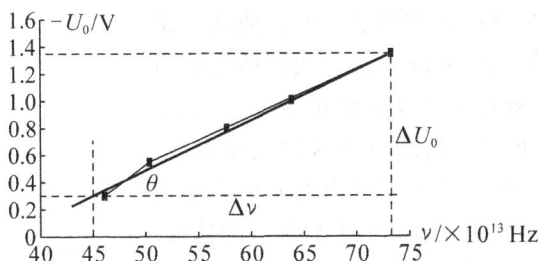

图 4-43-3

影响截止电压的因素除入射光频率及被照金属的逸出功外，还有以下三个方面：

1. 导线和阴极材料间存在着正向接触电位差 ΔU_c，使得从电压表上读得的电压值 $U_0{}'$ 是 U_0 与 U_c 的差，即

$$U_0{}' = U_0 - U_c$$

加在光电管两极的电压是 $U_0 = U_0{}' + U_c$，而 U_c 是不易测出的，但由于 U_c 是常数，所以在方程式：$eU_0 = e(U_0{}' + U_c) = h\nu - \varphi$ 中，U_0 对 ν 的变化率不变，即

$$\tan \theta = \frac{\Delta U_0}{\Delta \nu} = \frac{\Delta U_0{}'}{\Delta \nu} = \frac{h}{e}$$

所以

$$h = e \tan \theta = e \frac{\Delta U_0{}'}{\Delta \nu} \tag{4-43-3}$$

由此可知，存在接触电位差对用上述方法测得的 h 值并无影响．

2. 暗电流和本底电流的存在．暗电流是指在没光照射时由热电子发射和漏电流形成的电流，本底电流则是由杂散光线照射引起的光电流．对于暗电流和本底电流，我们认为它等效于一个正向外加电压．如果测量过程中外界温度不变，则此电流值大致不变，其等效电压可为一个常数．与1类似，它的存在虽然影响截止电压的测量值，但并不影响截止电压对入射光频率关系曲线的斜率．

3. 反向电流的存在．由于阳极上也往往溅有少量阴极材料，受光照射时也发射光电子．此外，阴极电子也可能被阳极反射．这样在反向电压作用下，使从阳极来的电子受到加速作用形成反向电流．由于它的存在抵消了一部分反向电流，使得电流与电压的关系曲线不再像图 4-43-2 那样，而是变成图 4-43-4 的样子．

图上的电流零点并不代表阴极电流为零，而是阴极电流与阳极电流的代数和为零，即该点所对应的电压值并不是截止电压．但由于阳极反向电流很小，

在反向电压不大时就已达到饱和,所以曲线下部变得平直. 这样我们只要确定出曲线开始变成直线时的转变点 b,就是确定了阴极电流为零的点. 其所对应的反向电压正是阴极电流的截止电压. 但如果入射光强太弱,光电管发出的阴极光电流太小,这一转变点不易找出,也影响测量的精度. 为了克服这一困难,我们使用单色光源直接照射光电管阴极,以保证有足够大的光强,用以提高信噪比,改善实验的精度.

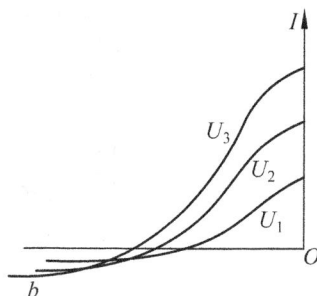

图 4-43-4

[实验内容]

1. 阅读本实验附录,了解实验仪器的功能和使用方法.

2. 测量各光源照射下的 I-U 曲线(共 5 条).

3. 确定截止电压 U_0.

4. 作 $|U_0|$-ν 图,求出直线斜率,由此求出普朗克常数 h,并与标准值比较.

[问题讨论]

1. 爱因斯坦方程的物理意义是什么?它的适用条件是什么?

2. 截止电压为什么不易测准?影响截止电压测准的因素是什么?

3. 仔细体会怎么才能确定反向电流增加到极大值时的转变点.

4. 电流转变点的含义是什么?该点所对应的电压是什么?

5. 本实验怎么反映出光的量子性?

6. 你认为误差的主要来源是什么?

7. 设每一个 U_0 的不确定度均为 0.05 V($P=0.683$),忽略光源波长的不确定度,求最后结果的不确定度.

【附录】

光电效应实验仪器的使用说明

1. 仪器组成

全套仪器组成如图 4-43-5 所示.

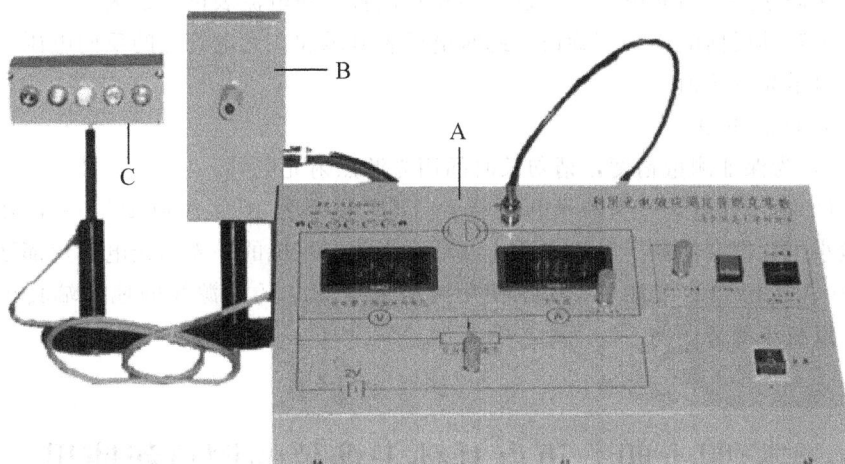

图 4-43-5

图中 A 为光电效应主机箱，所有的控制功能和实验操作均在此进行. B 为真空光电管，其阴极材料为钾，阳极材料为镍. 该管放在光电管盒内，由于光电管是玻璃器件，搬动光电管盒时应轻拿轻放，避免震坏光电管. C 为纯色发光管，这种发光管的特点是颜色纯，带宽窄.

2. 仪器使用

（1）仪器的连接

· 将电源线与仪器背板上的 220 V 电源插座连接.

· 将光源盒、光电管盒下的支杆插到光具座中.

· 将光源控制线与仪器背板和光源盒上的插座连接，并拧紧固定螺栓.

· 将两头带航空插头的屏蔽线的一头与面板上接光电管的航空插座连接，另一头与光电管盒上的航空插座连接.

（2）手动测量普朗克常数

· 打开电源开关，应使仪器预热至少 5 min，待仪器稳定后，才可进行测量.

　　·将测量方式选择开关拨到手动测量位置.

　　·转动反向电压调节旋钮，使光电管上所加反向电压为零(即电压表上所示电压值为零).

　　·在没有光照射光电管时，转动电流表调零旋钮，使电流表读数为零.

　　·按下任意一个单色光波长选择按钮，选择单色光源.

　　·调整光源与光电管盒入射孔的相对位置，使电流表读数最大.

　　·转动反向电压调节旋钮，此时电压表显示加在光电管上的反向电压；电流表显示光电流值.

　　3. 注意事项

　　(1)为保证测量精度，请勿长时间用光源照射光电管.

　　(2)由于光电管产生的光电流很小，其数量级为 10^{-11} A 或 10^{-12} A，外界的微小干扰都会使数字电流表产生波动，为此，主机的外壳和光电管盒都已接到220 V电源线的接地端，所以使用时应保证 220 V 电源线的地线端真正接地，以减小测量误差.

实验四十四　　迈克耳孙干涉仪的调整和使用

[实验目的]

1. 了解迈克耳孙干涉仪的结构和干涉图样的形成原理.
2. 学会迈克耳孙干涉仪的调整和使用方法.
3. 观察等倾干涉条纹，测量钠光的波长.

[实验仪器]

迈克耳孙干涉仪，激光器，钠光灯，毛玻璃屏以及扩束镜等.

[实验原理]

迈克耳孙干涉仪的结构、原理及调节方法请见第二章. 迈克耳孙干涉仪的光路如图 4-44-1 所示.

在迈克耳孙干涉仪中产生的干涉相当于厚度为 d 的空气薄膜所产生的干

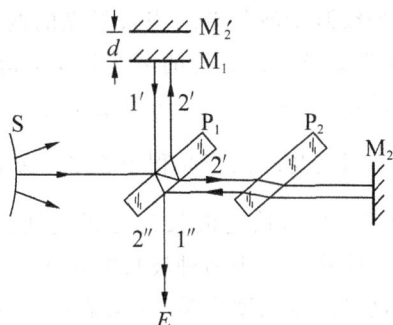

图 4-44-1

涉，可以等效为距离为 $2d$ 的两个虚光源 S_1 和 $S_2{}'$ 发出的相干光束. 即 M_1 和 $M_2{}'$ 反射的两束光的光程差为

$$\delta = 2dn_2 \cos i \qquad (4\text{-}44\text{-}1)$$

两束相干光明暗条件为

$$\delta = 2dn_2 \cos i = \begin{cases} k\lambda, & \text{亮}, \\ (k+\dfrac{1}{2})\lambda, & \text{暗} \end{cases} \quad (k=1,2,3,\cdots) \quad (4\text{-}44\text{-}2)$$

(4-44-2)式中，i 为反射光 $1'$ 在平面反射镜 M_1 上的反射角，λ 为激光的波长，n_2 为空气薄膜的折射率，d 为薄膜厚度.

下面讨论几种干涉图样.

1. 等倾干涉条纹(圆形条纹)

凡 i 相同的光线，光程差相等，并且得到的干涉条纹随 M_1 和 $M_2{}'$ 的距离 d 而改变. 当 $i=0$ 时光程差最大，在中心点处对应的干涉级数最高. 由(4-44-2)式得

$$2d\cos i = k\lambda$$

$$d = \frac{k\lambda}{2\cos i} \qquad (4\text{-}44\text{-}3)$$

$$\Delta d = N \frac{\lambda}{2} \qquad (4\text{-}44\text{-}4)$$

由(4-44-4)式可得，当 d 改变一个 $\dfrac{1}{2}\lambda$ 时，就有一个条纹"涌出"或"陷入"，所以在实验时只要数出"涌出"或"陷入"的条纹个数 N，读出 d 的改变量 Δd 就可以计算出光波波长 λ 的值

$$\lambda = \frac{2\Delta d}{N} \qquad (4\text{-}44\text{-}5)$$

我们还可利用圆形干涉条纹测量波长差. 当入射光的两种波长相差很小时(例如钠双线), 应有两组干涉条纹. 波长短的干涉条纹稍密, 波长长的条纹较疏. 在某一级上, 当光程差满足 $\delta=k_1\lambda_1=(k_2+N)\lambda_2$(其中 N 为整数)时, 两组干涉条纹完全重叠, 且条纹很清楚. 而当光程差为 $\delta_1=k_1\lambda_1=(k_2+\frac{1}{2})\lambda_2$ 时, 由波长为 λ_1 的光所产生的暗环位置恰与波长为 λ_2 的光所产生的亮环相重合, 条纹的背景很亮, 显得非常模糊. 如果两种波长的光强相等, 则视场呈现均匀照度, 完全看不到条纹, 这时的视见度为零. (视见度 M 是表示视场中明暗对比的程度, 且 $M=\dfrac{I_{\max}-I_{\min}}{I_{\max}+I_{\min}}$, 式中 $I_{\max}$ 表示亮条纹的最大强度, $I_{\min}$ 表示暗条纹的最小强度.)

当光程继续增加时, 条纹又可重叠而进入清晰区域. 但干涉级差比前一次清楚时的级差增加 1. 再继续前进, 条纹又相交错而进入模糊区. 当第二次视见度为零时, 光程差为

$$\delta_2=(k_1+m)\lambda_1=\left[\left(k_2+\frac{1}{2}\right)+(m+1)\right]\lambda_2 \qquad (4\text{-}44\text{-}6)$$

因此, 从某一视见度为零的位置到相邻的另一视见度为零的位置, 光程差变化为

$$\delta_2-\delta_1=m\lambda_1=(m+\frac{1}{2})\lambda_2 \qquad (4\text{-}44\text{-}7)$$

由此得

$$\frac{\lambda_1-\lambda_2}{\lambda_2}=\frac{1}{m}=\frac{\lambda_1}{\delta_2-\delta_1} \qquad (4\text{-}44\text{-}8)$$

在镜中心处的干涉条纹, 其光程差的改变与 M_1 镜移动距离的关系为

$$\delta_2-\delta_1=2\Delta d \qquad (4\text{-}44\text{-}9)$$

代入式(4-44-8)得

$$\Delta\lambda=|\lambda_1-\lambda_2|=\frac{\lambda_1\lambda_2}{2\Delta d}=\frac{\bar{\lambda}^2}{2\Delta d} \qquad (4\text{-}44\text{-}10)$$

$\bar{\lambda}$ 为 λ_1 和 λ_2 的平均值(钠光为 5893Å).

2. 等厚干涉条纹(直条纹)

当 M_1 和 $M_2{}'$ 有一很小夹角 α 时, 两镜面间形成一劈形空气薄膜. 这时暗纹的位置为

$$\delta=2dn_2\cos i=2dn_2(1-i^2)=k\lambda \qquad (4\text{-}44\text{-}11)$$

对于视场中心各点, i 角可近似为零, 而在视场边缘处稍大. 由(4-44-11)式

可以看出，当 d 很小时，即在交棱附近，di^2 项比前一项小得多，可忽略不计. 从而得到暗条纹位置为一些 d 为定值的点的轨迹，即膜厚相等点的轨迹，这些条纹是一些近似与交棱平行的直线. 但在 d 值较大，di^2 项的值与波长相当或大于波长时，暗纹的位置便不再是 d 值相等点的轨迹. 条纹的弯曲已很明显，且条纹的凸出方向向着零级条纹(或称中央条纹).

利用白光源亦可产生圆条纹或直条纹. 但由于白光是复色光，其干涉条纹只能在零级附近产生，且条纹位置与波长有关. 在 M_1 和 M_2' 的交棱上 $d=0$，对各种波长的光，光程差均为零，因此产生直线形暗纹，即零级条纹. 在其两旁，在某波长光的暗条纹位置上出现了它的互补颜色光的亮纹. 因此呈现红蓝相间的彩色条纹. 再稍远些，不同波长光的不同级的亮条纹相互重叠，便看不到干涉条纹. 因此白光干涉条纹只能在中央条纹附近产生十几条彩色条纹.

利用白光干涉的直条纹可以测定透明玻璃片的厚度. 测量方法是：当在视场内出现彩色条纹后，继续缓慢移动 M_1 镜，使中心暗纹移到视场中央. 然后将待测透明玻璃片放在 M_1 镜与 p_1 板之间，且使玻璃片与 M_1 镜平行. 此时彩色条纹消失. 继续向着 p_1 板移动 M_1 镜，直到彩色条纹出现. 并把中心暗纹移到视场中央，这时 M_1 镜的移动刚好抵消了光程变化. 其数值为

$$\Delta t = 2d(n-1) \qquad (4\text{-}44\text{-}12)$$

式中 n 为玻璃的折射率，d 为玻璃片的厚度. 若已知 n，可求出 d，反之，已知 d，亦可求 n.

[实验内容]

1. 测量钠灯的平均波长
(1)练习迈克耳孙干涉仪的手轮操作和读数
①调节仪器使之出现等倾干涉条纹.
②连续同一方向转动微调手轮，仔细观察屏上的干涉条纹"涌出"或"陷入"现象，先熟悉毫米标尺、读数窗口和微调手轮上的读数. 掌握干涉条纹"涌出"或"陷入"个数、速度与调节微调手轮的关系.
(2)经上述调节后，读出动镜 M_1 所在的相对位置，此为"0"位置，然后沿同一方向转动微调手轮，仔细观察屏上的干涉条纹"涌出"或"陷入"的个数. 每隔 30 个条纹，记录一次动镜 M_1 的位置. 共记 330 条条纹.
(3)利用逐差法计算钠光的平均波长.
(4)计算所测量波长的不确定度.

2. 测定钠光的波长差

利用圆形条纹,测出相邻两次视见度为零(条纹最模糊)时 M_1 镜移动的距离,测量钠光的波长差.

3. 测玻璃片的厚度

利用白光干涉条纹,间接测量放入玻璃片的厚度 d(n 由实验室给出).

[注意事项]

1. 在调节和测量过程中,一定要非常细心和耐心,转动手轮时要缓慢、均匀.

2. 为了防止引进螺距差,每项测量过程中必须沿同一方向转动手轮,途中不能倒退.

3. 在用激光器测波长时,M_1 镜的位置应保持在 $30\sim60$ mm 范围内.

4. 为了测量读数准确,使用干涉仪前必须对读数系统进行校正.

[问题讨论]

1. 简述本实验所用干涉仪的读数方法.

2. 分析扩束激光和钠光产生的圆形干涉条纹的差别.

3. 怎样利用干涉条纹的"涌出"和"陷入"来测定光波的波长?

4. 调出等倾干涉条纹应注意哪些问题?

5. 如何利用圆条纹的变化规律来调出白光干涉条纹?

实验四十五 棱镜单色仪

[实验目的]

1. 了解棱镜单色仪的工作原理及用途.

2. 学会棱镜单色仪的定标方法及应用.

[实验仪器]

WFD 型棱镜单色仪,汞灯,钠灯,透镜,目镜及毛玻璃等.

[实验原理]

各种元素的原子被激发时会发出不同波长的光，形成光谱．各种元素的光谱的谱线对应的波长是确定的，由原子能级间的跃迁来决定．谱线在光谱中的位置可以事先测定，因此只要对待测物质所发出的光谱线进行测定，就可以知道该物质的化学成分，这就是进行定性光谱分析的基本依据．光谱分析应用广泛，如测量物质在各光谱区域的透射率及反射率；测定物质的浓度；测定各种辐射接收器的光谱灵敏度；检验滤色片的吸收性能等．

棱镜单色仪的定标曲线是指棱镜单色仪的出射光的波长与鼓轮读数相对应的曲线．一般每台棱镜单色仪都附带厂家标定的定标曲线．为保证正常使用，经过一段时间都需要对仪器重新进行定标．

标定单色仪的定标曲线，要用已知线光谱波长的光源．为了取得较多的波长 λ 与鼓轮读数 T 的对应值，有时需要用一组光源．常用的光源有汞灯、钠灯、氢灯以及铜、铁、锌等弧光光源．

[实验内容]

本实验采用汞灯对 WFD 型棱镜单色仪进行定标．

1. 阅读第二章中关于棱镜单色仪的内容，了解棱镜单色仪的构造及其工作原理．

2. 定单色仪的定标曲线．

（1）识别谱线：标定单色仪的定标曲线时，首先要识别汞灯各条谱线的波长．

打开单色仪出射缝，用目镜在出射缝处观察谱线，调好焦距，使谱线清晰可辨．汞灯在可见光区的谱线波长表见附表 30．

（2）调节分辨率：调节入射缝宽度，使汞灯双黄线（5770Å，5790Å）可以分辨．

（3）测量定标：转动鼓轮，将需要定标的 λ 谱线移到视场中间，逐渐减小缝宽，直至缝宽约等于谱线宽度．记录该谱线位于入射狭缝中央时的鼓轮读数 x，相对应的鼓轮读数 x 即为此波长定标点 $x(\lambda)$．依次测定各谱线的定标点，然后绘制 x-λ 曲线．

3. 波长的测量．

测量钠灯谱线，由所测定标曲线 x-λ 图确定钠灯波长，并与标准值比较．

[注意事项]

1. 棱镜狭缝应小心开启和减小，避免旋钮溢出和狭缝缝沿磕损.
2. 测量时进行鼓轮读数要避免空转误差，每次测量旋转方向要一致.

[问题讨论]

1. 如何测定棱镜单色仪的定标曲线?
2. 在实验中如何确定入射缝与出射缝的宽度?
3. 棱镜单色仪的定标曲线是线色散曲线还是角色散曲线?
4. 如何测定单色仪的线色散?

实验四十六 光栅单色仪

[实验目的]

1. 了解光栅光谱仪的工作原理及在光谱学实验中的应用.
2. 学习光栅光谱仪中光电倍增管接收系统的使用.
3. 学会测定滤色片基本参数的方法.

[实验仪器]

WGD-5 型光栅光谱仪，溴钨灯，滤色片(红、绿、蓝三块)及汞灯等.

[实验原理]

光栅光谱仪的分光部分是用光栅摄取光谱线的单色仪. 光栅光谱仪是以光的衍射原理为基础的仪器，即当一束包含不同波长的平行光投射到光栅面上时，不同波长的光以不同方向射出，从而形成光谱. 如果光源辐射的波长为分立值，则所得的谱线也是分立的，称为线光谱，如汞灯、钠灯等光源；如果光源是太阳或白炽灯等辐射连续波长的光源，则所得光谱是连续光谱，在可见光区(380~760nm 内)可以看到从紫到红连续一片. 目前已知的元素中有 20% 是通过光谱技术发现的.

本实验使用的是 WGD-5 型组合式多功能光栅光谱仪.

滤色片是一种滤光器件,投射到滤色片上的光波有的被吸收,有的可透过,有的被反射,因此可用滤色片产生单色光.

滤色片对不同波长的色光透射能力是不一样的. 滤色片对某一波长的相对透射率定义为:

$$T(\lambda) = \frac{I_{\mathrm{T}}(\lambda)}{I_0(\lambda)} \tag{4-46-1}$$

式中 $I_0(\lambda)$ 是波长为 λ 的光入射到滤色片上的光强, $I_{\mathrm{T}}(\lambda)$ 是该波长的光透过滤色片后的光强. $T(\lambda)$ 即为该波长的光的透射率.

在实验中接收器是光电器件,光电流 $i(\lambda)$ 的大小是与入射到单色仪的入射缝的光强 $I(\lambda)$,单色仪的透射率 $T'(\lambda)$ 及光电器件的光谱灵敏度 $S(\lambda)$ 成正比的. 其关系可用下式表示

$$i(\lambda) = KI(\lambda)T'(\lambda)S(\lambda) \tag{4-46-2}$$

如果实验中测定出波长为 λ 的光强 $I_0(\lambda)$ 与 $I_{\mathrm{T}}(\lambda)$,显然有

$$i_0(\lambda) = KI_0(\lambda)T'(\lambda)S(\lambda)$$

$$i_{\mathrm{T}}(\lambda) = KI_{\mathrm{T}}(\lambda)T'(\lambda)S(\lambda)$$

那么滤色片的相对透射率应该是

$$T(\lambda) = \frac{i_{\mathrm{T}}(\lambda)}{i_0(\lambda)} = \frac{I_{\mathrm{T}}(\lambda)}{I_0(\lambda)} \tag{4-46-3}$$

实验中光谱仪测出波长为 λ 时的光电流 $i_0(\lambda)$ 和 $i_{\mathrm{T}}(\lambda)$,通过光谱仪数据处理软件计算得出 $T(\lambda)$.

滤色片的 $T(\lambda)$-λ 透射率曲线是指滤色片对某一波长的相对透射率与其波长的关系曲线,如图 4-46-1 所示. 曲线上透射率的峰值 T_{m} 反映了滤色片对 λ_0 透射能力的大小;T_{m} 所对应的波长称为峰值波长 λ_0,反映了透射光的光谱区域;光谱功率沿峰值两侧下降到其值的 50% 时,所对应的两波长之差 $\Delta\lambda = \lambda_2 - \lambda_1$ 称为谱线半宽度,也称为光谱带宽,它是衡量滤色片单色性的指标,半宽度愈小单色性愈好.

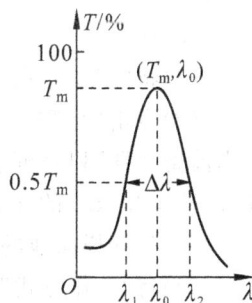

图 4-46-1

实验中我们通过光电倍增管接收光谱. 在 WGD-5 软件平台上进行功能选择,光栅光谱仪将自动描绘透射率曲线.

[实验内容]

1. 测量准备

(1)阅读第二章中关于光栅光谱仪的内容，了解光栅光谱仪的构造及其工作原理.

(2)将单色仪背面的"扳手"置于"倍增管". 打开单色仪的电源开关. 将倍增管的高压调至 350 V(不得超过 600 V).

(3)打开溴钨灯.

(4)系统初始化. 打开计算机，进入系统后，双击"WGD-5 倍增管"图标进入工作界面. 在系统和波长初始化完成后便可以工作.

(5)参数设置. 在"参数设置"菜单中选择：

"工作方式"选"能量"；

"间隔"选"1 nm"；

"工作范围"的"起始波长"选"350 nm"，"终止波长"为"800 nm"；

其他默认即可.

(6)缝宽调整. 狭缝鼓轮顺时针(向下旋转)为增大缝宽；每转一周变化 0.5 mm，初始值设为 0.1～0.5 mm.

(7)曲线扫描. 点击"单程"，单色仪开始扫描，同时在屏上显示 I-λ 曲线. 扫描完成后根据谱线强度重新调整缝宽，使 I 最高强度达 900 以上(标度最大 1000).

2. 测量

(1)将"工作方式"设置为"基线"，其他参数不变.

(2)点击"单程"，单色仪开始扫描，显示 I_0-λ 曲线. 扫描结束后，点击"当前寄存器"列表框右侧"---"，在弹出的"环境信息"框中填入信息，然后关闭. 选用".txt"的文本格式保存该寄存器的数据.

(3)打开样品池的顶盖，将一个滤色片放在入射狭缝的前面，盖上顶盖.

(4)将"工作方式"设置为"透射率"，更换寄存器，重复(2). 扫描该滤色片的透射率曲线 $T(\lambda)$-λ.

(5)确定滤色片的峰值、峰值波长及半宽度.

在"读取数据"菜单中选"寻峰"，弹出的对话框中将给出曲线上各峰值位置；记录下滤色片的颜色所对应的峰值数据.

利用光标"读取数据"功能，在曲线上峰值两侧各读取 10 个数据，应读至峰值的 1/2 以下.

(6)将被测滤色片的透射率曲线存档.

(7)同样测量另两个滤色片,并将文件存档.

(8)将滤色片两两叠放在一起测量. 方法同前.

3. 数据处理

(1)根据记录的数据,在直角坐标纸上画出三个滤色片(单独的)及两个滤色片一起的透射率曲线.

(2)在图中标明峰值、峰值波长及半宽度.

(3)讨论两个滤色片叠放与这两个滤色片单独时它们的透射率之间的联系.

[问题讨论]

1. 什么是透射率曲线?

2. 测量时能否第一步就使用"工作方式"中的"透射率"模式?为什么?

3. 在测定 $T(\lambda)$-λ 曲线中,为什么要用溴钨灯?

4. 在实验中如何确定入射缝与出射缝的宽度?为什么?

5. 如何确定滤色片的峰值波长及半宽度?

6. 设计一个用光栅光谱仪测量物质的光吸收谱的实验方案.

[附录]

电磁波谱:

第五章　综合实验

实验四十七　刚体转动规律的研究

[实验目的]

研究刚体定轴转动的规律.

[实验仪器]

气垫转盘及其附件，光电计时系统，天平及卡尺等.

[实验原理]

1. 气垫转盘实验装置

气垫转盘实验装置如图 5-47-1 所示.

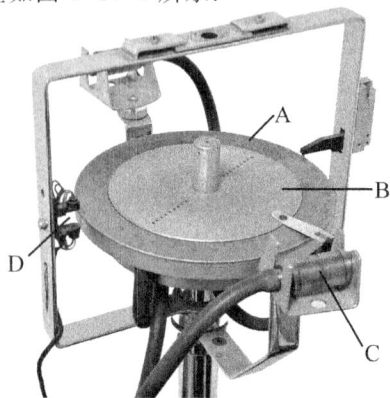

图 5-47-1

图中 A 为凹形定盘气室,其侧壁及底部有气孔. B 为可以在定盘气室中转动的圆盘(简称动盘). C 为气垫滑轮. D 为光电门. 动盘放在凹形定盘气室中,空气被气源压入进气口后由气孔喷出,在动盘与定盘气室间形成气垫. 动盘中心有一带有小孔的圆柱,细线可穿过小孔并绕在圆柱上,细线两端系有砝码,经气垫滑轮挂在两边. 砝码通过细线将力矩作用在动盘上,使动盘作定轴转动. 光电门装在定盘边缘,并与数字计时器连接. 动盘边上带有挡光片,转动时挡光片经过光电门,使数字计时器计时.

2. 动盘转动惯量的测定

设动盘上圆柱的半径为 r,细线的张力为 T,则作用在动盘上的合力矩为 $M=2Tr$. 若细线两边挂有相同的砝码 m,转动角加速度为 β,则合力矩

$$M = 2mgr - 2mr^2\beta \tag{5-47-1}$$

设动盘绕中心轴的转动惯量为 J_0,由转动定理可得

$$2mgr - 2mr^2\beta = J_0\beta \tag{5-47-2}$$

则动盘转动惯量

$$J_0 = \frac{2mgr}{\beta} - 2mr^2 \tag{5-47-3}$$

如果分别测得动盘以同一初角速度开始转动一周(转角 $\theta_1 = 2\pi$)和两周(转角 $\theta_2 = 4\pi$)所需的时间 t_1 和 t_2,可求得动盘的角加速度为

$$\beta = \frac{4\pi(2t_1 - t_2)}{t_1 t_2(t_2 - t_1)} \tag{5-47-4}$$

将(5-47-4)式代入(5-47-3)式,有

$$J_0 = \frac{mgrt_1 t_2(t_2 - t_1)}{2\pi(2t_1 - t_2)} - 2mr^2 \tag{5-47-5}$$

3. 刚体转动定理的验证

将(5-47-2)式改写为

$$\frac{1}{\beta} = \frac{r}{g} + \frac{J_0}{2gr} \cdot \frac{1}{m} \tag{5-47-6}$$

令 $y = \frac{1}{\beta}$,$x = \frac{1}{m}$,$a = \frac{r}{g}$,$b = \frac{J_0}{2gr}$,则(5-47-6)式可写为

$$y = a + bx$$

在实验中测量加不同砝码时的角加速度,计算 x 和 y 值,若 y 与 x 为线性关系,则可验证转动定理成立.

4. 平行轴定理的验证

在动盘盘面的一直径上开有一排小孔,这些小孔相对于动盘圆心对称排列(如图 5-47-1). 在圆心两侧的小孔上对称地插入两个相同的小圆柱体. 设每

个小圆柱体的质量为 m_0，绕自身对称轴的转动惯量为 J_C，小孔中心至动盘圆心的距离为 d，插上小圆柱体后系统的总转动惯量为 J'，根据平行轴定理，有

$$J' = J_0 + 2J_C + 2md^2 \qquad (5\text{-}47\text{-}7)$$

在实验中测量对应不同 d 值的 J'，若 J' 与 d^2 成线性关系，则证明平行轴定理成立.

5. 角动量守恒定律的验证

如图 5-47-2 所示，图中 A 为中心带有细孔的重球定位架，B 为带有细线的重球，C 为中心有凹槽的圆盘（简称凹盘）. 将凹盘放入气室中，重球上的细线穿过重球定位架的中心细孔. 调整好重球定位架的位置，使重球落下时刚好落在凹盘的中心. 实验时先将重球提起并保持静止，推动凹盘使其转动，再让重球落在凹盘上，与凹盘一起转动. 设凹盘的转动惯量为 J_1，重球的转动

图 5-47-2

惯量为 J_2，重球落入前凹盘的角速度为 ω_1，重球落入后共同转动的角速度为 ω_2，由角动量守恒定律有

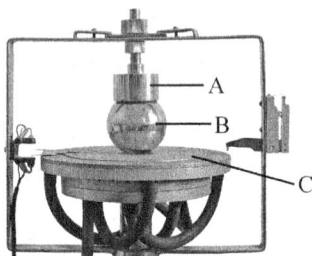

$$J_1\omega_1 = (J_1 + J_2)\omega_2 \qquad (5\text{-}47\text{-}8)$$

由上式可得

$$\frac{J_1}{J_1 + J_2} = \frac{\omega_2}{\omega_1} = \frac{t_1}{t_2} \qquad (5\text{-}47\text{-}9)$$

式中 J_1 和 J_2 可利用气垫转盘测定，t_1 和 t_2 分别为重球落下前后凹盘转过相同角度所用的时间. 若所测数据满足(5-47-9)式，则可验证角动量守恒定律成立.

[实验内容]

1. 测定动盘、凹盘和重球的转动惯量 J_0，J_1 和 J_2

2. 验证刚体转动定律

改变砝码质量 7 次，计算 x，y 值，作出 y-x 曲线. 或利用最小二乘法确定 y-x 的相关系数.

3. 验证平行轴定理

用天平测定小圆柱体的质量 m_0，改变 d 值 5 次，测定 J'，利用作图法或最小二乘法确定 J' 与 d^2 的关系.

4. 验证角动量守恒定律

该项内容需多次重复测量.

[问题讨论]

1. 实验中如何确定气垫转盘是否水平？
2. 分析实验中误差的主要来源.
3. 在验证角动量守恒定律时，实验操作上应注意哪些方面？

实验四十八 热力学第二定律的验证

[实验目的]

1. 加深对塞贝克效应和珀耳帖效应的理解及其在热机上的应用.
2. 学习一种验证热力学第二定律的实验方法.

[实验仪器]

验证热力学第二定律的实验装置，电流表，电压表，温度计及开关等.

[实验原理]

一个热力学系统从高温热源吸收热量对外做功，同时向低温热源放出热量，称为热机，如图 5-48-1 所示. 若外界对系统做功，将热量从低温热源传向高温热源，称为热泵，如图 5-48-2 所示.

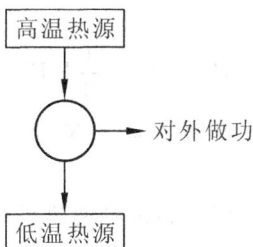

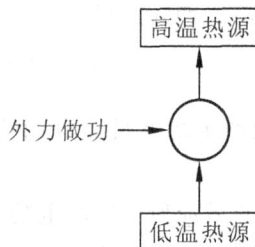

图 5-48-1　　　　　　　　图 5-48-2

本实验中的热力学系统用由半导体材料制作的热电装置组成. 利用塞贝克效应和珀耳帖效应的可逆性实现可逆热机或热泵.

1. 热机

不同材料的金属或半导体组成一闭合回路时，如果在接点处维持不同的温度，则在回路中就会维持一定的电流，这就是塞贝克效应. 利用泽贝克效应可以做成一个热机，如图 5-48-3 所示.

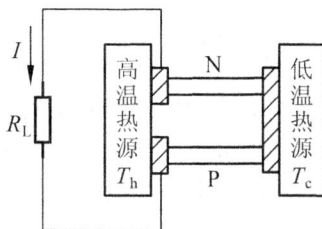

热力学系统由不同半导体材料(N 型和 P 型)组成. 它们的接点分别与高温热源和低温热源接

图 5-48-3

触. 低温热源的热容量为无限大，其温度保持在 T_c，高温热源的温度保持在 T_h，为此需要由外部提供功率 P_1. R_L 为外接负载电阻. 装置内的总电阻为 R，当回路闭合时，将有回路电流 I 流通，该电流在装置内部产生焦耳热 I^2R，应注意到传至热端和冷端的热量是相等的. 重要的是电流流过热端时，要从热端吸收珀耳帖热量 $\pi(T_h)I$，这部分热量是可逆的，$\pi(T_h)$ 称为热端的珀耳帖系数.

在热平衡的情况下，流入热端接点处的热量应等于由热端接点处流出的热量与热端吸收的热量之和，即

$$P_1 + \frac{1}{2}I^2R = k(T_h - T_c) + \pi(T_h)I \tag{5-48-1}$$

式中 k 为装置的热导率，且等于 P 臂与 N 臂热导的并联，$k(T_h - T_c)$ 是由热端传至冷端的热量.

断开 R_L，电流为零，保持热端和冷端的温度不变，只能靠外部提供热功率 P_2，有

$$P_2 = k(T_h - T_c) \tag{5-48-2}$$

由(5-48-1)(5-48-2)两式可得

$$\pi(T_h)I = P_1 - P_2 + \frac{1}{2}I^2R = P_1 - P_2 + \frac{1}{2}I(E - U) \tag{5-48-3}$$

式中 E 为装置内产生的塞贝克电动势，U 是接入负载 R_L 时 A，B 两点的电动势.

显然，塞贝克效应所产生的电功率为 EI，那么可逆热机的效率为所产生的电功率与所吸收的珀耳帖热量之比，即

$$\eta = \frac{EI}{\pi(T_h)I} = \frac{EI}{P_1 - P_2 + \frac{1}{2}I(E - U)} \tag{5-48-4}$$

由热力学第二定律知，可逆热机的效率为

$$\eta' = 1 - \frac{T_c}{T_h} \tag{5-48-5}$$

若 η 与 η' 在实验误差范围内相等，则可验证热力学第二定律.

2. 热泵

由两种不同材料的金属或半导体组成的闭合回路，若接入一个直流电源，就会在一个接点处吸热，在另一个接点处放热，这就是珀耳帖效应. 利用珀耳帖效应可做成一个热泵. 如图 5-48-4 所示.

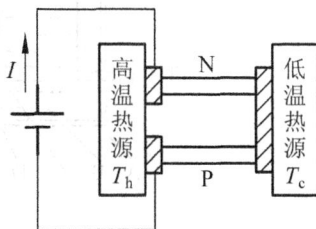

外加直流电源的电动势与装置内的塞贝克效应电动势方向相反. I 为外电源提供的电流，它促使热端吸收珀耳帖热. 与热机情况相似，由外功率 P_3 维持热端温度 T_h 和冷端温度 T_c 不变，其热平衡方程式为

图 5-48-4

$$P_3 + \pi(T_h)I + \frac{1}{2}I^2R = k(T_h - T_c) \tag{5-48-6}$$

当电源 ε 断开后，设保持 T_h 不变所需提供的外功率为 P_4，则有

$$P_4 = k(T_h - T_c) \tag{5-48-7}$$

由(5-48-6)(5-48-7)两式可得

$$\pi(T_h)I = P_4 - P_3 - \frac{1}{2}I^2R = P_4 - P_3 - \frac{1}{2}I(U' - E) \tag{5-48-8}$$

其中 U' 为外接电源的端电压，在外电源 ε 提供的功率中，一部分变成焦耳热 I^2R，另一部分用来抵消塞贝克电动势做功 EI. 后一部分是可逆的，所以可逆热泵的效率为

$$\beta = \frac{\pi(T_h)I}{EI} = \frac{P_4 - P_3 - \frac{1}{2}I(U' - E)}{EI} \tag{5-48-9}$$

由热力学第二定律知，可逆热泵的效率为

$$\beta' = \frac{T_h}{T_h - T_c} \tag{5-48-10}$$

若在实验误差范围内 β 与 β' 相等，则可验证热力学第二定律.

实验总体装置如图 5-48-5 所示.

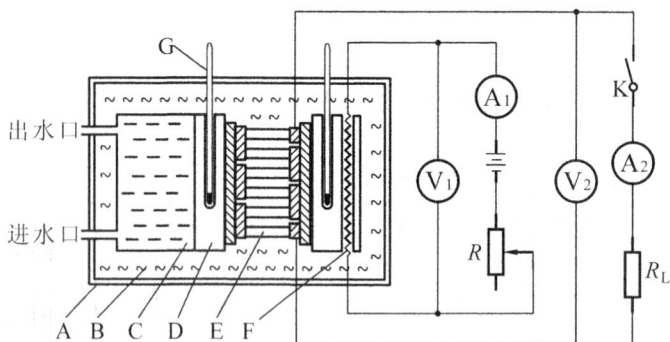

图 5-48-5

A—外壳；B—绝热材料；C—水箱；D—金属块；E—半导体芯片；F—电热丝；G—温度计

[实验内容]

1. 测量可逆热机和可逆热泵的效率，T_h 控制在 $30 \sim 120\,℃$ 之间，每隔 $10\,℃$ 测一组数据.

2. 计算各温度点的 η 与 η'，β 与 β'，作 $\eta - \eta'$ 和 $\beta - \beta'$ 图，求出相关系数、截距和斜率.

[注意事项]

1. 本实验的热平衡过程较慢，应等达到热平衡时记录数据.

2. 低温热源采用流动冷水装置，应适当控制流量，使低温热源温度不变.

3. 流过半导体芯片的电流不能超过 3A.

[问题讨论]

1. 塞贝克效应和珀耳帖效应的物理内容及存在的条件是什么？

2. 分析本实验的主要误差来源.

实验四十九　斯特藩常数的测量

［实验目的］

1. 学习测量斯特藩常数的基本方法.
2. 加深对热辐射、热传导和对流等物理过程的认识.

［实验仪器］

斯特藩常数测量装置，数字电压表，电流表，功率表及直流电源等.

［实验原理］

1879 年斯特藩（Stefan）根据丁铎尔（Tyndall）及杜隆-珀蒂（Dulong-Petit）等人的实验结果总结出辐射热能通量与绝对温度的四次方成正比的结论. 1884年玻尔兹曼（Boltzmann）从理论上证明了对于黑体所辐射的热能通量 Φ 与绝对温度 T 满足如下关系

$$\Phi = \sigma T^4 \tag{5-49-1}$$

其中 σ 为斯特藩-玻尔兹曼常数，单位为 $\mathrm{J/K^4}$，上式称为斯特藩-玻尔兹曼定律.

若将一灼热的非理想黑体置于一空腔内，则由该黑体向空腔壁所辐射的热通量满足

$$\Phi = S\varepsilon\sigma(T_\mathrm{b}^4 - T_\mathrm{w}^4) \tag{5-49-2}$$

其中 S 为黑体的表面积；ε 为辐射发射率，对理想黑体，其值为 1；T_b 为黑体的温度，T_w 为空腔壁的温度.

根据上述原理，通常采用动态法或稳态法测量斯特藩常数.

1. 动态法

将黑体加热到一定温度后，切断热源，这时黑体温度为 T_b，测量切断热源后黑体绝对温度 T 随时间变化的冷却曲线. 由冷却定律和斯特藩定律可得

$$C_\mathrm{p}\left(\frac{\mathrm{d}T}{\mathrm{d}t}\right)_{T=T_\mathrm{b}} = S\sigma(T_\mathrm{b}^4 - T_\mathrm{w}^4) \tag{5-49-3}$$

由上式可求出斯特藩常数，式中 C_p 为辐射黑体在实验条件下的热容量，其值

可通过实验测得,具体方法如下.

保持实验的真空条件,并在黑体与其所处空腔壁温度相同的情况下,用电热法加热黑体,当其温度相对空腔上升不高时,可认为如下关系成立

$$IU = C_p \left(\frac{\mathrm{d}T_b}{\mathrm{d}t} \right)_{t=t_0} \tag{5-49-4}$$

其中 IU 为加热的电功率,$\left(\frac{\mathrm{d}T_b}{\mathrm{d}t} \right)_{t=t_0}$ 为 T_b 随时间变化曲线在 $t=t_0$ 时的斜率值,由此可确定黑体的热容量 C_p.

2. 稳态法

通过改变提供加热黑体的电功率,总会使 $T_b - T_w$ 达到一稳定值. 当满足此条件时,黑体所吸收的电功率与其辐射的热能通量相等,有

$$P = S\sigma(T_b^4 - T_w^4) \tag{5-49-5}$$

式中 P 为提供的电功率,上式假定黑体为理想黑体.

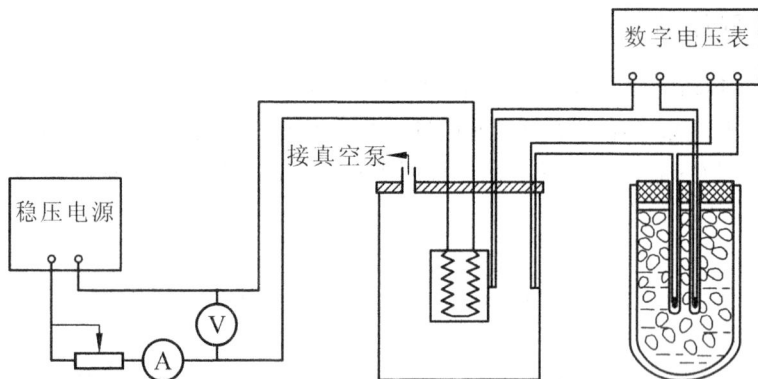

图 5-49-1

图 5-49-1 中所示的实验装置既可以用稳态法,也可以用动态法测量斯特藩常数. 用于辐射热的黑体为一中空紫铜圆柱体,中空腔内充以电阻丝(功率为数十瓦). 用铜-康铜热电偶分别测定黑体和空腔的温度,热电偶的参考点置于装有冰水混合物的杜瓦瓶内. 空腔为一铝制圆筒,内壁涂黑. 整个系统密封,并可与真空泵连通.

[实验内容]

1. 测量黑体的热容量.

2. 用稳态法测量斯特藩常数.

3. 用动态法测量斯特藩常数.

[注意事项]

1. 实验时应保持空腔内处于真空状态.

2. 根据电阻丝的规格选择正确的测量功率的电路.

3. 实验过程中注意校准电位差计.

4. 热电偶参考点温度应为冰水混合物的温度.

[问题讨论]

1. 为什么要使空腔内保持真空状态?

2. 在测量黑体热容量时, 是否应将系统抽成真空?

3. 牛顿冷却定律的应用条件是什么?

4. 分析实验中存在的系统误差, 提出改进措施.

实验五十　低电阻的测量

[实验目的]

1. 了解测低电阻的原理, 掌握排除接触电阻和接线电阻的方法.

2. 学会用伏安法及双臂电桥测量低电阻.

[实验仪器]

低电势电位差计, 开尔文(板式)双电桥, 检流计, 安培计, 箱式双电桥, 直流电源, 待测金属棒(铜棒、铝棒各一根), 标准低电阻, 千分尺, 米尺及开关等.

[实验原理]

1. 伏安法测低电阻的困难与处理

伏安法测中等阻值的电阻是很容易的, 但在测低电阻 R_x 时将遇到困难. 如图 5-50-1 所示, 图中(a)是伏安法的一般电路图, (b)是将 R_x 两侧的接触电阻、导线电阻以等效电阻 R'_1, R'_2, R'_3, R'_4 表示的电路图. 由于电压表 V 的内阻较大, 串接小电阻 R'_1, R'_4 对其测量影响不大, 而 R'_2, R'_3 串接到被

测低电阻 R_x 后，使被测电阻成为 $(R'_2 + R_x + R'_3)$，其中 R'_2，R'_3 和 R_x 相比是不可不计的，有时甚至超过 R_x，因此如图 5-50-1 的电路不能用以测量低电阻 R_x.

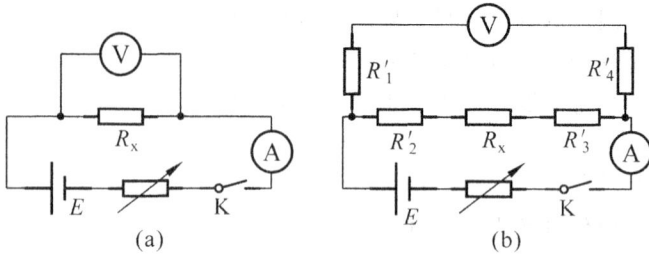

图 5-50-1

解决上述测量的困难，在于消除 R_2'，R_3' 的影响，图 5-50-2 的电路可以达到这个目的. 它是将低电阻 R_x 两侧的接点分为两个电流接点 (cc) 和两个电压接点 (pp)，这样电压表测量的是长为 l 的一段低电阻（其中不包括 R_2' 和 R_3'）两端的电压. 这样的四接点测量电路使低电阻测量成为可能.

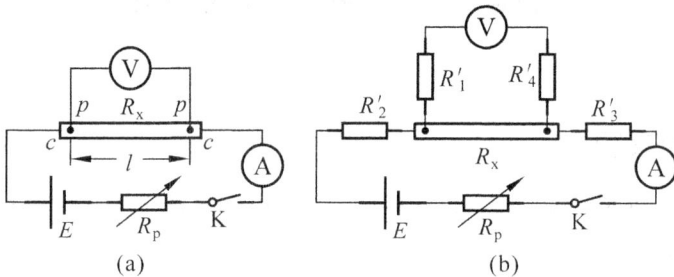

图 5-50-2

图中，设 $R_x = 0.0020\ \Omega$，则当电流 $I = 1.5\ \mathrm{A}$ 时，$U = 0.003\ \mathrm{V} = 3\ \mathrm{mV}$，因此测低电阻时，要用毫伏表测电压. 为了减少毫伏表内阻不够大的影响，可改用数字电压表或电位差计去测量.

2. 用双臂电桥测量低电阻

与上述道理相同，用惠斯通电桥测量低电阻时也会遇到寄生电阻（即连线电阻和接触电阻之和）的问题. 用惠斯通电桥测量电阻时，并未考虑各桥臂间的连接导线电阻和各接线端钮的接触电阻，这主要因为被测电阻一般较大，其余各臂电阻也较大，上述寄生电阻对测量结果影响很小，以致可以忽略.

如果被测电阻很小，上述寄生电阻的影响就突出了. 因为在这种情况下测出的电阻值不仅包含 R_x，还包含 $2r_k$（r_k 为接触电阻）和 $2r_l$（r_l 为导线电阻），如图 5-50-3 所示. 假定被测电阻本身为 $0.01\ \Omega$, 而上述寄生电阻总和约为 $10^{-3}\ \Omega$ 时，可使测量结果误差达到 10%. 如果被测电阻约为 $10^{-4}\ \Omega$, 寄生电阻阻值不变，这时由惠斯通电桥测得的不再是被测电阻本身，而主要是寄生电阻了. 这就是惠斯通电桥无法测量低电阻的原因.

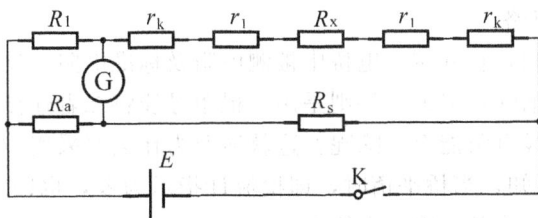

图 5-50-3

通常将 $1\ \Omega$ 以下，直至 $10^{-5}\ \Omega$ 或 $10^{-6}\ \Omega$ 的电阻称为低电阻. 为了测量低电阻，必须减小或消除上述的寄生电阻对测量结果的影响，这就需要用开尔文电桥（亦称双臂电桥）.

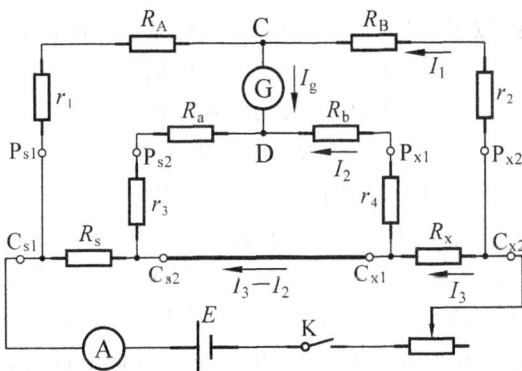

图 5-50-4

图 5-50-4 所示为一板式双臂电桥的原理电路图. 图中 R_s 为一标准电阻，R_x 为被测电阻，它们在接入电桥电路中采用四端钮结构，即电阻的每一端有两个接线端钮，其中一个叫电流端钮（图 5-50-4 中 C_{s1}，C_{s2}，C_{x1} 和 C_{x2}），另一个叫做电压端钮（P_{s1}，P_{s2}，P_{x1} 和 P_{x2}）. 电阻 R_s 和 R_x 用一根电阻为 R 的粗导线连接起来，并和电源组成闭合回路. 它们的电压端钮分别与桥臂电阻 R_A，R_a，R_B 和 R_b 连接，这四个电阻都较大（如实验中所用的桥臂均不小于 $100\ \Omega$）.

被测电阻与标准电阻都属于低电阻. 与前述道理相同，把它们接入电桥中时需将电流端钮与电压端钮分开. 这样可将由于电流流入造成的接触电阻甩在电压端钮以外(其中电压端钮所接入的测试回路电阻较大,故分流很小,由此而产生的接触电阻可以忽略),从而使它只会对电源回路有影响,而对桥路平衡影响甚微以致可以忽略. 同时由于电流端与电压端分开之后,便可将标准电阻及被测电阻一端的接线电阻值置入 R_A 及 R_B 桥臂中,因这些接线电阻与 R_A 及 R_B 相比可以忽略.

综上所述得知,在开尔文电桥中被测电阻及标准电阻一端的接触电阻及连接导线电阻可以消除,但另一端则是用一根粗导线将二者连接起来,那么此端的接触电阻及导线电阻能否消除呢? 这就涉及为什么要采用"双臂"的道理.

由图 5-50-4 知,当桥平衡时,即检流计指示为零,也即 $I_g = 0$ 时,C,D 二点的电位相等. 由基尔霍夫定律有:

$$I_1(R_B + r_2) = I_3 R_x + (R_b + r_4) I_2 \tag{5-50-1}$$

$$I_1(R_A + r_1) = I_3 R_s + (R_a + r_3) I_2 \tag{5-50-2}$$

$$(I_3 - I_2)R = I_2(R_a + R_b + r_3 + r_4) \tag{5-50-3}$$

一般因 R_A,R_B,R_a 及 R_b 值均为数百欧姆,而接触电阻及接线电阻 r_1,r_2,r_3 及 r_4 均在 $0.1\ \Omega$ 以下,故(5-50-1)(5-50-2)及(5-50-3)式可近似为

$$I_1 R_B = I_3 R_x + I_2 R_b \tag{5-50-4}$$

$$I_1 R_A = I_3 R_s + I_2 R_a \tag{5-50-5}$$

$$(I_3 - I_2)R = I_2(R_a + R_b) \tag{5-50-6}$$

但必须指出,由(5-50-1)(5-50-2)及(5-50-3)式变为(5-50-4)(5-50-5)及(5-50-6)式时,还必须满足 $I_3 R_x \gg I_2 r_4$,$I_3 R_s \gg I_2 r_3$. 否则只忽略 $I_2 r_4$ 及 $I_2 r_3$ 而留下 $I_3 R_x$ 及 $I_3 R_s$,便不正确了. 而欲满足上述条件,必须使 $I_3 \gg I_2$,因为 R_x,R_s 与 r_3,r_4 同数量级,甚至比 r_3,r_4 还小. 由(5-50-3)式分析,欲使 $I_3 \gg I_2$,必须使 $R_a + R_b \gg R$. 但 $R_a + R_b$ 一般不宜取值过大,否则会降低双桥的灵敏度,为此必须使 R 很小,下面会指出,实际双桥正是这样制作的.

现对(5-50-4)(5-50-5)(5-50-6)三方程联立求解,得出

$$R_x = \frac{R_B}{R_A} R_s + \frac{R_a R}{R_a + R_b + R}\left(\frac{R_B}{R_A} - \frac{R_b}{R_a}\right) \tag{5-50-7}$$

由(5-50-7)式知,若

$$\frac{R_B}{R_A} = \frac{R_b}{R_a} \tag{5-50-8}$$

则被测电阻为

$$R_x = \frac{R_B}{R_A} R_s \tag{5-50-9}$$

制作双臂桥时,就要保证(5-50-8)式的成立. 而当此条件成立时,因为被测

电阻 R_x 和标准电阻 R_s 之间的接线电阻及端钮 C_{s2} 和 C_{x2} 的接触电阻都包括在电阻 R 的支路内，而根据 (5-50-8) 式，此项对结果的贡献为零. 这就是设置 R_a 及 R_b 两臂的目的.

当然，实际上，很难使桥臂电阻满足 $R_B/R_A = R_b/R_a$，为了减少 (5-50-7) 式中第二项对结果的影响. 一般尽量减小 R 这个电阻的阻值. 以致使得 (5-50-7) 式中，相对于第一项，第二项小到可以忽略的程度. 故实际桥路中 R 均采用截面积足够大，导电率足够高的材料制成.

如果被测金属棒均匀，则可通过测量被测金属棒的直径 d 和长度 l，利用下式求得被测材料的电阻率 ρ_x：

$$\rho_x = \frac{R_x \pi d^2}{4l} \tag{5-50-10}$$

实验中所用双电桥如图 5-50-5 所示，测量电路如图 5-50-6 所示，虚线框内为双电桥. 该双电桥有三个量程，即 $R_B/R_A = R_b/R_a$ 可分别取 "0.1" "1" 或 "10". 使用时将被测电阻棒固定于弹簧片 P 和 Q 上，根据被测电阻的大小，选取合适的量程. 标准电阻可以通过移动滑动头 M 而改变，因此只要量程选择合适，通过调节 M，便可使双桥达到平衡，于是可以通过公式 (5-50-9) 求出被测电阻数值.

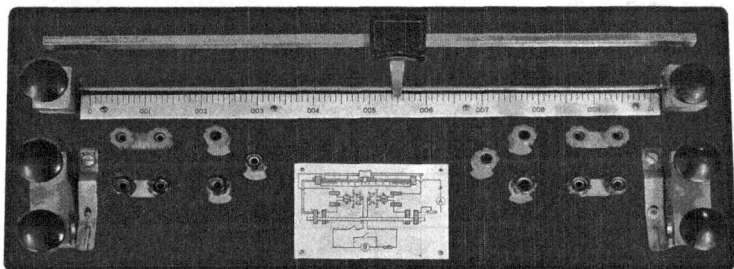

图 5-50-5

实验中，还必须对双桥上所附的带刻度尺的标准电阻进行标定. 为此应利用准确度高的箱式双臂电桥，测定测量标准电阻棒全长的阻值 R_s'，从而标定刻度尺. 若 α_0 为标尺总刻度数，α 为电桥平衡时标准电阻下方标尺的示数，则有 $R_s = \dfrac{\alpha}{\alpha_0} R_s'$.

如果实验室中没有板式双臂电桥，也可以按图 5-50-4 自组一双臂电桥. 即用四只电阻箱分别当作 R_A，R_B，R_a 和 R_b，用一个数值合适的低值标准电阻代替板式桥中的可调标准电阻棒. 用以上仪器和被测电阻组成双臂桥. 测量

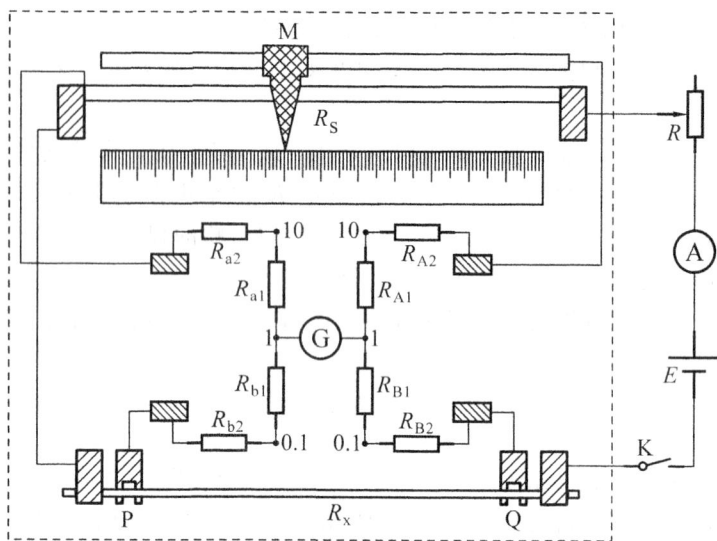

图 5-50-6

时，因所用标准电阻是固定值，故需调节 R_A，R_B，R_a 和 R_b，使满足(5-50-8)式的条件，使桥路达到平衡.

[实验内容]

1. 用伏安法测量铝棒电阻

(1)阅读第二章中关于电位差计的内容. 测量电路如图 5-50-7.

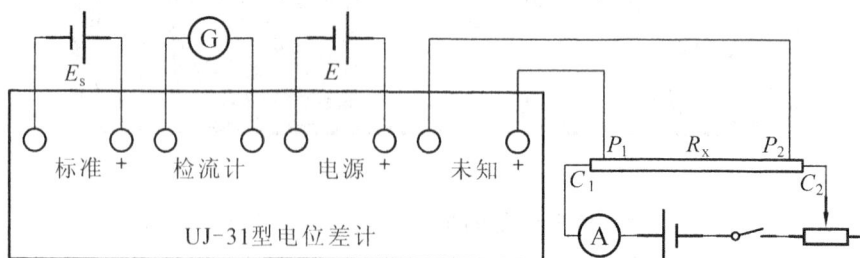

图 5-50-7

(2)按图 5-50-7 连接电路.

(3)校准电位差计.

(4)改变流过铝棒的电流 7 次，分别测量铝棒上 P_1，P_2 间的电压.

(5)用作图法求出铝棒上 P_1，P_2 间的电阻.

(6)求出整根铝棒的电阻.

2. 用双臂电桥测量铜棒电阻率

(1)用箱式双臂电桥测量板式电桥的标准电阻，并对其刻度尺进行标定.

(2)按图 5-50-6 连线，注意使接头处接触良好. 接线前，应清洁被测金属棒的表面，而后再接入线路.

(3)测定被测金属棒的电阻. 选取合适的 R_B/R_A（或 R_b/R_a）量程，以使测量结果较准确. 至少测 10 次，取平均值. 测量时通电时间要短，避免因被测材料发热而导致测量结果产生误差.

(4)测量金属棒的长度与直径. 测量直径时，要在不同地方测，至少测 10 次，取平均值.

(5) 确定被测材料的电阻率及其不确定度.

[问题讨论]

1. 测量低电阻时为什么要将二端钮电阻做成四端钮电阻？

2. 等式(5-50-9)成立的条件是什么？为什么要保持此条件？

3. 实验中所用的双臂电桥为什么要校准？怎样校准？

4. 怎样调节双臂电桥，以使桥路更快地达到平衡？

实验五十一 用冲击电流计测量高电阻

[实验目的]

1. 进一步掌握冲击电流计的原理和使用方法.
2. 学会用电容器放电法测量高电阻的阻值.

[实验仪器]

冲击电流计，标准电容箱，电压表，直流电源，滑线变阻器，待测高阻值的电阻及开关等.

[实验原理]

当一个极板所带电量为 Q_0、电容量为 C 的电容器通过一个电阻 R 放电时，极板上所剩的电量 Q 与放电时间 t 有以下关系

$$Q = Q_0 \exp\left(-\frac{t}{RC}\right) \qquad (5\text{-}51\text{-}1)$$

若已知 C，Q_0，Q 及放电时间 t，则可求得电阻 R.

可以看出，电阻值越大，放电过程越为缓慢，而放电缓慢对于提高测量的准确度有利. 因此这种方法往往被用来测量阻值很高的电阻.

实际测量中电容器可以选用电容量已知的标准电容 C_0，放电时间 t 由数字计时器测定，电量可利用冲击电流计测量(有关冲击电流计的内容请见第二章).

测量高阻值电阻的电路如图 5-51-1 所示.

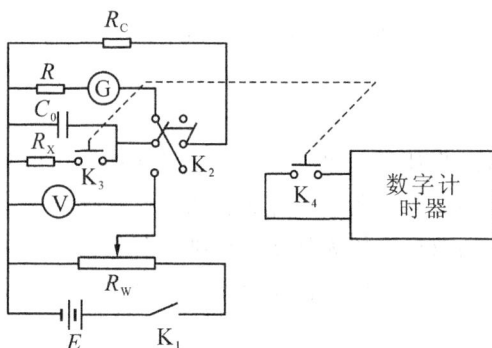

图 5-51-1

图中 C_0 为标准电容，R_x 为被测高电阻. 测量时，先对标准电容 C_0 充电，而后让其通过 R_x 放电，同时用数字计时器测定放电时间 t.

充电电量 Q_0 和经过 t 时间放电后标准电容 C_0 上所剩的电量 Q 可分别用冲击电流计进行测定. 若保持电容器充电电压不变，测得电量为 Q_0 与 Q 时冲击电流计的最大偏转分别为 α_0 与 α，则

$$Q_0 = \alpha_0 K_C, \quad Q = \alpha K_C \qquad (5\text{-}51\text{-}2)$$

其中 K_C 为冲击电流计的库仑常数，将(5-51-2)式代入(5-51-1)式可得

$$\alpha = \alpha_0 \exp\left(-\frac{t}{R_x C_0}\right) \qquad (5\text{-}51\text{-}3)$$

对上式等号两侧取对数可得到：

$$\ln \alpha = -\frac{t}{R_x C_0} + \ln \alpha_0 \qquad (5\text{-}51\text{-}4)$$

可以看出冲击电流计的偏转 α 的自然对数与放电时间 t 存在线性关系. 测量多组 (t, α) 数值后，利用图解法或最小二乘法即可求得被测高电阻 R_x.

［实验内容］

测定高电阻. 电容通过高电阻放电时，放电时间应改变 7～10 次，而后测定与不同放电时间相应的剩余电量所对应的冲击电流计的最大偏转. 电容器的充电电压应始终保持不变. 作 $\ln\alpha - t$ 放电曲线，由图作线性拟合，确定待测电阻值.

［问题讨论］

1. 在图 5-51-1 中，R_C 的作用是什么？

2. 怎样判断冲击电流计处于临界阻尼状态？

3. 图 5-51-1 中的开关 K_2 的作用是什么？能否用两个单刀双掷开关代替它？

4. 怎样测试电容通过高阻值电阻放电的曲线？怎样确定被测的高电阻的阻值？

5. 若给定一内阻为 3 000 Ω 的冲击电流计，其固有周期 $T_0 = 20$ s. 测量时，要求冲击电流计的最大偏转 $\alpha_m \geqslant 10$ cm，所加的电压 $\leqslant 20$ V，电流计的库仑常数已被测得. 那么 C_0 的取值范围有什么限制？怎样确定用此电流计能够测量的高电阻值的范围？（回路时间常数 R_C 不得大于 $T_0/100$）.

6. 给定冲击电流计，标准电容，电阻箱，滑线变阻器，电压表，直流电源，单刀开关及双刀双掷开关各一个，请设计一实验来确定待测电容的电容量 C. 画出电路图并写出主要原理公式及实验步骤.

7. 给定冲击电流计，标准电容，电容数值未知的平行板电容器，电介质薄板，电阻箱，滑线变阻器，电压表，直流电源，单刀开关及双刀双掷开关各一个，请设计一实验来确定待测薄板的介电常量. 画出电路图并写出主要原理公式及实验步骤.

实验五十二 半导体热敏电阻温度特性的研究

[实验目的]

1. 研究热敏电阻的温度特性.
2. 进一步掌握惠斯通电桥的原理和应用.

[实验仪器]

数字欧姆表,检流计,电阻箱6个,滑线变阻器(或电位器),交流调压器,温度计,烧瓶,热敏电阻和电源等.

[实验原理]

许多材料的电阻随温度变化而改变,这种特性有着重要的实际意义. 纯金属和许多合金显示了其电阻随温度的增加而增加的特性,即具有正的电阻温度系数. 其阻值之所以随温度的增加而增加,则是由于温度升高时,格点上离子的热振动随之加剧,增加了电子流通过的电阻. 这种现象构成了电阻温度计的基本原理. 还有另外一类材料,如炭、玻璃、一些电解质和半导体材料(硅和锗)则具有负的电阻温度系数.

半导体热敏电阻是由对温度非常敏感的半导体陶瓷质工作体制作的元件. 它的电阻温度系数的绝对值比一般常用的金属电阻大很多,可以分为具有正电阻温度系数、临界电阻温度系数和负电阻温度系数. 在温度测量领域主要应用的是第三类.

作为温度传感器,半导体热敏电阻具有结构简单、体积小、电阻温度系数数值大及成本低廉等优点,应用范围十分广泛.

图5-52-1表示半导体的能带模型. 由半导体理论可知,在绝对零度,其价带中所有的能态均被填满,导带中是完全空的,因此其电导率为零. 当温度升高时,价带中的电子被热激发至导带,从而在导带中出现自由电子、价带中出现了空穴. 随着温度的提高,由价带激发至导带的自由电子数目及价带中的空穴数目增多,这样就提高了导电率,即电阻减小.

导带

禁带

价带

图 5-52-1

对于半导体材料，电阻与温度的关系可以由下式给出

$$R_T = B\exp\left(E_g/2kT\right) \tag{5-52-1}$$

其中 T 为温度，单位为 K；E_g 为禁带宽度，即价带顶与导带底的能量差值，其大小是由材料特性决定的，单位常采用 eV；k 为玻尔兹曼常数；B 为一与半导体材料有关的常数，可以理解为 $T \rightarrow \infty$ 时热敏电阻的阻值. 可以看出，禁带宽度 E_g 较小的材料其阻值对温度的反应较为灵敏，可以称为热敏电阻.

本实验有两部分内容：

1. 研究热敏电阻的温度特性，学习经验公式的拟合方法

热敏电阻阻值随温度的变化关系可以拟合为以下两种模型.

模型 1： 根据(5-52-1)式，可以写为

$$R = R_0 \exp\left[\beta\left(\frac{1}{T} - \frac{1}{T_0}\right)\right] \tag{5-52-2}$$

其中 R_0 为热敏电阻在初始温度 T_0 时的阻值，而 β 为只与热敏电阻本身材料有关的量，它在一定温度范围内可认为是一常数.

对(5-52-2)式等号的两边取自然对数，可以得到

$$\ln R = \ln R_0 + \beta\left(\frac{1}{T} - \frac{1}{T_0}\right) \tag{5-52-3}$$

实验中测得不同温度下热敏电阻的阻值，以 $\frac{1}{T}$ 作横轴，$\ln R$ 作纵轴，得到一条直线. 此直线的斜率即为常数 β. 将 β 代入(5-52-2)式，即得到热敏电阻阻值随温度的变化关系.

模型 2： 设热敏电阻的阻值随温度的变化关系为

$$R = b_0 + b_1 T + b_2 T^2 + b_3 T^3 \tag{5-52-4}$$

拟合经验公式的任务是确定(5-52-4)式中的参数 b_0，b_1，b_2，b_3. (5-52-4)式为一元非线性方程，将其转换为多元线性问题进行处理. 令

$$y = R, \ x_1 = T, \ x_2 = T^2, \ x_3 = T^3$$

则有
$$y = b_0 + b_1 x_1 + b_2 x_2 + b_3 x_3 \tag{5-52-5}$$

实验中测得 n 组数据：(R_i, t_i)，$i = 1, 2, \cdots, n$.

对每一组自变量值，可得一个回归值

$$\hat{y}_i = b_0 + b_1 x_{1i} + b_2 x_{2i} + b_3 x_{3i} \tag{5-52-6}$$

由于种种原因，使得测量值与回归值之间存在一定的差异，这个差异称为残差，表示为

$$v_i = y_i - \hat{y}_i = y_i - b_0 - b_1 x_{1i} - b_2 x_{2i} - b_3 x_{3i}, \ i = 1, 2, \cdots, n \tag{5-52-7}$$

为了方便，可将(5-52-7)式写成矩阵形式：

令
$$\boldsymbol{Y}=\begin{bmatrix} y_1 \\ y_2 \\ \vdots \\ y_n \end{bmatrix}, \boldsymbol{X}=\begin{bmatrix} 1 & x_{11} & x_{21} & x_{31} \\ 1 & x_{12} & x_{22} & x_{32} \\ \vdots & \vdots & \vdots & \vdots \\ 1 & x_{1n} & x_{2n} & x_{3n} \end{bmatrix}, \boldsymbol{B}=\begin{bmatrix} b_0 \\ b_1 \\ b_2 \\ b_3 \end{bmatrix}$$

则(5-52-7)式为
$$\boldsymbol{V}=\boldsymbol{Y}-\boldsymbol{XB} \tag{5-52-8}$$

根据最小二乘原理,确定待定参数的原则是使残差平方和最小,为此,令

$$\frac{\partial}{\partial \boldsymbol{B}}(\boldsymbol{V}^{\mathrm{T}}\boldsymbol{V})=0$$

得到方程
$$(\boldsymbol{Y}-\boldsymbol{XB})^{\mathrm{T}}\boldsymbol{X}=0 \tag{5-52-9}$$

上式称为正则方程. 由正则方程可以解出待定参数矩阵

$$\boldsymbol{B}=(\boldsymbol{X}^{\mathrm{T}}\boldsymbol{X})^{-1}\boldsymbol{X}^{\mathrm{T}}\boldsymbol{Y} \tag{5-52-10}$$

将计算出的待定参数代入(5-52-4)式即得到热敏电阻阻值随温度的变化关系.

2. 将热敏电阻作为温度传感器,设计一个温度计

以热敏电阻为感温元件,以光标检流计为指示器,以电桥为测试电路,设计一个温度计.

对该温度计的要求是:

(1)测温范围为 0~100 ℃,即要在 0 ℃和 100 ℃两点定标.

(2)检流计的指示与温度变化尽可能为线性变化. 要达到此要求,需要合理配置桥臂的电阻.

测试电路如图 5-52-2 所示.

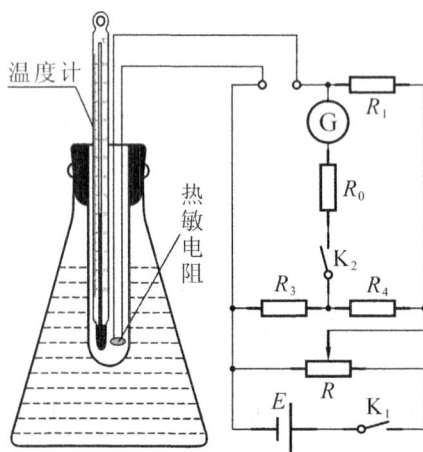

图 5-52-2

由于热敏电阻 R_T 的阻值随温度变化十分明显，若将热敏电阻单独构成一个桥臂，会使检流计大幅度偏转，超出其量程范围，同时极有可能损坏检流计．因此在实际应用中，一般将热敏电阻所在桥臂接成如图 5-52-3 所示的电路，并适当选取 R_{21}，R_{22} 和 R_{23}，使得在桥路测量范围内 R_T 所在桥臂的总电阻变化比较小．

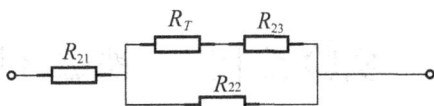

图 5-52-3

[实验内容]

1. 研究热敏电阻的温度特性

(1)利用数字欧姆表在 0～100 ℃范围内测量给定的热敏电阻的阻值，每隔 5 ℃测一个点．

(2)分别按照(5-52-2)式和(5-52-4)式拟合热敏电阻随温度变化的经验公式．

(3)作出热敏电阻随温度变化的实测曲线和由经验公式确定的曲线．

2. 按要求设计并调试一个温度计，作出温度计的定标曲线

[注意事项]

1. 被测热敏电阻一定要与温度计感温头紧密接触，并固定在一起．将其浸入盛有冰和水的烧瓶内(烧瓶内的水不要过少，以免损坏加热器)，但不要与容器底部或四周相接触．

2. 实验中通过交流调压器为加热器供电，为使温度稳定升高，加热电压不要调得太高，一般在 100 V 以下．

[问题讨论]

1. 怎样测定热敏电阻的温度特性？

2. 怎样对温度进行控制？如何测准温度？

3. 若给定一金属膜电阻，如何通过实验测定其温度特性？(写出测量公式及主要实验步骤).

4. 为了使由热敏电阻制成的温度计在工作温度范围内是近似线性变化的，可将热敏电阻所在的桥臂设计成如图 5-52-3 所示的电路，设在工作温度范围内，R_T 由 900 Ω 变为 30 Ω，如何选取 R_{22}，R_{23} 及 R_{21}，以使温度计指示随温度是近似线性变化的？

实验五十三　铁磁材料的磁化曲线和磁滞回线

[实验目的]

1. 学会用冲击法测定铁磁材料的磁化曲线和磁滞回线.
2. 学习用示波法观测铁磁材料的磁滞回线.
3. 进一步了解铁磁材料的特性.

[实验仪器]

冲击电流计，示波器，电阻箱，电容箱，电流表，滑线变阻器2个，标准互感器，磁环和直流稳压电源等.

[实验原理]

铁磁物质的磁特性是由其相应的磁化曲线和磁滞回线所表征的. 磁化曲线是计算磁介质中的磁场问题的重要依据，而材料的剩磁和矫顽力可由磁滞回线求出. 一种铁磁材料需掌握它的磁化曲线和磁滞回线，才能正确地应用；而对其性能改善或制造新的磁性材料，往往也是从研究其磁滞回线入手.

本实验中学习用冲击法和示波器法研究铁磁材料的磁化特性，即 B-H 关系曲线.

1. 磁化曲线和磁滞回线

磁介质中 B 与 H 的关系曲线称为磁化曲线，如图 5-53-1. 在外磁场为零时，$H=0$，$B=0$，即是图中坐标原点 O. 当磁化电流 I 逐渐增大时，H 值随之增大，相应地，磁感应强度 B 也增加；超过 M 点，H 增加，而 B 几乎不再增加，表明介质磁化达到饱和. OM 曲线所描绘的 B-H 关系，称为"起始磁化曲线"，简称磁化曲线. 如果将电流减小，会发现在 I 逐渐减小时，磁感应强度 B 并不沿原来的 OM 曲线减小，而由 MR 减到零，R 点的 $H=0$，B 仍然有值，称为剩余磁感应强度 B_r，简称"剩磁". 要消除剩磁，必须外加反向磁场. 随着反向磁场的增强，材料逐渐退磁，直到 C 点时 $B=0$，剩磁完全消除. 这个使材料完全退磁的反向磁场强度 H_c，称为该材料的"矫顽力". 然后，继续不断增强反向磁场，可沿 CM' 到达具有与 M 点相同 H 的 M'. 从

M' 点，到将反向磁场逐渐减小到零的 C' 点，再由零开始增强正向磁场，由 $C'M$ 增至 M ，至此 B - H 关系完成一个循环. 循环所形成的闭合曲线 $MRCM'R'C'M$ 叫做"磁滞回线"，磁滞表明材料的磁化状态 (B) 的变化总是落后于外磁场 (H) 的变化.

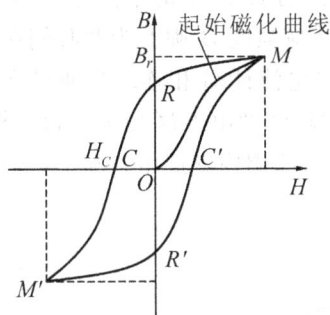

图 5-53-1

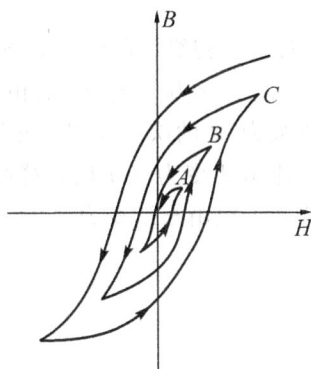

图 5-53-2

2. 冲击法测定磁化曲线

为测定一铁磁材料的磁化曲线，必须使其处于 $H=0$ 时，B 也为零的状态. 因此在测量之前必须对样品进行退磁处理，以使其处于上述状态. 退磁的方法有两种：一是采用交流退磁法，即让其先达到饱和，而后逐渐减小激磁电流直至零值；另一种则是采用直流退磁方法，即使其先达到饱和，而后对样品进行磁锻炼. 所谓"磁锻炼"，即将激磁电流反复反向（达十余次），使其形成一稳定的磁滞回线，然后逐渐减小激磁电流，每减小电流一次，均需重复进行多次"磁锻炼"，使其形成的磁滞回线的面积随之逐渐缩小，直至为零. 如图 5-53-2所示，只有完成上述处理，才能开始测定磁化曲线. 在测定 B—H 曲线上各点时，为了保持该点状态稳定，必须对样品在该点进行"磁锻炼"，之后方可记录数据. 改变激磁电流，直到其增大到一定值时，相应的 B 值不再增大、变化甚小为止. 按上述过程测出的磁化曲线实际上是许多磁滞回线顶点的轨迹，如图 5-53-2 中所示的 A，B，C 等各点. 由此测出的磁化曲线称为基本磁化曲线或平均磁化曲线. 在测量中，激磁电流只能单调地增加，而绝不允许在增加的过程中再减小，否则测出的点已不在该曲线上.

冲击法测定磁化曲线其原理是利用冲击电流计测试被测材料的磁感应强度 B，而被测材料的磁场强度 H 则通过相应的激磁电流来确定. 具体测试电路见图 5-53-3.

我们将被测样品制成闭合圆环状的螺绕环 S，且在其上均匀绕一层或多层漆包线，形成初级线圈，设其总匝数为 N，周长（磁路长度）为 $2\pi r$（r 为环状样品的半径），由此可知其内部磁场强度为

$$H = \frac{NI}{2\pi r} \tag{5-53-1}$$

I 为通过螺绕环初级线圈的电流强度，这里磁场强度 H 的单位为 A/m.

怎样通过实验确定与 H 值相对应的磁感应强度 B 呢？为此我们在螺绕环上绕一匝数为 m 的次级线圈，并使其与冲击电流计 G 相连. 当通过样品初级线圈的电流由 I 变为 $-I$ 时，样品内部的磁场强度由 $+H$ 变为 $-H$，相应地，其磁感应强度也由 $+B$ 变为 $-B$；此时在次级线圈内就产生一感生电动势，其值为

$$E = -\frac{d\Phi}{dt} \tag{5-53-2}$$

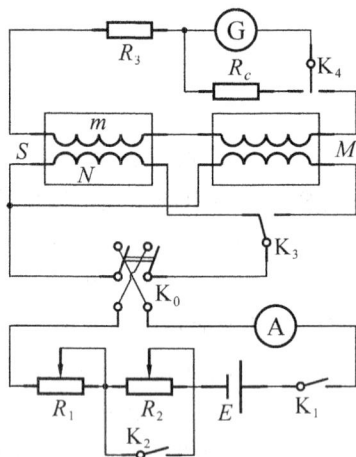

图 5-53-3

而当次级线圈与冲击电流计构成一闭合回路时，就会有一感生电流流过，并考虑到回路中有自感，其电流值应为

$$I = \frac{E}{R} - \frac{L}{R}\frac{dI(t)}{dt} \tag{5-53-3}$$

式中 R 为冲击电流计所在回路的总电阻，L 为回路中的自感，当此脉冲感生电流通过冲击电流计时，在其作用时间（ 0 到 τ ）内所迁移的电量为

$$Q_0 = \int_0^\tau I \, dt = \int_0^\tau \frac{E}{R} dt - \frac{L}{R} \int_0^\tau dI(t) \tag{5-53-4}$$

将(5-53-2)式代入(5-53-4)式得:

$$Q_0 = -\frac{1}{R}\int_0^\tau \mathrm{d}\Phi - \frac{L}{R}\int_0^\tau \mathrm{d}I(t) = -\frac{1}{R}[\Phi(\tau) - \Phi(0)] - \frac{L}{R}[I(\tau) - I(0)]$$

因 $t = 0$ 和 τ 时,I 都等于 0,故上式中第二项为零,于是有

$$Q_0 = -\frac{1}{R}[\Phi(\tau) - \Phi(0)]$$

又 $\Phi(\tau) = -\Phi$,$\Phi(0) = \Phi$,故

$$Q_0 = 2\Phi/R \qquad\qquad (5\text{-}53\text{-}5)$$

上式中的 Φ 为与激磁电流相对应的磁链,其值为

$$\Phi = BSm \qquad\qquad (5\text{-}53\text{-}6)$$

S 为样品的截面积,m 为次级线圈的匝数,将(5-53-6)式代入(5-53-5)式得:

$$B = \frac{RQ_0}{2mS}$$

而由冲击电流计所迁移的电量与相应的最大偏转角 α_m 的关系为

$$Q_0 = K_m \alpha_m$$

可得测量磁感应强度 B 的实验公式:

$$B = \frac{RK_m\alpha_m}{2mS} \qquad\qquad (5\text{-}53\text{-}7)$$

式中的 K_m 为冲击电流计在测量 B 时的磁链常数.

3. 冲击法测定磁滞回线

由于磁滞回线是对称的,如图 5-53-4 所示,所以在实验中只需测量 a,b,c,d,e,f 一侧,另一侧可根据对称性画出.

测量电路如图 5-53-3 所示. 测量时必须沿着磁滞回线的路径进行,即按照图 5-53-4 中 a,b,c,d,e,f 的顺序进行. 在测量任何一点时,都以 a 点作为起始状态,即由 a 点变到待测点,并且每次都应该在 a 点进行磁锻炼. 实验中利用开关 K_0,K_2 和变阻器 R_2 来达到此目的. 测量过程中 K_2 起关键作用.

(1)饱和磁感应强度 $B_{\max}$(即 a 点的磁感应强度)的测定

在 a 点进行磁锻炼后,使磁场强度由 $+H$ 突变到 $-H$,此时冲击电流计的最大偏转为 α_m,由(5-53-7)式可确定饱和磁感应强度为

$$B_{\max} = \frac{RK_m\alpha_m}{2mS}$$

(2)磁滞回线 ac 段($H > 0$)上各点 B 的测定(以 b 点为例)

①将 K_2 断开,调节电阻 R_2,使磁场强度为 H_1.

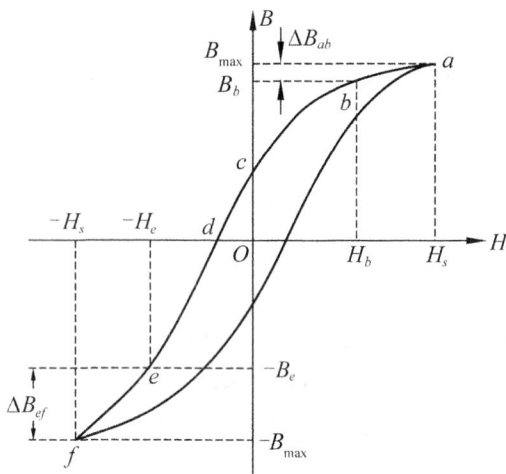

图 5-53-4

②将 K_2 闭合，此时磁场强度应为 H_s（即 a 点对应的磁场强度），在此进行磁锻炼.

③磁锻炼后，突然断开 K_2，使磁化电流减小，磁场强度由 H_s 减小到 H_b，即从 a 点变到 b 点，同时读取冲击电流计读数 α_m. 这样可测出从 a 点变到 b 点时磁感应强度的变化量

$$\Delta B_{ab} = \frac{RK_m\alpha_m}{mS} \qquad (5-53-8)$$

于是 b 点磁感应强度

$$B_b = B_{max} - \Delta B_{ab} \qquad (5-53-9)$$

（3）剩磁感应强度 B_c 的测定

在 a 点进行磁锻炼后，将开关 K_0 突然断开，则磁场强度由 H_s 突变为零，同时读取冲击电流计读数 α_m. 根据(5-53-8)式可确定磁感应强度的变化 ΔB_{ac}，则

$$B_c = B_{max} - \Delta B_{ac} \qquad (5-53-10)$$

（4）磁滞回线 cf 段（$H<0$）上各点 B 的测定（以 e 点为例）

①将 K_2 断开，调节电阻 R_2，使磁场强度为 H_e.

②将 K_2 闭合，此时磁场强度应为 H_s（即 a 点对应的磁场），在此时进行磁锻炼.

③磁锻炼后，先断开 K_0，再断开 K_2，然后将 K_0 反向闭合，此时的磁状态应为 e 点.

④将 K_2 很快闭合，使磁场强度由 $-H_e$ 变到 $-H_s$，同时读取冲击电流计

读数 α_m. 根据(5-53-8)式可确定磁感应强度的变化 ΔB_{ef}，于是 e 点磁感应强度

$$B_e = -(B_{max} - \Delta B_{ef})\qquad(5\text{-}53\text{-}11)$$

4. 示波法观测磁滞回线

测试电路如图 5-53-5 所示.

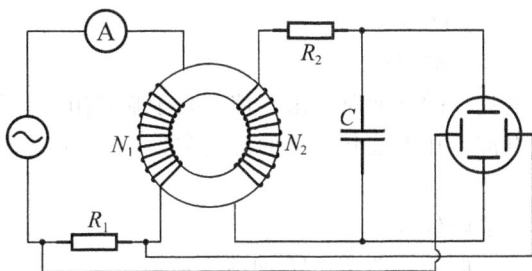

图 5-53-5

当初级线圈中通过交变电流 i_1 时，线圈内磁场强度为

$$H = \frac{1}{\mu_0} n i_1\qquad(5\text{-}53\text{-}12)$$

式中 n 是初级线圈单位长度匝数，μ_0 是真空磁导率.

在样品初级线圈回路中串入一取样电阻 R_1，其上电压为

$$u_R = R_1 i_1$$

将(5-53-12)式代入上式，有

$$u_R = \frac{\mu_0 R_1}{n} H\qquad(5\text{-}53\text{-}13)$$

该式说明取样电阻上的电压 u_R 与磁场强度 H 成正比. 将 u_R 信号输入到示波器的 X 轴，则 X 轴可表示磁场强度 H.

当初级线圈中通过交变电流 i_1 时，在次级线圈中将产生一交变电动势

$$E = \frac{dB}{dt}$$

即

$$B = \int E dt\qquad(5\text{-}53\text{-}14)$$

在次级线圈回路中串入电阻 R_2 和电容 C，并使 R_2 的数值远大于电容的容抗，于是次级线圈回路的电流 $i_2 \approx E/R_2$. 电容上的电压

$$u_C = \frac{1}{C}\int i_2 dt = \frac{1}{R_2 C}\int E dt = \frac{B}{R_2 C}\qquad(5\text{-}53\text{-}15)$$

(5-53-15)式说明电容上的电压 u_C 与磁感应强度 B 成正比。将 u_C 信号输入到示波器的 Y 轴，则 Y 轴可表示磁感应强度 B.

将示波器显示方式设为 X-Y 方式，如上所述，在示波器 X 轴方向输入代表磁场强度的信号 u_R，在示波器 Y 轴方向输入代表磁感应强度的信号 u_C，则在示波器上将显示一个完整的磁滞回线。

[实验内容]

1. 用冲击法测量磁化曲线

(1)按图 5-53-3 正确连线.

(2)调节冲击电流计的外回路电阻，使其处于临界阻尼工作状态.

(3)测定冲击电流计在上述状态下的磁链常数.（磁链常数的测定见第二章中的冲击电流计.）

(4)对样品进行退磁处理.

(5)测定基本磁化曲线，即 B-H 曲线. 激磁电流一直增加到使样品达到饱和为止. 一般测 10 个点即可，每个点应测 3 组读数，取平均值.

(6)求出样品的饱和磁感应强度.

2. 用冲击法测定磁滞回线

3. 用示波法测定磁滞回线

按图 5-53-5 正确连线. 可取初级线圈串联的取样电阻 $R_i = 1\ \Omega$，电源用市电频率为 50 Hz，变压器输出为 5 V，次级电路的电容 $C = 3\ \mu F$，R_2 的取值应满足 $R_2 \gg \dfrac{1}{\omega C}$.

[注意事项]

1. 开始测量前，一定要对样品进行退磁处理.

2. 在测量过程中，激磁电流只能单调增加，不得中途减小.

3. 每测定 B-H 曲线上一点，都要进行磁锻炼，其次数不得少于 10 次. 在进行磁锻炼时应使样品次级回路断开.

[问题讨论]

1. 在测定 B-H 曲线时，为什么一定要进行"磁锻炼"？

2. 在测 B-H 曲线时，为什么激磁电流 I 只能单调增加？

3. 在对样品进行"磁锻炼"时，电路图 5-53-3 中的开关 K_2 及 K_3 应处于什么位置？为什么？

4. 电路图 5-53-3 中 R_1，R_2，R_3 及 R_C 各起什么作用？

5. 怎样确定冲击电流计的磁链常数？怎样使测得的常数恰好是测 B 时的

常数值？

6. 如何由所测数据作出被测样品的磁导率 μ 与磁场强度 H 的关系曲线？

7. 如何用示波器显示磁滞回线？

8. 设计一个实验用示波法确定样品的剩磁和矫顽力，说明测试原理、方法及步骤.

实验五十四　传感器实验

［实验目的］

1. 了解几种传感器的结构和原理.

2. 熟悉几种传感器测试电路.

3. 了解传感器的应用方法.

［实验仪器］

传感器实验仪如图 5-54-1 所示.

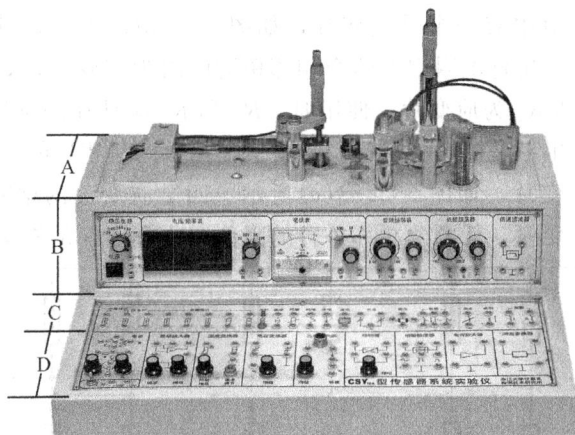

图 5-54-1

仪器可分为四个部分：

A. 几种不同类型的传感器装置.

B. 电源及电表. 电源包括直流电源和交流电源. 电表包括直流电压表、频率表和交流毫伏表.

C. 传感器接线端口.

D. 几种功能电路.

本实验按照不同类型的传感器分为五个不同的部分，各部分内容可单独进行.

第一部分　电阻应变片传感器

[实验原理]

1. 电阻应变片

电阻应变片是最常用的测力传感元件，其结构是将金属丝或半导体丝制成栅形贴在基底上，如图 5-54-2 所示.

栅形结构部分称为应变片的敏感栅. 当用应变片测试时，应变片要牢固地粘贴在测试体表面. 当测试体受力发生形变时，应变片的敏感栅随同变形，其电阻值也随之发生相应的变化. 通过测试电路，将测试体的形变信息转换成电信号输出显示.

图 5-54-2

2. 测试电路

电桥电路是最常用的测试电路，电桥测试电路可以接成三种形式：①单桥，四个桥臂电阻中有一个是应变片，如图5-54-3(a)所示，其中 R_1 为应变片. ②半桥，四个桥臂电阻中有两个相邻桥臂电阻为应变片，如图 5-54-3(b)所示，其中 R_1 和 R_2 为应变片. 使用时，R_1 和 R_2 应贴在测试体的不同部位，使得当测试体发生形变时，R_1 和 R_2 的阻值变化方向是相反的. ③全桥，四个桥臂电阻均为应变片，如图 5-54-3(c)所示. 四个应变片的粘贴部位应满足：当测试体发生形变时，任意两相邻桥臂的阻值变化方向都是相反的.

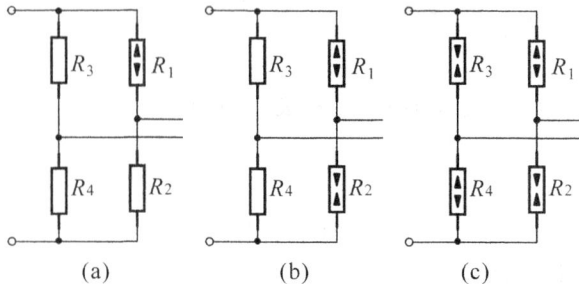

(a)　　　　　(b)　　　　　(c)

图 5-54-3

当电桥平衡时，桥路输出为零. 若桥臂电阻 $R_1=R_2=R_3=R_4=R$，且当测试体发生形变时单个电阻的变化量均为 ΔR，则各测试桥路的电阻相对变化量不同，单桥为 $\delta R=\dfrac{\Delta R}{R}$，半桥为 $\delta R=\dfrac{2\Delta R}{R}$，全桥为 $\delta R=\dfrac{4\Delta R}{R}$. 由电桥原理可知，单桥、半桥、全桥测试电路的灵敏度将依次增大.

3. 测试电路的温度补偿

当温度变化时，会引起应变片阻值的变化，导致测量误差，因此在测试电路中，必须进行温度补偿. 补偿片法是温度补偿的一种方法，电路如图5-54-4所示.

图中 R_1 和 R_2 均为应变片，且 $R_1=R_2$. 粘贴时 R_1 的敏感栅方向与测试体应变方向相同，R_2 的敏感栅方向与测试体应变方向垂直，R_1 称为工作片，R_2 称为补偿片. 当测试体发生应变时，只有 R_1 的阻值发生变化. 当温度变化时，两应变片的阻值变化相同. 如果桥路原来是平衡的，温度变化后，电桥仍满足平衡条件，无漂移电压输出. 因此这种方法可以有效地抑制温度变化的影响.

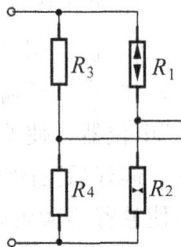
图 5-54-4

4. 不同材料的电阻应变片

实验中所用有两种材料的电阻应变片，一种是金属应变片，一种是半导体应变片.

应变片的电阻 $R=\rho\,\dfrac{l}{s}$，当应变片发生形变时，其电阻的相对变化量为

$$\frac{\Delta R}{R}=\frac{\Delta\rho}{\rho}+\frac{\Delta l}{l}-\frac{\Delta s}{s} \tag{5-54-1}$$

式中 ΔR 是因形变而产生的电阻变化量，Δl 是敏感栅长度的变化量，l 是敏感栅的原长，s 为敏感栅的横截面积，若横截面为圆形，有 $\dfrac{\Delta s}{s}=2\,\dfrac{\Delta r}{r}$，其中 r 为截面半径. 而半径的相对变化量与其长度的相对变化量的关系为 $\dfrac{\Delta r}{r}=-\sigma\,\dfrac{\Delta l}{l}$，则

$$\frac{\Delta s}{s}=-2\sigma\,\frac{\Delta l}{l} \tag{5-54-2}$$

式中 σ 为应变片材料的泊松系数. 代入(5-54-1)式可得

$$\frac{\Delta R}{R}=\frac{\Delta\rho}{\rho}+(1+2\sigma)\frac{\Delta l}{l} \tag{5-54-3}$$

定义电阻应变片的灵敏度 $K = \dfrac{\Delta R/R}{\Delta l/l}$，则 $K = \dfrac{\Delta\rho/\rho}{\Delta l/l} + (1+2\sigma)$. 对于金属应变片，电阻的变化主要由形变引起，其灵敏度 $K_1 \approx 1+2\mu$. 对于半导体应变片，电阻的变化主要由电阻率变化引起，其灵敏度 $K_2 \approx \dfrac{\Delta\rho/\rho}{\Delta l/l}$. 由于半导体材料的"压阻效应"非常明显，可以反映出很微小的形变，所以 $K_2 > K_1$. 但半导体应变片受温度的影响较大.

[实验内容]

1. 单桥测试电路

(1)仪器调整. 开启仪器电源，差动放大器增益置 100 倍(顺时针方向旋到底)，"+、一"输入端对地短路，输出端接数字电压表. 调整差动放大器的"调零"电位器，使差动放大器输出电压为零，实验中保持调零电位器在此位置不变. 调好后关闭电源. 将测微头与装于悬臂梁前端的永久磁钢吸合，调节测微头使悬臂梁大致处于水平状态.

(2)按图 5-54-5 连接测试电路. 桥路中 R_1 为应变片(可任选上、下梁中的一片)，R_2，R_3，R_4 为固定电阻，W_D 为直流调平衡电位器. 电桥输出电压经差动放大器放大后送电压表显示.

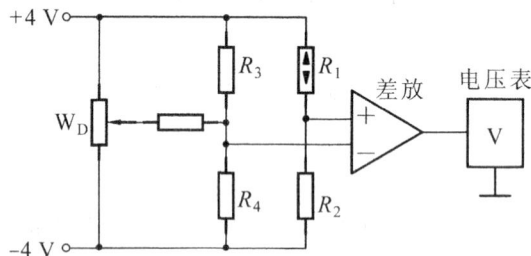

图 5-54-5

(3)确认连线无误后开启仪器电源，并预热数分钟. 调整电位器 W_D，使测试系统输出为零.

(4)旋动测微头带动悬臂梁分别作向上和向下的运动，在水平位置上下各 5 mm 范围内，每移动 0.5 mm 记录一个电压值. 根据所测数据作出 $U-X$ 曲线，计算电桥灵敏度.

2. 三种桥路性能比较

(1)在完成单桥实验的基础上，不改变差动放大器的增益和调零电位器，依次将图 5-54-4 中的单桥改接为半桥和全桥，重复前面的测量.

(2)在同一坐标纸上作出 $U-X$ 曲线,比较三种桥路的灵敏度.

3. 观测和检验温度补偿作用

(1)电路如图 5-54-5,用加热器加热,观察并记录电压表的示数.

(2)将图 5-54-5 电路中的桥路部分改接为如图 5-54-4 所示的带有温度补偿功能的电路. 用加热器加热,观察并记录电压表的示数.

(3)比较以上两种情况的观测结果.

4. 半导体应变片的性能

(1)将半导体应变片分别接入单桥和半桥测试电路,重复 1、2 中的测量. 注意此时直流激励电压改用 ± 2 V,以免引起半导体应变片自热.

(2)观测温度补偿作用,重复前述的测量.

[注意事项]

1. 实验前应检查实验接插线是否完好,连接电源时应尽量使用较短的接插线,以免引入干扰.

2. 应变片接入电桥时应注意其受力方向,在半桥和全桥中一定要接成差动形式,即当测试体发生形变时,相邻两桥臂的阻值变化方向应是相反的.

3. 直流激励电压不能过大,以免造成应变片发热损坏.

第二部分 差动变压器传感器

[实验原理]

1. 差动变压器结构与原理

差动变压器由铁芯、初级线圈和次级线圈组成,如图 5-54-6 所示. 初级线圈 L_1 为差动变压器的激励线圈. 次级线圈由两个结构尺寸和参数完全相同的线圈 L_0 反相串接而成. 三个线圈绕在同一个骨架上,中间为初级线圈,两边为次级线圈. 差动变压器是开磁路,铁芯可以在线圈中沿轴线方向移动,如图中虚线所示.

当初级线圈上有激励电压输入时,在次级线圈上将产生感应电压. 如果铁芯刚好处于两个次级线圈中间,则在两个次级线圈上产生的感应电动势相同. 由于两个次级线圈是反相串接的,所以这时差动变压器输出为零. 如果铁芯偏离中间位置,由于铁芯的磁导率比空气高,所以在离铁芯较近的线圈

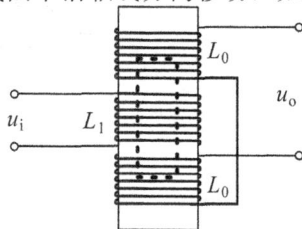

图 5-54-6

上产生较大的感应电动势,这时差动变压器的输出不再为零,输出电压等于两个次级线圈上的感应电动势之差. 差动变压器的输出特性如图 5-54-7 所示.

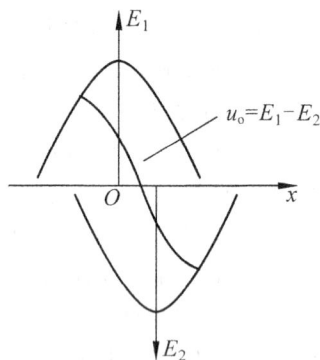

2. 差动变压器的零残电压补偿

零残电压的存在会造成差动变压器在零点附近出现不灵敏区,零残电压还会影响测试电路的正常工作,因此必须采用适当的方法进行补偿,以减小或消除零残电压的影响.

零残电压中主要包含两种波形成分:

图 5-54-7

(1)基波分量. 这是由于差动变压器两个次级线圈因材料或工艺差异等原因造成等效电路参数(M, L, R)不同,线圈中的铜损电阻及导磁材料的铁损,以及线圈线间电容的存在,都使得激励电流与所产生的磁通不同相.

(2)高次谐波. 主要是由导磁材料磁化曲线的非线性引起,由于磁滞损耗和铁磁饱和的影响,使得激励电流与磁通波形不一致,产生了非正弦波(主要是三次谐波)磁通,从而在次级线圈中感应出非正弦波的电动势.

为减小零残电压的影响,在设计和制作工艺上应尽量保证线路和磁路的对称. 同时在测试电路中可加入补偿电路.

图 5-54-8 为带有补偿网络的差动变压器电路. 图中由 W_D,W_A,R,C 组成一个桥式补偿网络.

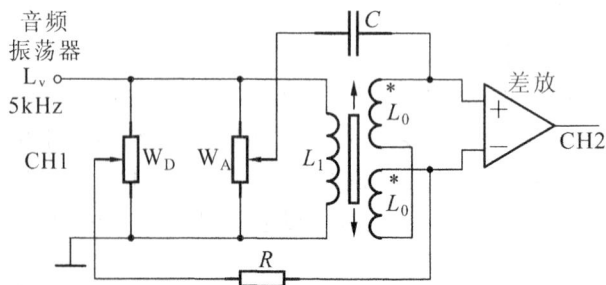

图 5-54-8

[**实验内容**]

1. 差动变压器的基本特性研究

(1)按图 5-54-9 接线，差动变压器初级线圈接音频振荡器功率输出端 L_V，双踪示波器的两个通道分别接差动变压器的输入端和输出端.

(2)音频振荡器的输出频率选定为 4 kHz，输出电压的峰-峰值 $U_{P-P}=2$ V.

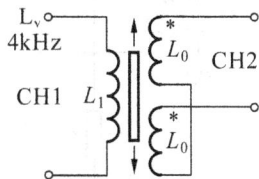

图 5-54-9

(3)用手提压变压器铁芯，观察示波器第二通道的波形是否能过零翻转，如不能则改变两个次级线圈的串接端.

(4)旋动测微头，带动差动变压器的铁芯在线圈中移动，从示波器上读出次级输出电压 U_{0p-p}，并读取测微头的相应读数. 读数过程中应该注意初、次级波形的相位关系.

(5)作出 U_{0p-p}-X 曲线，指出差动变压器的线性工作范围.

2. 差动变压器零残电压的补偿

(1)根据图 5-54-8 接线. 示波器第一通道 500 微伏/格，第二通道 1 微伏/格，差动放大器增益 100 倍，音频 L_V 端输出 U_{P-P} 值为 2 V.

(2)调节测微头带动衔铁在线圈中运动，使差动放大器输出电压最小，调整电桥网络，使输出更趋于减小. 如果补偿效果不好则可在电桥交流插口另并联一个数微法拉的电容.

(3)提高示波器第二通道的灵敏度，将零残电压波形与激励电压波形比较.

3. 差动变压器的标定

(1)按图 5-54-10 接线，差动放大器增益适度，音频振荡器 L_V 端输出，$f=5$ kHz，$U_{P-P}=2$ V.

(2)调节电桥 W_D 和 W_A 电位器，调节测微头带动铁芯改变其在线圈中的位置，使系统输出为零.

(3)旋动测微头使铁芯在线圈中上下有一个较大的位移，用电压表和示波器观察系统输出是否正、负对称. 如果不对称，则需反复调节铁芯位置、电桥和移相器，做到正、负输出对称.

(4)旋动测微头，带动铁芯上下移动，移动范围为上、下各 5 mm，每旋一周(0.5 mm)记录一次电压值和测微头读数.

(5)作出 U-X 曲线.

注意：系统标定需要调节电桥、移相器和铁芯三者的位置，要反复调节才

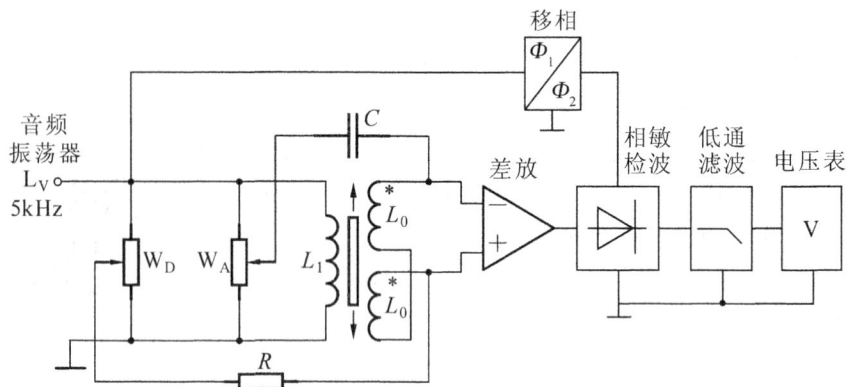

图 5-54-10

能做到系统输出为零且正、负对称.

4. 测定悬臂梁的固有频率

作为差动变压器的一个应用,测量悬臂梁的固有频率.

(1)按图 5-54-10 接线,调节好系统各部分.

(2)低频振荡器与"激振Ⅰ"连接,使圆盘并带动铁芯振动. 调节低频振荡器输出,保持适当振幅.

(3)用示波器观察低通滤波器的输出,用电压/频率表测量低频振荡器的输出频率. 维持低频振荡器输出幅度不变,在 5～30 Hz 范围内改变振荡频率,读取 U_{0p-p} 值.

(4)作出 U_{0p-p}—f 特性曲线,确定悬臂梁的固有频率.

第三部分　电涡流传感器

[实验原理]

电涡流传感器由平面线圈和金属涡流片组成. 当线圈中通以高频交变电流时,在与其平行的金属片上产生电涡流. 电涡流的大小反过来会影响线圈的阻抗 Z. 电涡流的大小与金属涡流片的电阻率、导磁率、厚度、温度以及相对于线圈的距离等因素相关. 在平面线圈、金属涡流片和激励源均已确定,并保持环境温度不变的情况下,线圈阻抗 Z 只与金属涡流片相对于线圈的距离 X 有关. 将线圈阻抗的变化经涡流变换器转换成电压 U 信号,则输出电压 U 是距离 X 的单值函数.

[实验内容]

1. 电涡流传感器的工作特性

(1)安装电涡流线圈和金属涡流片,注意两者必须保持平行.将电涡流线圈接入涡流变换器输入端.涡流变换器输出端接电压表.

(2)用测微头将电涡流线圈和金属涡流片分开一定距离,此时涡流变换器输出端有一电压输出.示波器接涡流变换器输入端,观察电涡流传感器的高频波形,信号频率约为 1 MHz.

(3)用测微头带动平台使平面线圈完全贴紧金属涡流片,此时涡流变换器输出电压为零.涡流变换器中的振荡电路停振.

(4)旋动测微头使平面线圈离开金属涡流片,从电压表开始有读数起,每位移 0.25 mm 记录一个电压值.作出 $U-X$ 曲线,指出线性工作范围,求出灵敏度.

2. 电涡流传感器的应用

(1)称重实验

①按图 5-54-11 接线,根据前面的实验结果,将电涡流传感器调整到线性工作范围.

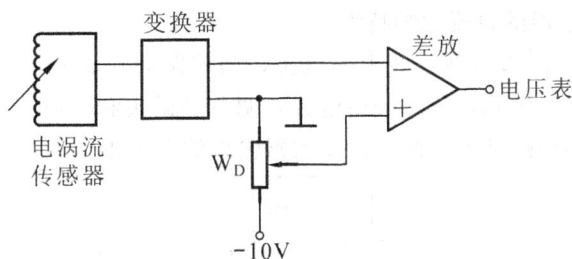

图 5-54-11

②调整电桥 W_D,使系统输出为零.

③在平台中间依次放上砝码,记录 U,W 值,作出 U-W 曲线,计算灵敏度.

④取下砝码,放上一未知重量物体,根据 U-W 曲线大致确定被称物体的重量.

(2)电机测速实验

①电涡流线圈支架转一角度,安装在电机转盘上方,线圈与转盘面平行,在不碰擦的情况下相距越近越好.

②开启电机开关,调节转速,用示波器观察涡流变换器的输出波形. 调整平面线圈在转盘上方的位置,使变换器输出的脉动波形较为对称.

③仔细观察两相邻波形的峰值是否一样,如有差异则说明线圈与转盘面或不平行,或电机有振动现象.

④用电压/频率表测量涡流变换器输出电压的频率,并与示波器读取的频率作比较. 得到转盘的转速＝频率/2.

第四部分　霍尔传感器

[实验原理]

霍尔传感器由两个环形磁钢及霍尔元件组成. 两个环形磁钢间形成梯度磁场,即在磁场中的不同位置磁感应强度不同. 霍尔元件位于梯度磁场中,当霍尔元件中通过电流时,霍尔元件就有电势输出. 当霍尔元件在梯度磁场中上下移动时,输出的霍尔电势 U 取决于其所在的位置 X,测得霍尔电势的大小,便可以确定霍尔元件位置. 根据霍尔电势的变化可以确定霍尔元件的位移量.

[实验内容]

1. 霍尔传感器的直流激励特性

(1)按图 5-54-12 接线,装上测微头,调节振动圆盘上下位置,使霍尔元件位于梯度磁场的中间位置. 开启电源,调节测微头和电位器 W_D,使差放输出为零. 上下移动振动台,使差动放大器输出的电压正、负对称.

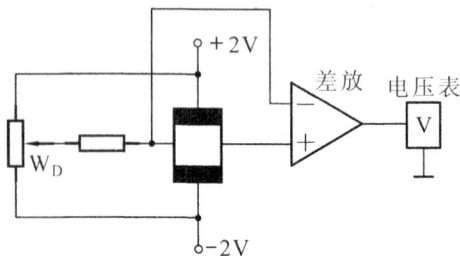

图 5-54-12

(2)上下移动测微头各 3.5 mm,每变化 0.5 mm 读取一次相应的电压值. 作出 U-X 曲线,求出灵敏度.

注意:直流激励电压须严格限定在±2 V 内,绝对不能任意增大,以免损坏霍尔元件.

2. 霍尔传感器的应用——电子秤

(1)按图 5-54-12 接好测量系统，使输出为零，系统灵敏度尽量大.

(2)以振动圆盘作为秤重平台，依次放上砝码，记录电压表读数，作出 U-W 曲线.

(3)移去砝码，在平台上放置一未知重量的物品，根据电压表读数从 U-W 曲线上确定其重量.

第五部分 光纤传感器

[实验原理]

1. 位移测量

反射式光纤传感器的工作原理如图 5-54-13 所示，光纤采用 Y 形结构，两束多模光纤一端合并组成光纤探头，另一端分为两束，分别作为接收光纤和光源光纤，光纤的作用是传输光信号. 由光发射器发生的红外光经光源光纤照射至反射体，被反射的光经接收光纤传至光电转换元件. 光电转换元件将接收到的光信号转换为电信号.

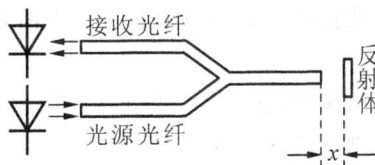

图 5-54-13

电信号的大小与光信号的强度成比例，而光信号的强度决定于反射体距光纤探头的距离. 通过对电信号的检测可以得到反射体的位移量. 反射式光纤传感器的输出特性如图 5-54-14 所示.

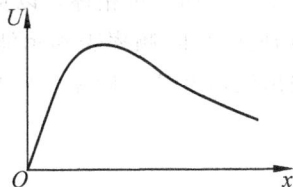

图 5-54-14

2. 转速测量

在一个做定轴旋转的物体上贴上一块反射面，使光纤探头与反射面相对放置，当旋转体转动时，光纤探头与反射面的相对位置发生周期性变化，则光电变换器输出的电信号也同时发生相应的变化，经 U/F 电路将周期变化的电信号变换成方波信号，根据方波信号的频率可以确定旋转体的转速.

[实验内容]

1. 光纤传感器的输出特性曲线

(1)观察光纤结构. 本仪器中光纤探头为半圆形结构，由数百根光纤组成，其中一半为光源光纤，一半为接收光纤.

(2)将原装电涡流线圈支架上的电涡流线圈取下，装上光纤探头，探头对准镀铬反射片(即电涡流片).

(3)振动台上装上测微头. 光电变换器 U_0 端接电压表. 旋动测微头，带动振动平台，使光纤探头端面紧贴反射面，此时 U_0 为最小. 然后旋动测微头，使反射面离开探头，每隔 0.25 mm 读取一次 U_0 值，作出 U-X 曲线.

(4)作出光纤传感器的输出特性曲线，如图 5-54-14 所示. 特性曲线分为前坡和后坡，通常测量是采用线性较好的前坡.

2. 振动实验

(1)将测微头移开，使振动台处于自由状态. 根据 U-X 曲线，选取前坡中点位置装好光纤探头.

(2)将低频振荡器输出接"激振 I"，调节激振频率和幅度，使振动台保持适当幅度的振动(以不碰到光纤探头为宜).

(3)用示波器观察 U_0 端的电压波形，并用电压/频率表读出振动频率.

3. 转速测量

(1)将光纤探头转一角度置于测速电机上方，并调整探头高度使其距转盘面 1 mm 左右，光纤探头以对准转盘边缘内 3 mm 处为宜. 注意光纤探头在支架上固定时应保持与转盘面平行，切不可相擦，以免光纤端面受损.

(2)光电变换器 F_0 端分别接电压/频率表和示波器. 开启电机开关，调节转盘转速，用示波器观察输出波形并读取频率. 电机转速＝方波频率/2(每周两个方波信号).

[注意事项]

1. 光电变换器工作时 U_0 的最大输出电压以 2 V 左右为好，可通过调节增益电位器控制.

2. 实验时请保持反射面的洁净与光纤端面的垂直度.

3. 不宜让光纤端面长时间直接照射强光，以免损坏其内部电路.

实验五十五　磁致伸缩系数的测定

[实验目的]

1. 研究磁致伸缩系数与外磁场强度的关系.
2. 掌握非平衡电桥的原理及用电阻应变片测相对应变的方法.

[实验仪器]

电阻箱，灵敏电流计，直流电压表，直流电流表，交流电流表，滑线变阻器，螺线管，电阻应变片，待测样品（如镍、铁铝合金等），直流稳压电源，调压变压器，双刀双掷开关，单刀单掷开关和若干导线等.

[实验原理]

铁磁体在外磁场作用下，会发生长度和体积的变化，这种现象称为磁致伸缩. 不同铁磁物质磁致伸缩的长度形变是不同的，通常用磁致伸缩系数 $\lambda = \frac{\Delta l}{l}$，即以相对长度的变化来表征其大小. 磁致伸缩系数大致在 $10^{-6} \sim 10^{-3}$ 的范围内.

本实验研究在室温下铁磁材料磁致伸缩系数与外磁场的关系，利用电阻应变片（有关电阻应变片的相关知识请见实验五十四），通过非平衡电桥法测量磁致伸缩系数 λ.

如图 5-55-1 所示，设 R_1 为粘于待测样品上的电阻应变片，当样品的长度发生变化 $\frac{\Delta l}{l}$ 时，电阻应变片也与之发生相同的变化，电阻应变片的阻值变化为

$$\frac{\Delta R}{R} = (1 + 2\sigma)\frac{\Delta l}{l} = S_l \lambda \qquad (5\text{-}55\text{-}1)$$

其中，$S_l = (1 + 2\sigma)$ 为电阻应变片的灵敏系数，由生产厂家给出. R_2 为调节平衡电阻，R_3 与 R_4 为比例臂电阻，取作与 R_1 大致相等的数值. 设当桥路平衡时所对应的 R_2 阻值为 R_{20}，在平衡状态下，改变 R_2，使之变化量为 ΔR_2，由此

引起的检流计的偏转为 α．如果调节臂阻值相对变化量 $\dfrac{\Delta R_2}{R_2}$ 与相应的检流计偏转 α 的关系为线性关系，那么便可由电桥在不平衡状态下的检流计偏转 α 来确定相应的调节臂阻值的变化了．而上述假设已在惠氏桥测电阻的实验中证明是正确的．此即为非平衡电桥的测量原理．

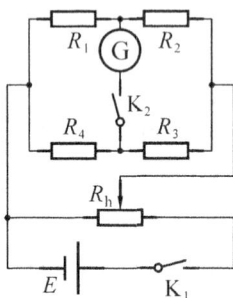 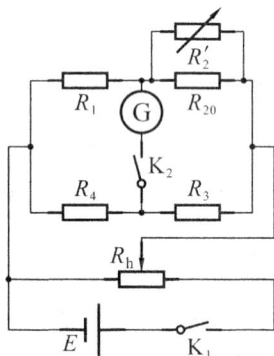

图 5-55-1　　　　　　　　　　图 5-55-2

为了克服或减少因温度变化而引起的阻值变化对测量结果的影响，将 R_2 改为一与 R_1 相同的应变片和一电阻箱并联的组合．如图 5-55-2 所示．可以证明，当 R_1 由于温度变化而改变，导致检流计支路电流变化时，则会因 R_2 产生同样的变化，导致检流计支路电流发生相反的变化．图中 R_{20} 即为用作温度补偿的应变片，而 R'_2 则为可变电阻箱．为使桥路便于调节平衡，可在 R_4 上串或并联一可变电阻箱 R'_4，前者 R'_2 作为细调，后者 R'_4 作为粗调．

因为应变片电阻在磁场作用下，阻值也会发生变化，为减小或消除这种磁阻效应，实验时需将 R_1 与 R_{20} 一起置入磁场内．

根据以上原理，实验中首先要确定非平衡电桥在实验条件下的比例系数，即由

$$\frac{\Delta R_1}{R_1}=\frac{\Delta R_2}{R_2}=k\alpha \tag{5-55-2}$$

来确定常系数 k．

而因

$$\frac{1}{R_2}=\frac{1}{R_{20}}+\frac{1}{R'_2}$$

由上可得

$$\Delta\left(\frac{1}{R_2}\right)=\Delta\left(\frac{1}{R_{20}}\right)+\Delta\left(\frac{1}{R'_2}\right)$$

则有
$$-\frac{\Delta R_2}{R_{20}^2} = -\frac{\Delta R_{20}}{R_{20}^2} - \frac{\Delta R_2'}{R_2'^2}$$

简化上式,考虑到 $\Delta R_{20} = 0$,有

$$\frac{\Delta R_2}{R_2} \approx \frac{R_{20}}{R_{20} + R_2'}\left(\frac{\Delta R_2'}{R_2'}\right) \tag{5-55-3}$$

实验中可取 $R_2' \gg R_{20}$,式中的 R_2' 指桥路达到平衡时的值,$\Delta R_2'$ 指桥路偏离平衡时,R_2' 的变化量. 由此上式可近似地写作

$$\frac{\Delta R_2}{R} \approx \frac{R_{20}}{R_2'}\left(\frac{\Delta R_2'}{R_2'}\right) \tag{5-55-4}$$

将此式代入(5-55-2)式有:

$$\frac{R_{20}}{R_2'}\left(\frac{\Delta R_2'}{R_2'}\right) = k\alpha \tag{5-55-5}$$

在实验中通过作 $\left(\frac{\Delta R_2'}{R_2'}\right)$-$\alpha$ 图或对上述数据进行线性拟合来确定常数 k.

一旦非平衡电桥的 k 确定之后,将待测样品和补偿应变片置入磁场内,改变磁场,待测样品发生长度的相对变化,从而引起 $\frac{\Delta R_1}{R_1}$ 的变化,最终导致检流计发生偏转. 由检流计的偏转便可通过公式(5-55-1)和(5-55-2)来确定待测样品的磁致伸缩系数 λ.

[实验内容]

1. 测定非平衡电桥的常系数 k.
测量步骤自行设计;测量点不少于 5 组;电桥电源电压一般取 $1.5 \sim 2$ V 即可.
2. 测定磁致伸缩系数 λ.
(1)在测量前应对样品进行退磁处理. 退磁时的最大电流由实验室给出.
(2)测定磁致伸缩系数所用的磁场为螺线管磁场,该测量电路自己设计.
(3)最大电流一般取 1.5A. 测量点不得少于 7 组.

[问题讨论]

1. 本实验为什么要用非平衡电桥进行测量? 怎样确定非平衡电桥中 $\frac{\Delta R}{R}$ 与 α 的比例系数?

2. 为什么在 R_2 中要采用一应变片 R_{20}?

3. 为什么在待测样品上贴一应变片 R_1?

4. 为什么 R_3 和 R_4 也采用应变片？用电阻箱是否可以？

5. 为什么要在 R_{20} 上并联一电阻箱？串联一电阻箱是否可以？

6. 实验在测量磁致伸缩系数前，为什么要对样品进行退磁？

7. 试通过实验分别确定温度和磁场导致电阻变化对测量结果的影响.

8. 试说明公式(5-55-5)成立的条件，怎样通过实验进行验证？能否通过实验确定满足上述条件的范围？

实验五十六　地磁场水平分量的测量

［实验目的］

1. 学习测量地磁场的方法.

2. 学习分析系统误差的方法.

［实验仪器］

螺线管，小磁棒（永磁体），氦氖激光器，亥姆霍兹线圈，指北针，直流稳压电源，滑线变阻器，电流表，双刀反向开关及水准器等.

［实验原理］

地球和近地空间存在着磁场，对于人类来说，它是一层保护网，可以使地球免遭致命的辐射线的侵袭. 在类地行星中，地球的磁场是最大的. 地磁场99％来源于地球内部，其性质与一个位于地心的磁偶极相似. 地磁轴与地球自转轴的夹角约为 $11.5°$ ，地磁极与地理极相近但不相同，其位置总在变化. 1970 年测量的结果是：磁北极位于北纬 $78.6°$ ，西经 $70.1°$. 最近时期北极的变化率为：纬度每年变化 $0.004°$ ，经度每年变化 $0.007°$.

地磁场本身处于不断变化之中，一般通过三要素来描述不同时间、不同地点的地磁场，如图5-56-1所示：磁偏角 D ：地磁子午线与地理子午线夹角；磁倾角 I ：地磁场方向与地球水平面夹角；磁场强度 B ： $B^2 = B_e^2 + B_z^2$.

图中：xOy 平面代表地平面；x 的方向指向地理北极，即代表地理子午线；z 轴垂直指向地心. 地磁场 B 在 xOy 平面的投影 B_e 称为水平分量，B_e 所指的方向就是磁北极的方向，即地磁子午线.

下面介绍两种测量地磁场水平分量的实验方法.

1. 振动法

实验装置如图 5-56-2 所示.

螺线管轴线与地磁场平行. 小磁棒(永磁体)通过细线悬挂在螺线管内, 小磁棒轴线与螺线管轴线重合, 并可绕竖直轴摆动. 小磁棒的一侧端面上贴有一平面反射镜. 通过观测由该反射镜反射回来的激光光点可以确定小磁棒的振动周期.

设地磁场的水平分量为 B_e, 螺线管磁场为 B_s, 小磁棒的磁矩为 M, 转动惯量为 J. 当小磁棒在小

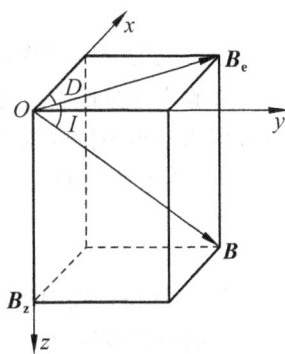

图 5-56-1

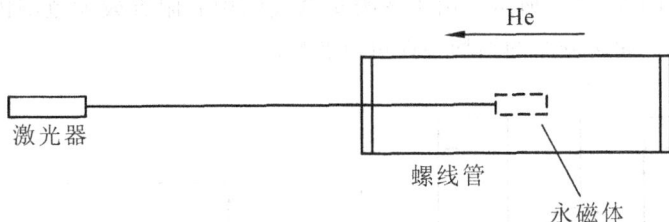

图 5-56-2

角度摆动时, 其受到的地磁场和螺线管磁场共同作用的力矩可表示为

$$L = -M(B_e + B_s)\theta \tag{5-56-1}$$

根据转动定理可写出小磁棒的运动方程为

$$J\frac{\mathrm{d}^2\theta}{\mathrm{d}t^2} = -M(B_e + B_s)\theta \tag{5-56-2}$$

令

$$\omega_0^2 = \frac{M(B_e + B_s)}{J} \tag{5-56-3}$$

运动方程可写为

$$\frac{\mathrm{d}^2\theta}{\mathrm{d}t^2} + \omega_0^2\theta = 0 \tag{5-56-4}$$

由(5-56-4)式可知, 小磁棒将在地磁场和螺线管磁场的共同作用下做简谐振动. 因为 $\omega_0 = \dfrac{2\pi}{T}$, 代入(5-56-3)式可得

$$\frac{1}{T^2} = \frac{MB_e}{4\pi^2 J} + \frac{MB_s}{4\pi^2 J} \tag{5-56-5}$$

令 $G = \dfrac{M}{4\pi^2 J}$, 则(5-56-5)式可写为

$$\frac{1}{T^2} = GB_e + GB_s \tag{5-56-6}$$

(5-56-6)式为直线方程,截距 $a=GB_e$,斜率 $b=G$,螺线管磁场 $B_s=\mu_0 nI$.

实验中通过改变电流来改变螺线管磁场 $B_s=\mu_0 nI$,在不同的螺线管磁场下分别测量小磁棒的振动周期 T. 利用最小二乘法确定(5-56-6)式的截距 a 和斜率 b,则地磁场的水平分量为

$$B_e = \frac{a}{b} \tag{5-56-7}$$

2. 亥姆霍兹线圈法

亥姆霍兹线圈是一对相同的圆线圈,它们绕向一致,互相串联,平行共轴放置,其线圈间距等于线圈半径. 在亥姆霍兹线圈轴线的中心处,水平放置一个罗盘,如图 5-56-3 所示. 由于亥姆霍兹线圈中心附近较大范围内的磁场是均匀的,故空间场分布的不均匀性可以忽略.

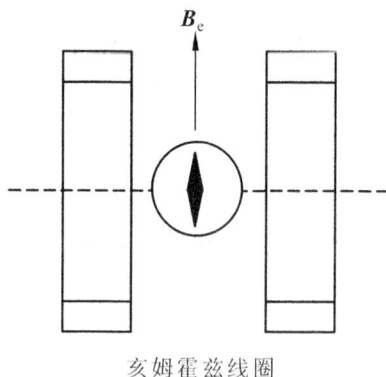

亥姆霍兹线圈

图 5-56-3

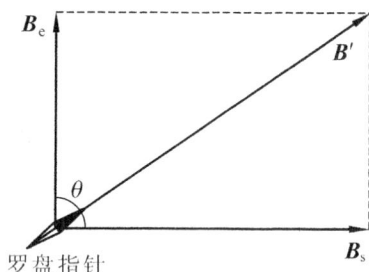

图 5-56-4

在通电前,使线圈平面与罗盘指针相平行,保证线圈平面与地磁子午面一致. 通电后,线圈产生的 B_s 必与地磁场水平分量 B_e 互相垂直,罗盘指针就在 B_s、B_e 两磁场的同时作用下偏离地磁子午面,合成磁场 B' 与磁子午面成一定的角度 θ,如图 5-56-4 所示. 由图可知

$$\frac{B_s}{B_e} = \tan\theta \tag{5-56-8}$$

亥姆霍兹线圈共轴线中点的磁场为

$$B_s = \frac{\mu_0 nI}{R} \cdot \frac{8}{5^{3/2}} \tag{5-56-9}$$

式中:n 为一个线圈的匝数,R 为线圈的半径,I 为通过线圈的电流强度,μ_0 为

真空磁导率，$\mu_0 = 4\pi \times 10^{-7} \text{ N/A}^2$.

将(5-56-9)式代入(5-56-8)式，则

$$B_e = \frac{8}{5^{3/2}} \cdot \frac{\mu_0 n I}{R} \cdot \frac{1}{\tan\theta} \tag{5-56-10}$$

即有

$$I = \frac{5^{3/2} R B_e}{8\mu_0 n} \cdot \tan\theta \tag{5-56-11}$$

对于同一测量地点、给定的线圈和罗盘，$\dfrac{5^{3/2} R B_e}{8\mu_0 n}$ 是一个常量. 由上式可知流过线圈的电流强度 I 与罗盘指针偏转角 θ 的正切成正比. 测得通过电流计的电流 I 以及罗盘磁针的偏转角 θ，就能测得地磁的水平分量值 B_e. 实验电路如图 5-56-5.

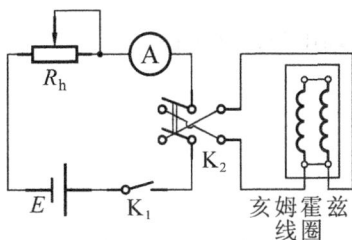 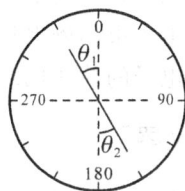

图 5-56-5   图 5-56-6

[实验内容]

1. 按图 5-56-5 连线，将罗盘放在亥姆霍兹线圈共轴线中心.

2. 利用水准器调节线圈底座水平，使线圈平面为铅直.

3. 转动底座，使线圈平面与罗盘指针平行，并使指针 N 极指向刻度"0".

4. 调节制流器 R_h，改变线路电流. 从罗盘上得到指针偏转角 θ 的两个读值 θ_1，θ_2，如图 5-56-6 所示，然后使电流反向，同样读取两个值 θ_3，θ_4；θ 取平均值.

5. 改变电流 7～10 次，同样方法，测得不同电流时的偏转角. 作 I-$\tan\theta$ 曲线，或作线性拟合，进而求解地磁场的水平分量值 B_e.

[问题讨论]

1. 为什么要将线圈底座调水平？为什么线圈要与罗盘指针平行？罗盘指针一定要指向"0"吗？

2. 线圈通电后，罗盘指针的指向是否为地磁场方向？

3. 能否只用亥姆霍兹线圈的一个线圈，并将罗盘水平放置在此线圈的中央来测量地磁的水平分量 B_e？

4. 实验中应如何避免外磁场的干扰？

实验五十七　电子束的偏转与聚焦

[实验目的]

1. 了解电子枪的结构.
2. 研究电子在横向电场及横向磁场中的运动规律.
3. 了解电子束的磁聚集原理.
4. 测定电子的荷质比.

[实验仪器]

WS-JD-DZS 型电子束综合实验仪，直流稳压电源，数字多用表，低压电表，直流毫安表及螺线管等.

[实验原理]

1. 示波管的结构与工作原理

电子束综合实验仪的核心部件是一示波管. 示波管为阴极射线管，简写为 CRT. 示波管由电子枪、偏转板和荧光屏三部分组成，如图 5-57-1 所示.

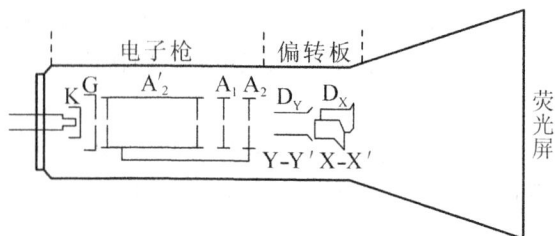

图 5-57-1

电子枪：由加热电极(灯丝)F、阴极 K、栅极(调制极)G、加速电极 A_2'、第一阳极 A_1(聚焦极)和第二阳极 A_2(辅助聚焦极)组成. A_2' 与 A_2 在示波管内部相连.

偏转板：D_X 为水平偏转板（X，X′一对），D_Y 为垂直偏转板（Y，Y′一对）.

荧光屏：在示波管玻璃屏内表面涂敷荧光物质膜层构成；外部用玻璃封装，抽真空并加有吸气剂.

阴极 K：为表面涂有氧化物（钡、锶的氧化物）的金属圆筒，经灯丝加热（电压 6.3 V）后，温度上升，一部分电子脱离圆筒表面，变成自由电子，自由电子在外电场作用下形成电子流.

栅极 G：为顶端带孔（孔直径为 0.1 mm）的圆筒，套装在阴极之外，栅极的电位低于阴极的电位，对阴极发射出的电子起控制作用. 调节栅极电位可以控制射向荧光屏的电子流密度. 电子流密度越大，荧光屏上的光点就越亮. 当栅极电位调到相对阴极足够负时，将没有电子通过栅极，荧光屏上光点消失，此时栅－阴极间的电位差称为截止电压. 8SJ31J 型示波管的截止电压为 $-35\sim-70$ V. 调节栅-阴极间电压可控制荧光屏上光点的亮度，这就是亮度调节.

加速电极 A_2' 是一长金属圆筒，其电位比阴极高 1 000 V 左右，用于加速电子. 圆筒内有一对同轴中心开孔的金属片，用于截获偏离轴线的电子，使电子束有较细的截面. 加速电极后面是第一阳极 A_1 和第二阳极 A_2（A_2 与 A_2' 相连接），第一阳极电压一般为几百伏，与 A_2'，A_2 一样，也是中心有小孔的圆板. A_2'，A_1，A_2 三极形成的电场除具有对电子加速作用外，还起着会聚作用，使电子束会聚成很细的一束，这种作用称为聚焦. 改变第一阳极 A_1 的电位可改变 A_2'，A_1，A_2 间的电场分布，影响电子束会聚，所以 A_1 称为聚焦极. 调节 A_1 的电位称为聚焦调节. A_2'，A_2 的电位也影响会聚，调节 A_2 的电位称为辅助聚焦调节.

为了使电子束能够打到荧光屏上的任何部位，必须使电子束运动的轨迹能按要求改变，这种运动轨迹的变化称为"偏转". 电子束的偏转可以利用静电场，也可以利用磁场来实现. 一般示波管采用静电场的办法使电子束偏转，称为静电偏转. 静电场由两对互相垂直的偏转板提供. 其中一对能使电子束在 X 方向偏转，称为 X 向偏转板（或水平偏转板），如图 5-57-1 中 D_X；另一对能使电子束在 Y 方向偏转，称为 Y 向偏转板（或垂直偏转板），如图 5-57-1 中 D_Y.

2. 电子束的偏转

当电子在横向电场或横向磁场中运动时，其运动方向会发生改变，这就是电子束的偏转. 本实验中所讨论的电子的运动速度远小于光速（3.00×10^8 m/s），电子运动的空间范围远大于原子的线度（10^{-8} m），因此可以不考虑相对论效应和量子效应. 这里电子同经典粒子一样, 它们的行为遵从牛顿运动定律.

(1)电偏转

利用电场使电子束发生偏转称为电偏转. 在示波管中电子经第二阳极 A_2 射出时, 在 z 方向上(电子枪轴线方向)具有速度 v_z, v_z 值取决于第二阳极与阴极之间的电位差 U_2. 如果电子逸出阴极时的初始动能可以忽略不计, 那么电子从第二阳极 A_2 射出时的动能由下式确定

$$\frac{1}{2}mv_z^2 = eU_2 \tag{5-57-1}$$

电子经过偏转板时的行为如图 5-57-2 所示.

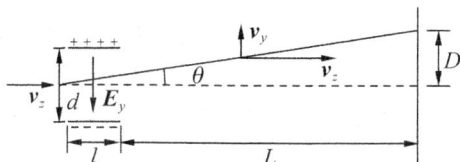

图 5-57-2

进入偏转板的电子, 在 y 方向上作初速为零的匀加速运动. 设偏转板上所加电压为 U_y, 板长为 l, 板间距为 d, 板间场强为 E_y, 板右端至屏的距离为 L, 则

$$a_y = \frac{F_y}{m} \ , \ F_y = eE_y = \frac{eU_y}{d} \ , \ v_y = a_y t$$

式中 t 为电子通过 l 的时间, $t = \frac{l}{v_z}$.

于是, 电子在离开偏转板的时刻, y 方向上的速度为

$$v_y = \frac{eU_y l}{mdv_z} \tag{5-57-2}$$

此刻电子的运动轨道与 z 方向的夹角 θ 有

$$\tan\theta = \frac{v_y}{v_z} = \frac{eU_y l}{mdv_z^2}$$

结合(5-57-1)式, 则

$$\tan\theta = \frac{U_y l}{2dU_2} \tag{5-57-3}$$

电子到屏上时, 在 y 方向上的偏移量为

$$D = L\tan\theta = \frac{LlU_y}{2dU_2} \tag{5-57-4}$$

上式表明，光点在屏上的偏移量正比于偏转板上所加的电压，反比于加速电压. 这里要指出，如果仔细考虑偏转板的结构与电子的运动情况，可以证明，在计算中，上式中的 L 取为偏转板中心至屏的距离更为准确.

(2)磁偏转

利用磁场使电子束发生偏转称为磁偏转. 电子经过横向磁场时行为如图 5-57-3 所示. l 是磁场范围，L 是磁场右边缘至荧光屏的距离.

设电子以速度 v 垂直射入一均匀磁场中，由于电子运动的方向始终垂直于磁场，所以电子所受洛伦兹力的大小为

$$F = evB$$

此时，电子沿圆弧轨道运动，其半径 R 满足关系式

$$\frac{mv^2}{R} = evB \quad (5\text{-}57\text{-}5)$$

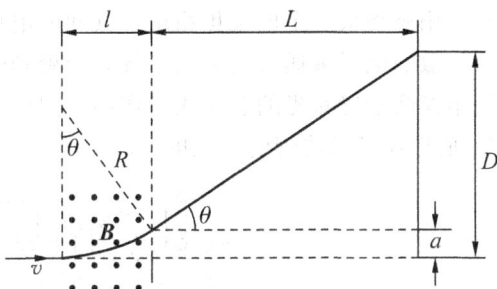

图 5-57-3

假设磁场引起的偏转角很小，则有 $\sin\theta \approx \theta$，$\cos\theta \approx 1 - \frac{\theta^2}{2}$. 由图 5-57-3 可见，在电子离开磁场区的时刻，电子轨道的切线与原入射方向间的夹角 θ 满足

$$\theta = \frac{l}{R} = \frac{elB}{mv} \quad (5\text{-}57\text{-}6)$$

电子离开磁场时刻，横向偏转

$$a = R(1 - \cos\theta) \approx R\frac{\theta^2}{2} = \frac{mv\theta^2}{2eB} \quad (5\text{-}57\text{-}7)$$

电子到达屏上引起光点的横向偏转量

$$D = L\tan\theta + a \approx L\theta + a \quad (5\text{-}57\text{-}8)$$

将(5-57-6)(5-57-7)式代入(5-57-8)式，得

$$D = \frac{elB}{mv}\left(L + \frac{l}{2}\right) \quad (5\text{-}57\text{-}9)$$

考虑到加速电压 U_2 和电子速度 v 的关系，由(5-57-1)式，得

$$D = \frac{elB}{\sqrt{2emU_2}}\left(L + \frac{l}{2}\right) \quad (5\text{-}57\text{-}10)$$

上式表明，磁场引起的横偏移量与磁感应强度成正比，与加速电压的平方根成反比. 式中的磁场可以是电流的磁场，也可以是地磁场.

3. 电子束的聚焦

利用电场或磁场使发散的电子束会聚到一起，这就是电子束的聚焦.

(1)电聚焦

利用电场使电子束聚焦称为电聚焦. 在示波管中，加速极(A_2')与栅极(G)间的电场分布如图 5-57-4 所示，由阴极发射出的电子进入该电场，在电场力的作用下，电子束形成一个交点，如图中 F_1 点. 加速电极的第一阳极和第二阳极构成一个电聚焦系统，其间的电场分布如图 5-57-5 所示. 经过 F_1 点后发散的电子束通过电聚焦系统后会聚到荧光屏上一点. 电聚焦系统的这个作用很像凸透镜对光的会聚成像作用，因此称之为电子透镜. 它把电子束的交点 F_1 成像在了示波管的荧光屏上.

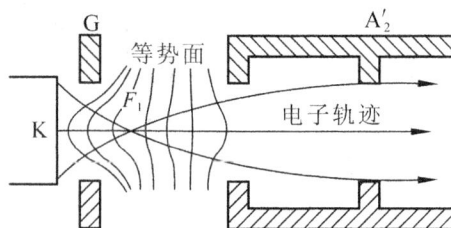

图 5-57-4

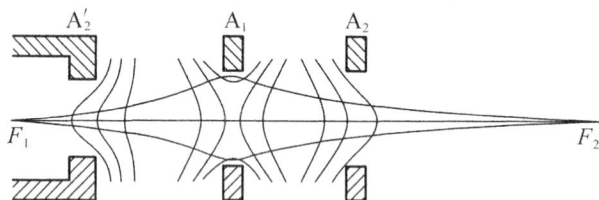

图 5-57-5

改变各电极之间的电位差，特别改变 U_{A1}，相当于改变电子透镜的焦距，可使电子束的会聚点正好落在荧光屏内表面，这就是电子束的电聚焦原理.

(2)磁聚焦

利用磁场使电子束聚焦称为磁聚焦. 若将示波管的加速电极 A_2 与第一阳极 A_1 连在一起，并相对于阴极 K 加一电压 U_2(即加速电压)，这样，电子一进入加速电极就在零电场中作匀速运动. 这样到达荧光屏的电子束是发散的，在荧光屏上形成一个光斑.

为了能使电子束聚焦，可在示波管外套一通电螺线管，使在电子束前进的方向上产生一均匀磁场 B. 在所用的示波管中，栅极和加速电极很靠近，只有

1.8 mm 左右，因此，可以认为离开电子束交叉点 F_1 后电子立即进入电场为零的均匀磁场中运动. 对于在均匀磁场 $\boldsymbol{B}$ 中以速度 v 运动的电子，将受到洛伦兹力 $\boldsymbol{F}$ 的作用，即

$$\boldsymbol{F}=-e\boldsymbol{v}\times\boldsymbol{B} \tag{5-57-11}$$

当 v 和 $\boldsymbol{B}$ 同向时，$\boldsymbol{F}=0$，电子的运动不受磁场的影响.

当 v 和 $\boldsymbol{B}$ 垂直时，$\boldsymbol{F}$ 垂直于速度 v 和 $\boldsymbol{B}$，电子在垂直于 $\boldsymbol{B}$ 的平面内作匀速圆周运动，维持电子作匀速圆周运动的力就是洛伦兹力，即

$$evB=\frac{mv^2}{R} \tag{5-57-12}$$

或

$$R=\frac{mv}{eB}$$

式中，R 为电子轨道半径. 电子旋转周期 T 为

$$T=\frac{2\pi R}{v}=\frac{2\pi m}{eB} \tag{5-57-13}$$

由(5-57-13)式可见，周期 T 与电子速度无关，即在同一磁场强度下，不同速度的电子绕圆一周所需的时间是相同的. 只是速度越大的电子所绕的圆周的半径也越大. 这一结论很重要，它是磁聚焦的理论根据.

在一般情况下，电子的速度 v 和磁场 $\boldsymbol{B}$ 间成一角度 θ，这时可将 v 分解为与 $\boldsymbol{B}$ 平行的轴向速度 $v_{//}=v\cos\theta$ 和与 $\boldsymbol{B}$ 垂直的径向速度 $v_{\perp}=v\sin\theta$ 两部分，如图 5-57-6 所示. $v_{//}$ 保持不变，即电子沿管轴方向作匀速运动. 又由于 $v_{\perp}$ 的存在，电子受到洛伦兹力作用，要绕轴作圆周运动，则合成的电子运动的轨迹将为一条螺旋线，其螺距为

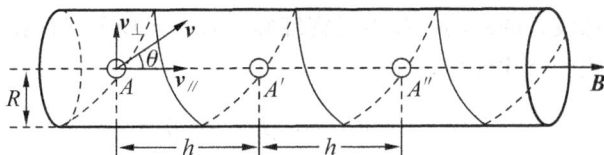

图 5-57-6

$$h=v_{//}T=\frac{2\pi mv_{//}}{eB} \tag{5-57-14}$$

由此可见，从同一个电子束交叉点 F_1 出发的各个电子，虽然径向速度 $v_{\perp}$ 各不相同，以及所走的螺旋轨道半径也各不相同，但只要轴向速度 $v_{//}$ 相等，并选择合适的轴向速度 $v_{//}$ 和磁场 $\boldsymbol{B}$(改变 $v_{//}$ 的大小可通过调节加速电极的电压 U_2 来达到；改变 $\boldsymbol{B}$ 的大小可通过调节产生磁场 $\boldsymbol{B}$ 的螺线管中的励磁电流 I 来达到)的大小，使电子在经过 l(从电子束交叉点 F_1 到荧光屏的距离)长的路程正

好为整数个螺距 h,这时电子束又将在荧光屏上会聚成一点,显示为一亮点,这就是电子束的磁聚焦原理.

4. 电子荷质比的测量

从前面的讨论我们知道,电子的轴向速度 $v_{//}$ 应由加速电压 U_2 决定(因为电子离开阴极时的初速相对来说很小,可以忽略),故有

$$\frac{1}{2}mv_{//}^2 = eU_2$$

所以

$$v_{//} = \sqrt{\frac{2eU_2}{m}}$$

可见电子在均匀磁场中运动时,具有相同的轴向速度,但由于 θ 角不同,径向速度将不同. 因此它们将做半径不同、螺距相同的螺旋线运动,经过时间 T 后,在

$$h = \frac{2\pi m v_{//}}{eB}$$

的地方聚焦. 调节磁场 $\boldsymbol{B}$ 的大小,使螺距正好等于电子束交叉点 F_1 到荧光屏之间的距离 l,这时荧光屏上的光斑就聚焦成一个小亮点. 由于

$$l = h = \frac{2\pi m v_{//}}{eB} = \frac{2\pi m}{eB}\sqrt{\frac{2eU_2}{m}}$$

故电子荷质比为

$$\frac{e}{m} = \frac{8\pi^2 U_2}{l^2 B^2} \tag{5-57-15}$$

严格说,螺线管的磁场应按多层密绕螺线管的磁场公式计算. 但为简单起见,仍用薄螺线管公式计算,即有

$$B = \frac{1}{2}\mu_0 nI(\cos\beta_2 - \cos\beta_1) \tag{5-57-16}$$

式中,$\mu_0 = 4\pi \times 10^{-7} \text{N/A}^2$(真空中的磁导率);$n$ 为螺线管单位长度线圈匝数.

设螺线管的长度为 A,螺线管的平均直径为 D,并认为电子束聚焦磁场均匀,且都与螺线管轴线中点 M 的磁场强度相等,则式(5-57-16)可简化为

$$B = \frac{1}{2}\mu_0 nI(2\cos\beta_2) = \frac{\mu_0 nIA}{\sqrt{A^2 + D^2}} \tag{5-57-17}$$

设螺线管的线圈总匝数为 N,则得实验计算电子荷质比公式为

$$\frac{e}{m} = 8\pi^2 \frac{A^2 + D^2}{\mu_0^2 N^2 l^2} \frac{U_2}{I^2} \tag{5-57-18}$$

式中 l，A，D，N 等为已知数，其值由实验室给出. 实验时保持 U_2 一定，测得聚焦电流 I，即可由式(5-57-18)计算电子荷质比的实验值.

[实验内容]

1. 认识示波管及参数测量

(1)对照仪器认识示波管各电极.

(2)电子束最大截止电压(负压)的测量：将"高压调节"旋钮右旋到头(最大)，"辅助聚焦"旋钮右旋到头(最大)，"亮度"旋钮调到光斑刚消失(截止).

(3)电子束最小截止电压(负压)的测量：将"高压调节"旋钮左旋到头(最小)，"辅助聚焦"旋钮左旋到头(最小)，"亮度"旋钮调节到光斑刚消失(截止)

(4)电子束阴极电流的测量.

① 摘掉"阴极 K—U_K"连线，串入数字多用表，选择直流 20 mA 量程. (注意安全，应在断电状态下操作，经老师检查无误后通电.)

② 本仪器最大阴极电流范围的测量：将"高压调节"旋钮右旋到头(最大)，"辅助聚焦"旋钮右旋到头(最大)，"亮度"旋钮左、右到头，确定阴极电流的最大范围.

③ 本仪器最小阴极电流范围的测量：将"高压调节"旋钮左旋到头(最小)，"辅助聚焦"旋钮左旋到头(最小)，"亮度"旋钮左、右旋到头，确定阴极电流的最小范围.

(5)调节示波管处于最佳工作状态，实测各电极电压(以地为参考点)，总结 U_K，U_G，U_1，U_2 之间的关系.

2. 电子束的偏转

(1)电偏转

① 将高压表接到仪器面板上的"K"和"U_2"两点("K"为阴极电位测试点，约为 -1 kV 左右，"U_2"为第二阳极电位检测点)，改变阴极电位使加速电压为一较大值(注意需预留 -100 V 左右的较小值)，即 $U_{2大}$. 若此时光点的聚焦和亮度发生了改变，则需重新调好.

② 将偏转电压 U_x 和 U_y 置零，然后用 X，Y 调零旋钮将光点调至屏的中心(偏转电压调零和测偏转电压均需把低电表的一支表笔接到"U_2"点(电位为零)，另一支表笔接到 U_x 和 U_y 的测量点上，偏转电压(U_d)的变化范围是 $(-65) \sim (+65)$ V，测量时应随时根据所测电压的正负而交换两表笔).

③ 当确定了电偏转的方向后，用调该方向偏转电压的调节旋钮将光点调至测量的起点(一般选在网格的左端，或上端处)，测出其偏转电压(通常为一

负值),然后改变偏转电压,待光点每改变一格,测一次偏转电压值 U_d,至光点偏至 20 格为止.

④ 重新把高压表接入"K""U_2"两点,改变阴极电位使加速电压为一较小值($U_{2小}$ 和 $U_{2大}$ 应相差 100 V 以上),重复以上步骤,完成电偏转的第二组测量.

⑤ 画 $D\text{-}U_d$ 和 $D\text{-}\dfrac{U_d}{U_2}$ 曲线,归纳总结电子在横向电场中偏转的规律.

(2)磁偏转

① 重复电偏转步骤①,测 $U_{2大}$.

② 重复电偏转步骤②,将 U_x,U_y 调零,然后将光点用 X,Y 零旋钮调至屏的中心.

③ 接通磁场线圈的供电电路,逐渐增大线圈电流 I_s,观察光点偏移的方向后将 I_s 调回零.

④ 根据光点的偏移方向用 Y 置零旋钮把光点调至测量起点(屏的上方或下方),然后逐步增大 I_s,待光点每移两格记下相应的 I_s 值,直到光点偏移 8 格为止.

⑤ 取 U_2 为一较小值 $U_{2小}$,重复以上步骤,完成磁偏转实验的第二组测量.

⑥ 画 $D\text{-}I_s$ 和 $D\text{-}\dfrac{I_s}{\sqrt{V_2}}$ 曲线,归纳总结磁偏转的规律.

3. 电子束的聚焦

(1)观察电聚焦现象

调节聚焦电位器和辅助聚焦电位器使光斑小而圆,观察电聚焦的作用.(注意光斑变小后亮度会增加,为避免烧坏荧光屏,应随时调低亮度)

(2)观察磁聚焦现象

接上螺线管电源,调节螺线管中的励磁电流 I,观察磁聚焦现象.继续增加电流,以增加螺线管中磁场 B,观察第二、三次聚焦.

4. 测量电子荷质比

测量电路如图 5-57-7 所示.

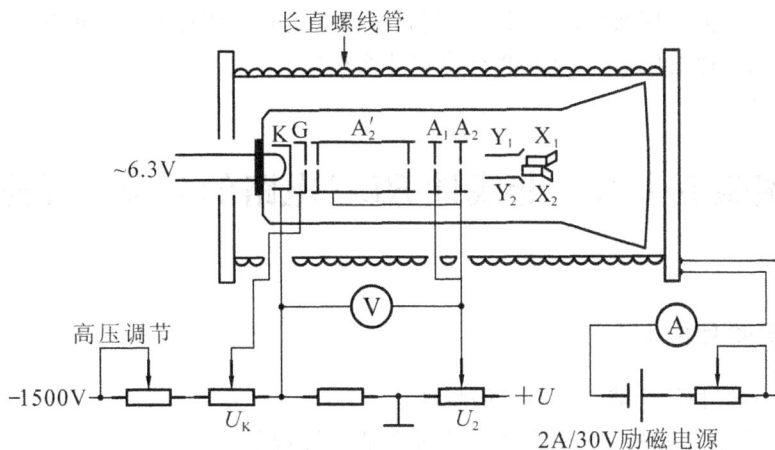

长直螺线管

图 5-57-7

分别选择加速电压 $U_2 = 1\,100\,\text{V}$，$1\,000\,\text{V}$，$900\,\text{V}$，记下第一、二、三次聚焦时的励磁电流 I_1，I_2，I_3，重复测量多次，求平均值.

[注意事项]

1. 示波管的阴极和栅极电位约为 $1\,000\,\text{V}$ 以上的负电压，操作时谨防触电.

2. 高压表用于测量加速电压等高电压，其量程为 $1\,500\,\text{V}$，低压表用于测偏转电压，实验中宜选用 $100\,\text{V}$ 量程. 用低压表测高电压会损坏电表.

[问题讨论]

1. 根据测量数据计算示波管在最高高压和最低高压时的管内阻.

2. 示波管的水平灵敏度（单位电压引起光点的偏移量）与垂直灵敏度是否相同，在做电偏转的 $U_{2大}$ 和 $U_{2小}$ 两次测量时，一次用 x 方向，另一次用 y 方向可以吗？为什么？

3. 在磁偏转实验中，地磁场对测量结果有无影响？如果有，能否消除或将其影响减至最小？

4. 实验中我们将第二阳极电位取为零，现在假定它不为零，能否对电子束聚焦，为什么？

5. 若电子枪产生的电子束是由带正电荷的粒子构成的，那么示波管中应做什么改变？这样的电子束在电偏转实验中的行为如何改变？

6. 在磁偏转中，如果除磁场外，还在一对偏转板上加以电压，两种偏转就能相互抵消，那么应该用哪一对偏转板？假设此时两种偏转已相互抵消，然后再增加加速电压 U_2，这时将会出现什么现象？

实验五十八　非线性 RLC 电路的分频与混沌

[实验目的]

1. 学习和认识非线性器件的特性.
2. 观察和理解倍周期分岔、混沌等非线性现象.
3. 学习使用频谱分析仪测量和判断系统状态.

[实验仪器]

磁环，电阻箱，电容箱，滑线变阻器，信号发生器，双踪示波器及频谱分析仪等.

[实验原理]

1. 非线性 RLC 电路的复杂行为

人们在讨论湍流发生机制及生态学问题时，研究了一些确定的微分方程，发现在某些参数下会出现非常复杂的行为，进一步从理论上分析这些方程，得到倍周期分岔序列和混沌区域，并且找到一些普适常数，发现存在有无穷嵌套的自相似结构. 然而分岔与混沌决不只是一种数学现象. 在不少领域，如发现在电子电路(变容二极管电路)、流体(贝纳德对流)、化学反应(碘时钟)等实际系统的实验研究中，在许多非线性系统中，不断地揭示出非平衡相变的丰富行为，其中以非线性 RLC 电路实验最为成功. 由于非线性 RLC 电路获得的现象比较丰富，并且易于观察和测量，特别是实验的条件便于实现和控制. 非线性 RLC 电路的非线性器件，可以是非线性电容(如变容二极管)、非线性电阻(如压控电阻)，也可以是非线性电感(自感或互感).

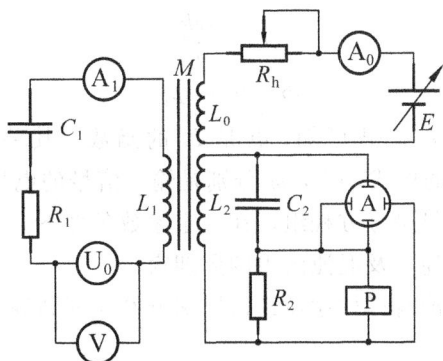

图 5-58-1

本实验采用非线性电感. 这个系统实验电路图见图 5-58-1. 本实验使用的核心器件是带磁芯的互感器 M，它是系统中的非线性器件. 互感器 M 是由绕着线圈的高磁导率磁环制成的. 偏置电路：L_0 是直流激磁线圈；E 是可调直流电源，提供激磁电流；R_h 是限流滑线变阻器. 工作回路：L_1 是初级线圈；U_0 是音频信号发生器，驱动交流源，正弦波；R_1 是限流电阻；C_1 是隔直电容，R_1，C_1 均是线性器件. 测量回路：L_2 是次级线圈，这是非线性电路中的关键器件；与 L_2 串联的 R_2，C_2 也均是线性器件；A 是双踪示波器，将电阻 R_2 上的电压 U_i 输至通道 1，电容 C_2 上的电压 U_C 输至通道 2，用于观察非线性 $R_2L_2C_2$ 电路的波形图 i-t，u-t 及 (i, u) 相轨图. P 是频谱分析仪，用以观察、测量电路输出信号的频谱成分.

由于磁环具有高磁导率，可以认为初、次级线圈之间无漏磁通. 根据测定的磁环的磁化曲线，可以假定磁通量与激磁电流之间有含电流二次项的非线性关系，基于以上两点，可以写成如下方程：

$$\Phi_{11} = \Phi_{12} = \alpha_1 I_1 + \beta_1 I_1^2 \tag{5-58-1}$$

$$\Phi_{21} = \Phi_{22} = \alpha_2 I_2 + \beta_2 I_2^2 \tag{5-58-2}$$

其中 Φ_{11}，Φ_{12} 分别是 I_1 在初级线圈和次级线圈中产生的磁通量；Φ_{21}，Φ_{22} 分别是 I_2 在初级线圈和次级线圈中产生的磁通量. 根据电路的电阻、电容、电感上的电压关系，可以得到下述方程：

$$\frac{\mathrm{d}I_2}{\mathrm{d}t} = \frac{U_{R2}}{L_2} = f(I_1, I_2, U_2, U_0 \sin \omega_0 t)$$

$$\frac{\mathrm{d}U_{C2}}{\mathrm{d}t} = \frac{I_2}{C_2} \tag{5-58-3}$$

这是一非线性微分方程组，非线性表现在 L_2 上，因

$$L_2 = \frac{\mathrm{d}\Phi}{\mathrm{d}t}$$

$$\Phi = \Phi_{12} + \Phi_{21}$$

(5-58-4)

由(5-58-1)式及(5-58-2)式可知，Φ 是 I_2^2 的函数，其关系写成隐函数 $(I_1,$
$I_2, U_2, U_0 \sin \omega_0 t)$ 的形式，U_0, ω_0 分别是输入信号的电压幅值及角频率. 这
个具有驱动项的二变量微分方程组，在一定参数条件下会出现倍周期分岔序列
（分频）、准周期、混沌，及混沌区中的周期窗口.

　　由定态过渡到混沌有三种途径：倍周期分岔序列到混沌、阵发混沌、准周
期到混沌.

　　最常见的是倍周期分岔序列到混沌，又以 2×2^n 分岔序列为多见，称为 U
序列. 非平衡相变由调节外驱动电压 U_0 来实现. 实验过程是这样的：设外驱
动项的周期 f_0 为 1 周期(1P)，逐渐增加 U_0，输出信号依次历经 1 周期(1P)、
2 周期(2P)、4 周期(4P)、8 周期(8P)、16 周期(16P)、……、2×2^n 周期过
渡到混沌；在混沌逐渐出现的过程中，又可以看到混沌带的反 2×2^n 序列，称
为倒分岔，即由 2×2^n 个混沌带以平方的关系减少，……8 个混沌带(8C)→4
个混沌带(4C)→2 个混沌带(2C)→1 个混沌带(1C)（即连成一片）；在进入混沌
区后再加大 U_0，存在周期窗口 5P，3P；再加大 U_0，还可以观察到自相似结
构 $3P \to 6P(2 \times 3P)$ …

　　阵发混沌也是产生混沌的一种途径，多发生在周期窗口的边缘区，由某一
稳定的周期解，直接由阵发突变至混沌，从频谱看由规则的分立谱突变至有噪
声背底的连续谱.

　　另一种产生混沌的途径是由准周期到混沌，准周期的谱线表现为不等间隔
的谱线分布，至少应含有两个不可约的模数. 理论上，系统的状态若含有两个
以上不可约的模数就立即进入混沌，但也可以由多个不可约频谱的高维准周期
进入混沌. 在我们要进行的实验中观察到后一种过渡过程. 随着某一可调参量
的调节，谱线逐渐增多，且不是倍频成分，而是增加了新的不可约的模数，最
后过渡到混沌状态，出现连续谱背底.

　　分别适当调节参数系统可寻找与观察到准周期与阵发混沌.

　　2. 观察与测量方法

　　本实验用以观察、判断系统状态的方法有：时域波形分析（波形图，相轨
图），功率谱分析（FFT），分频采样分析（map）.

　　(1)时域波形分析

　　直接由示波器观察电压、电流随时间变化的运动轨道 $i(t)$，$u(t)$. 如图

5-58-2，由图可知系统响应 U_R 信号的周期是驱动源信号 U_0 周期的 3 倍，故称此时系统状态为 3P(周期为 3)，其波形已不是正弦波.

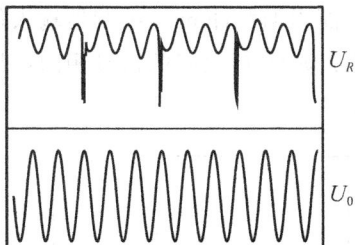

图 5-58-2

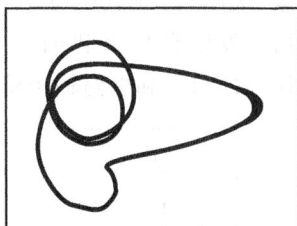

图 5-58-3

用示波器还可以用 X-Y 方式观察电压、电流的相轨图 $i-u$. 如图 5-58-3，可看到清晰的轨道，是个很好的周期信号，而图 5-58-4 则轨道混乱，不可分辨，进入了混沌状态.

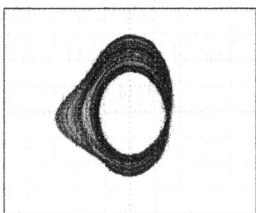

图 5-58-4

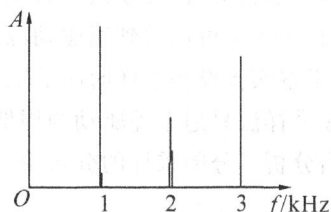

图 5-58-5

(2)频谱分析

由频谱仪或数字示波器的 FFT（快速傅里叶分解），分析得到系统响应电信号中所包含的频率 f 成分以及每种频率的振幅 A（或功率）大小的 A—f 图像，称为频谱. 如图 5-58-5，表示系统输出信号由三种频率(1 kHz，2 kHz 及 3 kHz)、不同振幅的正弦波合成.

图 5-58-6 是本系统的混沌频谱图，混沌谱是一个连续谱.

(3)分频采样分析

map 图形和庞加莱(poincaré)映射在计算机处理非线性微分方程中早已普遍应用，其基本思想是对信号在固定的时刻或固定截面进行取样. 本实验采用的是在固定时刻取样的分频采样法. 当采样步长固定，如对应一周期只有一个点时，对二周期则有两个点，对三周期则有三个点，其他以此类推. 对准周期，显示出点在一定的轨道的上有规则的移动；对混沌状态，则显示出点移动不规则的随机性，由此可以准确地判断系统所处的状态. 这种方法应用到实验装置中，所用设备是 map 控制器. map 控制器采用的是将电路的外驱动正弦信号 U_0 加以整形变成脉冲信号的技术，在示波器 A 的 Z 端(示波器的示波管控制栅极)接周期脉冲 map 控制器的输出，而周期脉冲 map 控制器输入信号是由音频信号发生器 U_0 提供的，它的频率与驱动 RLC 电路的信号相同，从而实现了取样脉冲信号和电路输出信号的同步.

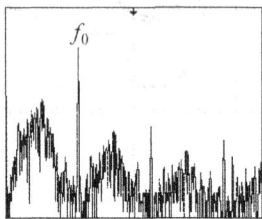

图 5-58-6

图 5-58-7

用示波器在 Z 轴加分频采样信号，用 X-Y 方式观察电压、电流的 map 图. 由图 5-58-7 可以看到用驱动源周期对此时系统的分频采样，得到 3 个轨迹点(由于本实验设备采样时间的限制，轨迹点较长)，表明系统状态为 3P.

分频采样法只适于外驱动为周期力的系统.

频谱分析、分频采样的分辨率高于时域分析.

[实验内容]

1. 观察分频与混沌

(1)按图 5-58-1 连接线路.

选定参数 $R_1 = R_2 = 3.00\ \Omega$，$C_1 = C_2 = 0.700\ \mu F$，$I_0 = 100.0\ mA$，$f_0 = 3\ 000\ Hz$.

(2)观察波形与频谱.

逐渐增加驱动源信号的电压 U_0，直至最大，依次观察如下波形与频谱.

零频；

基频(1P)、二分频(2P)、四分频(4P)、八分频(8P)……—— 倍周期分岔；

……四个混沌带(4C)、二个混沌带(2C)、一个混沌带(1C)—— 倒分岔；

五分频(5P)、三分频(3P)—— 周期窗口；

六分频(6P)…… —— 自相似.

(3)换一频率，然后改变电压，观察记录系统状态.

2. 测量

(1)测绘 2×2^n 分岔至混沌序列.

电路参数同上.

利用示波器、频谱仪测绘波形和频谱. 在直角坐标纸上画出上述各状态所对应的波形图、相图、频谱图、map 图. 标明系统状态及外驱动电压值, 各谱线频率、幅值.

(2)测绘磁环的伏安特性曲线.

自行设计电路及测试步骤, 测绘磁环的伏安特性曲线, 了解非线性元件的特征.

[注意事项]

由于铁磁的滞后效应, 对应于同一个电压值, 回路可以有不同的状态. 即系统经某一非平衡相变达到新的稳定状态后, 反方向改变参量的数值到相变阈值电压时, 状态并不返回相变前的状态, 需要经过足够大的参量改变才能实现, 这称为非线性系统锁频的多稳现象. 所以在实验测量中可控参量的增减, 要按一个方向进行调节.

[问题讨论]

1. 非线性实验现象有哪些基本特征?

2. 磁环在本实验中的作用是什么?

3. 实验中如何判断倍周期分岔、周期窗口、混沌等系统状态?

[相关知识]

1. 名词解释

◆非平衡相变　在相变的临界点附近, 控制参数的微小改变可以从根本上改变系统性质的现象称为突变现象, 在非平衡态条件下发生的突变叫非平衡相变.

◆相空间　它是描述动力系统状态的抽象空间, 其正交坐标代表说明系统瞬时状态的每一个变量. 一个质点在一维运动的状态可以用它的位置 x 和它的速度 $v = \dot{x}$ 两个变量来描述, 因此此时相空间是二维空间或叫相平面. 一个质点在三维运动应该有六维相空间, 其中 3 个位置坐标, 3 个速度坐标. 因此要描述 n 个质点的系统, 其相空间为 $6n$ 维. 即一个自由度系统, 相空间为二维, 3 个自由度系统相空间为六维.

对一个质点的单摆运动方程

$$\ddot{x} + \sin x = 0$$

它可以化成二维相空间的自治动力系统

$$\dot{x} = y$$

$$\dot{y} = -\sin x$$

我们可以在相平面(x , y)上，绘制出满足方程组的许多曲线族，这些曲线就叫相轨线，它代表质点运动的路径．相图的分析方法是 19 世纪末法国伟大的科学家庞加莱发明的，虽然在相图中没有位置 $x(t)$ 和速度 $\dot{x}(t)$ 随时间变化的信息或表达式，但是它得到的是动力系统运动的全局定性的概念．

◆混沌　它是由确定性系统内部的非线性性质所引起的非周期性态．混沌和噪声不同，后者是由外部随机驱动力所引起的非周期状态．许多科学家相信，自然界许多复杂现象如天气、气候、湍流等均可以用确定的系统来描述，而混沌是它们的特征．混沌有敏感初始条件的特性，也就是说初始条件的微小差别，可导致相空间的轨道的迅速分离，所以在混沌系统中短期的时间演化是可以预测的，但长期轨道上的确切位置是不能预测的，仅可以确定其系统特征．

应当强调，混沌的发现加深了我们对客观世界的认识，在确定论和随机论之间架起了桥梁．混沌说明"未来并不完全包含于过去之中"，只有不断分析事物的变化，才能把握事物变化的规律．

◆分岔（叉）　在非线性动力系统中当控制参数变化后，一种新的定性上不同于原来的状态出现，这就叫分岔（叉）．这里新的状态可以是定常状态、周期状态、拟周期（准周期）状态，也可以是混沌状态．自然界的形态是多样的，原有形态失去稳定性而消失，新的形态一定会分岔出现．现已论证，像混沌、湍流这样复杂的形态可以通过多次分岔而产生．

◆庞加莱映射　一个连续非线性动力系统的求解是非常困难的，法国数学家庞加莱发明了相图分析法，在相图中虽然不能定量地知道物理量随时间的变化，但是可以定性地得到轨线的形态类型及其拓扑结构，从而了解动力系统运动的全局图像．为了更清楚地了解运动的形态，庞加莱在连续运动的轨线上用一个截面

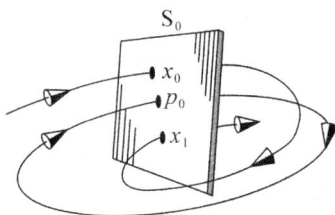

图 5-58-8

（叫 Poincaré 截面）将其横截，那么根据轨线在截面上穿过的情况，就可以简洁地判断运动的形态．图 5-58-8 就是 Poincaré 截面，图中截面上轨线下一次

穿过截面的点 x_1 可以看成是前一次穿过点 x_0 的一种映射

$$x_{n+1} = f(x_n) \qquad (n=0,\ 1,\ 2,\ \cdots)$$

这个映射就称为庞加莱映射. 这样就把一个连续的运动化为简洁的离散映射来研究.

　　同时该映射的不动点(图中的 p_0 点)就反映相空间的周期运动. 如果运动是二倍周期的,则在庞加莱截面上有两个不动点,四倍周期的运动则有四个不动点等.

　　2. TDS 1002 型数字式示波器的使用

显示模式	键钮及菜单	功　　能
y-t	AUTO SET（自动设置）	自动设置最佳显示参数,显示 y-t 波形图
x-y	DISPLAY（显示）	弹出菜单,可选择显示格式或参数,如显示类型,显示格式,对比度等
	格式：XY	显示 x-y 相图
FFT	MATH MENU（数学计算）	弹出菜单,可选择数学计算模式,如两信号 "＋", "－", "FFT"等
	操作：FFT	显示快速傅里叶分析频谱
	窗口类型：Flattop	频谱滤波模式为平顶窗
手动测量	CURSOR（光标）	弹出菜单和测量光标,可选择测量类型,如周期,幅度,频率等
	类型：频率(或幅度)	选择测量类型为频率(或幅度)
	信源：CH1（math）	选择对通道 1 测量(或做数学计算)
	RUN/STOP（运行/停止）	数据采集或停止,显示动态或静态波形
	停止	选择停止,显示最后一帧图形

实验五十九　法布里-珀罗(F-P)干涉仪

[实验目的]

1. 了解 F-P 干涉仪的原理与性能.
2. 掌握 F-P 干涉仪的使用方法.
3. 测量微小的波长差.

[实验仪器]

法布里-珀罗干涉仪，钠灯等.

[实验原理]

F-P 干涉仪是由两块平行放置的平面玻璃板组成的. 在平面玻璃板相对的两表面上镀有反射率 $R>90\%$ 的高反射膜，两相对表面的平行度的偏差不能超过 $1/20 \sim 1/50$ 波长. 干涉仪的两玻璃板之间的间距 d 可以用螺丝调节. 如果两玻璃板之间用一膨胀系数很小的石英(或铟钢)所制成的环固定起来，则这一仪器又称标准具.

F-P 干涉仪的光路如图 5-59-1 所示. 自扩展光源 S 上任一点发出的光入射到玻璃板后，在镀膜表面经过多次的反射和透射，分别形成一系列相互平行的反射光束和透射光束. 在透射的光束中，两相邻光束之间的光程差由下式决定.

$$\Delta = 2nd\cos\varphi \qquad (5\text{-}59\text{-}1)$$

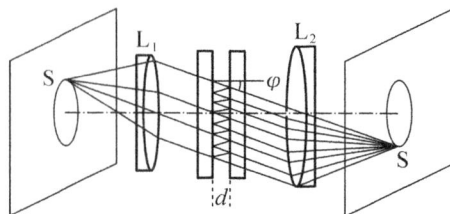

图 5-59-1

在空气中折射率 $n \approx 1$，此时，透射后相互平行的光束在无限远处(或透镜 L_2

的焦平面上)发生干涉. 如果光程差 Δ 为波长的整数倍时，产生干涉的极大值，即

$$2nd\cos\varphi = k\lambda \qquad (5\text{-}59\text{-}2)$$

k 叫做干涉级，取整数. 在扩展光源照明下，所产生的条纹是等倾干涉条纹，是一组同心圆环. 中心亮环 $\varphi=0$ ，干涉级 k 最大，此时 $k_{max}=\dfrac{2d}{\lambda}$ ，由于 $d\gg\lambda$ ，所以 k_{max} 的值是很大的，它对实现高分辨率是有利的.

在多光束干涉中，其分辨率为

$$\frac{\lambda}{\Delta\lambda} = kF \qquad (5\text{-}59\text{-}3)$$

式中的 $F=\dfrac{\pi\sqrt{R}}{1-R}$ ，叫做精细常数. F 的物理意义是，在相邻的两个干涉级花纹之间能够分辨干涉条纹的最多条纹数. 由公式可知精细常数仅依赖于反射膜的反射率 R . 反射率愈高，精细常数愈大，仪器的分辨率愈高. 但是，实际上 F-P 干涉仪两玻璃板相对两表面的加工精度有一定的误差，同时由于反射膜的不均匀性、散射损耗等影响，常常使得仪器的精细常数比理论值要低.

如果波长相差很小的两单色光 λ_1 和 λ_2 ，入射到干涉仪上. 假定 $\lambda_1>\lambda_2$ ，λ_1 与 λ_2 为同一干涉级 k 的圆形条纹，它们所对应的入射角 θ_1 与 θ_2 不相同，并且 $\theta_1>\theta_2$. 假定 λ_1 与 λ_2 之间的波长差逐渐增大，以至于 λ_2 的 k 级条纹与 λ_1 的 $(k-1)$ 级条纹重叠，则有：

$$k\lambda_2 = (k-1)\lambda_1$$

即
$$\lambda_1 - \lambda_2 = \lambda_1/k \qquad (5\text{-}59\text{-}4)$$

由于 k 的数目很大，可用中心条纹级数代替，即 $2d=k\lambda$ ，代入上式得

$$\Delta\lambda = \lambda_1 - \lambda_2 = \lambda^2/2d = \Delta\lambda_R \qquad (5\text{-}59\text{-}5)$$

上式定义了仪器的色散范围. 当 d 一定时，$\Delta\lambda_R$ 表征了干涉仪所允许的不同波长的干涉条纹不重叠的最大波长差，称为自由光谱范围. 若所研究的两谱线的波长差 $\Delta\lambda>\Delta\lambda_R$ ，则两组干涉条纹之间就要发生重叠和错位，给分析辨认带来困难. 因此在使用 F-P 干涉仪或标准具时要根据所研究的光谱范围来选择仪器的色散范围.

我们用一凸透镜 L_2 将 F-P 干涉仪透射出的平行光束会聚在焦平面上，形成同心的干涉圆环. 对于出射角为 θ 的某一圆环，其直径为 D ，如图 5-59-2 所示，由图可知：

$$\frac{D}{2} = f\cdot\tan\theta \qquad (5\text{-}59\text{-}6)$$

f 为透镜的焦距. 靠近中心的干涉圆环, θ 角很小, 则有 $\tan\theta \approx \dfrac{D}{2f}$, 所以由

上式可以得到:
$$\theta \approx \frac{D}{2f}$$

由图 5-59-2 还可以得到

$$\cos\theta = \frac{f}{\sqrt{f^2 + \left(\dfrac{D}{2}\right)^2}} \approx 1 - \frac{D^2}{8f^2}$$

代入(5-59-2)式, 得:

$$2d\cos\theta \approx 2d\left(1 - \frac{D^2}{8f^2}\right) = k\lambda \qquad (5\text{-}59\text{-}7)$$

上式表明, 干涉级 k 与干涉圆环的直径 D 的平方成线性关系. 显然, 随着干涉圆环直径的增大, 圆环将越来越密集, 上式中间的第二项的负号表明直径越大的干涉圆环, 它的干涉级 k 越小; 同理, 对于同一干涉级的干涉圆环, 直径大的波长短.

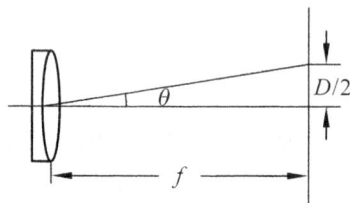

图 5-59-2

用法布里-珀罗干涉仪测量波长与波长差时可以采用迈克耳孙干涉方法或照相法.

用迈克耳孙干涉方法测量时, 如果入射光中含有单色光 λ_1 和 λ_2, 当 $\lambda_1 > \lambda_2$ 时, 它们同一干涉级的圆环的直径分别为 D_1, D_2, 并且有 $D_2 < D_1$, 所以它们在可分辨的情况下, 干涉条纹相对位置不变. 因此可以认准某一波长的干涉条纹, 测出相隔 N 条以上的条纹间距 l , 就可以根据 $\lambda = \dfrac{2l}{N}$ 式计算出波长. 测量波长差时, 在色散范围内找出相邻两个失调最大的位置或者失调最小的位置之间的距离 l , 就可以根据 $\Delta\lambda = \dfrac{\bar{\lambda}^2}{2l}$ 计算出波长差.

用照相法测量波长或波长差时, 由于在拍摄时, 两反射镜之间的间距 d 不变, 因此可以根据测量干涉圆环的直径, 计算出波长与波长差.

下面分别推导计算波长和波长差的公式.

如果入射光是波长为 λ 的单色光, 相邻两干涉圆条纹的干涉级分别为 k 与 $(k-1)$, 它们的直径分别为 D_k 和 D_{k-1}($D_{k-1} > D_k$). 根据(5-59-7)式有

$$2d\left(1 - \frac{D_k^2}{8f^2}\right) = k\lambda$$

$$2d\left(1 - \frac{D_{k-1}^2}{8f^2}\right) = (k-1)\lambda$$

上两式相减得：
$$\lambda = \frac{d}{4f^2}(D_{k-1}^2 - D_k^2) \qquad (5\text{-}59\text{-}8)$$

上式中 $\frac{d}{4f^2}$ 是一常数.

如果入射光中含有波长为 λ_1 与 λ_2（$\lambda_2 > \lambda_1$）的单色光，它们相同干涉级 k 的干涉圆条纹的直径分别为 D_1 和 D_2（$D_1 > D_2$），根据(5-59-7)式有

$$2d\left(1 - \frac{D_1^2}{8f^2}\right) = k\lambda_1$$

$$2d\left(1 - \frac{D_2^2}{8f^2}\right) = k\lambda_2$$

因此，它们的波长差是
$$\Delta\lambda = \frac{d}{4kf^2}(D_2^2 - D_1^2) \qquad (5\text{-}59\text{-}9)$$

上式中 $\frac{d}{4kf^2}$ 是一常数.

一般在测量时，我们测量的是中心附近的干涉条纹，考虑到干涉仪两玻璃内表面间的间距 d 比波长大得多，而且中心条纹干涉级的级数 k 是很大的，所以用中心条纹的干涉级代替被测条纹的干涉级，它所产生的误差可以忽略.

对于中心条纹我们有
$$k = \frac{2d}{\lambda} \qquad (5\text{-}59\text{-}10)$$

另外，对于同一波长 λ 的两相邻的两干涉级 k 和 $(k-1)$ 的干涉圆环，它们的直径平方差根据(5-59-8)式可以得到：

$$D_{k-1}^2 - D_k^2 = \frac{4f^2\lambda}{d} \qquad (5\text{-}59\text{-}11)$$

将(5-59-10)式和(5-59-11)式代入(5-59-9)式得：

$$\Delta\lambda = \frac{\lambda^2}{2d}\frac{D_2^2 - D_1^2}{D_{k-1}^2 - D_k^2} \qquad (5\text{-}59\text{-}12)$$

上式就是测量波长差的公式. 它表明波长差与相应条纹的直径平方差成正比.

[实验内容]

1. 调整 F-P 干涉仪：参考第二章第三节中的"迈克耳孙干涉仪".
在调整仪器时，不要损伤玻璃平板上的反射膜.
2. 用照相法或用迈克耳孙干涉方法测量波长和波长差.
测量 10 次以上并做误差处理.

[问题讨论]

1. 法布里-珀罗干涉仪的光源应放于何处？

2. 什么是精细常数，它的物理意义是什么？

3. 怎样应用 F-P 干涉仪，才能测量氦-氖激光器的波长？

4. 比较 F-P 干涉仪与迈克耳孙干涉仪产生的条纹的异同.

5. 法布里-珀罗干涉仪能否测量白光的干涉条纹，为什么？

实验六十　阿贝成像原理及空间滤波

［实验目的］

1. 通过观察透镜两步成像过程，理解阿贝成像的原理.

2. 通过实验了解空间频率、空间频谱的概念，以及傅里叶变换的知识.

3. 利用空间滤波的办法对图像进行改造，初步了解空间滤波技术在光信息处理中的应用.

［实验仪器］

光具座，激光器，白炽灯，扩束透镜，凸透镜，狭缝，圆孔光栏，特制光栏，一维和二维光栅，叠字网格，θ 调制光栅等.

［实验原理］

阿贝成像原理，是将物看成一系列空间频率信息的集合，而相干成像过程分两步完成. 物体在单色相干光照明的情况下，物镜所成的实像可看做是两次衍射的结果，如图 5-60-1.

第一次是由物面到后焦面，第二次是由后焦面到像面. 如果入射光是波长为 λ 的平行光. 通过一透明物后，在物平面 (x,y) 上其复振幅分布（或称物函数）为：

$$f(x,y)=\alpha_{xy}e^{i\delta_{xy}} \qquad (5\text{-}60\text{-}1)$$

式中 α_{xy} 和 δ_{xy} 为物面上任一点的振幅和位

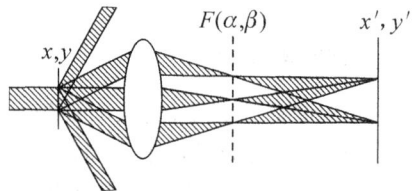

图 5-60-1

相. 若物体置于物镜的前焦面以外很近的地方（理论上应置于前焦面），入射光经该透明物衍射（第一次衍射）后，在透镜的后焦面 $F(\alpha,\beta)$ 上会聚形成一个复振幅分布（频谱分布），衍射图样中的每一个亮点都表明出现了一个特定的空

间频率，它正比于亮点离光轴（零频位置）的距离. 其频谱函数为

$$F(\alpha,\beta) = \int\!\!\int_{-\infty}^{+\infty} \alpha_{xy} e^{i\delta xy} \exp[-i2\pi(x\alpha + y\beta)/f'\lambda]dxdy \qquad (5\text{-}60\text{-}2)$$

式中（α，β）为频谱面（即后焦面）上的位置坐标，f' 为透镜焦距. 若令 $\xi = \dfrac{\alpha}{f'\lambda} = \dfrac{1}{dx}$，$\eta = \dfrac{\beta}{f'\lambda} = \dfrac{1}{dy}$，称 ξ，η 为物函数 $f(x,y)$ 的空间频率，dx，dy 是物函数的空间周期. 则

$$F(\xi,\eta) = \int\!\!\int_{-\infty}^{+\infty} f(x,y)\exp[-i2\pi(x\xi + y\eta)]dxdy \qquad (5\text{-}60\text{-}3)$$

第二次衍射，是由频谱面上的复振幅分布作为新的次波源再一次衍射，在像面上又得到一个复振幅分布，其像函数为

$$f'(x',y') = \int\!\!\int_{-\infty}^{+\infty} F(\xi,\eta)\exp\left[-i2\pi(x'\xi + y'\eta)\right]d\xi d\eta \qquad (5\text{-}60\text{-}4)$$

这两次衍射成像理论，其实质就是两次傅里叶变换. 第一次把光场的空间分布变换为空间频率分布，第二次则将光场的空间频率分布又还原成空间分布. 如果光学成像系统是线性系统，则物函数与像函数有相似关系

$$f(x,y) \propto f'(x',y') \qquad (5\text{-}60\text{-}5)$$

用频谱观点来描述阿贝成像原理，可以说第一次衍射作用是在后焦面上"分频"，第二次衍射作用是在像平面上"合成". 物镜被称为变换透镜.

上面的结论是在假定物镜口径足够大，以致可以收集由物体发出的所有衍射光，并将其会聚在后焦面形成空间频谱分布，然后才能再由代表各种空间频率的光斑衍射，在像面上还原成与物完全相同的像. 但这是不可能的. 因为总有一部分衍射角大的光（空间频率高的信息）不能进入物镜而漏掉了. 所以像的信息比物的信息总要少些，高频成分的缺失是显微镜不能再现像之细节的一个原因. 特别是当物的结构非常精细（空间频率很高）或物镜孔径很小时，有可能只有零级衍射光（空间频率为零）通过物镜，这样则根本不能形成图像.

由上可知，显微镜物镜的孔径实际起着低通滤波器的作用. 这就启示我们：如果在焦平面上人为地加上一些光学滤波器（吸收板或移相板），以改变通过频谱面的光的复振幅分布和位相. 使像所含的频率成分发生变化，则可以达到改造图像的目的，这就叫空间滤波. 空间滤波器是多种多样的，可以是纯振幅型的，有纯相位型的，也有相幅型的. 最简单的空间滤波器就是把一些特殊形状的光阑放在频谱面上，按需要允许某些频率成分通过，阻止另一些频率成分通过，那么在像平面上的图像就只剩下某些频率成分了.

[**实验内容**]

1. 阿贝两次衍射成像理论的验证

(1)把 40 条/毫米左右的矩型振幅光栅夹在光具座上,条纹方向竖直放置.用激光束垂直光栅面入射.

(2)把一个焦距为 6~10 cm 的凸透镜放在光栅后面,与激光束共轴.调整透镜与光栅的距离,使光栅条纹清晰地成像在 3 m 远的屏上.光路如图 5-60-2.

(3)用纸屏在透镜后焦面上(光栅的傅氏面)观察光栅的空间频谱,可以看到一排光点.如图 5-60-2 与图 5-60-3 A 所示.这些光点对应光栅衍射的 0 级,±1 级,±2 级,±3 级,……的极大值.

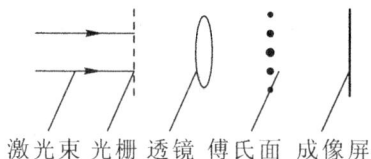

图 5-60-2

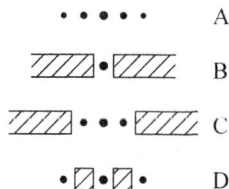

图 5-60-3

(4)在透镜后焦面上放一狭缝,把缝开小,只允许 0 级极大值通过,如图 5-60-3 B,此时屏上只看到一片亮区而看不到光栅条纹.说明这种现象发生的原因.

(5)开大狭缝,使 0 级,±1 级极大值通过,这时应出现按正弦规律分布的光栅条纹.如图 5-60-3 C,为什么?

(6)继续开大狭缝,使 ±2 级以上的光斑都通过,仔细观察条纹的清晰度如何变化.解释原因.

(7)在后焦面上放上用两根铅条做的特制光阑,只挡住 ±1 级光斑而让零级及其他光斑通过.如图 5-60-3 D 所示.观察像面上光栅条纹间距(即空间频率)如何变化.可用直尺测量 10 个条纹宽度,与不挡 ±1 级时的宽度进行比较.说明理由.

2. 方向滤波

(1)仍用原光路,把一维光栅换成二维正交光栅.用纸屏在后焦面上可观察到正交光栅的频谱,是二维分布的点阵.在屏上可看到正交光栅的像,如图 5-60-4 A.

(2)在后焦面上放一圆孔光阑,只允许零级谱通过,这时在屏上只看到亮区而无正交光栅的像，如图 5-60-4 B.

（3）用小圆盘光阑（玻璃板上涂一墨点），挡住零级光点，可看到像的对比度呈现反转，即原来不透光部分也变亮了.

（4）用狭缝光阑，挡住其余光点，只允许处于中间的水平方向一排光点通过，这时在屏上只看到竖直条纹，看不到水平条纹，如图 5-60-4 C. 把狭缝转 90°，在屏上只有水平条纹，而无竖直条纹. 说明理由.

（5）把狭缝转 45°，只允许与水平方向成 45°角的一排光点通过，观察屏上的条纹方向如何改变，其空间频率与水平方向条纹的空间频率比较，有无变化. 再把狭缝转过 90°，情形又如何？说明理由.

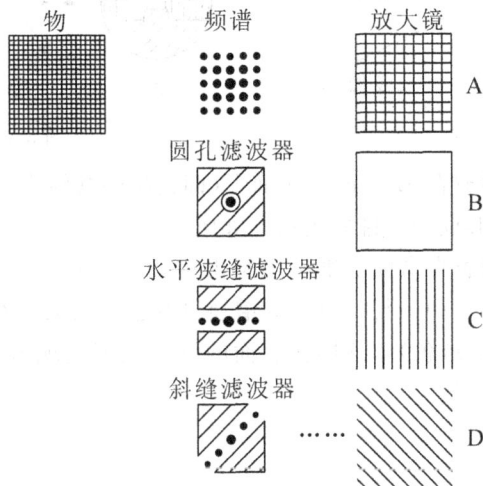

图 5-60-4

3. 低通滤波

（1）把一个以透明字作为边框的正交光栅代替前面的光栅，放在光具座上. 为了把图形全部照明，在激光器和图形间放入扩束镜及准直镜，如图 5-60-5，把激光束扩展准直成平行光后再入射到叠字光栅上.

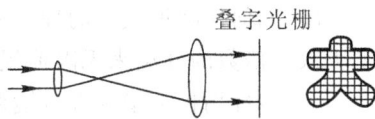

图 5-60-5

（2）调整光路，使屏上呈现清晰的叠字正交光栅的像. 用纸屏在傅氏面上观察，可以看到正交光栅的二维分立点阵频谱. 由于文字图形是非周期函数，且频率较低，其频谱集中在零频附近，它的谱与正交光栅谱的卷积就是叠字光栅的谱.

（3）将一圆孔光阑放在傅氏面上，只让中心亮点通过，此时屏上不再有正交光栅的像，但文字图形仍很清楚．试用空间频率和滤波观点进行解释．

4．彩色滤波（θ 调制）

（1）用溴钨灯作光源，用一透镜将灯光会聚，在像点的位置上加一圆孔光阑作为点光源．再经透镜 L_1 准直成平行光，如图 5-60-6．把 θ 调制光栅（由三种取向彼此相差 156° 角的光栅组成图形的三个部分，如图 5-60-7 A 放在准直镜后面，使光照满整个图形，在图形后面放置成像透镜调节透镜 L_2．调节透镜 L_2 与 θ 调制光栅的距离，使在纸屏上得到光栅图形的清晰像．

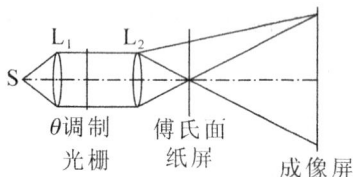

图 5-60-6

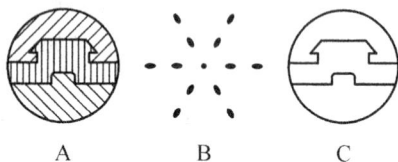

图 5-60-7

（2）把另一纸屏放在 L_2 后的傅氏面上（即光源的共轭像面），可以看到由三种取向的光栅衍射形成的三排彩色谱，如图 5-60-7．

（3）用点燃的线香在谱面的纸屏上烧出小孔，使对应三种取向的光栅图形通过三种不同的颜色（如：与门对应的谱通过红色，与天空对应的谱通过蓝色，与地面对应的谱通过绿色），这样在后面的纸屏上即呈现由三种颜色组成的蓝天、绿地、红门的图像．

［问题讨论］

1．怎样理解透镜成像过程是两次傅里叶变换？

2．认真理解通过改变物函数的频谱内容即可改变成像情况的实质．

3．如何用阿贝成像的理论来解释显微镜的分辨本领一定有限度，能否用增大放大倍数的办法来无限地提高其分辨样品细节的能力？

4．掌握用扩束镜和准直镜调平行光的方法．

5．物函数的空间频率与其空间频谱的位置坐标有什么关系？怎样从傅里叶变换的角度来理解光栅衍射的 0 级，±1 级，±2 级，……的物理意义．

6．在低通滤波的实验中，如果想滤掉字形保留光栅应怎么办？

［相关知识］

阿贝（Ernst Abbe，1840—1905），德国科学家．他在蔡司光学公司任职期间，在研究显微镜更科学的设计方法的理论时，于 1873 年首次提出相干系统两次衍射成像的观点，被后人称为阿贝成像原理．由阿贝成像原理发展起来的光学信息处理技术已成为现代光学中的一个重要分支．

实验六十一　颜色的标定

［实验目的］

1. 了解色度学的基本知识．
2. 基本掌握颜色定量表示方法及色度坐标的测定．

［实验仪器］

颜色合成仪、汞灯、单色仪、光电接收器及微电流计等．

［实验原理］

1. 颜色定量表示方法——色度坐标

颜色分为黑白和彩色系列，黑、灰、白以外的所有颜色均为彩色系列．在色度学中通常使用明度(lightness)、色调(hue)、色纯度(也称为饱和度 saturation)三个特征量来描述颜色．明度表示颜色的明暗程度，越亮的颜色其明度值越高；色调是彩色借以相互区分的主要特性，光谱色的色调随波长而变化；色纯度则是指彩色浓淡不同的程度．光谱色的色纯度为 1，白色的色纯度为 0，光谱色混入的白光越多，其纯度越低．

虽然自然界的彩色成千上万，但根据色度学原理可知，所有颜色均可由红(700 nm)、绿(546 nm)、蓝(435 nm)三种颜色混合相加生成，各种颜色的不同仅仅是因为在红、绿和蓝三种颜色混合时各自的强度和比例不同所引起的，所以将红、绿、蓝称为三基色．

为了定量地给物体的颜色定标，国际照明委员会(简称 CIE)规定了一套标准的色度系统，简称 CIE 标准色度系统，这是近代色度学的基础，也是一种混色系统．在 1931 年，国际照明委员会采用 XYZ 表色系统来描述物体的颜色，被称为 1931 CIE－XYZ 表色系统．在这个系统中，为了方便地描述物体的颜色，不是采用红、绿、蓝来表示三基色(X)，(Y)，(Z)，而是采用自然界中不存在的三个虚拟的基色来表示三基色．在这个系统中，任何一种光通量

Φ 的颜色都可以认为是三基色 (X)，(Y)，(Z) 混合生成的，如其强度分别为 X，Y，Z，则有 $\Phi = X(X) + Y(Y) + Z(Z)$. 其中混合成该颜色所用的三基色的量 X，Y，Z 称为三刺激值. 如果只需要物体颜色的色度，而不需要知道光通量时，则只需要知道 X，Y，Z 的相对值就可以了，故引入下面的表达式

$$x = \frac{X}{X+Y+Z}, \quad y = \frac{Y}{X+Y+Z}, \quad z = \frac{Z}{X+Y+Z} \tag{5-61-1}$$

式中，x，y，z 称为色度坐标，简称色坐标. 由 (5-61-1) 式可知，x，y，z 之间满足 $x + y + z = 1$. 所以在 XYZ 系统中，只要使用色坐标 x，y，z 中的两个量就可以表示色度. 图 5-61-1 是 x-y 色坐标图.

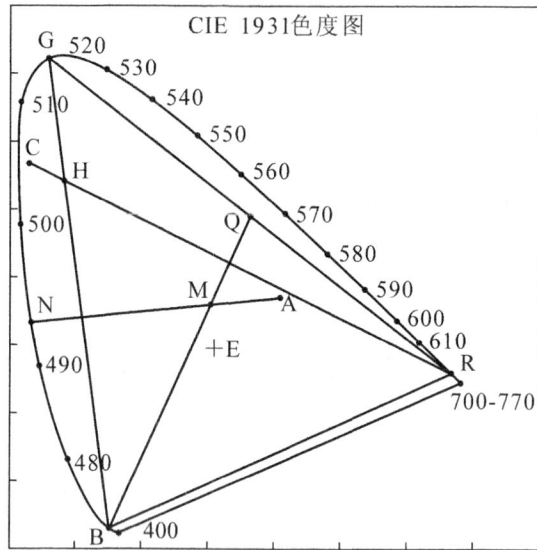

图 5-61-1

在图 5-61-1 中，所有光谱色的色坐标轨迹为一马蹄形曲线，该图被称为 CIE 1931 色坐标图，此曲线内包含了自然界所有的颜色. 图中以红 (R)、绿 (G)、蓝 (B) 三基色坐标点为顶点围成的三角形内的所有颜色均可由三基色按一定的量匹配生成，如颜色 M(M) 可先由 G(G) 与 R(R) 按一定比例生成颜色 Q(Q)，再由 B(B) 与 Q(Q) 按一定的量生成 M(M). 在 CIE 1931 色坐标图中，$E(x = y = 1/3)$ 点为等能白光色坐标点，$A(x = 0.447\ 6，y = 0.407\ 5)$ 点为 A 标准光源色坐标点 (溴钨灯的色坐标点与此相近). 如果一对光谱色混合后能产生白光，色度学上把这对光谱色称为互补色. 在色度图上很容易确定这些光谱色的补色波长.

任一颜色 M(M)$(x，y)$ 的色调是由其照明光源坐标点 (如 A 点) 到 M 点连

线的延长线与光谱轨迹相交的交点 N 的光谱色的色调所决定，此光谱色称为主波长，颜色 M(M)的饱和度为

$$P = \frac{AM}{AN} = \frac{x_M - x_A}{x_N - x_A}$$

在 1931 CIE−XYZ 系统中，用于匹配等能单色光刺激(X)，(Y)，(Z)三基色的数量叫做 CIE 1931 标准色度观察者光谱的三刺激值(也称为 CIE 1931 标准色度观察者颜色匹配函数)，用 $\bar{x}(\lambda)$，$\bar{y}(\lambda)$，$\bar{z}(\lambda)$ 表示. 在 1931 CIE−XYZ 系统中规定在观察者光谱三刺激值 $\bar{x}(\lambda)$，$\bar{y}(\lambda)$，$\bar{z}(\lambda)$ 中，$\bar{y}(\lambda)$ 与明视觉光谱光效函数(即视见函数)$V(\lambda)$一致. 所以在这个系统中，光谱轨迹的色坐标 $x(\lambda)$，$y(\lambda)$，$z(\lambda)$ 和视见函数 $V(\lambda)$ 以及光谱三刺激值 $\bar{x}(\lambda)$，$\bar{y}(\lambda)$，$\bar{z}(\lambda)$ 之间的关系为

$$\bar{x}(\lambda) = \frac{x(\lambda)}{y(\lambda)} V(\lambda) \ , \ \bar{y}(\lambda) = V(\lambda) \ , \ \bar{z}(\lambda) = \frac{z(\lambda)}{y(\lambda)} V(\lambda) \qquad (5\text{-}61\text{-}2)$$

CIE 1931 标准观察者光谱的三刺激值($\Delta\lambda = 0.5$ nm)见附表 5-61-1. 在理论上要想得到某一个波长 λ 的单色光，可以从附表 5-61-1 中查出相应的三刺激值 $\bar{x}(\lambda)$，$\bar{y}(\lambda)$，$\bar{z}(\lambda)$，然后通过按 $\bar{x}(\lambda)$，$\bar{y}(\lambda)$，$\bar{z}(\lambda)$ 数量将红、绿、蓝假想的基色相加便可以得到与该单色光所形成的色觉一致的色觉.

2. CIE 坐标计算方法

为了计算光源色或物体色的色坐标，首先应对光源的光谱功率分布或物体的光谱反射率因数进行测定，然后计算颜色的三刺激值，最后再由三刺激值求出色坐标. 颜色三刺激值的计算方法是用颜色刺激函数分布 $\varphi(\lambda)$ 乘以 CIE 光谱的三刺激值 $\bar{x}(\lambda)$，$\bar{y}(\lambda)$，$\bar{z}(\lambda)$，并在整个可见光谱范围内分别对这些乘积进行积分. 即：

$$X = k \int_{\lambda} \varphi(\lambda) \bar{x}(\lambda) \mathrm{d}\lambda \ , \ Y = k \int_{\lambda} \varphi(\lambda) \bar{y}(\lambda) \mathrm{d}\lambda \ , \ Z = k \int_{\lambda} \varphi(\lambda) \bar{z}(\lambda) \mathrm{d}\lambda$$

$$(5\text{-}61\text{-}3)$$

其中，k 为调整因数，它的数值被定义为将发光体的 Y 值调整为 100 时通过式 (5-61-3)得到的 k 值. 在实际计算中也可以用求和来近似积分，在这种情况下颜色的三刺激值为

$$X = k \sum_{\lambda} \varphi(\lambda) \bar{x}(\lambda) \Delta\lambda \ , \ Y = k \sum_{\lambda} \varphi(\lambda) \bar{y}(\lambda) \Delta\lambda \ , \ Z = k \sum_{\lambda} \varphi(\lambda) \bar{z}(\lambda) \Delta\lambda$$

$$(5\text{-}61\text{-}4)$$

因为人们在不同的光源下观察物体的颜色时，物体的表面呈现略为不同的颜色. 为了对物体的颜色有一个确定的、定量的标定，CIE 推荐了四种标准照

明体 A，B，C，D 和三种标准光源 A，B，C，并规定在 CIE 系统中只能够在这些标准照明体或标准光源的照射下测量物体的颜色. 对于照明体或光源而言，它们的颜色刺激函数分布 $\varphi(\lambda)$ 就是它们的相对于标准照明体或标准光源的光谱功率分布 $S_{相}(\lambda)$. 对于物体色，颜色刺激函数分布 $\varphi(\lambda)$ 是照明体或光源的相对光谱功率分布 $S_{相}(\lambda)$ 与物体的光谱透过率 $T(\lambda)$ 的乘积.

[实验内容]

1. 红、绿、蓝三基色相加混合生成任意颜色，然后计算其色度坐标，并在色度图上标出色坐标点. 指出合成色的色调，并计算其色饱和度(仪器光源的色坐标为 $x=0.448$，$y=0.407$)

调整红、绿、蓝三个光路，先在屏上合成或匹配某颜色，如白色(图 5-61-1 中的 E 点附近)，在混合色的中心点上分别测三路白光(去掉滤色片)的照度 E_i，并用单色仪测三个滤色片的透过率 $T_i(\lambda)$(波段 380~740 nm，间隔 5 或 10 nm). 色度测量中规定色温为 2 856 K 的黑体是 A 标准照明体. 钨灯的光谱分布与黑体的光谱分布近似，可以将钨灯看作黑体. 通过改变钨灯的电流就可以使得该黑体的色温达到 2 856 K，从而使钨灯成为 A 标准照明体. 在实验中使用的钨灯基本上可以看作是 CIE 推荐的 A 标准照明体. 从附表 5-61-1 中查出相应的光谱三刺激值及照明光源的相对光谱功率分布 $S_A(\lambda)$ 值，由(5-61-4)式求出合成色的三刺激值，

$$X = \sum_{i=1}^{3} \sum_{\lambda=380}^{740} (S_A(\lambda)E_i T_i(\lambda)\bar{x}(\lambda))\Delta\lambda$$

$$Y = \sum_{i=1}^{3} \sum_{\lambda=380}^{740} (S_A(\lambda)E_i T_i(\lambda)\bar{y}(\lambda))\Delta\lambda \qquad (5\text{-}61\text{-}5)$$

$$Z = \sum_{i=1}^{3} \sum_{\lambda=380}^{740} (S_A(\lambda)E_i T_i(\lambda)\bar{z}(\lambda))\Delta\lambda$$

然后由(5-61-1)式计算色度坐标.

2. 用如图 5-61-2 所示光路测定给定样品颜色的色坐标

(1)将待测色固定在屏上，将半月形光栏拧到一个未放滤色片的框上，将其放入到辅助光源中，打开光源开关，使其照亮待测色.

(2)将半月形光栏分别拧到红、绿、蓝三个滤色片保护框上，将它们分别放入三色合成仪的三个光路中，打开光源开关，使照射到屏上的三个半月形光栏区域尽量重合.

(3)调节三色合成仪和辅助光源各光路的光圈,直到观察到待测色与红、绿、蓝相加混合色在视觉上相同为止. 计算混合色的色坐标.

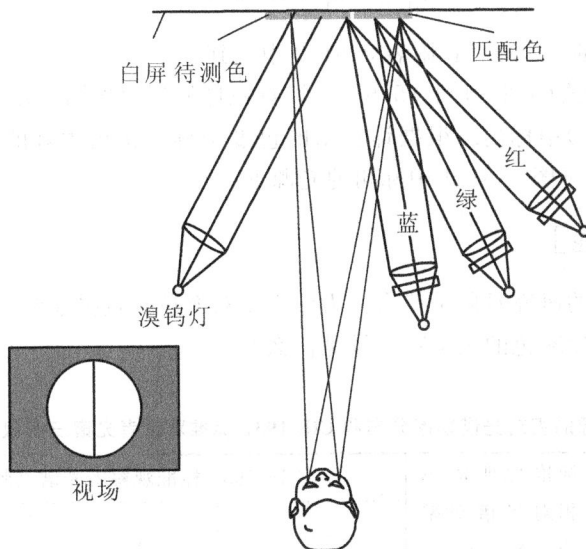

图 5-61-2

3. 测定汞灯的色度坐标、色调和色饱和度

汞灯、单色仪、光电接受器、微电流计等组成如下的测量系统. 将汞灯的发光区经凸透镜会聚后照亮单色仪的入射狭缝,转动单色仪的鼓轮,即可在单色仪的出射狭缝处得到不同波长的单色光,其波长由鼓轮读出.

(1)首先测量汞灯的相对光谱功率分布 $S_{相}(\lambda)$.

在实验中使用的钨灯基本上可以看作是 CIE 推荐的 A 标准照明体,其相对光谱功率分布 $S_A(\lambda)$ 有其标准值,因此首先以利用它测量汞灯相对于标准照明体 A 的光谱功率分布 $S_{相}(\lambda)$.

步骤如下:

①先调整单色仪的出射和入射狭缝,使得测量的数据不会超量程或过小. 确定好狭缝的宽度后,在全部测量过程中,单色仪的出射和入射狭缝均不得改变.

②测量未知光源对应某一波长的光电流 $I_{x测}(\lambda)$.

③测量标准光源(钨灯)对应某一波长的光电流 $I_{A测}(\lambda)$.

④将未知光源的光电流 $I_{x测}(\lambda)$ 与标准光源的光电流 $I_{A测}(\lambda)$ 之比乘已知标准光源的相对光谱功率分布 $S_A(\lambda)$,就得到汞灯在这一波长下的相对光谱功

率分布

$$S_{相}(\lambda) = \frac{I_{x测}(\lambda)}{I_{A测}(\lambda)} \cdot S_A(\lambda) \tag{5-61-6}$$

式(5-61-6)中的 $S_A(\lambda)$ 可在附表 5-61-2 中查到.

(2)根据公式(5-61-1)和(5-61-3)计算汞灯的色度坐标,并在 CIE 1931 色度图(图 5-61-1)中标出. 根据计算出的色度坐标,指出汞灯的色调,计算其色饱和度(相对于图 5-61-1 中标明的光源 E).

[问题讨论]

1. 色度学的研究对象是什么?为什么要对颜色定量描述?
2. 定量描述颜色的三个特征量是什么?

附表 5-61-1　光源的相对光谱功率分布和 CIE 1931 标准观察者光谱三刺激值

波长/nm 380~740	标准照明体 A 相对光谱功率分布 $S_A(\lambda)$	CIE 1931 标准观察者光谱三刺激值		
		$\bar{x}(\lambda)$	$\bar{y}(\lambda)$	$\bar{z}(\lambda)$
380	9.795	0.001	0.000	0.006
385	10.899	0.002	0.000	0.011
390	12.085	0.004	0.000	0.020
395	13.354	0.008	0.000	0.036
400	14.708	0.014	0.000	0.068
405	16.148	0.023	0.001	0.110
410	17.675	0.044	0.001	0.207
415	19.290	0.078	0.002	0.371
420	20.995	0.134	0.004	0.646
425	22.788	0.215	0.007	1.039
430	24.670	0.284	0.012	1.386
435	26.642	0.329	0.017	1.623
440	28.702	0.348	0.023	1.747
445	30.851	0.348	0.030	1.783

波长/nm 380~740	标准照明体 A 相对光谱功率分布 $S_A(\lambda)$	CIE 1931 标准观察者光谱三刺激值		
		$\bar{x}(\lambda)$	$\bar{y}(\lambda)$	$\bar{z}(\lambda)$
450	33.085	0.336	0.038	1.772
455	35.406	0.319	0.048	1.744
460	37.812	0.290	0.060	1.666
465	40.300	0.251	0.074	1.528
470	42.869	0.195	0.091	1.288
475	45.517	0.142	0.113	1.042
480	48.242	0.096	0.139	0.813
485	51.042	0.058	0.169	0.616
490	53.913	0.032	0.208	0.465
495	56.856	0.015	0.259	0.353
500	59.861	0.005	0.323	0.272
505	62.932	0.002	0.407	0.212
510	66.063	0.009	0.503	0.158
515	69.252	0.029	0.608	0.112
520	72.495	0.063	0.710	0.078
525	75.790	0.110	0.793	0.057
530	79.133	0.166	0.862	0.042
535	82.519	0.226	0.915	0.030
540	85.947	0.290	0.954	0.020
545	89.412	0.360	0.980	0.013
550	92.912	0.433	0.995	0.009
555	96.442	0.512	1.000	0.006
560	100.000	0.595	0.995	0.004
565	103.582	0.678	0.979	0.003
570	107.184	0.762	0.952	0.002

波长/nm 380~740	标准照明体 A 相对光谱功率分布 $S_A(\lambda)$	CIE 1931 标准观察者光谱三刺激值		
		$\bar{x}(\lambda)$	$\bar{y}(\lambda)$	$\bar{z}(\lambda)$
575	110.803	0.843	0.915	0.002
580	114.436	0.916	0.870	0.002
585	118.080	0.979	0.816	0.001
590	121.731	1.026	0.757	0.001
595	125.386	1.057	0.695	0.001
600	129.043	1.062	0.631	0.001
605	132.697	1.046	0.567	0.001
610	136.346	1.003	0.503	0.000
615	139.988	0.938	0.441	0.000
620	143.618	0.854	0.381	0.000
625	147.235	0.751	0.321	0.000
630	150.836	0.642	0.265	0.000
635	154.418	0.542	0.217	0.000
640	157.979	0.448	0.175	0.000
645	161.516	0.361	0.138	0.000
650	165.028	0.284	0.107	0.000
655	168.510	0.219	0.082	0.000
660	171.963	0.165	0.061	0.000
665	175.383	0.121	0.045	0.000
670	178.769	0.087	0.032	0.000
675	182.118	0.064	0.023	0.000
680	185.429	0.047	0.017	0.000
685	188.701	0.033	0.012	0.000
690	191.931	0.023	0.008	0.000
695	195.118	0.016	0.006	0.000

续表

波长/nm 380～740	标准照明体 A 相对光谱功率分布 $S_A(\lambda)$	CIE 1931 标准观察者光谱三刺激值		
		$\bar{x}(\lambda)$	$\bar{y}(\lambda)$	$\bar{z}(\lambda)$
700	198.261	0.011	0.004	0.000
705	201.359	0.008	0.003	0.000
710	203.409	0.006	0.002	0.000
715	207.411	0.004	0.001	0.000
720	210.365	0.003	0.001	0.000
725	213.268	0.002	0.001	0.000
730	216.120	0.001	0.001	0.000
735	218.920	0.001	0.000	0.000
740	221.667	0.001	0.000	0.000

附表 5-61-2　汞灯主要谱线的波长和标准照明体 A 的相对光谱功率分布 $S_A(\lambda)$

汞灯主要谱线的波长	标准照明体 A 的相对光谱功率分布 $S_A(\lambda)$
4 046	16.148
4 077	17.053
4 358	27.047
4 916	55.081
4 960	57.450
5 354	82.519
5 460	90.109
5 769	112.255
5 789	113.709
6 123	137.804
6 234	145.790
6 907	192.572

第六章　设计实验

　　设计实验应在已经具有一定实验知识和技能的基础上进行，其目的是锻炼学生初步分析和解决实际物理问题的能力．在完成设计实验的过程中，学生应在教师指导下自行完成查阅资料、提出实验方案、搭建实验设备、实验测试、解决实验中出现的问题、分析实验结果等全过程．设计实验中没有给出具体的实验原理和方法，只是提出了一些实验的要求，由实验者完成实验方案．实验题目中给出的仪器并不完全，仅供参考．根据不同的实验方案，可选用不同的仪器．

题目一　随机误差的分布规律

［实验目的］

通过具体的物理量的测量研究随机误差的分布规律．

［实验要求］

1. 用停表、光电计时器分别多次重复测量单摆周期．
2. 分析测量误差的组成，研究随机误差的分布规律．

［参考仪器］

单摆、停表及光电计时器等．

题目二　细丝直径的测量

[实验目的]

研究测量细丝直径的几种方法的特点.

[实验要求]

1. 设计不同的测量细丝直径的方法并测量之.
2. 由误差分析对各种方法进行比较.

[参考仪器]

螺旋测微计,透镜,激光器及平晶等.

题目三　液体表面张力系数的测量

[实验目的]

1. 学习测量液体表面张力系数的不同方法.
2. 比较各种方法的特点.

[实验要求]

1. 用滴定法、毛细管升高法、拉脱法、液注振动法测量室温下水的表面张力系数.
2. 分析比较各种测量方法的特点.

[参考仪器]

电子天平,注射器,游标卡尺,毛细管,千分尺,望远镜,铁架台,数码相机,显微镜,力传感器及温度计等.

题目四 可溶于水的物质密度的测量

[实验目的]

设计测量可溶于水的物质密度的方法.

[实验要求]

1. 设计实验方案，搭建实验装置.
2. 测量食盐或糖的密度.

[参考仪器]

天平及被测样品等.

题目五 机械音叉固有频率的测量

[实验目的]

1. 测量机械音叉的固有频率.
2. 研究阻尼对固有频率的影响.

[实验要求]

1. 设计测量音叉固有频率的实验方法.
2. 在不同阻尼情况下测定音叉的固有频率.

[参考仪器]

数字示波器，话筒或喇叭及机械音叉等.

题目六　气体普适常量的测定

[实验目的]

测量气体普适常量.

[实验要求]

1. 设计测量气体普适常量的方法.
2. 掌握低真空的获得和检验方法.
3. 分析测量条件对结果的影响，找出修正的方法.

[参考仪器]

电子天平、带旋塞的定容比重瓶、低真空系统、火花探漏器、干湿泡温度计及福廷式气压计等.

题目七　温度计的设计与制作

[实验目的]

设计制作温度计.

[实验要求]

1. 利用热敏电阻或二极管作为传感器，设计制作一个温度计.
2. 给出标定及校准的方法.

[参考仪器]

数字电压表，电阻箱，检流计或表头，直流电源，加热装置，热敏电阻或二极管等.

题目八 滑线变阻器在电路控制中的应用

[实验目的]

研究滑线变阻器的限流与分压特性.

[实验要求]

1. 测定滑线变阻器的限流特性曲线.
2. 测定滑线变阻器的分压特性曲线.
3. 滑线变阻器在电路中的应用条件分析.

[参考仪器]

滑线变阻器，直流稳压电源，电阻箱，电压表及电流表等.

题目九 利用 *RLC* 串联电路测量交流元件

[实验目的]

掌握利用 *RLC* 串联电路的特性测量电感与电容数值的原理与方法.

[实验要求]

1. 利用谐振法测量电感.
2. 利用阻尼振荡法测量电容.

[参考仪器]

示波器，信号发生器，电阻箱，标准电感，标准电容，待测电感及待测电容等.

题目十 法拉第感应定律的瞬态研究

[**实验目的**]

研究磁铁穿越线圈与感应电动势的关系.

[**实验要求**]

1. 测定线圈匝数与感应电动势的关系.
2. 测定磁铁穿越速度与感应电动势的关系.

[**参考仪器**]

螺线管，磁铁及存储数字示波器等.

题目十一 光敏电阻的特性研究与应用

[**实验目的**]

研究光敏电阻的阻值随光强的变化关系，研究光敏电阻在物理实验中的应用.

[**实验要求**]

1. 测量光敏电阻的阻值随光强的变化关系.
2. 利用光敏电阻的特性，设计一个应用示例，内容自选.

[**参考仪器**]

光学平台(或光学导轨)，光源，透镜，电流表，电压表及光敏电阻等.

题目十二   压电陶瓷器件的特性研究与应用

[实验目的]

研究压电陶瓷器件的频率响应及其在物理实验中的应用.

[实验要求]

1. 测量压电陶瓷器件的频率响应特性.
2. 利用压电陶瓷器件的特性，设计一个应用示例，内容自选.

[参考仪器]

信号发生器，示波器，支架及压电陶瓷片等.

题目十三   硅光电池特性研究

[实验目的]

研究硅光电池的光谱及负载特性.

[实验要求]

1. 测定光电池的开路电压 U_0 与入射光强和波长的关系.
2. 测定光电池的短路电流 I_d 与入射光强和波长的关系.
3. 研究入射光一定时，光电池输出功率与负载电阻的关系.

[参考仪器]

单色仪，白光源，数字电压表或检流计，以及照度计等.

题目十四　周期函数的傅里叶分解

[实验目的]

利用串联谐振电路对方波进行傅里叶分析.

[实验要求]

1. 设计和搭建实验电路.
2. 测量基频及倍频的频率和振幅，计算频率比例关系和振幅比例关系.
3. 分析电路损耗带来的误差并修正.

[参考仪器]

电阻箱，电容箱，电感箱，函数信号发生器及示波器等.

题目十五　数字式多用电表的组装与校准

[实验目的]

用运算放大器组装单量程三用电表.

[实验要求]

装配电流表、电压表、欧姆表并校准.

[参考仪器]

运算放大器，面包板，电子器件，直流电源，电阻箱及数字多用表等.

题目十六　非线性负阻电路的混沌现象

[实验目的]

1. 了解和认识混沌现象的基本特征及产生的机理.
2. 了解非线性器件的特性.

[实验要求]

1. 自行组装晶体管非线性负阻电路.
2. 测绘非线性器件的伏安特性曲线.
3. 观察和描绘混沌现象的基本特征.

[参考仪器]

运算放大器，面包板，电子器件，直流电源及示波器等.

题目十七　溶液透射率的研究

[实验目的]

研究透射率与溶液浓度的关系.

[实验要求]

1. 测定不同浓度的盐溶液的透射率.
2. 作出透射率与溶液浓度的实验曲线，求出该曲线的经验公式.

[参考仪器]

激光器，照度计，光电池及检流计等.

题目十八 光源的时间相干性与空间相干性的研究

[实验目的]

通过测量几种光源的相干长度和观察光源宽度对干涉条纹可见度的影响，加深对光源的时间相干性与空间相干性的理解.

[实验要求]

1. 以白炽灯作光源，测量白光的相干长度.

2. 用溴钨灯及汞灯照明单色仪的入射缝，以单色仪出射的绿光（546.1 nm）作光源，测量绿光的相干长度.

3. 改变单色仪出射缝宽，再一次测量绿光的相干长度，比较两次测量有何不同.

[参考仪器]

迈克耳孙干涉仪，单色仪，白炽灯，溴钨灯及汞灯等.

题目十九 半导体激光器特性研究

[实验目的]

1. 研究半导体激光器输出功率与工作电压的关系.

2. 研究半导体激光器输出光强的调制方法.

[实验要求]

1. 测定半导体激光器输出功率与工作电压的关系.

2. 设计制作半导体激光器调制电源.

[参考仪器]

半导体激光器，直流稳压电源及激光功率计等.

题目二十　用激光显示李萨如图形

[实验目的]

研究用激光显示李萨如图形的方法.

[实验要求]

利用两垂直方向简谐振动合成原理，设计和制作能够利用激光描绘李萨如图形的简易实验演示装置.

[参考仪器]

激光器，信号发生器，喇叭及小平面反射镜等.

题目二十一　Talbot 效应的实验研究

[实验目的]

观察和了解 Talbot 效应及其规律.

[实验要求]

1. 观察 Talbot 效应现象，测量 Talbot 距离.
2. 利用 Talbot 效应复制光栅.

[参考仪器]

光学平台和激光器等.

[背景知识]

1836 年，照相术的发明者之一，英国人 Henry Fox Talbot 在一篇论文中描述了他的一个发现：在光栅经过透镜的成像中，若固定像距，则物距在等间距的很多点上都可以得到清晰的像. 这个被称为"Talbot 效应"的现象并没有在光学界引起广泛的注意. 1881 年瑞利勋爵(Lord Rayleigh)重新发现了这个效应. 他证明了光栅附近的光场在光传播的方向上也是周期的，这个周期 $Z_T = \dfrac{a^2}{\lambda}$，其中 a 为光栅刻划线的间距，λ 为照明光的波长. 现在称 Z_T 为 Talbot 距离. Rayleigh 还指出可以利用 Talbot 效应来复制光栅. 有趣的是，又过了一百多年，Michael Berry 等人发现，在距离光栅不是整数倍 Z_T 的地方，光强可以有更奇特的分布，比如分形. 更重要的是，Talbot 效应并非一个孤立的光学的奇特现象，在涉及许多波的相干叠加的场合，常常可以发现与之本质上一样的现象. 关于这方面更详细的内容可以参见 Berry 等人 2001 年发表在 Physics World 第 14 卷第 6 期上的文章.

题目二十二　用散斑法测量物体的微小位移

[实验目的]

用全息散斑法测量物体的微小位移.

[实验要求]

1. 设计用全息干涉的方法测量位移的光路.
2. 测量物体的微小位移或应变.

[参考仪器]

激光器，全息干板，毛玻璃及精密调节支架等.

题目二十三　用不同方法测定玻璃片的折射率

[实验目的]

测定玻璃片的折射率.

[实验要求]

1. 设计几种测量给定玻璃片折射率的方法.
2. 比较不同方法的优劣.

[参考仪器]

迈克耳孙干涉仪，白炽灯，钠灯，双棱镜，光学导轨，透镜，测微目镜及偏振片等.

题目二十四　多种方法测量水的折射率

[实验目的]

1. 学习测量水折射率的不同方法.
2. 比较研究各种方法.

[实验要求]

1. 用等厚干涉法、最小偏向角法、掠入法和读数显微镜法测量水的折射率.
2. 分析比较各种方法的误差.

[参考仪器]

牛顿环，阿贝折射计，分光计，读数显微镜、钠灯，平晶及待测量的水等.

题目二十五　测量菲涅耳双棱镜的契角和折射率

[实验目的]

进一步研究菲涅耳双棱镜的干涉现象.

[实验要求]

1. 用多种方法测量菲涅耳双棱镜形成的两个虚像的距离.
2. 测量菲涅耳双棱镜的契角和折射率.

[参考仪器]

菲涅耳双棱镜，测微目镜，透镜，光学导轨及光源等.

题目二十六　全息光栅的制作

[实验目的]

了解全息光栅的制作原理及过程.

[实验要求]

1. 设计实验方案、搭建实验光路.
2. 制作一定光栅常数的全息光栅.

[参考仪器]

光学平台，激光器，扩束镜，分束镜，反射镜及曝光定时器等.

题目二十七　研究亮度在颜色混合中的作用

[实验目的]

1. 了解颜色的视觉基本知识.
2. 了解彩色的三个特性和颜色的立体描述方法.

[实验要求]

1. 通过改变颜色合成仪的光路中的光圈研究亮度对合成颜色的影响.
2. 通过颜色合成仪合成一系列给定的、亮度不同的样品颜色，从而研究亮度对物体颜色的影响.

[参考仪器]

颜色合成仪和滤色片等.

题目二十八　里德伯常量的测定

[实验目的]

1. 了解氢原子的光谱特点, 测量里德伯常量.
2. 巩固与扩展实验数据的处理方法.

[实验要求]

1. 测量氢灯谱线, 计算里德伯常量.
2. 采用加权平均, 计算里德伯常量的最佳值和不确定度.

[参考仪器]

透射光栅, 分光计, 氢灯及钠灯等.

题目二十九　虚拟示波器

[实验目的]

熟悉 LabVIEW 软件在物理实验中的应用.

[实验要求]

1. 学习 LabVIEW 软件的使用方法.
2. 利用 LabVIEW 软件设计一个虚拟示波器.

[参考仪器]

计算机, LabVIEW 软件, 数据采集卡及信号源等.

题目三十 虚拟数字温度计

[实验目的]

熟悉 LabVIEW 软件在物理实验中的应用.

[实验要求]

1. 学习 LabVIEW 软件的使用方法.
2. 利用 LabVIEW 软件设计一个虚拟数字温度计.

[参考仪器]

计算机,LabVIEW 软件,数据采集卡,标准数字温度计,加热装置,热敏电阻或二极管等.

附　表

附表 1　　　　　　　　　　　　　　**常用物理常数**

真空中的光速	$c = 2.99792458 \times 10^8 \text{ ms}^{-1}$
电子电荷	$e = 1.602176462 \times 10^{-19} \text{ C}$
普朗克常量	$h = 6.62606876 \times 10^{-34} \text{ Js} = 4.13566727 \times 10^{-15} \text{ eVs}$
	$\hbar = h/2\pi = 1.054571596 \times 10^{-34} \text{ Js} = 6.58211889 \times 10^{-16} \text{ eVs}$
玻尔兹曼常量	$\kappa = 1.3806503 \times 10^{-23} \text{ JK}^{-1}$
斯忒藩常量	$\sigma = 5.670400 \times 10^{-8} \text{ Jm}^{-2} \text{s}^{-1} \text{ K}^{-4}$
阿伏伽德罗常量	$N_0 = 6.02214199 \times 10^{23} \text{ mol}^{-1}$
标准条件下的摩尔体积	$V_{\text{mol}} = 0.022413996 \text{ m}^3 \text{mol}^{-1}$
真空介电常数	$\varepsilon_0 = 8.854187817 \times 10^{-12} \text{ Fm}^{-1}$
真空磁导率	$\mu_0 = 4\pi \times 10^{-7} \text{ Hm}^{-1} = 12.566370614\ldots \times 10^{-7} \text{ Hm}^{-1}$
电子静质量	$m_e = 9.10938188 \times 10^{-31} \text{ kg} = 0.510998902 \text{ MeV}/c^2$
质子静质量	$m_p = 1.67262158 \times 10^{-27} \text{ kg} = 938.271998 \text{ MeV}/c^2$
中子静质量	$m_n = 1.67492716 \times 10^{-27} \text{ kg} = 939.565330 \text{ MeV}/c^2$
原子质量单位	$u = 1.66053873 \times 10^{-27} \text{ kg} = 931.494013 \text{ MeV}/c^2$
玻尔半径	$a = 4\pi\varepsilon_0 \hbar / m_e e^2 = 0.5291772083 \times 10^{-10} \text{ m} = 0.5291772083 \text{ Å}$
里德伯常量	$R_\infty = 10973731.568549 \text{ m}^{-1} = 109737.31568549 \text{ cm}^{-1}$
精细结构常量	$\alpha = e^2/4\pi\varepsilon_0 \hbar c = 1/137.03599976$
电子的康普顿波长	$\lambda_c = h/m_e c = 2.426310215 \times 10^{-12} \text{ m} = 0.02426310215 \text{ Å}$
	$\lambda_c/2\pi = 3.861592642 \times 10^{-13} \text{ m} = 0.003861592642 \text{ Å}$
电子的经典半径	$r_c = e^2/4\pi\varepsilon_0 m_e c^2 = 2.817940285 \times 10^{-15} \text{ m}$
玻尔磁子	$\mu_B = \hbar e/2m_e = 9.27400899 \times 10^{-24} \text{ JT}^{-1}$
核磁子	$\mu_N = \hbar e/2m_p = 5.05078317 \times 10^{-27} \text{ JT}^{-1}$
磁通量量子	$\Phi_0 = h/2e = 2.067833636 \times 10^{-15} \text{ Wb}$
1 电子伏特的能量	$1 \text{ eV} = 1.602176462 \times 10^{-19} \text{ J}$
相当于 1 电子伏特能量的电磁波长	$\lambda_0 = hc/1 \text{ eV} = 1.23984186 \times 10^{-6} \text{ m}$
相当于 1 电子伏特能量的电磁波波数	$\bar{\nu}_0 = 1 \text{ eV}/hc = 8.06554477 \times 10^5 \text{ m}^{-1}$
相当于 1 电子伏特能量的电磁波频率	$\nu_0 = 1\text{eV}/h = 2.41798949 \times 10^{14} \text{ s}^{-1}$
相当于 1 电子伏特能量的温度	$T = 1\text{eV}/k = 1.1604506 \times 10^4 \text{ K}$

附表 2　　　　　　　一些固体及合金的密度(在 20℃时)

物质	成分	密度/10^3 kg·m^{-3}	物质	成分	密度/10^3 kg·m^{-3}
铝		2.699	青铜	Cu90,Sn10	8.78
铜		8.960		Cu85,Sn15	8.89
铁		7.874		Cu80,Sn20	8.74
银		10.50		Cu75,Sn25	8.83
金		19.32	康铜	Cu60,Ni40	8.88
钨		19.30	硬铝	Cu4,Mg0.5,Mn0.5,残余 Al	2.79
铂		21.45	德银	Cu26.3,Zn36.6,Ni36.8	8.30
铅		11.35		Cu52,Zn26,Ni22	8.45
锡		7.298		Cu59,Zn30,Ni11	8.34
水银		13.55		Cu63,Zn30,Ni6	8.30
钢		7.60~7.90	殷铜	Fe63.8,Ni36,C0.20	8.0
石英		2.50~2.80	铅-锡合金	Pb87.5,Sn12.5	10.6
水晶玻璃		2.90~3.00		Pb84,Sn16	10.33
窗玻璃		2.40~2.70		Pb72.8,Sn22.2	10.05
冰(0℃)		0.800~0.920		Pb63.7,Sn36.3	9.43
				Pb46.7,Sn53.3	8.73
				Pb30.5,Sn69.5	8.24
铝铜合金	Al10,Cu90	7.69	莫涅尔合金	Ni71,Cu27,Fe2	8.90
	Al5,Cu95	8.37	磷青铜	Cu79.7,Sn10,Sb9.5,P0.8	8.8
	Al3,Cu97	8.69			
黄铜	Cu70,Zn30	8.5~8.7	不锈钢	Cr18,Ni8	7.91
	Cu90,Zn10	8.6	蜡		0.97
	Cu50,Zn50	8.2	石蜡		0.90

附表 3   一些液体的密度

液 体	温 度 /℃	密 度 /10^3 kg·m^{-3}	液 体	温 度 /℃	密 度 /10^3 kg·m^{-3}
丙 酮	20	0.792	汽 油		0.899
酒 精	20	0.791	牛 奶		1.028～1.035
苯	0	0.899	海 水	15	1.025
乙 醚	0	0.736	蓖麻油	15	0.969
甘 油	20	1.261	变压器油	20	0.840～0.890
海 水	15	1.025	煤 油	15	0.8
人 血	15	1.054	全脂牛奶	15	1.032

附表 4   不同温度下纯水的密度（纯水在 3.98℃时密度最大）

t/℃	ρ_0/10^3 kg·m^{-3}	t/℃	ρ_0/10^3 kg·m^{-3}	t/℃	ρ_0/10^3 kg·m^{-3}	t/℃	ρ_0/10^3 kg·m^{-3}
0	0.999 87	13	0.999 40	26	0.996 82	39	0.992 63
1	0.999 93	14	0.999 27	27	0.996 55	40	0.992 25
2	0.999 97	15	0.999 13	28	0.996 27	45	0.990 25
3	0.999 99	16	0.998 97	29	0.995 98	50	0.988 07
3.98	1.000 00	17	0.998 80	30	0.995 68	55	0.985 73
5	0.999 99	18	0.998 62	31	0.995 37	60	0.983 24
6	0.999 97	19	0.998 43	32	0.995 06	65	0.980 59
7	0.999 93	20	0.998 23	33	0.994 73	70	0.977 81
8	0.999 88	21	0.998 02	34	0.994 40	75	0.974 89
9	0.999 81	22	0.997 80	35	0.994 06	80	0.971 83
10	0.999 73	23	0.997 57	36	0.993 71	85	0.968 65
11	0.999 63	24	0.997 33	37	0.993 36	90	0.965 34
12	0.999 52	25	0.997 08	38	0.993 00	95	0.961 92
						100	0.958 38

附表 5		一些气体的密度(在 1 atm 下,不注明者为 0℃)	
物　质	密　度/kg·m⁻³	物　质	密　度/kg·m⁻³
Ar	1.7837	Cl_2	3.214
H_2	0.0899	NH_3	0.7710
He	0.1785	空气	1.293
Ne	0.9003	乙炔 C_2H_2	1.173
N_2	1.2505	乙烯 C_2H_6	1.356(10℃)
O_2	1.4290	甲烷 CH_4	0.7168
CO_2	1.977	丙烷 C_3H_5	2.009

附表 6	固体材料的各向同性弹性模量		
固　体	杨氏模量,E /10¹⁰ N·m⁻²	刚性模量,G /10¹⁰ N·m⁻²	泊松比,σ
钼	7.03	2.4~2.5	0.355
铍	2.10	14.7	0.05
黄铜(Cu70,Zn30)	10.5	3.8	0.374
铜	12.9	4.6	0.37
硬铝	7.14	2.67	0.335
金	8.1	2.85	0.42
电解铁	21.1	8.2	0.29
铅	1.6	0.54	0.43
镁	4.24	1.62	0.306
镍	21.4	8.0	0.336
白金	16.8	6.4	0.303
银	7.5	2.7	0.38
铁(软)	21.19	8.16	0.29
铁(铸)	15.2	6.0	0.27
铁(钢)	20.1~21.6	7.8~8.4	0.28~0.30
不锈钢	19.7	7.57	0.30
磷青铜	12.0	4.36	0.38
康铜	16.2	6.1	0.33

固　体	杨氏模量，E /10^{10} N·m^{-2}	刚性模量，G /10^{10} N·m^{-2}	泊松比，σ
锡	5.4	2.08	0.34
钨	36.2	13.4	0.35
锌	10.5	4.2	0.25
熔解石英	7.3	3.12	0.17
硼硅酸玻璃	6.2	2.5	0.24
重硅钾铅玻璃	5.3	2.18	0.224
轻氯铜银铅	4.6	1.81	0.274
丙烯树脂	0.39	0.143	0.4
尼龙	0.35	0.122	0.4
聚乙烯	0.077	0.026	0.458
聚苯乙烯	0.36	0.133	0.353

附表 7　　　　　　　　　　固体的摩擦系数

一些物体的静摩擦系数和动摩擦系数(物体Ⅰ在物体Ⅱ上面静止或运动的情况)

Ⅰ	Ⅱ	静摩擦系数		动摩擦系数	
		干　燥	涂　油	干　燥	涂　油
钢铁	钢铁	0.7	0.005~0.1	0.5	0.03~0.1
钢铁	青铜	…	…	0.34	0.17
钢铁	铸铁	…	0.18	0.23	0.13
钢铁	铅	0.35	0.5	0.95	0.3
镍	钢铁	…	…	0.64	0.18
铝	钢铁	0.61	…	0.47	…
镁	钢铁	…	…	0.42	…
镁	镁	0.6	0.08	…	…
镉	钢铁	…	…	0.46	…
铜	钢铁	0.53	…	0.36	0.18
黄铜	钢铁	0.51	0.11	0.44	…
黄铜	铸铁	…	…	0.30	…
锌	铸铁	0.85	…	0.21	…

续表

Ⅰ	Ⅱ	静摩擦系数		动摩擦系数	
		干　燥	涂　油	干　燥	涂　油
镁	铸铁	…	…	0.25	
铜	铸铁	1.05	…	0.29	
锡	铸铁	…	…	0.32	
铅	铸铁	…	…	0.43	
铸铁	铸铁	1.10	0.2	0.15	0.070
铝	铝	1.05	0.30	1.4	…
玻璃	玻璃	0.94	0.35	0.4	0.09
玻璃	镍	0.78	…	0.56	…
铜	玻璃	0.68	…	0.53	…
聚四氟乙烯	聚四氟乙烯	0.04	…	0.04	…
聚四氟乙烯	钢铁	0.04	…	0.04	…
碳化钨	碳化钨	0.2	0.12		
碳化钨	钢铁	0.5	0.08		

附表 8　　与空气接触的液体的表面张力系数（在 20 ℃时）

液　　体	$\sigma/10^{-3} \mathrm{N \cdot m^{-1}}$	液　　体	$\sigma/10^{-3} \mathrm{N \cdot m^{-1}}$
航空汽油(在 10℃时)	21	甘　油	63
石　油	30	水　银	513
煤　油	24	甲　醇	22.6
松 节 油	28.8	(在 0℃时)	24.5
水	72.75	乙　醇	22.0
肥皂溶液	40	(在 60℃时)	13.4
弗里昂-12	9.0	(在 0℃时)	24.1
蓖麻油	36.4		

附表 9 在不同温度下与空气接触的水的表面张力系数

温度/℃	$\sigma/10^{-3}$N·m^{-1}	温度/℃	$\sigma/10^{-3}$N·m^{-1}	温度/℃	$\sigma/10^{-3}$N·m^{-1}
0	75.62	16	73.34	30	71.15
5	74.90	17	73.20	40	69.55
6	74.76	18	73.15	50	67.90
8	74.48	19	72.89	60	66.17
10	74.20	20	72.75	70	64.41
11	74.07	21	72.60	80	62.60
12	73.92	22	72.44	90	60.74
13	73.78	23	72.28	100	58.84
14	73.64	24	72.12		
15	73.48	25	71.96		

附表 10 一些液体的黏性系数

液 体	温度/℃	$\eta/10^{-6}$Pa·s	液 体	温度/℃	$\eta/10^{-6}$Pa·s
汽 油	0	1 788	甘 油	−20	134×10^6
	18	530		0	121×10^6
乙 醇	−20	2 780		20	1 499×10^6
	0	1 780		100	12 945
	20	1 190	蜂 蜜	20	650×10^4
甲 醇	0	817		80	100×10^3
	20	584	鱼甘油	20	45 600
乙 醚	0	296		80	4 600
	20	243	水 银	−20	1 855
变压器油	20	19 800		0	1 685
蓖麻油	10	242×10^4		20	1 554
葵花子油	20	50 000		100	1 224

附表 11 不同温度时水的黏性系数

温 度 /℃	$\eta/10^{-6}$Pa·s	温 度 /℃	$\eta/10^{-6}$Pa·s
0	1 787	60	469
10	1 304	70	406
20	1 004	80	355
30	801	90	315
40	653	100	282
50	549		

附表 12 不同温度时干燥空气中的声速/m·s⁻¹

温度/℃	0	1	2	3	4	5	6	7	8	9
60	366.05	366.60	367.14	367.69	368.24	368.78	369.33	369.87	370.42	370.96
50	360.51	361.07	361.62	362.18	362.74	363.29	363.84	364.39	364.95	365.50
40	354.89	355.46	356.02	356.58	357.15	357.71	358.27	358.83	359.39	359.95
30	349.18	349.75	350.33	350.90	351.47	352.04	352.62	353.19	353.75	354.32
20	343.37	343.95	344.54	345.12	345.70	346.29	346.87	347.44	348.02	348.60
10	337.46	338.06	338.65	339.25	339.94	340.43	341.02	341.61	342.20	342.78
0	331.45	332.06	332.66	333.27	333.87	334.47	335.07	335.67	336.27	336.87
-10	325.33	324.71	324.09	323.47	322.84	322.22	321.60	320.97	320.34	319.72
-20	319.09	318.45	317.82	317.19	316.55	315.92	315.28	314.64	314.00	313.36
-30	312.72	312.08	311.43	310.78	310.14	309.49	308.84	308.19	307.53	306.88
-40	306.22	305.56	304.91	304.25	303.58	302.92	302.26	301.59	300.92	300.25
-50	299.58	298.91	298.24	297.56	296.89	296.21	295.53	294.85	294.16	293.48
-60	292.79	292.11	291.42	290.73	290.03	289.34	288.64	287.95	287.25	286.55
-70	285.84	285.14	284.43	283.73	283.02	282.30	281.59	280.88	280.16	279.44
-80	278.72	278.00	277.27	276.55	275.82	275.09	274.36	273.62	272.89	272.15
-90	271.41	270.67	269.92	269.18	268.43	267.68	266.93	266.17	265.42	264.66

附表 13 固体中的声速(沿棒传播的纵波)

固 体	声速/m·s⁻¹	固 体	声速/m·s⁻¹
铝	5 000	锡	2 730
黄铜	3 480	钨	4 320
铜	3 750	锌	3 850
硬铝	5 150	银	2 680
金	2 030	硼硅酸玻璃	5 170
电解铁	5 120	重硅钾铅玻璃	3 720
铅	1 210	轻氯铜银冕玻璃	4 540
镁	4 940	丙烯树脂	1 840
莫涅尔合金	4 400	尼龙	1 800
铂	2 800	聚苯乙烯	2 240
不锈钢	5 000	熔融石英	5 760

附表 14　液体中的声速

液　　体	声速/m · s⁻¹(20℃)	液　　体	声速/m · s⁻¹(20℃)
CCl_4	935	$C_3H_8O_3$（甘油）	1 923
C_6H_6（苯）	1 324	CH_3OH	1 121
$CHBr_3$	928	C_2H_5OH	1 168
$C_5H_5CH_3$	1 327.5	CS_2	1 158.0
CH_3COCH_3	1 190	$CaCl_2$ 43.2%水溶液	1 981
$CHCl_3$	1 002.5	H_2O	1 482.9
C_5H_5Cl	1 284.5	Hg	1 451.0
$(C_2H_5)_2O$	1 006	$NaCl$ 4.8%水溶液	1 542

附表 15　气体中的声速（标准状态时的值）

气　　体	声速/m · s⁻¹(0℃)	气　　体	声速/m · s⁻¹(0℃)
空气	331.45	H_2O（水蒸气）(100℃)	404.8
Ar	319	He	970
CH_4	432	N_2	337
C_2H_4	314	NH_3	415
CO	337.1	NO	325
CO_2	258.0	N_2O	261.8
CS_2	189	Ne	435
Cl_2	205.3	O_2	317.2
H_2	1 269.5		

附表 16　水的沸点和压强的关系（在 101 325 Pa 下水的沸点为 99.975 ℃）

$p/10^2$Pa	$t/℃$	$p/10^2$Pa	$t/℃$	$p/10^2$Pa	$t/℃$	$p/10^2$Pa	$t/℃$
950	98.205	980	99.069	1 010	99.910	1 040	100.731
951	34	981	97	1 011	37	1 041	58
952	63	982	99.125	1 012	65	1 042	85
953	92	983	53	1 013	93	1 043	100.812
954	98.322	984	82	1 014	100.020	1 044	39

$p/10^2\,$Pa	$t/℃$	$p/10^2\,$Pa	$t/℃$	$p/10^2\,$Pa	$t/℃$	$p/10^2\,$Pa	$t/℃$
955	51	985	99.210	1 015	48	1 045	66
956	80	986	38	1 016	76	1 046	93
957	98.409	987	67	1 017	100.103	1 047	100.919
958	38	988	95	1 018	31	1 048	46
959	67	989	99.323	1 019	58	1 049	73
960	95	990	51	1 020	86	1 050	101.000
961	98.524	991	79	1 021	100.213	1 051	26
962	53	992	99.408	1 022	41	1 052	53
963	82	993	36	1 023	68	1 053	80
964	98.611	994	64	1 024	96	1 054	101.107
965	40	995	92	1 025	100.323	1 055	33
966	68	996	99.520	1 026	51	1 056	60
967	97	997	48	1 027	78	1 057	87
968	98.726	998	76	1 028	100.405	1 058	101.214
969	55	999	99.604	1 029	32	1 059	40
970	83	1 000	32	1 030	60	1 060	67
971	98.812	1 001	59	1 031	87		
972	40	1 002	88	1 032	100.514		
973	69	1 003	99.715	1 033	41		
974	98	1 004	43	1 034	68		
975	98.926	1 005	71	1 035	95		
976	55	1 006	99	1 036	100.623		
977	83	1 007	99.827	1 037	50		
978	99.012	1 008	54	1 038	77		
979	40	1 009	82	1 039	100.704		

附表 17　　　　　　　　**水的饱和蒸汽压(Pa)与温度的关系**

温度/℃	0.0	1.0	2.0	3.0	4.0	5.0	6.0	7.0	8.0	9.0
−10.0	260.8	238.6	218.1	199.3	182.0	166.1	151.4	138.0	125.6	114.3
−0.0	610.7	562.6	517.8	476.4	438.0	402.4	369.4	338.9	310.8	284.8
0.0	610.7	656.6	705.5	757.7	813.1	872.2	934.9	1 001.7	1 072.6	1 147.8
10.0	1 227.8	1 312.4	1 402.3	1 497.3	1 598.1	1 704.9	1 817.9	1 937.3	2 063.6	2 196.9
20.0	2 337.8	2 486.6	2 643.5	2 809.1	2 983.6	3 167.6	3 361.3	3 565.3	3 780.0	4 005.4
30.0	4 243.3	4 493.0	4 755.3	5 030.9	5 320.1	5 623.7	5 942.2	6 276.2	6 626.3	6 993.2
40.0	7 377.4	7 779.9	8 201.1	8 641.8	9 102.9	9 584.8	10 088.6	10 615.0	11 164.9	11 739.0
50.0	12 338.3	12 963.7	13 616.1	14 296.4	15 005.6	15 744.0	16 514.6	17 315.9	18 150.5	19 019.8
60.0	19 923.7	20 865.0	21 842.2	22 859.5	23 915.4	25 013.9	26 153.8	27 337.8	28 567.0	29 842.9
70.0	31 165.4	32 538.7	33 962.5	35 438.4	36 969.0	38 552.8	40 195.4	41 895.2	43 656.4	45 478.9
80.0	47 364.1	49 314.6	51 331.5	53 419.6	55 578.1	57 807.2	60 112.4	62 492.2	64 952.0	67 490.4
90.0	70 111.6	72 818.0	75 609.8	78 490.9	81 462.6	84 527.7	87 687.5	90 944.5	94 301.6	97 761.3
100.0	101 325	104 973								

附表 18　　　　　　　　**固体的线胀系数**(101 325 Pa 下)(℃$^{-1}$)

物　质	温度/℃	线胀系数/10^{-6}	物　质	温度/℃	线胀系数/10^{-6}
金	20	14.2	碳素钢		约 11
银	20	19.0	不锈钢	20～100	16.0
铜	20	16.7	镍铬合金	100	13.0
铁	20	11.8	石英玻璃	20～100	0.4
锡	20	21	玻璃	0～300	8～10
铅	20	28.7	陶瓷		3～6
铝	20	23.0	大理石	25～100	5～16
镍	20	12.8	花岗岩	20	8.3
黄铜	20	18～19	混凝土	−13～21	6.8～12.7
殷铜	−250～100	−1.5～2.0	木材(平行纤维)		3～5

续表

物　质	温度/℃	线胀系数/10^{-6}	物　质	温度/℃	线胀系数/10^{-6}
锰铜	20～100	18.1	木材(垂直纤维)		35～60
磷青铜	—	17	电木板		21～33
镍钢(Ni10)	—	13	橡胶	16.7～25.3	77
镍钢(Ni43)	—	7.9	硬橡胶		50～80
石蜡	16～38	130.3	冰	—50	45.6
聚乙烯		180	冰	—100	33.9
冰	0	52.7			

附表 19　　　　　　液体的体胀系数(101 325 Pa 下)/℃$^{-1}$

物　质	温度/℃	体胀系数/10^3	物　质	温度/℃	体胀系数/10^3
丙酮	20	1.43	水	20	0.207
乙醚	20	1.66	水银	20	0.182
甲醇	20	1.19	甘油	20	0.505
乙醇	20	1.08	苯	20	1.23

附表 20　　　　　　　　　　物质的比热容

元　素	温度/℃	比热容/10^2 J·kg^{-1}·℃$^{-1}$	物　质	温度/℃	比热容/10^2 J·kg^{-1}·℃$^{-1}$
Al	25	9.04	水	25	41.73
Ag	25	2.37	乙醇	25	24.19
Au	25	1.28	石英玻璃	20～100	7.87
C(石墨)	25	7.07	黄铜	0	3.70
Cu	25	3.850	康铜	18	4.09
Fe	25	4.48	石棉	0～100	7.95
Ni	25	4.39	玻璃	20	5.9～9.2
Pb	25	1.28	云母	20	4.2
Pt	25	1.363	橡胶	15～100	11.3～20
Si	25	7.125	石蜡	0～20	29.1
Sn(白)	25	2.22	木材	20	约12.5
Zn	25	3.89	陶瓷	20～200	7.1～8.8

附表 21　　　　　　气体导热系数（101 325 Pa 下）/Jm⁻¹s⁻¹K⁻¹

物　　质	温度/K	导热系数/10^{-2}	物　　质	温度/K	导热系数/10^{-2}
CH_4	300	3.43	Hg	476	0.77
C_6H_6	300	1.04	N_2	300	2.598
C_2H_5OH	373	2.09	O_2	300	2.674
H_2	300	18.15	空气	300	2.61
H_2O	380	2.45	空气	1 000	6.72

附表 22　　　　　　液体的导热系数/Jm⁻¹s⁻¹K⁻¹

物　　质	温度/K	导热系数/10^{-1}	物　　质	温度/K	导热系数/10^{-1}
C_6H_6	300	1.44	甘　油	293	2.83
C_2H_5OH	293	1.68	石　油	293	1.50
H_2O	273	5.62	硅　油		
H_2O	293	5.97	（分子量）162	333	0.993
H_2O	360	6.74	（分子量）1 200	333	1.32
Hg	273	84	（分子量）15 800	333	1.60

附表 23　　　　　　固体的导热系数/Jm⁻¹s⁻¹K⁻¹

物　　质	温度/K	导热系数/10^{-2}	物　　质	温度/K	导热系数/10^{-2}
Ag	273	4.28	锰铜	273	0.22
Al	273	2.35	康铜	273	0.22
Au	273	3.18	不锈钢	273	0.14
C（金刚石）	273	6.60	镍铬合金	273	0.11
C（石墨）（⊥c）	273	2.50	硼硅酸玻璃	300	0.011
Ca	273	0.98	软木	300	0.000 42
Cu	273	4.01	耐火砖	500	0.002 1
Fe	273	0.835	混凝土	273	0.008 4
Ni	273	0.91	玻璃布	300	0.000 84
Pb	273	0.35	云母（黑）	373	0.005 4
Pt	273	0.73	花岗岩	300	0.016

续表

物　　质	温度/K	导热系数 /10^{-2}	物　　质	温度/K	导热系数 /10^{-2}
Si	273	1.70	赛璐珞	303	0.000 2
Sn	273	0.67	橡胶(天然)	298	0.001 5
水星(∥c)	273	0.12	杉木	293	0.001 13
水星(⊥c)	273	0.068	棉布	313	0.000 8
石英玻璃	273	0.014	呢绒	303	0.000 43
黄铜	273	1.20			

附表 24　　　　一些金属或合金的电阻率* 及其温度系数

金属 或合金	电阻率 /$\mu\Omega \cdot m$	温度系数 /$^{\circ}C^{-1}$	金属 或合金	电阻率 /$\mu\Omega \cdot m$	温度系数 /$^{\circ}C^{-1}$
铝	0.028	42×10^{-4}	锌	0.059	42×10^{-4}
铜	0.017 2	43×10^{-4}	锡	0.12	44×10^{-4}
银	0.016	40×10^{-4}	水银	0.958	10×10^{-4}
金	0.024	40×10^{-4}	武德合金	0.52	37×10^{-4}
铁	0.098	60×10^{-4}	钢(0.10%~0.15%碳)	0.10~0.14	6×10^{-3}
铅	0.205	37×10^{-4}	康铜	0.47~0.51	$(-0.04 \sim 0.01) \times 10^{-3}$
铂	0.105	39×10^{-4}	铜锰镍合金	0.34~1.00	$(-0.03 \sim 0.02) \times 10^{-3}$
钨	0.055	48×10^{-4}	镍铬合金	0.98~1.10	$(0.03 \sim 0.4) \times 10^{-3}$

* 电阻率与金属中的杂质有关,表中列出的是 20℃时电阻率的平均值。

附表 25　一些气体的折射率(在正常温度和气压下)(对 $\lambda_0 = 5.893 \times 10^{-7}$ m)

物 质 名 称	折 射 率
空　气	1.000 292 6
氢　气	1.000 132
氮　气	1.000 296
氧　气	1.000 271
水 蒸 气	1.000 254
二氧化碳	1.000 488
甲　烷	1.000 444

附表 26 　　　　　　　　　　一些液体的折射率(对 $\lambda_0 = 5.893 \times 10^{-7}$ m)

物 质 名 称	温度/℃	折 射 率
水	20	1.333 0
乙　醇	20	1.361 4
甲　醇	20	1.328 8
苯	20	1.501 1
乙　醚	22	1.351 0
丙　酮	20	1.359 1
二硫化碳	18	1.625 5
三氯甲烷	20	1.416

附表 27 　　　　　　　一些晶体及光学玻璃的折射率(对 $\lambda_0 = 5.893 \times 10^{-7}$ m)

物 质 名 称	折 射 率
熔凝石英	1.458 43
氯化钠(NaCl)	1.544 27
氯化钾(KCl)	1.490 44
黄石(CaF_2)	1.433 81
冕牌玻璃 K6	1.511 10
冕牌玻璃 K8	1.515 90
冕牌玻璃 K9	1.516 30
重冕玻璃 ZK6	1.612 60
重冕玻璃 ZK8	1.614 00
钡冕玻璃 BaK2	1.539 90
火石玻璃 F8	1.605 51
重火石玻璃 ZF1	1.647 50
重火石玻璃 ZF6	1.755 00
钡火石玻璃 BaF8	1.625 00

附表 28　　　　　　　一些单轴晶体的 n_o 和 n_e(对 $\lambda_0 = 5.893 \times 10^{-7}$ m)

物 质 名 称	n_o	n_e
方 解 石	1.058 4	1.486 4
晶态石英	1.544 2	1.553 3
电 石	1.669	1.638
硝 酸 钠	1.587.4	1.336 1
锆 石	1.923	1.968

附表 29　　　　　　　一些常用谱线波长/10^{-10} m

元　素	λ	元　素	λ	元　素	λ
氢(H)	6 562.8H$_\alpha$		6 929.5	氖(Ne)	3 852.5
	4 861.3H$_\beta$		6 717.0		3 820.2
	4 340.5H$_\gamma$		6 678.3		5 764.4
	4 101.7H$_\delta$		6 599.0		5 400.6
	3 970.1H$_\epsilon$		6 532.9		5 341.1
	3 839.0H$_\zeta$		6 506.5		5 330.8
氦(He)	7 065.2	氖(Nc)	6 402.2	锂(Li)	6 707.9
	6 678.1		6 383.0		6 103.6
	5 875.6		6 334.4		4 602.9
	5 047.7		6 304.8	钠(Na)	5 895.92
	5 015.7		6 266.5		5 889.95
	4 921.9		6 217.3	钾(K)	7 699.0
	4 713.1		6 163.6		7 664.9
	4 471.5		6 143.1		4 047.2
	4 387.9		6 096.2		4 044.1
	4 143.8		6 074.3	钙(Ca)	3 968.5
	4 120.8		6 030.0		3 933.7
	4 026.2		5 975.5	钡(Ba)	5 535.5
	3 964.7		5 944.8		4 934.1
	3 888.6		5 881.9		4 554.0

附表 30　　　　　**可见光区定标用的已知波长(汞(Hg)的发射光谱)**

波　长	颜　色	相对强度	波　长	颜　色	相对强度
6 907.2	深红	弱	5 460.7	绿	很强
6 716.2	深红	弱	5 354.0	绿	弱
6 234.4	红	中	4 960.3	蓝绿	中
6 123.3	红	弱	4 916.0	蓝绿	中
5 890.2	黄	弱	4 358.4	蓝紫	很强
5 859.4	黄	弱	4 347.5	蓝紫	中
5 790.7	黄	弱	4 339.2	蓝紫	弱
5 789.7	黄	强	4 108.1	紫	弱
5 769.6	黄	强	4 077.8	紫	中
5 675.9	黄绿	弱	4 046.6	紫	强